人权法论

【第二版】

林发新 著

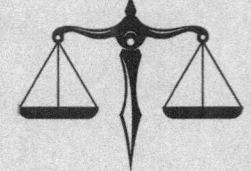

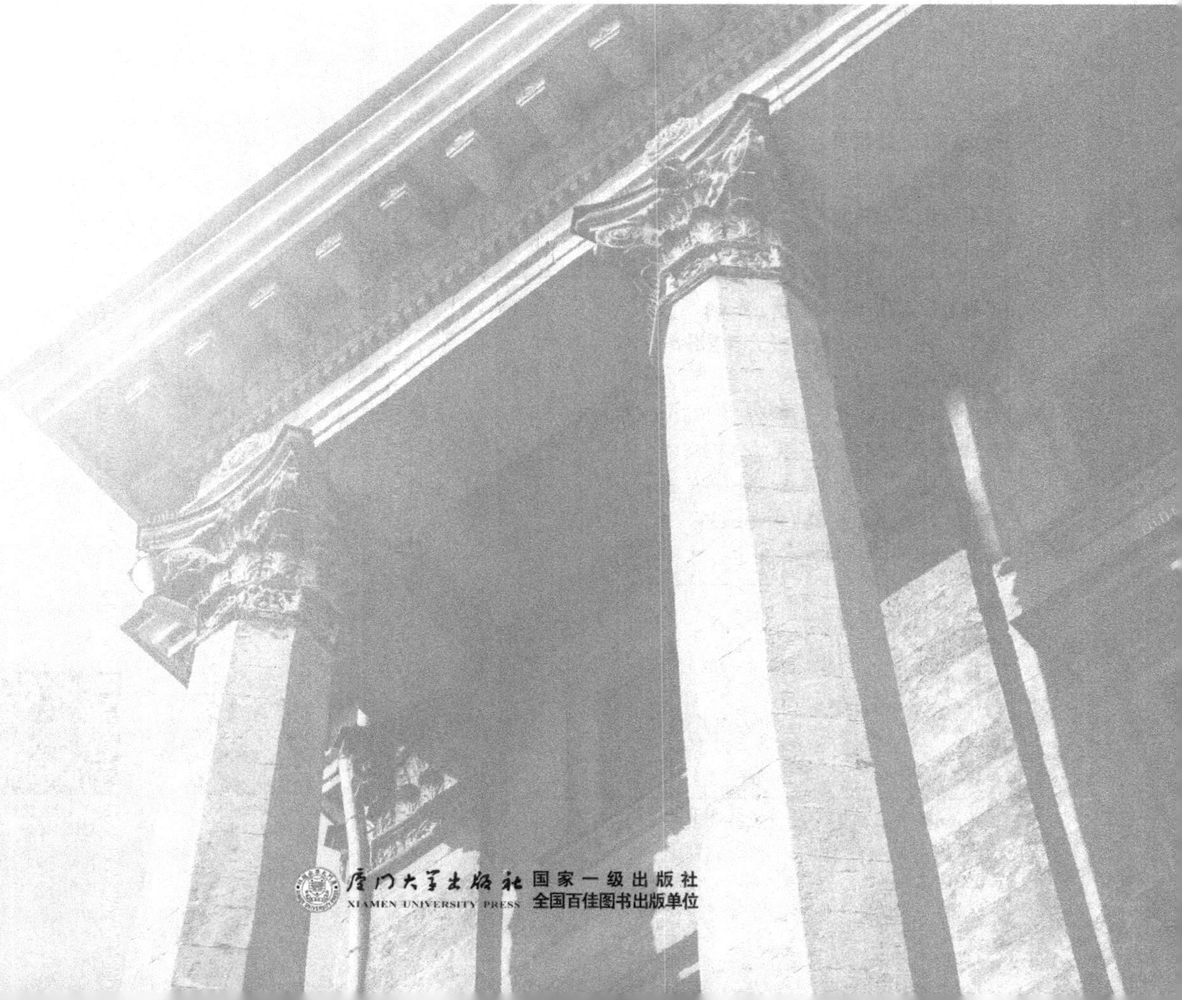

厦门大学出版社
XIAMEN UNIVERSITY PRESS
国家一级出版社
全国百佳图书出版单位

图书在版编目(CIP)数据

人权法论/林发新著. —2 版. —厦门：厦门大学出版社，2017.8
ISBN 978-7-5615-3759-6

Ⅰ. ①人… Ⅱ. ①林… Ⅲ. ①人权—法的理论—高等学校—教材 Ⅳ. ①D913.01

中国版本图书馆 CIP 数据核字(2010)第 246424 号

出 版 人	蒋东明
责任编辑	甘世恒
封面设计	李嘉彬
技术编辑	许克华

出版发行	厦门大学出版社
社　　址	厦门市软件园二期望海路 39 号
邮政编码	361008
总 编 办	0592-2182177　0592-2181406(传真)
营销中心	0592-2184458　0592-2181365
网　　址	http://www.xmupress.com
邮　　箱	xmup@xmupress.com
印　　刷	虎彩印艺股份有限公司

开本	787mm×1092mm　1/16
印张	22.25
字数	490 千字
版次	2017 年 8 月第 2 版
印次	2017 年 8 月第 1 次印刷
定价	65.00 元

本书如有印装质量问题请直接寄承印厂调换

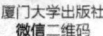
厦门大学出版社
微信二维码

厦门大学出版社
微博二维码

序 言

（一）

人权法是一门既悠久且新兴的学科。说人权法是一门悠久的学科，是因为人权伴随着人的生命存在，有了人的生命就必然有人权，所以，人权法应当是具有悠久历史的人类法则的延伸，是与人的生命同在的自然法则的继续。说人权法是一门新兴的学科，是因为将人权法作为一门社会科学加以研究，是最近半个世纪的事。世界范围内，以规范性文件形式表现出来的人权法，是联合国于1948年制定的《世界人权宣言》。可以这么说，人权一词在世界范围内广泛使用只有60多年的时间。而人权法在中国范围内开始研究，却是近20年的事。因为人权一词在中国范围内广泛使用只有20年的时间。

由于意识形态的原因，中国的人权曾在相当长的一段时间里被视为资产阶级的产物，并被拒之门外。改革开放的进程和依法治国的理念，促进了中国人权事业的发展。中国公开承认并使用人权的概念是在20世纪90年代初，即1991年11月，国家发表了《中国的人权状况》白皮书，阐述了我国政府对人权的理解，以及政府为人权事业所作出的努力。此后，中国学者开始正式地研究人权与人权法的有关问题。

人权法还是一门涉及多领域的社会科学。这是因为人权的内涵相当广泛，既涉及人的生命、生存、自由、平等与安全，还涉及政治、经济、文化、教育与社会保障等诸多领域的内容。这就决定了人权法的内容必然涉及诸多领域，大范围包括人的生存权、发展权、民主权与尊严权，具体权利还包括了人的生命权、自由权、平等权、工作权、受教育权、政治权等内容，涵盖面相当广泛，内容十分丰富，具有特殊的复杂性。人权内容的复杂性，也决定了人权概念与人权法的复杂性。为此，学者们对人权概念和人权法概念的解释，是仁者见仁，智者见智。

人权法更是一门伟大而又平凡的法律学科。人权法的伟大与平凡，都集中体现在只要是人都是人权法的主体，不会因为种族、肤色、性别、语言、宗教、政见、国籍、社会出身、财产状况、文化水平等等的区别而丧失人权法的主体资格。也就是说，人权法以一视同仁的眼光看待任何人，以平等对待所有的人。从这个角度理解人权法，人权法是伟大的，同时也是平凡的，它是民众的法，是大众的法。用通俗的语言诠释人权法，它是一部人的生命法、人的权利法和人的尊严法，是每个人都应当了解、熟悉和掌握的法。

（二）

人权法的力量来源于人权的力量。人权，是一个属于全人类的权利，其思想启蒙于古希腊的雅典，其行动开始于近代社会的英国。人权运动，从反对君权神授开始走向反封建专制和种族歧视，从风起云涌的欧洲大陆扩大到了人类共同居住的"地球"。人权价值，从原先只有西方国家承认的价值观，演变成全世界都认可的基本原则。在法学领域多得难以计数的权利中，真正能够全面揭示作为人的价值的权利显然并不多，而成为众多权利中的佼佼者则更少。人权将追求人的自由、平等、尊严以及实现政治民主的价值集于一身，不仅在思想观念上具有重要意义，而且奠定了在众多权利中的地位。这种地位不是一个普通的权利席位，而是长久地受人类景仰的崇高地位。正如中国政府颁布的《中国的人权状况》白皮书中所言，人权一个伟大的词汇，反映出人权在权利体系中的所具有的崇高价值。

人权作为权利被法律确认与保护，是源于1776年的美国《独立宣言》。这是一部被马克思称为世界"第一部人权宣言"，它不仅宣布美国独立和美国人民享有的人权，而且结束了美国与英国之间的殖民地与宗主国的关系，是美国与英国宗主国彻底决裂而催生的法律文件。尽管美国《独立宣言》属于国内人权法的范畴，但是在世界人权领域已经树立起一面旗帜，为人权法的产生奠定了基础。

具有世界意义的人权法的产生，比美国《独立宣言》晚了172年。1948年联合国制定的《世界人权宣言》，标志世界人权法的诞生。第二次世界大战结束后，人类社会携手并肩组建了联合国，随后有了《联合国宪章》，再是制定了《世界人权宣言》，在世界范围开启了人权法的新篇章。之后，联合国又制定了《经济、社会与文化权利国际公约》、《公民权利与政治权利国际公约》等国际人权公约，标志着国际人权法体系的日益完善。国际人权法的进步与完善，促进了各国人权法律制度的完善，各国更重视保障人权，推进了人权事业的发展。

在国际人权法的影响下,我国人权事业和人权法制,也与时俱进地向前发展,从不接受人权概念,到承认人权价值,并在宪法中明确规定"国家尊重和保障人权"。这些都说明国家在观念上和立法层面上开始重视保障人权。目前,尽管我国没有形式意义上的人权法,但是在具体法律规范中已经制定了保障人权的实质意义的人权条款。例如,我国的《劳动合同法》是在保障劳动者权益方面具有划时代意义的立法,充分体现了保障劳动者的人权,受到广大劳动者的肯定。可以说,随着经济发展和法治完善,我国人权法正在不断健全与完善,其特征是以《宪法》规定的保障公民基本权利为核心,以具体的部门法律为内容,以行政规范性文件为主导,形成了有我国特色的人权法的保障制度。例如,国家从立法层面加大了对人权的保护。2004年3月,第十届全国人民代表大会第二次会议审议通过了宪法修正案,首次将"人权"概念引入宪法,明确规定"国家尊重和保障人权"。2006年3月国家将"尊重和保障人权,促进人权事业的全面发展"的目标写入《国民经济和社会发展第十一个五年规划纲要》。2009年4月,国务院发布《国家人权行动计划(2009—2010年)》,明确提出:"实现充分的人权是人类长期追求的理想,也是中国人民和中国政府长期为之奋斗的目标。"同时明确提出:"中国政府坚定不移地推进中国的人权事业,并响应联合国关于制定国家人权行动计划的倡议,在认真总结经验、客观分析当前实际情况的基础上,制定《国家人权行动计划(2009—2010年)》,明确未来两年中国政府在促进和保护人权方面的工作目标和具体措施。"《国家人权行动计划》以明确的态度表明了中国政府推进人权事业的决心和信心。笔者正是认真阅读并参照《国家人权行动计划》的体例与框架,形成了人权法论的体例。

同时,国际人权法的进步与国内人权法的完善,是笔者写作本书的重要依据。笔者在参考人权法研究成果的基础上,根据《国家人权行动计划》框架,对人权法的相关理论问题进行了研究,提出了自己的观点。尽管这些观念尚不成熟,但终究是笔者思考的结果,也算是为人权事业做一点事。

本书的内容主要包括两大部分,第一部分是人权法总论,第二部分是人权法分论。人权法总论部分介绍了人权与人权法的概念与特征、人权与人权法的历史、人权的本质与分类、人权法的调整对象、人权法原则与体系等内容。人权法分论是按照人权法调整对象加以介绍的。人权法是调整人权关系的法律规范总称,人权关系包括生存关系、发展关系、民主关系、特殊人权关系和人的尊严关系。其中,重点介绍的人权,包括生存关系中的生存权、生命权、人身自由权、人身安全权和基本生活水准权;发展关系中的发展权、工作权、受教育权、文化权和社会保障权;民主关系中的民主权、公民权、平等权、表达自由权、政治权利;特殊人权关系中的国家与民族人权、特殊群体人权,以及附则中的人的尊严关系。

(三)

必须强调,人权的自然属性决定了人们仅凭作为人就应当享有的基本权利,包括生命权、人身自由权、人身平等权和追求幸福权。这些权利不是法律赋予的,是每个人一出生就固有的权利,法律只是从形式上确认和保护这些权利不受干涉和侵犯。人权法是通过法律对自然权利的确认和保障。自然权利是人权法中的核心性权利,是基础性权利。人权是人依据自然属性应当享有的权利,这种权利就是自然权利。自然权利是人基于出生这种自然状态下所应当享有的权利,是作为依靠自然法则和人的本性而不是依靠国家的制定法来维持的个人固有权利而提出的主张。

学习人权法必须强调,民主权利是人权的重要组成部分。根据人权原理,政府的权力来自人权中的自然权利的授权与认可而产生的。这样的理论与我国宪法中的"中华人民共和国一切权力属于人民"的规定,是异曲同工的。根据自然权利法则,每个人都拥有自然权利,都可以根据自己的需要行使权利。但是如果这样的话,社会就会处于无序状态。因此,每个人必须转让其所享有的部分自然权利或自由,并授权给部分的人,由部分的人组成管理社会的代表机关,例如议会或人民代表大会等代表机构,再由代表机构行使立法权,制定法律,规范社会活动。再是,人们让渡了部分自然权利后,就可以享有选举权,共同推荐选举产生国家领导人,由其领导民众进行经济、政治、文化等方面的活动。这样的人权法原理和我国现行的代议制民主理论也是相吻合的。

可见,人权法不仅追求在物质层面保障人的生存与发展,也追求在政治层面保障人的生存与发展。只有当国家与社会既在物质上实现保障人的生存权、发展权,又在政治上重视保障人的民主权、政治权的时候,才算是全面的实现了尊重与保障人权的目标。综观当今社会,我国各项事业正在蓬勃发展,人权事业也一样。笔者坚信,随着我国经济文化事业发展,随着国家法治不断完善与健全,中国的人权事业及人权法的制度建设与全面发展将指日可待。

人权法的生命应当是旺盛的,因为人权生命是旺盛的。人权以每一个人所拥有的属于全人类的人的权利为后盾,以其执著追求人的尊严的坚定毅力和不屈不挠的抗争精神,博得了全世界人民的拥戴和全人类的掌声。

专制、集权或统治者,都要在人权的面前战栗。

人权与人权法的名词、概念和基本知识,是值得我们认真学习和研究的全新的知识。人权法的理论研究是意识形态的先行者与探求者,有时与先进的意识形态同行,更多的是与守旧的传统的意识形态背道而驰。研究人权法就必然会面对现实生活中的违背人权的、旧的意识形态的高压,必然会运用人权法的理论武器对旧的观念和违反人权的行为进行抗争,以维护人的尊严。

在人权法面前,笔者是呀呀学语的稚童,是匍匐前行的探求者。如何用人权和人权法的知识扩充音量,如何用人权法保护全人类的人权,都是值得研究的课题。《人权法论》是在借鉴许多人权学者智慧的基础上写作完成的。其中介绍了作者不成熟的人权法的概念、原则和体系,希望能够得到前辈、同仁的批评指正。人权法是调整人权关系的法律规范总称,以及人权关系包括生存关系、发展关系、民主关系、特殊人权关系和人的尊严关系的观点,是笔者学习人权理论,借鉴先辈同仁的学术,结合《国家人权行动计划》的体例与框架而形成的,其理论有待于深入研究。由于笔者学术研究能力限制,本书内容有相当部分思考不周全,比较粗浅或存在疏漏,其理论正确与否也都期待先辈同仁指正与赐教。

本书的出版,应当感谢福州大学阳光学院法律系陈训敬主任、教授,是他坚持前瞻性的教学方向,主张在一所十分普通的高校法律系开设"人权法"课程,既向法律学子传授人权和人权法的思想和精髓,也为笔者提供了学习、研究和讲授人权法的机会,为写作人权法创造了条件。再是应当感谢福州大学阳光学院的领导。学院领导用积累的办学经验、个人的智慧和敬业精神,努力为教师们创造良好的教书育人环境,并通过精品课程的制度建设对本书出版予以支持。笔者还应当感谢厦门大学出版社的贾素文编辑以及出版社的领导,在本书出版过程中给予了大力支持。同时,要谢谢我的学生们,在书稿形成过程中,多次劳烦同学们协助校对和修改稿件。当然,还要感谢我的家人、朋友在时间上、物质上和精神上给予我很多的支持。

人权事业,是我们自己的事业,是全人类的事业,是值得奉献的事业!研究人权法就是为人权事业做一点点事情。时逢纪念辛亥革命一百周年,也为了纪念那些为人权事业而奉献出自由或生命的人们!

林发新

2011年1月于中国福州

再版说明

《人权法论》于 2011 年初出版后,国家在保障人权方面继续取得进展。其中最主要的体现是,国家继 2009 年颁布《国家人权行动计划(2009 年—2010 年)》之后,于 2011 年和 2016 年分别颁布了《国家人权行动计划(2011 年—2015 年)》和《国家人权行动计划(2016 年—2020 年)》的保障人权文件。也就是说,我国已经完成了两期人权行动计划的实施,目前正在实施第三期人权行动计划,即《国家人权行动计划(2016 年—2020 年)》。同时,我国于 2016 年 12 月颁布了《发展权:中国理念、实践与贡献》白皮书,明确了国家对发展权的认识;2017 年 3 月,国家制定了新的《民法总则》,对自然人的权利加以完善。这些新法律或国家实施人权保障文件,对保护人权具有积极的作用,特别是在社会经济生活的人权保障方面取得可喜成效。根据相关数据表明,前两期的人权行动计划提出的保障人权指标,主要是社会保障方面的指标基本得到实现。例如,第一期人权行动计划提出,到 2010 年,城镇基本养老保险参保人数超过 2.23 亿,失业保险参保人数超过 1.2 亿,工伤保险参保人数超过 1.4 亿,生育保险参保人数超过 1 亿。第二期人权行动计划提出:到 2015 年,城镇职工和居民参加基本养老保险人数达到 3.57 亿人;失业保险参保人数达到 1.6 亿人;工伤保险参保人数达到 2.1 亿人;生育保险参保人数达到 1.5 亿人等指标基本上得到实现。

国家在发展经济建设和提高人民生活水平和生活方面成绩明显。根据 2011 年初的资料显示,2010 年我国的 GDP 总值超过日本,成为世界第二大经济体。2014 年中国的人均 GDP 约为 7485 美元(约合人民币 46531 元),高于 2013 年的 6767 美元。尽管我国人均 GDP 落后于很多国家,但是总量在不断的提升。国务院公布《〈国家人权行动计划(2012—2015 年)〉实施评估报告》指出,2012 年至 2015 年,居民人均可支配收入增长速度总体上高于同期国内生产总值增长速度,城镇居民人均可支配收入和农村居民人均纯收入年均增长率分别为 7.5% 和 9.2%,超过 7% 的计划预期目标。另外,国家在司法保障人权、纠正冤假错案方面也取得可喜成绩。国家加大对冤假错案的追究力度,依法纠正了重大的冤假错案,包括内蒙古"呼格吉勒图案"、福建省"念斌案"等在全国具有影响的案件。国家对相关的法律,包括刑事诉讼法的修订,增加了许多保障人权的内容,不仅将尊重和保障人权写入刑事诉讼法总则,而且还要求国家司法机关在遏制和防范刑讯逼供,保障犯罪嫌疑人、被告人的辩护权,限制适用羁押措施,维护被羁押人的合法权益,严格控制和慎用死刑,健全服刑人员社区矫正和刑满释放人员帮扶制度,完善国家赔偿制度,建立刑事被害人救助等制度的建设与完善方面做了积极探索。

2011年至2016年的六年间,国家在保障人民的生存权和发展权方面做出了卓有成效的努力,也取得了可喜的成绩;在推进司法改革,强化司法公正方面也进行有益探索。这些成绩的取得要求笔者在著作中加以体现,对相关资料加以更新,以宣传我国在经济、政治、文化方面对人权事业发展所取得的成就。同时,我们也应当清楚认识到,实现充分的人权保障是人类长期追求的理想,也是中国政府和人民长期为之奋斗的目标。在保障人权方面,我们还有许多事情要做,正如《国家人权行动计划(2016年—2020年)》导言指出的那样,"应该看到,经济发展方式粗放、不平衡、不协调、不可持续的问题仍然突出,城乡区域发展差距仍然较大,与人民群众切身利益密切相关的医疗、教育、养老、食品药品安全、收入分配、环境等方面还有一些困难需要解决,人权保障的法治化水平仍需进一步提高,实现更高水平的人权保障目标尚需付出更多努力。"克服这些困难,解决这些问题还需要中国政府和全国人民共同努力。

本次修订除了上述资料和数据更新外,内容上根据新颁布的《民法总则》对自然人的权利表述及胎儿权利的表述进行修订。同时根据我国政府《发展权:中国的理念、实践与贡献》的理论,笔者对发展权的属性进行完善,指出发展权是个人人权与集体人权的统一,并略做论述。

十分巧合的是,本著作初次出版时,正逢辛亥革命一百周年。而本著作开始修订时,再逢孙中山先生诞辰150周年(2016年开始修订)。因此,笔者用孙中山先生的"革命尚未成功,同志仍须努力"的嘱咐作为再版说明的结束语,希望中国人权事业越来越好。

林发新

2017年7月于中国福州

目 录

第一编　人权法总论

第一章　人权概述 … 1
第一节　人权的概念与特征 … 1
一、人权的概念 … 1
二、人权的特征 … 10
三、人权概念的评述 … 16
第二节　人权理论的产生与发展 … 22
一、人权历史概述 … 22
二、人权思想的产生 … 23
三、近代人权理论的产生 … 27
第三节　人权的本质与分类 … 33
一、人权的本质 … 33
二、人权的分类 … 41

第二章　人权法概述 … 55
第一节　人权法概念与特征 … 56
一、人权法的现状 … 56
二、人权法的概念 … 57
三、人权法的特征 … 58
第二节　人权法的调整对象 … 61
一、概述 … 61
二、人权关系的分类 … 63
三、人权关系的内容 … 64
四、人权关系与其他社会关系 … 68

第三节 人权法原则与体系 ·· 72
一、人权法的原则 ··· 72
二、人权法的体系 ··· 78
三、人权法的渊源 ··· 81
第四节 人权法的历史 ··· 82
一、人权词汇的产生 ··· 82
二、人权概念的演变 ··· 85
三、人权对抗"君权"的历史 ··································· 86
四、中国推翻"君权"的历史 ··································· 92
五、人权法理论在世界范围的运用 ······························· 94
六、人权法理论在中国的运用 ··································· 96

第二编 人权法分论

第三章 生存关系 ··· 99
第一节 生存权的概述 ··· 99
一、生存权的概念与特征 ······································· 100
二、生存权的构成与目标 ······································· 104
三、生存权的内容 ··· 106
四、我国生存权的现状 ··· 106
第二节 生命权 ··· 110
一、生命权的概念与特征 ······································· 111
二、生命权的法律问题 ··· 113
三、生命权的法律保护 ··· 122
第三节 人身自由权 ··· 124
一、自由权的概述 ··· 124
二、人身自由权的概念 ··· 125
三、人身自由权的内容 ··· 126
四、人身自由权的保护 ··· 132
第四节 人身安全权 ··· 137
一、人身安全权的概念与特征 ··································· 138
二、人身安全权的内容 ··· 140
三、人身安全权的限制 ··· 146
四、侵犯人身安全权的原因 ····································· 147
第四节 基本生活水准权 ··· 153
一、基本生活水准权的概念与特征 ······························· 153

二、基本生活保障线的确定 ·· 155
　　三、基本生活水准权的实现 ·· 157
　　四、保障基本生活水准权的目标 ··· 160

第四章　发展关系 ··· 164
第一节　发展权概述 ··· 164
　　一、发展权的概念与特征 ·· 165
　　二、发展权的形成 ·· 168
　　三、发展权的理论问题 ··· 172
　　四、中国发展权的规划 ··· 175
第二节　工作权 ·· 176
　　一、工作权的概念与特征 ·· 176
　　二、工作权的分类与内容 ·· 179
　　三、工作权的立法渊源 ··· 183
　　四、工作权实现的困扰与展望 ·· 186
第三节　受教育权 ·· 189
　　一、受教育权的概念与特征 ··· 189
　　二、受教育权与人权关系 ·· 192
　　三、受教育权的性质 ··· 193
　　四、受教育权的内容 ··· 195
　　五、受教育权的实现 ··· 200
第四节　文化权 ·· 204
　　一、文化权的概念与特征 ·· 205
　　二、文化权的意义 ·· 210
　　三、文化权的内容 ·· 211
　　四、文化权的实现与目标 ·· 214
第五节　社会保障权 ··· 218
　　一、社会保障权的概念与特征 ·· 218
　　二、社会保障权的立法 ··· 222
　　三、社会保障权的内容 ··· 228
　　四、社会保障权的实现 ··· 232

第五章　民主关系 ··· 244
第一节　民主权概述 ··· 245
　　一、民主权的概念与特征 ·· 245
　　二、民主权的意义 ·· 247
　　三、民主权的内容 ·· 249

第二节　公民权 ··· 249
　一、公民权的概念 ·· 250
　二、公民权的特征 ·· 251
　三、公民权的内容 ·· 255
第三节　平等权 ··· 257
　一、平等权的概述 ·· 258
　二、平等权的特征 ·· 263
　三、平等权的内容 ·· 264
　四、平等权的实现 ·· 268
第四节　表达自由权 ·· 277
　一、表达自由权的概念 ·· 277
　二、表达自由权的特征 ·· 278
　三、表达自由权的内容 ·· 279
　四、宗教信仰自由 ·· 296
第五节　政治权利 ·· 299
　一、政治权利的概念与特征 ·· 299
　二、政治权利的意义 ··· 301
　三、政治权利的类型 ··· 302
　四、政治权利的实现 ··· 311

第六章　特殊人权关系 ·· 316
　第一节　集体人权概述 ·· 316
　　一、集体人权的概念与特征 ·· 316
　　二、集体人权的形成 ··· 317
　　三、集体人权与个人人权 ··· 319
　第二节　集体人权的内容 ··· 321
　　一、国家与民族人权 ··· 321
　　二、特殊群体人权 ·· 327

第七章　附则——人的尊严关系 ·· 337
参考文献 ·· 340

第一编 人权法总论

第一章 人权概述

> "人权已成为国际社会普遍关心的重大问题之一。联合国通过的有关人权的宣言和一些公约,受到许多国家的拥护和尊重。中国政府对《世界人权宣言》也给予了高度的评价,认为它'作为第一个人权问题的国际文件,为国际人权领域的实践奠定了基础'。"
>
> ——《中国的人权状况》①

第一节 人权的概念与特征

一、人权的概念

(一) 人权概念的意义

有一个词汇不论你如何赞美她都不为过,有一种权利不论你如何追求她都不能最终实现,这就是人权。

人权(human rights)是一个伟大的名词。② 人权之所以伟大,因为人权属于全人类的权利,只要是人都是人权的主体,不会因为种族、肤色、性别、语言、宗教、政见、国籍、社会出身、财产状况、文化水平等等的区别而丧失人权的主体资格。

人权是一个肩负着历史重任的名词。因为人权既具有反抗神权、君权,以及反抗奴

---

① 摘录自1991年中国政府公布的《中国的人权状况》白皮书。
② 1991年中国政府公布的《中国的人权状况》白皮书指出:"从第一次提出'人权'这个伟大的名词后,多少世纪以来,各国人民为争取人权作出了不懈的努力,取得了重大的成果。"

隶制、封建制与集权专制的不屈不挠的精神,又担负着反对种族歧视,反对奴役压迫,反对一切非正义制度的历史重任。

人权是一个闪耀着人类理性光芒的名词。因为她是人类享受生命,拥有自由、平等、正义、法治和追求幸福等权利的指路明灯,她的身上闪耀着作为人应当享有的权利的理性光芒。

人权是一个神圣的观念和新时代的名词。一位人权学者如是说:"在今天,无论哪一个国家都无法堂而皇之地否认人权,人权已经成为神圣的观念,全世界都在提倡对人权的保障和尊重。"①人权的内涵是随着社会文明程度的提高而不断丰富和完善的。现代人权理论新增加了生存权、发展权和集体人权的内容。

人权是人类前行的动力。人的需求是永无止境,永不满足的,这是推动人权向前发展和永不枯竭的动力。待哺的婴儿需要的是吸吮母乳的权利,学步的稚童需要的是独立行走的权利,踌躇满志的青年需要的是接受良好教育的权利,失业待业的成人需要的是享有工作权利,收入富裕的人需要的是有更良好的和更舒适的生活环境的权利,有责任感的共和国的公民需要的是民主政治的权利等等。这些不同的需求是源于人权的需求,是不断推动人类社会向前进步的动力,社会在不断满足人权需要的时候,实现了社会的文明与进步。

(二)人权概念的复杂性

人权是一个伟大的名词,也是一个复杂的名词。"从一般意义上说,人权是人的价值的社会承认,是人区别于动物的观念上的、道德上的、政治上的、法律上的基本标准。她包含着'是人的权利'、'是人作为人的权利'、'是使人成其为人的权利'和'是使人具有尊严性的人的权利'等多层意义。"②凡是研究人权的学者都会发出相同的声音:人权是一个多维多义的词汇,不同的国家,不同的学者,对人权的理解是不相同的。"资产阶级学者对人权的定义有上百种,其中仅美国的教科书中就有20余种。"③

人权的复杂,始于人权概念的复杂,导致有的人权学者在编写《人权法学》教材时,回避人权概念,没有给人权下定义,只是从人权的主体、客体和本源的不同角度对人权加以论述。④有的学者把纷繁复杂的人权概念,划分为复杂的和简单的、国内的和国外的人权概念。⑤有的学者撰写专著,专门研究人权概念的起源,而面对复杂的人权概念,该学者也是感慨万千。他说:"审视当今世界,我们发现,在人权概念的解释和运用上总是存在某种混乱和模糊。人们往往在不同的意义上使用人权一词,用这个词来表述不尽相同、甚至截然相悖的主张。例如,有的在道德意义上使用人权一词,有的则在法律

---

① [日]大沼保昭著:《人权国家与文明》,王志安译,三联书店2003年版,第75页。
② 张文显主编:《法理学》,高等教育出版社、北京大学出版社2003年第2版,第380页。
③ 张文显主编:《法理学》,高等教育出版社、北京大学出版社2003年第2版,第381页。
④ 杨成铭主编:《人权法学》,中国方正出版社2004年版,第1页。
⑤ 关今华著:《人权保障法学研究》,人民法院出版社2006年版,第54~76页。

意义上使用人权一词。前者将人权与人性、人道、自然等概念糅合,后者则将人权与公民权利甚至国家意志等同。有的强调人权里的个人自由和政治权利,甚至仅仅在此意义上使用人权一词,有的则强调经济、社会、文化权利,尤其是民族自决权、发展权。有的用人权来表述'人要存活'的需求,有的则用人权来表述'人要存活得好些'的需求。有的将人权当作客观存在于一切民族和文化中的通用的低限原则,有的则将人权作为一切国家和民族都要为之奋斗的理想目标,尤其是当作实现社会现代化的政治目标。有的从个人自由、社会分裂的意义上解释人权,有的则从个人自律和社会团结的意义上解释人权,撰出带有地域或文化色彩的诸如'东方人权'、'亚洲人权观'之类的概念。有的以国际国内立法中的权利条款作为人权的内容,有的则根据'人的尊严和价值'来界定人权,而'人的尊严和价值'一语本身又是模糊的。"①

可见,人权是一面多棱镜,不同的人甚至不同的国家,根据自身的需要,对人权作出不同的解释。笔者引用这位人权学者的这段话,也作为开启我们思考人权理论之门的钥匙,如何开启人权理论这扇门,就得看你的兴趣、毅力和悟性了。

(三)人权概念的内涵

笔者通过阅读大量的有关人权著作,考察人权的发展历史,在借鉴其他人权学者的观点基础上,笔者认为以下人权定义能够揭示人权的内涵。

人权是指人依自然属性应当享有的、依社会属性所确认和保障的,以制约公权力为重要手段,以追求幸福为最终目标的权利总称。② 简单说,人权是指人依自然属性应当享有的以及依社会属性所确认和保障的权利总称。人权概念主要强调了人的自然属性和社会属性。人依照自然属性所享有的权利是自然权利,人依社会属性所确认和保障的权利是社会权利或法定权利。这是人权内部权利结构的重要组成,自然权利是人权的基础性(母体性)权利,社会权利是人权的确认性(保障性)权利。

具体说,人权概念的主要内容包括:(1)人权的权利主体是以自然人为主,以国家、非政府组织、集体组织为辅的权利群体。(2)人权的内容包括自然权利和社会权利。自然权利是基础性、母体性权利;社会权利是人权确认性、保障性权利。(3)自然属性权利与社会属性权利之间的关系是,自然权利是基础性权利具有优先性,社会权利是确认性权利具有保障性。(4)人权的核心内容是对公权力的约束。(5)人权的终极目标是更有尊严与更幸福的生活。

1. 人权的权利主体是以自然人为主,以国家、非政府组织、集体组织为辅的权利

---

① 夏勇著:《人权概念起源》,中国政法大学出版社2001年版,原版序言。
② 与此概念相似的有李步云教授的人权概念:"人权是指依据自身的本性(包括自然属性和社会属性)所应当享有的权利。"李步云主编:《人权法学》,高等教育出版社2005年版,第1页。还有"人权就是人依其自然属性和社会属性享有和应享有的权利,它受社会经济和文化发展的制约"。刘海年:《不同文化背景的人权观念》,载刘楠来等编:《人权的普遍性和特殊性》,社会科学文献出版社1996年版,第1页。

群体

  首先,人权的权利主体主要是自然人。人权是基于自然人的存在才产生的权利。没有自然人也就无所谓人权。《世界人权宣言》第1条规定:"人人生而自由。"第3条规定:"人人有权享有生命、自由和人身安全。"其中"人人"就是指自然人。自然人是人权最主要的权利主体。其次,国家、非政府组织、集体也可以成为人权的权利主体。人权不排斥以自然人为集合的集体作为人权的权利主体。例如,一个国家作为国际人权法中的集体人权的主体,或者某个地区的人作为集体人权主体,或者妇女、儿童、老人作为集体人权主体而享有人权,形成集体人权。集体人权是特殊的人权主体,具有辅助性的特征。再次,随着社会的进步与发展,人权的权利主体也在发生变化。例如,集体人权就是在自然人人权的基础上形成的。在必要条件下,法人也可能是享有人权的主体。[①]因此,人们可以这样认识人权中的"人",在不考虑国籍的情况下,权利主体主要是自然人;考虑国籍的情况下,可以是"市民"、"公民"、"国民";作为集体人权的权利主体的,可以是"民族"、"种族"、"集体"、"国家",甚至包括"法人"。简单地回顾人权主体的演变,第一次世界大战之前,人权的"人"是体现的"生命主体",即以自然人为主的人权主体。世界大战之后,人权主体表现为"人格主体",包括了"民族"、"种族"、"集体"、"国家",即集体人权成为人权主体。例如,发展权的主体具有特殊性,个人、民族和国家都可以享有发展权。

  2. 人权的内容包括自然权利和社会权利

  人依据自然属性应当享有的权利是自然权利。人依据社会属性所享有的权利是社会权利。

  (1)人权是人依据自然属性应当享有的权利,是基础性、母体性权利。这里的"自然"不是我们通常所说的与人文世界或与社会相对应的自然界,而是指整个宇宙的永恒秩序。什么是自然权利?"自然权利[Natural rights]是指作为依靠自然法则和人的本性而不是依靠国家的制定法来维持的个人固有权利而提出的主张。"[②]简单地说,自然权利是指人基于出生这种自然状态下所应当享有的权利。人依照自然法受孕及出生后,为了求生存和繁衍后代都应当享有权利,例如人人都具有的求生欲、食欲、性欲、自我保护能力等等的权利。这些权利与人类的生存与繁衍休戚相关,是不可缺少、不可剥夺和不可转让的权利,也是维护整个宇宙的永恒秩序的重要权利。"个人的自然权利通常是指生命、自由、财产和幸福。"[③]按照《世界人权宣言》的精神,人的自然权利的内容

[①] 目前法人是否能够成为人权享有主体尚无定论,存在较大的争议。

[②] [英]戴维·M.沃克编:《牛津法律大词典》,北京社会与科学发展研究所译,光明日报出版社1988年版,第631页。

[③] [英]戴维·M.沃克编:《牛津法律大词典》,北京社会与科学发展研究所译,光明日报出版社1988年版,第631页。

除了包括生命权、自由权和追求幸福权外,还应当包括平等权、尊严权。① 同时,国际人权宣言和我国法律都承认了人的自然权利。我国1985年制定的《民法通则》规定,公民的民事权利产生于出生,终于死亡。2017年新制定的《民法总则》规定,自然人从出生时起到死亡止,具有民事权利能力,依法享有民事权利,承担民事义务。《世界人权宣言》第3条规定,"人人有权享有生命、自由和人身安全";第1条明确规定,"人人生而自由"。可见,人的权利与自由是基于出生就产生的权利,是自然行为产生的权利,不是法律赋予的权利。

认识和理解人权的自然属性具有十分重要的意义。

①它揭示了人权的重要理论问题——人权是人基于自然权利所应当享有的权利。人权是基于自然出生而应当享有的权利,还是基于法律赋予才享有的权利,这样命题的背后,隐藏着自然法与实在法的价值冲突。② 自然法与实在法的冲突,是长达数千年的一直成为哲学和法学中最古老、争论最长久的理论问题之一。也就是说,这个命题涉及人权的本原,即人权是由于谁赋予的?人权是作为人应当享有的权利,即由自然赋予的权利?还是由法律赋予的权利?或者由统治者赋予的权利?这些问题是人权及人权法的基本理论问题。

人权是基于人的自然出生而应当享有的权利。这是《世界人权宣言》的认可的观点。宣言第1条、第3条明确规定:"人人生而自由,在尊严和权利上一律平等。""人人有权享有生命、自由和人身安全。"第2条规定:"人人有资格享有本宣言所载的一切权利和自由,不分种族、肤色、性别、语言、宗教、政治或其他见解、国籍或社会出身、财产、出生或其他身份等任何区别。"这里表明,人是基于出生应当享有生命、自由、安全、尊严与平等的权利。多数的人都会认同这样的观点:人的生命权、人身自由权、人身平等权和追求幸福权是作为人应当享有的权利。这些权利是人的生存和尊严所必需的、基本的、不可剥夺的权利。美国前任联合国人权委员会代表杰罗姆·谢斯塔克认为:"所谓人权,是一个人作为人类的一员所应享有的权利,这种权利是所有人都应享有的,不论其贫富贵贱、性别年龄、家庭出身、宗教信仰、政治观点和国籍民族如何。"③

人权之所以是伟大名词,因为她表明了只要是人就应当享有不能被否定、不能被剥夺的生命、自由、追求幸福的权利,是属于全人类每一个人的权利。人权的自然属性决定了人们仅凭作为人就享有这些权利。因此,人的生命权、人身自由权、人身平等权和

---

① 这里的自由权主要是指人身自由,不包括政治表达自由中的言论、集体、结社等自由内容。因为政治表达自由属于自然权利转化形成的社会权利,不直属自然权利。而人身自由属于自然权利范畴。

② 自然法是指自然法学派的思想,是指以昭示着宇宙和谐秩序的自然法为正义的标准,坚持正义的绝对性,相信真正体现正义的是在人类制定的协议、国家制定的法律之外的、存在于人的内心中的自然法,而非由人们的协议产生的规则本身的法学学派。实在法指各国在各个历史时期制定或认可的法律,是西方法学家对法律的分类之一。

③ 转引 中国人权研究会主办:《人权 ABC》,http://www.humanrights.cn/china/rqzt/zt2002004315101659.htm,访问日期:2009年9月1日。

追求幸福权不是法律赋予的,是每个人因为出生就固有的权利,法律只是形式上确认和保护这些人权不受干涉和侵犯。这样的道理在现代的普通人看来是理所当然的,合乎逻辑的,似乎是众人皆知的,是浅显的道理。但是,这样的人权理论,是在人权思想形成过程中经历了艰苦卓绝的斗争才得以揭示出来的观点。同时,这样的人权理论,至今尚未完全厘清,还有相当一些国家没有完全接受这样的人权理论。

②为学习人权法奠定了坚实的理论基础。人权法是以人权理论作为基础的。没有正确理解人权理论,特别是没有正确理解人权的自然属性,就不能正确地理解人权理论,就不能准确把握人权的本质,就不能运用人权法理论分析问题与解决问题。如前所述,人权的重要理论问题,即人权是人基于自然权利所应当享有的权利。正确理解这个基本理论问题,才能理解公共权力的产生,理解政府权力的来源,理解民主制度、议会制度、人民代表大会制度等等有关民主制度产生的理论基础。换言之,人权及人权法的基本理论问题与国家的权力产生、民主宪政制度运行、对公共权力的监督与制约等理论问题,都具有密不可分的联系。

根据人权理论,政府的权力来自人权的自然权利的授权与认可。根据自然法则,每个人都拥有自然权利,都可以根据自己的需要行使自然权利。这样的话,社会就会处于无序状态。因此,每个人必须转让其所享有的部分自然权利或个人自由,并授权给部分的人,由他们组成管理社会的代表机关,例如议会或代表大会等立法机构,再由立法机构制定法律,规范全社会的活动。或者共同推荐选举产生国家领导人,领导民众进行经济、政治、文化等方面的活动。

(2)人权是人依据社会属性所享有的权利,是人权的社会权利,是人权确认性、保障性权利。社会属性就是指人在社会实践活动的基础上与人之间发生的各种关系。人权只强调人的自然属性的权利是不够的。因为人的本质是一切社会关系的总和。社会关系源于人类的社会活动。因为有了人类,人与人之间便产生了各种复杂的关系,统称为社会关系。人必须是生活在现实社会关系之中的人。脱离了社会关系,脱离了社会,人就无异于动物,也就没有人权可言。人依据社会属性所享有的权利,是社会权利或法律权利,它是自然权利的延伸,是确定性与保障性的人权。要认识人权是人依据社会属性所享有的权利,应当弄清以下几个问题:

①社会关系是人权存在的一个必要条件。人是一切社会关系的总和。人不仅具有自然属性,同时还具有社会属性。任何人都不可能孤立地生活,都必然地与特定的社会相联系。亚里士多德说,人是一种"社会动物"、"政治动物"。人是生活在各种人与人之间的社会关系中,人的思想与行为,以及利益与道德,都必然受各种社会关系的影响和制约。马克思主义说:"人是最名副其实的政治动物,不仅是一种合群的动物,而且是只有在社会中才能独立的动物。"① 人如果脱离了社会属性,人权也就丧失了存在的必要条件。如果一个人只是独自生活在这个世界上,即人不是生活在人与人之间的社会关

---

① 《马克思恩格斯选集》第2卷,人民出版社1995年版,第2页。

系中,就不会存在人权与人权问题。正如瑞士人权学者托马斯·弗莱纳所说:"只有当人作为一种具有理性的生物能够在一个适合他的社会共同体和环境中发展时,人格尊严才有保障。"①

②人权需要社会权利加以保障。社会权利是由实在法所确认的权利,既包括对自然权利的确认,也包括对政治、经济、文化权利的确认。社会权利是由人权的社会属性所决定的。人权的社会属性是指人权也是一种社会关系,即人权关系。人权关系是社会关系中人与人之间、人与政府之间形成的契约关系与利益关系,是社会生活中以人的自然属性为基础的一套自然法则的观念,以及以社会属性为必要条件所支持与认可的一种人的权利享有、利益分配与幸福追求而形成的关系。简言之,人权的社会属性主要是指法律对人权的确认与保障。人依照自然属性所应当享有的权利,主要是指生命、自由、平等、尊严和追求幸福的权利。这些自然属性的权利在自然法中是当然存在的。但是,人权是在社会关系中发生作用,应当通过实在法加以确认与保障,否则人权就成为空中楼阁。因此,人权中的自然属性权利,包括生命、自由、平等、尊严和追求幸福的权利,应当通过实在法加以确认,才具有法的规范效力。

如前所述,根据人权理论,政府的权力来自人权的自然权利的授权与认可,因而,人权的社会属性也就是自然权利的延伸,是对人权的确认与保障。因为经过自然权利的授权而产生的政府,必须通过民主、法治方式开展社会活动,通过制定法律来规范社会活动。这样便产生了社会权利,包括以经济、社会和文化权利为具体内容的法律化的权利。这些权利的内容,会因各国的政治、经济、社会和文化发展不平衡而有所区别。

③人权制度受一定历史时期的经济、政治、文化制度的影响与制约。一国的人权制度是以法律规范表现出来的,除了受到物质条件的影响外,必然还将受到一国的政治、文化传统的影响。例如,为了确保生存权的实现,经济发达的国家实行高福利政策,即公民从出生到死亡都享受国家给予的各种福利待遇;而经济欠发达的国家,就不可能实行这样的福利待遇。再如,为了实现全民教育,经济发达的国家实行普及高中教育,甚至普及高等教育,而经济欠发达的国家,只能普及小学教育或初级教育。

当今不少西方学者也持相似观点。英国学者米尔恩认为,人权有三个具体的来源,即法律、习惯和道德规范。也就是说,人权是潜含于具体的文明传统和社会制度之中并与之贯通的。瑞士托马斯·弗莱纳教授在论及人权定义时也考虑到了人的自然属性和社会属性,认为人权就是人按其本性生活并与他人生活在一起的权利。这些定义都将人的社会属性纳入了人权的理解当中,他们不仅强调人权必须受到法律的保护,而且还认为只有受国家法律保障的人权才是合法的权利。②

3. 自然属性权利是基础性权利,社会属性权利是保障性权利

总体上说,人的自然属性与社会属性二者统一于人之中,是客观存在的。人的自然

---

① [瑞士]托马斯·弗莱纳著:《人权是什么》,中国社会科学出版社2000年版,第59页。
② 方立新、夏立安编著:《人权法导论》,浙江大学出版社2007年版,第2页。

属性是人的社会属性赖以存在的基础,没有自然属性就没有社会属性。人的社会属性制约着人的自然性。具体地说,自然权利是母体性、基础性权利,社会权利是确认性、保障性权利。自然权利产生了社会权利,反过来社会权利又会制约自然权利的行使。当自然权利与社会权利发生冲突时,自然权利优先于社会权利。①

(1)自然权利是基础性、母体性权利。这个命题表明:①人权是以自然权利为基础,以法定权利为必要条件所享有的权利。法定权利是指基于制定法所赋予的权利。法定权利是以保障人的生命权、自由权和追求幸福权利为基础,以经济、社会和文化权利为具体内容的法律化的权利。由于人依自然属性所享有的权利属于应当享有的权利,不是某个组织或个人授予的,所以强调了自然权利属于应当享有的权利。而法定权利除必须体现自然权利内容外,其他权利内容,例如:政治自由权、罢工权、受教育权利、社会福利等权利,受各国的物质条件、意识形态、文化传统和具体国情的影响。因此,人依社会属性享有的权利没有强调"应当"二字。这是人权中的自然权利与法定权利所不同之处。②人权的自然权利的基本内容是法定权利的基础,只有争取了生命权、自由权、平等权等基本权利,人们才能将基本人权转化为法定权利。

(2)社会权利是确认性、保障性权利。这个命题表明:①社会权利是自然权利的体现和保障。人类社会发展到今天,可以说,无法律就无权利,无法定权利也就无自然权利可言。人权的自然属性的实现要靠社会权利(法定权利)的确认和保护。没有社会权利对自然权利的宣布、确认和保护,人权中的自然权利要么只能停留在道德层面上的应然状态,要么经常面临受侵害的危险而无法救济。人权中的自然权利只有以法定权利的形式存在才有实际意义。即自然权利必须法定化,必须转化为社会权利才具有保障效力。②法定权利只有确认了人权的自然属性的内容才符合人类的正义的基本要求。即社会权利必须包括人的自然属性的权利内容,例如生命权、人身自由权、人身平等权等基本权利。社会权利没有对这些权利的确认和保障,就是非正义的社会权利。③自然权利受社会权利的制约。社会权利如何体现人权中的社会属性的权利,则受两个因素影响:一是社会权利受物质条件的影响,人权内容的法定化受一国经济发展的制约;二是文化传统和具体国情的影响,例如,在宗教信仰不同的国家,人权法定化的情况就有很大的差别,有的国家的妇女所享有的人权远不如男子所享有的人权。

(3)自然属性的权利优于社会属性的权利。因为自然权利属于基础性或母体性的权利,在发生权利冲突时,应当坚持自然权利优于法定权利。这样的命题表明:①自然权利可以作为判断社会权利(法律权利)完善与否的标准,甚至可以作为判断法律善恶的标准。可以说,自然权利是社会权利的源泉。不体现自然权利要求的社会权利就是不完善的、不能体现人的价值的权利;当社会权利的内容违反自然权利的内容时,社会权利是有缺陷的。当国家法律违反自然权利的基本内容,国家法律将会成为一部"恶

---

① 在西方人权思想发展史上,自然权利与社会权利之间的关系表述为"天赋人权"说与"法律权利"说或"社会权利"说的关系。李步云主编:《人权法学》,高等教育出版社2005年版,第32～33页。

法",民众将会拒绝实施这样的法律。因此,不体现自然权利要求的制定法,就不是好的法律,是起不到维护良好社会秩序作用的。而体现自然权利精神和内容的法律,都是体现了人的价值,符合人的本质的完善的法律,是进步的法律。②社会权利是自然权利的体现和保障。人的自然权利只有通过法定权利的形式具体化,才具有规范性效力。尽管并非人权的所有内容都由法律规定,都成为公民权。但是,社会权利无疑是人权的首要的和基本的内容,可以说大部分人权都反映在社会权利或法定权利上。

4. 人权的核心内容是对政府公共权力的约束

这是因为:(1)最初人权思想的萌芽都产生于残酷的现实。因为残酷的社会对人的奴役和压迫,导致人出于本能的反抗而开始探求人权思想。可以说,"君权神授"统治思想指导下形成的奴隶制社会的非人的残酷剥削和压迫的现实生活,催生了人权思想的萌芽。即人权思想产生于对统治权力的压迫与剥削。(2)根据人权理论,政府公共权力来自人权的自然权利的授权与认可。反过来,在社会实践中,侵害和践踏人权的行为又是经常发生在政府公共权力之中。例如,各国政府对人权行为的镇压。再如,第二次世界大战也是源于德国纳粹政府的独裁。(3)不论是现在,还是将来,只有对政府公共权力加以约束与制约,人权才有保障。这方面更具体的内容可以参阅人权的本质部分的论述。

5. 人权的终极目标是幸福生活

幸福生活是每个人共同追求的生活目标。从一般角度理解,幸福生活是指心理欲望得到满足时的一种生活状态,是一种持续时间较长的对生活的满足,或者感觉到生活中有巨大乐趣,并希望对生活满足和生活乐趣能持续久远的一种愉快心情。幸福生活具有主观的因素,不同的人对幸福感的理解和诠释不同,恋人的幸福是两情相悦,父母的幸福是孩子健康成长和取得成就,企业家的幸福就是要把公司做成一个世界品牌。幸福感是满意感、快乐感和价值感的有机统一。

从人权角度理解,幸福生活是指个人自我价值得到实现,是个人有权基于自由、平等和对尊严的尊重而塑造他们自己的生活。自我价值得到实现是具有主客观因素的组合。文学艺术家的价值在于创造来自生活但又高于生活的文学艺术作品,给人类带来美的、善的精神享受;科学家的价值在于探索自然规律,发明或创造能够造福于人类的先进的科技产品,给人类带来高科技的物质享受;思想家的价值在于享有不受外界约束和影响的思想自由的空间,用文明思想启迪人类的智慧,以消除落后观念和愚昧思想,让人们的思想境界得到提升。

肩负有保障公民过上幸福生活重任的国家,应当不断探索有效的管理模式,以求最有效地实现公民的幸福生活。国家在民众的基本物质生活得到保障的前提下,应当再给予更多的精神生活的享有,实现物质生活与精神生活的平衡,以支持公民追求兼具有物质文明和精神文明的幸福生活。据有关资料反映,国家支持公民追求幸福生活的过程中,收效甚佳的不是美国、法国等西方国家,而是地处南亚的不丹王国。不丹国王最早提出了"幸福指数"的概念,并付诸实施。20世纪70年代,不丹国王提出国民幸福指数,认为"政策应该关注幸福,并应以实现幸福为目标",人生"基本的问题是如何在物质生活(包括享受科学技术的种种好处)和精神生活之间保持平衡"。在这种执政理念的指导下,不丹创造性地提出了由政府善治、经济增长、文化发展和环境保护四级组成的"国民幸福总值"指标。不丹王国在40年以前还处于没有货币的物物交换的经济状态之下。但是,它一直保持较高的经济增长率,现在已经超过印度等其他国家,在南亚各国中是国民平均收入最多的国家。去不丹旅游过的人都会异口同声地说,仿佛回到了自己心灵的故乡。不丹给我们地球人展示了许多高深莫测的东西。①

从保障人权角度说,保障人的生存权是相当重要的,但是作为社会成员的人,享有发展权和民主权也是十分重要的,这是精神生活不可或缺的组成部分。因此,人权法上的幸福标准是个人有权基于自由、平等和对尊严的尊重而塑造他们自己的生活标准。同时应当认识到,实现幸福生活的方式是多样的,人权内容也是多样的。不是人所享有的权利都是人权。相反,目前还没有享有的权利,也不能说不是人权。人权的内容是随着经济发展与繁荣而丰富,随着社会文明与进步而明确,随着政治生活的开明与民主而完善。可以这么说,人权内容不断扩大,人的幸福指数的要求也会越来越丰富。

二、人权的特征

人权的特征是人权本质的外化,是人权区别于其他事物的具体表现。了解人权的特征是为了更好地把握人权的性能、作用,把握人权的自身规律,以便在享受人权和保障人权时能够有理有据。人权的特征是人权理论确定的、固有的内涵,人们无法主观编造或想象,只能科学地认识或揭示。笔者在前辈们对人权的特征进行探索和认识的基础上,把人权的特征归纳为以下几个方面,即:人权源于人的自然属性,是人权的本原;人权具有普遍性,是决定人权的地位;人权具有抗争性,是人权的内核;人权产生的国际性,是人权的重要保障。

(一)人权源于人的自然属性

人权的自然属性反映了人权的本原,即人权源于人的自然属性。这是因为:

1. 人权的自然性是指人依照天性所应当享有的权利。它是指人人都应当享有的生命、自由、平等、尊严与追求幸福的权利。所以称之为自然权利。人的天性即人的自然属性,是人类在生物进化中形成的特性。人的自然权利是人与生俱来的,不可剥夺、不可转让的权利。人一旦丧失这些权利,要么丧失人作为自然界的生物体而存在的权利,要么丧失了具有独立法律人格的地位,也就谈不上作为自然人享有人权,或作为具有法律上的人格地位的人所享有人权了。我国民事法律和国际人权法,都承认作为人基于出生而享有民事权利和享有生命、自由、平等的自然权利。

2. 人的自然权利是公民权利的源泉。如前所述,不体现自然权利要求的社会法律,

---

① 幸福指数,也称为国民幸福指数,或国民幸福总值(Gross National Happiness。简称"GNH"),是衡量人们对自身生存和发展状况的感受和体验,即人们幸福感的一种指数。

是不完善的、有缺陷的法律。自然权利的基本内容是公民权利的基础，人们只有享有生命、自由、财产等基本权利，才可能将人权的内容转化为公民权利。强调人权的自然属性并不是说人权是唯心的、主观臆造出来的权利，而是说生命权、人身自由权、人身平等权是基于出生而产生的。人权中具有自然属性的原理，是人类在漫长的反对君权神授的艰苦卓绝的斗争中所探求和揭示出来的，并经过欧洲各国启蒙思想家们承前启后的总结归纳所形成的，符合人类生存与发展规律的基本理论。

3. 人权自然属性的特征，决定了人权与一般"权利"之间的不同，主要表现为：(1)权利的本原不同。人权是源于人的本性、尊严与价值，是人依据自然属性所应当享有的权利。其他权利的本原呈现出多样性的特征，即不同性质的权利，有不同的本原，例如：公民权利源于人的自然权利，一般意义的法律权利源于立法机关的规范性文件，债权源于法律规定或双方当事人的约定，股东权利源于出资人的投资，票据权利源于票据的创设，习俗权利源于习惯与民俗，工会会员的权利源于该工会组织的规章，社会自治组织成员的权利源于乡规民约等等。(2)权利的主体不同。"人权"概念中的"人"与法律主体上的"人"是不相同的。法律主体上的"人"包括了自然人和法人。人权概念中的人主要是指自然人，有时包括国家、非政府组织、民族等集体人权主体。但是，法人是否作为人权概念中的人，存在争议。多数学者认为法人不属于人权中的人。现代的人权概念包括了集体人权。集体人权与法人权利是有区别的，前者是以民族自治或区域自治为基础的权利，表现形式是自决权；法人是一个经济组织或机关事业单位，不作为人权主体。再者，人权概念中的"人"和通常法律权利中的"人"也还存在差别。人权概念中的"人"，包括了胎儿作为人权主体，通常法律权利中的"人"是指出生后活体的人，一般不包括胎儿。

(二)人权具有普遍性

人权的普遍性决定了人权的地位。人权之所以是伟大的名词，重要的原因之一就是人权所具有的普遍性。人权的普遍性表明：

1. 享有人权的主体是普遍的。只要是人，你就是人权的主体，就应当享有人权，即世界上的所有人，无论你自视为高贵，或自认低贱；不论你是富贵，还是贫穷；不论你是黑人，还是白人；不论你信仰天主教，还是信仰基督教；不论你身处美洲，还是身处亚洲；不论你是否拥有某国国籍，只要你是自然人，就享有人权。归纳地说，任何一个国家的所有公民，任何一个社会的所有成员，不分种族、肤色、性别、语言、宗教、政见、国籍、社会出身、财产状况、文化水平等区别都应当享有生命、自由和追求幸福的权利。正如《世界人权宣言》第2条所指出的那样："人人有资格享受本宣言所载的一切权利和自由，不分种族、肤色、性别、语言、宗教、政治或其他见解、国籍或社会出身、财产、出生或其他身份等任何区别。"

2. 人权的原则是普遍的。人权原则是指人依照自然属性应当享有权利的基本准则。这个基本准则是，以正义为核心的人类所共同持有的由一整套国际人权法准则所认可、支持和保障的人的尊严与价值。人权是一种人"应当"享有的权利，而这里的"应当"不是法律上的"应当",而是依照自然属性在伦理道德上的"应当"。因此,人权的普遍性的另一特点是,人所享有的权利是以正义为核心的人类所共同持有的由一整套国际人权法准则所认可、支持和保障的人的尊严和价值。这样的一整套国际人权法准则就是人类社会所有成员,不分种族、肤色、性别、语言、宗教、政见、国籍、社会出身、财产状况、文化水平等区别都应当享有生命、自由和追求幸福权利的基础。

3. 人权的内容具有普遍性。人权的内容不是某些人或某个组织彼此之间的任意"约定",也不是凭着主观臆造出来的,它是人类在反对君权神授的过程中总结人的本性而提出来的权利。人权反映了人生存的基本需求。虽然社会发展的程度有差别,不同地区人们所处的具体环境也有很大的不同,但是,人权中的基本权利所包含的内容却是人类共同需要的,是人人不可缺少的,即人人都应当享有的生命、自由和追求幸福的权利。进而提出人人都必须享有生命权、享有自由权和追求幸福权。

4. 人权标准及人权保障具有普遍性。人权标准的普遍性,是指人权反映了人类对于自身的生存、发展,以及美好生活的共同需求和理想。人权规范中所体现、所表达的精神和理念,反映着人类共同的道德和价值标准。因此,尊重人权、保障人权,将人权的基本原则和内容作为一种基本的价值和目标适用于全人类的每一个人,是当今世界所有国家和人民应当努力追求的共同目标。正如人权学者所说的:"一切社会制度的设置及法律与政策的制定和实施,都是为了满足人类的需要与幸福,因而也可以说,都是为了充分实现人权。"①《世界人权宣言》也体现了人权标准和人权保障具有的普遍性。该宣言最后一段指出:"发布这一世界人权宣言,作为所有人民和所有国家努力实现的共同标准,以期每一个人和社会机构经常铭念本宣言,努力通过教诲和教育促进对权利和自由的尊重,并通过国家的和国际的渐进措施,使这些权利和自由在各会员国本身人民及在其管辖下领土的人民中得到普遍和有效的承认和遵行。"可见,人权应当有一个共同的标准,这个标准对各个国家和所有的人民都是共同的。这个标准需要国家和人民共同努力才可实现。这个标准可能不会一步到位,而是需要由国家和国际社会采取渐进措施逐步实现。这个标准的最终目标是各国的公民及其所管辖下的人及其人权都得到保护。

人权普遍性的基本特征表现为:一是人的尊严和价值。人们生活在这个世界上,共同组成人类社会,依照共同本性,彼此之间应当是平等的、自由的,应当有生存的权利和追求包括物质生活和精神生活在内的幸福生活的权利。这不仅是做人的权利,更是人应当享有的尊严。人不是为社会和国家而存在而活着,相反,社会和国家是因为人的存在而存在,没有人就没有社会,就没有国家。同时,社会谋发展,国家求繁荣也都是以实现人的幸福生活为终极目标的。简言之,社会和国家是为了人而存在而富强的。正因如此,国际人权公约反复强调:"一切人权都源于人类固有的尊严和价值。"二是人类的

---

① 李步云、陈佑武:《人权与"权利"的异同》,载徐显明主编:《人权研究》(第三卷),山东人民出版社2003年版,第157页。

共同利益和共同道德。人权的崇高的道德价值观表明,实体的人权规则是受以公正与正义为核心的自然法所支持与认可的。人们共同生活在这个世界上,他们之间不仅有着共同的本性,也存在着许多共同的利益,同样,也存在着许多共同的理想与道德观念,例如:尊老爱幼、乐善好施、反对战争、热爱和平等。①

(三)人权具有抗争性

人权的抗争性是人权理论题中应有之义,是人权的内核。抗争权利是指人依照自然属性和社会属性所享有的,面对不尊重人权或严重侵害人权的现实进行反抗和斗争的权利。抗争的权利不仅自始至终伴随着人权,而且是人实现人权的最有力的武器。可以这么说,没有抗争的权利也就没有今天的人权和人权理论的发展。洛克认为,当政府的所作所为与这一目的相违背的时候,人民就有权利采取行动甚至以暴力的方式将权力收回。"当人民发现立法机关行为与他们的委托相抵触时,人民方面仍然享有最高的权力来罢免或更换立法机关。"②我国有的学者对抗争权是这样理解的:"从人权概念产生的社会历史过程来看,人权是人们反抗政治专制、人身依附、阶级特权、统治压迫、剥削和宗教精神禁锢的斗争不断取得胜利的权利,称之为反抗权或对抗权。"③通常意义上讲,人权是由人的应然权利、法定权利和实有权利三个部分组成。当法定权利与应然权利之间的差距太大,或者说当实有权利与法定权利之间距离较大的时候,抗争权利就发生作用。

早期诞生的人权宪法性文件,都是经过抗争甚至战争而得以实现的。1215年的英国《自由大宪章》被认为是最早记载了人权内容的宪法性文件。它是以英国贵族集团与国王约翰之间的权力斗争而展开的。13世纪初,英国国王约翰肆意践踏封建法则的残暴统治,引发了一场反抗国王的大规模的武装斗争。贵族集团是这场斗争的发起者和领导者。在武力的胁迫下,走投无路的国王约翰最后于1215年6月15日签署了《自由大宪章》。1776年美国《独立宣言》被马克思称为世界"第一部人权宣言",它的产生不仅是通过抗争权利取得的,而且是经过一场独立战争,一场反抗远方的英国外来势力,争取民族自决和国家独立的对外战争所取得的。《独立宣言》不仅宣布美国独立和美国人民享有的人权,而且结束了美国与英国之间的殖民地与宗主国的关系,是美国与英国宗主国彻底的决裂而催生的法律文件。1789年法国的《人权与公民权利宣言》,是法国人民通过"巴士底狱暴动"的抗争行为并取得胜利而获得的人权果实。1789年5月12日,即巴士底狱暴动的前两天,法国人民要求国民会议通过一个近似于美国各州权利法案的权利宣言未获批准。"巴士底狱暴动"的抗争行为发生后,同年8月份国民会议通过了《人权与公民权利宣言》。

尽管有了记载人权的宪法性文件,但是人权的实现仍然离不开抗争权利。即法定

---

① 方立新、夏立安编著:《人权法导论》,浙江大学出版社2007年版,第5页。
② [英]洛克著:《政府论》(下篇),叶启芳等译,商务印书馆1964年版,第90页。
③ 关今华著:《人权保障法学研究》,人民法院出版社2006年版,第92页。

人权的实现,离不开抗争权利的行使。1215年的英国《自由大宪章》、1776年的美国《独立宣言》及1787年的美国《联邦宪法》和1789年的法国《人权与公民权利宣言》,都明确提出人人生来平等的人权原则,可是妇女和黑人的选举权却迟迟得不到实现,还必须拿起抗争权的武器来实现人权的保障。早年,在欧美国家,妇女和黑人是不享有选举权利的。原来的法律文件规定的"人人",不包括有色人种、奴隶、犹太人、无产阶级、野蛮人、妇女等等,他们不属于"人人"的范畴,不享有选举的权利。"人人"只是限于绅士、白人和有财阶级。那么,女性是如何取得她们的人权的呢?以英国妇女为例。英国妇女埃米琳·潘克赫斯是英国女权主义者,为了争取人权,她在1912年发动英国的工人妇女和贵族夫人们一起联合起来,排着几里长龙向英国议院交请愿书要求享有选举权,被否决后,她们这些妇女和夫人们采取焚烧房屋,冲进议员们的花园的暴力方式,拼命抗争。结果:1918年英国规定30岁以上的妇女有投票权(1928年降为21岁)。① 而美国是1920年才同意妇女享有投票权。再以美国黑人为例。美国黑人所享有的投票权,是在被马克思称为世界"第一部人权宣言"的《独立宣言》颁布190年之后,才享有这些权利。1965年之前,美国黑人不仅没有投票权,甚至在计算人口时,黑人都被当作五分之三人口进行统计的。韩国工人争取八小时工作制是韩国工人领袖全太一以自焚方式,牺牲了自我才争取到的权利:1970年11月30日,全太一自焚,他自焚不是为了他个人利益,而是为了韩国工人的权益。这样韩国政府与工会才达成同意八小时工作制的妥协。② 可以说,人权都是争取来的,一个人也罢,一个阶层也罢,一个民族或一个国家也罢,均是如此。

为了保障人权得以实现,《世界人权宣言》确认了人们有反抗暴政的抗争权利,宣言第3段写道:"鉴于为使人类不至迫不得已铤而走险对暴政和压迫进行反叛,有必要使人权受法治的保护。"这是人类几千年来争取人权和反对非正义制度的历史经验的总结,也是对法治社会的美好期盼,它隐含着这样一个原理,即保护人权不仅对个人有利,而且对维护社会秩序也有利。政府有义务,也有必要保护人权,否则可能遭到人民的反抗或唾弃。

(四)人权的国际性

人权的国际性是人权的重要保障,人权理论的产生具有国际性,人权规范也具有国际性。人权的国际性主要表现在以下几方面:

1. 人权主体的国际性。人权属于每一个人的权利,属于全人类的权利,是具有国际性的权利。享有人权的主体是全人类的每一个人,即居住在全世界各国的人都是人权

---

① 埃米琳·潘克赫斯特是英国女权主义者,主张妇女参政的积极分子,曾于1903年创建妇女社会和政治联盟,为妇女争取选举权。1918年英国妇女议会选举权的取得,虽然不能说是这个同盟运动斗争的直接结果,但没有一个历史学家会否认在此过程中这个同盟的卓越贡献。
② 翟明磊著:《你可能不知道的人权常识》,凤凰锐评:http://www.360doc.com.cn/content/090408/21/75371_3064562.html,访问日期:2009年9月3日。

享有者。正如《世界人权宣言》所说的,人类社会所有成员,不分种族、肤色、性别、语言、宗教、政见、国籍、社会出身、财产状况、文化水平等区别都应当享有生命、自由和追求幸福的权利。

2. 人权内容的国际性。人权的内容国际性是指作为人处于自然状态应当享有的权利是相同的,是不分国籍的,是全人类共同的价值取向。也就是说,人权内容的普遍性也决定了人权内容的国际性。即人权是人人生而平等,享有造物主赋予的生命、自由和追求幸福的权利。这项权利的内容适用于全人类,适用于世界各国。尽管人依照社会属性所享有的权利是有区别的,是受各国政治、经济、文化发展进程限制的,但是,作为人所享有的人人生而平等,享有的生命权、自由权和追求幸福的权利是绝对权利,是不受限制的。

3. 人权保护的国际性。人权保护的国际性既是人类社会文明程度极大提高和国与国之间相互交往日益密切的产物,又是国与国之间交往的一种不依人的主观意志为转移的必然现象和历史的进步过程。当然,不可讳言,两次世界大战给人类带来灾难也推进了人权国际保护的进程。人权保护的国际性包括了人权保护标准的国际性和人权保障机构的国际性。

(1)人权保护是具有国际标准的。人权保护的国际标准是以人权主体和人权内容的共性为基础,以国际人权领域的规范性文件为表现形式的共同准则。"它的基础是全人类在人权领域存在着的共同的利害关系与利益追求,是全人类在人权问题上存在的共同的道德的价值判断和价值取向。"①这种共同标准具体体现在以《世界人权宣言》与国际人权公约为核心的整个国际人权文件中,体现在国际人权公约的许多具体规范中。很多国家都宣布尊重联合国宪章维护人权的根本宗旨,都拥护《世界人权宣言》的基本原则,共同制定或签署不少国际人权约法,在国际人权的保护中采取共同立场和行动,就充分证明国际上存在一种适用于所有国家的普遍性准则。例如,《世界人权宣言》指出:"发布这一世界人权宣言,作为所有人民和所有国家努力实现的共同标准……并通过国家的和国际的渐进措施,使这些权利和自由在各会员国本身及其管辖下领土的人民中间得到普遍和有效的承认和遵行。"

(2)人权保障机构的国际性。它是指各国和国际组织根据国际人权条约,对实现基本人权的某些方面承担特定的或普遍的国际合作义务,并对违反国际人权条约义务、侵犯人权的行为加以防止和惩治的活动。长期以来,人权问题基本上被视为国内管辖事项。第二次世界大战的历史教训深刻表明,人权不能仅仅依赖于一个国家的法律保护。以此为契机,普遍性国际组织联合国的成立和《世界人权宣言》的发表,使人权成为国际法的一个重要领域,人权的国际保护也进入了一个全面发展的时期。

人权的国际保护具有如下特征:①人权国际保护的实施者一般是国家和国际组织,包括区域性国际组织。②人权国际保护的法律依据是《联合国宪章》、国际人权文件

---

① 李步云主编:《人权法学》,高等教育出版社2005年版,第344页。

或国际人权公约所规定的特定或普遍的国际义务。③人权国际保护是为了防止侵犯人权行为的发生,或者针对违反国际人权义务,侵犯人权行为而实施的国际制裁行为。实施人权的国际保护与处理好干涉内政之间的关系是国际社会必须重视的问题,也必须有一个基本的界限。根据1977年联合国大会32/130号决议通过的《关于人权新概念的决议案》的规定,并结合当今国际关系的现实情况,人权方面内政与非内政的界限基本可以概括为以下三种情形:一是帝国主义、殖民主义、霸权主义对殖民地、附属国及其他国家的民族自决权、自然资源主权、发展权以及与此相联系的个人权利的大规模严重侵害;二是种族歧视、种族隔离、灭绝种族、贩卖奴隶、大规模制造和迫害难民、宣传战争、鼓吹法西斯主义、国际恐怖主义、贩毒等;三是国际人权公约的缔约国恶意违反公约规定、不履行公约规定的义务而侵犯人权的行为。

三、人权概念的评述

关于人权概念主要有以下几种不同的观点:

1.人权是法律权利。① 这是我国学者早期对人权的认识。例如:"人权实质上就是公民权。"②"人权就是人民的基本权利。"③"所谓人权,是指建立在一定社会经济基础上的而为宪法所确认的公民基本权利和自由。"④

人权是法律权利的人权观,是把人权等同于宪法赋予公民的权利,或者理解为法律规定的公民或人民享有的法定权利。这是简单地解读人权内涵的结果,其错误至少有三个方面:(1)混淆了人权主体和法律主体之间的区别。人权的主体是"人",而法律的主体公民或法人。人权是法律权利的观点,"仅仅揭示人权概念中部分内涵,远非所有内涵,而且这类定义把人、人民、公民等几个概念混同,致使逻辑上不周延"。⑤(2)可能给统治者行使专制或集权统治提供了理论依据。众所周知,法律是国家制定或认可的、以国家强制力保证实施的社会规范。把人权限制在法律规范的范畴以内的话,人权就成为统治者的恩赐。专制体制或集权体制的国家,为了维护其专制或集权统治,往往会利用立法权来限制人权。统治者想多给民众一点人权,立法之门就敞开一些,如果统治者不想给民众更多的人权,立法之门就紧闭上了。人权也就成了"水上的浮萍,路边的蒲公英"没有了自己的根。正如有的学者所说:"人权的自明性是指它不必争得,不必法律载明,不必由谁赐予,而是每个人都应该拥有的权利。凡是政府或他人给予个人的恩惠、让步、许诺都不是人权。"⑥(3)人权理论出现自身的矛盾。如果仅仅将人权理解为

---

① 与此观点相同的还有"国赋人权"说,即国家可以给予公民人权,也可以不给予人权,其含义与人权是法律权利的含义相似。
② 吴家麟主编:《宪法学》,群众出版社1983年版,第325页。
③ 乔伟:《论人权》,载《文史哲》1989年第6期。
④ 张光博:《坚持马克思主义的人权观》,载《中国法学》1990年第4期。
⑤ 关今华:《人权保障法学研究》,人民法院出版社2006年版,第71页。
⑥ 俞可平著:《权利政治与公益政治——当代西方政治哲学评析》,社会科学文献出版社2003年版,第126页。

是法律权利,那么"君权神授"、"封建专制"、"宗教法庭"、"奴隶制度"等等严重违反人权的旧制度也都是由封建社会法律、宗教法律或奴隶制度法律所规定的。世界上最早制定的保留最完整的成文法《汉穆拉比法典》就明确规定:奴隶是主人的财产。他们可以被买卖、赠与、租赁和作为遗产;为防止逃跑,奴隶都被烙刺印记。如果承认人权是法律权利,那么,我们所说的人权理论不就成了卖"矛"又卖"盾"的理论了吗?

在西方人权思想发展史上,同"天赋人权"论,或者与"自然权利"相对立的观点包括"法律权利"说和"社会权利"说两种。

"法律权利"说,也称为"法赋人权"论。该学说的基本观点是,人权不是生而有之的,而是法律赋予的。它否认法律与人权的自然属性,认为自然属性属于伦理的范畴,每个人都有自己的伦理观,难以将它作为判断是非的标准,并且批评"天赋人权"的"自然状态"具有虚构性,而"自然法"又具有神秘性,因而"自然权利"是虚假的,不科学的。持这一派观点的代表人物有边沁、戴西、密尔等人,法学史上属法律规范主义这一流派。例如边沁认为:"权利是法律的产物;没有法律也就没有权利——不存在与法律相抗衡的权利——也不存在先于法律的权利。""权利是法之子,自然权利是无父之子";"在一个多少算得上文明的社会里,一个人所以能够拥有一切权利,他之所以能抱有各种期望来享受各种认为属于他的东西,其唯一的由来是法"。①从人权的本原这个意义上看,这种理论是不正确的,但是从人权的社会属性上看,它也包含有一定的合理因素。"在现代社会里,用法律的形式与手段将人应当享有的权利明确规定下来,是人权形态中的一种具体的、明确的,并最能得到实现的人权。在这个意义上,'法律权利'说包含有某种合理的与积极的因素与成分在内。"②

"社会权利"说认为,人是一种"政治动物"、"社会动物"。人不能脱离社会而独立存在,人们是生活在各种社会关系之中,他们彼此之间存在着一种连带关系。因而每个人的利益都有可能受到他人或社会组织的侵犯,每个人也可能去侵犯他人或各种社会组织的整体利益,这就需要法律予以调整,这就产生了人权问题。应当说这些看法有其正确的一面。但是,用这种观点否定"天赋人权论"的合理内核,不承认人"生而平等"、"生而自由";不承认人权来源于"人的本性",来源于"人的人格与尊严",则是根本错误的。有些人权如生命、安全、自由、平等是人生而有之的;有些人权,如选举权、罢工权是在一定历史条件下才产生的。卢梭说得对:"人生而自由,但无往不在枷锁之中。"前者指的是人权的应然性,后者指的是人权的实然性。我们必须善于将应然与实然区别开来,又必须善于将两者统一起来。③

2. 人权是人的权利。讲到人权,很容易简单地把人权说成是"人的权利"。人权简单理解为"人的权利",从语法上和形式上是说得通的。如前所述,加拿大人权学者约翰·汉弗莱就说过,"从实际意义上说,提出权利要求的总是人,不管是以个人的身份还

---

① 转引自李步云主编:《人权法学》,高等教育出版社2005年版,第32页。
② 转引自李步云主编:《人权法学》,高等教育出版社2005年版,第32页。
③ 李步云主编:《人权法学》,高等教育出版社2005年版,第32~33页。

是以某一集体的一部分的名义。因此,可以说,从严格的意义上讲,所有或近乎所有的权利都是人权"。① 但是,从理论上和内容上略加分析,人权是"人的权利"的表述是有欠缺的,这主要表现为:

(1)容易混淆了人权的实质,偏离人权理论的视点。如果只是简单地说,人权是人的权利的话,势必造成人权内容庞杂且无要点,甚至把不属于人权的内容也视为人权,也就混淆了人权的实质。人的权利包罗万象,面面俱到,法律规定的各种权利几乎都是与人有关的权利。从人权结构上看,与人的生存有关的权利包括生存权中的生命权、健康权、人身自由权、人身安全权等等;与人的发展权有关的权利包括工作权、受教育权、社会保障权等;与人的尊严有关的权利包括自由权、平等权、名誉权、选举权、被选举权等等,这些权利属于人的权利。从法律分类上看,民事权利属于人的权利,商事权利也属于人的权利;宪法中的公民权利属于人的权利,程序法中诉讼当事人的权利也属于人的权利。那么,我们研究的人权到底是研究哪一部分的人权呢?可以这么说,法律规定的,涉及人的生命、人格、尊严等体现人的价值的抽象权利都属于人权。而那些基于法律事实所产生的法律关系中的权利不属于人权范畴,例如合同之债的请求权、履行合同的抗辩权等。"并非所有被人享有的权利都具有人权的性质,那些由权利人自行设定的、可以放弃或转让的、若不享有并不影响人的人格尊严的权利,就不能称之为人权。也不是尚未被人享有的权利就不是人权,那些未被立法者认识或接受的人权以及虽认识到但受制于条件而不具备法定性的人权,尽管宪法未明文赋予人们,但其一旦被概括出来,其地位仍可居于基本权之林。"②

(2)人权固然是人的权利,但人的权利不一定是人权。因为特权也是一种人的权利,而特权恰恰是与人权相对立的。③例如,纳粹德国把人划分为等级,使某些人成为"上等人"或成为"劣等人"。其中,"雅利安人"属于上等人,"斯拉夫民族"被列为略高一等的人,被视为二等人,"犹太人"被视为劣等人。再如,古代印度种姓制度,把人分为婆罗门、刹帝利、吠舍和首陀罗四个种姓等级。这种有等级的人的权利,就不符合人权。如果笼统地说,人权是人的权利,那么处于高等级的那些人把其享有的特权也视为人的权利的话,那就是对人权的莫大讽刺。

(3)有些人的权利是否被多数人认同,需要社会全体成员的认可或需要法律制度加以确认。例如,同性恋权、堕胎权、安乐死权等,在某些国家被认为是人权,有些国家不认为是人权。

---

① [加]约翰·汉弗莱著:《国际人权法》,世界知识出版社1992年版,第11页。约翰·汉弗莱是国际人权界的元老。从联合国成立初期起,他就在联合国任职,前后长达20年之久。他曾任联合国人权司的首任司长,参与了《世界人权宣言》的起草工作,对国际人权领域的情况十分熟悉。

② 李步云主编:《人权法学》,高等教育出版社2005年版,第96页。

③ 中国人权研究会:《什么是人权》,载《人民日报》2005年1月12日第9版。

3. 人权是道德权利。① 在我国比较早提出人权是道德权利的是北京大学沈宗灵教授，他认为"人权的原意并不是法律权利，那么它又是什么意义上的权利呢？"接着他回答了这个问题，他说："人权的原意指某种价值观念或道德观念，因而它是一种道德意义上的权利和义务。道德是人们关于善恶、是非、正义与否等等的观念、原则、规范。人权就是人们从这些价值道德观念出发而认为作为个人或群体的人在社会关系中应当有的权利和应当履行的义务。"② 南京大学的教师们认为，人权中的"人"，除了在自然意义上是指"有感觉的、有个性的、直接存在的"生物有机体以外，这个"人"在社会意义上，应当是"好人"，即有最低限度道德的人，具体包括行善、敬重生命、公平对待、互助、社会责任、不受专横干涉、诚实信用、礼貌及抚幼等。③ 有的学者认为："人是道德动物，也就是说，人和人类社会不该'是怎样就怎样'，而是要服从道德判断，即根据社会物质生活条件和人及人类关系改善和发展的需要，提出'应该怎样'和'不应该怎样'，并以之作为行为准则。这是人不同于动物，人类社会不同于动物世界的关键所在。"④ 也就是说，人应当服从道德判断，根据社会物质生活条件和需要，去做他应当做的事情。同时，有的学者还认为，人权早在法律出现之前就已经作为人类的一种道德观念存在了，它的出现早于法律，有些权利并不一定要在法律中明文规定，但却作为一种道德规范受到人们的遵守。另外，在国家和法律消亡之后，人权却还要存在，因此，尽管在大多数情况下，人权要由法律来保障，但它并不是依法律的存在而存在的。⑤

尽管沈宗灵教授提出的道德权利，与南京大学法学院教师们认同的道德权利，以及夏勇教授提出的道德权利之间的内容不尽相同，但是，他们的观点却都有一个共同之处，那就是，道德权利对人类社会提出了最低的标准——人权。沈宗灵教授是以善恶、是非、正义与否等等的观念、原则、规范作为最低标准；南京大学法学院教师们赞同英国学者米尔恩的道德权利的最低标准是做个"好人"，包括行善、敬重生命、公平对待、互

---

① 在人权理论中，有时自然权利与道德权利很难分开。有些学者把自然权利和道德权利等同起来，康德就把自然权利叫作道德权利。我国的人权学者夏勇也提出关于人权是道德权利的理论，即："人权是人之作为人应该享有的权利，属于道德权利的范畴。"（参见夏勇著：《人权概念起源》，中国政法大学出版社2001年版，第218页。）英国法学家麦克法兰认为："人权是那些属于每个男女的道德权利，它们之所以为每个男女所有，仅仅因为他们是人。"这里的道德权利与自然权利的含义是相同的。（[英]麦克法兰：《人权的理论和实践》，转引自方立新、夏立安编著：《人权法导论》，浙江大学出版社2007年版，第2页。）美国学者唐纳利认为："人权是一种特殊的权利，一个人之所以拥有这种权利，仅仅因为他是人，因此，它们是最高级的道德权利。"这里的道德权利与自然权利的含义也是相通的。（[美]杰克·唐纳利：《普遍人权的理论与实践》，王浦劬等译，中国社会科学出版社2001年版，第7页。）而本文这里所说的道德权利仅限于基于道德观念所形成的权利，而不是基于自然属性所应当享有的权利。

② 沈宗灵：《人权是什么意义上的权利》，载《中国法学》1991年第5期。

③ 南京大学法学院编：《人权法学》，科学出版社2005年版，第7页。该理论是关于最低限度人权的学说，它是由英国学者米尔恩（A. J. Milne）率先提出来的。

④ 夏勇《人权概念起源》，中国政法大学出版社2001年版，第225页。

⑤ 中国人权研究会主办：《人权ABC》，http://www.humanrights.cn/china/rqzt/zt2002004315101659.htm，访问日期：2009年9月3日。

助、社会责任、不受专横干涉、诚实信用、礼貌及抚幼等；夏勇提出的最低标准是，人们根据社会物质生活条件和人及人类关系改善和发展的需要，提出"应该怎样"和"不应该怎样"，并以之作为行为准则。很显然，上述的人权观念，与人依照自然属性所应当享有的生命、自由和追求幸福的权利是有距离的。

人权是道德权利的判断存在以下不足：(1)道德是一种社会意识形态，它是人们共同生活及其行为的准则和规范。不同的时代、不同的阶级有不同的道德观念，没有任何一种道德是永恒不变的。如果只用道德标准来判断人权，那么，在人类历史进程中，奴隶制度、等级制度、种族歧视、男女不平等这些违背人权制度的社会规范，在当时的历史背景下却是符合当时的道德规范，不也就符合人权了吗？(2)人权是人类争取自由、平等和幸福权利的武器，以其执着追求自由、平等、幸福的坚定毅力和不屈不挠的抗争精神，博得了全世界人民的拥戴和全人类的掌声。专制、集权或统治者，都要在人权的面前战栗。道德在社会生产生活中自然演进生成，不是自觉制定和程序选择的产物，自发而非建构是其本质属性。从这一角度审视道德权利，它也不符合人权所具有的抗争属性。

4. 人权是商品经济的权利。即认为，"人权是资本主义商品经济的产物"，学者将其归纳为"商赋人权"说。20世纪80年代中期，这种观点在中国相当流行。"商赋人权"学说是用来对抗"天赋人权"学说的一种理论，认为，近代与现代意义上的人权，是同资本主义商品经济联系在一起的，资本主义商品经济是近代人权产生的经济基础。人权并不是什么天赋的。这种观点包含有一定的合理因素，因为商品经济的发展催生了人权理论的产生。恩格斯认为，资产阶级反对封建等级和特权的要求，能够"很自然地获得了普遍的、超出个别国家范围的性质，而自由和平等也很自然地被宣布为人权"。那是因为在近代的商品经济中存在着"不受限制的商品所有者"，以及"作为商品所有者所享有的平等权利"。①

但是，从人权的本原角度看，"商赋人权"说是不科学的。这是因为：(1)广义的人权在商品经济产生之前就存在。人权有狭义与广义之分。狭义的人权，即近代意义上的人权是近代资本主义经济与政治制度出现以后才有的，但广义的人权却同人类社会共始终。因为人权是人作为人依其自然属性所应当享有的权利。我们不能说是因为近代商品经济的出现，人才享有人权。在此以前，人不应当也不可能享有任何权利吗？这显然是错误的。在古代，朦胧的人权意识是存在的。例如，在西方，自然权利思想源远流长，公元前305年的斯多噶学派就开启了自然权利的大门；在我国，距今4000年前的"禅让"，成为远古时期权力更替的佳话，也是氏族部落传统的政治美德。按照现代人权理论，它应当是早期的人权社会实践。同时，在古老的中国，包含在人权思想与精神之中的人本主义思想，也是十分丰富的。例如"天地间，人为贵"、"民贵君轻"、"己所不欲，勿施于人"、"天下为公"、"王侯将相，宁有种乎"、"均贫富，等贵贱"等等。(2)人权的基

---

① 《马克思恩格斯选集》(第3卷)，人民出版社1995年版，第446～447页。

础是人的自然属性而不是商品经济。"商赋人权"说只是看到了近代人权产生的经济条件,而没有看到"人权是人性的要求"这一根本属性。如果说"商赋人权"学说成立的话,那么,社会主义国家在很长一段时期里曾实行高度集中的计划经济,生活在计划经济国家的人民就不享受人权了。这样的说法肯定是不成立的。

5. 人权是指在一定的社会历史条件下每个人按其本质和尊严享有或应该享有的基本权利。这一概念,出自中国人权研究会撰写的《什么是人权》一文,它登载于2005年1月12日的《人民日报》,似乎具有权威性,其实不然。《人民日报》的开栏话这样写道:"为加强人权基本知识的宣传教育,提高全社会尊重和保障人权的自觉性,增强公民依法维护自身人权和尊重他人人权的意识,本报自今日起开辟'人权知识百题问答'专栏,陆续对人权的基本概念、基本知识、中国在人权问题上的基本立场和观点、中国人权事业的实践和进展、国际人权理论和知识等进行介绍。本专栏的文章由中国人权研究会提供。欢迎广大读者对这一专栏的内容提出意见。"[①]可见,上述人权概念也只是用于宣传介绍人权的基本概念和基本知识时使用的,并不是对人权概念所下的结论性和权威性的定义。同时,这一概念也没有被多数学者所认可。因为,此概念的表述也存在不足之处。例如,此种人权观认为,"人权是指在一定的社会历史条件下每个人按其本质和尊严享有或应该享有的基本权利"。也就是说,个人享有的人权,与一定的社会历史条件是分不开的。如果这样去理解人权,就容易把奴隶社会、封建社会那种不平等的制度合法化。因为,在奴隶制社会所处的历史条件下,在奴隶主们看来,奴隶的本质还是奴隶,奴隶只是为了奴隶主而活着,没有什么尊严可言。如果这样理解人权,奴隶主们是在一定的社会历史条件下按奴隶的本质给予奴隶一些权利,如为了让奴隶们能够更好地工作,给予奴隶们的吃饭权利,或者一些休息的权利,这些是人权吗?美国当年在制定《独立宣言》的同时,保留了奴隶制就具有合理性吗?因此,我们在21世纪学习人权法理论,就应当抛弃人权具有阶级性的观念,抛弃人权是历史选择结果的观念,而应当树立"人的自然属性的权利是自然界赋予的、是不能被剥夺、不能被抛弃、不能被转让的权利"的人权观,应当坚持"人权是人人生而平等,是自然界赋予的人应当享有生命、自由和追求幸福的权利"的观念。同时,也要认识到,人权的自然属性受到人权的社会属性的制约,人权的享有受到经济发展、政治文明、文化传统等方面的制约。尽管如此,由于人权的自然属性的存在,决定了人权的社会属性是不能侵犯自然属性那部分的权利的。

---

① 中国人权研究会:《什么是人权》,载《人民日报》2005年1月12日第9版。

第二节　人权理论的产生与发展

一、人权历史概述

我国人权学者对人权的历史作出以下粗线条的划分："人权的历史可分为观念的时期和制度的时期两个阶段。"①作为观念的时期的人权只能称其为人权的萌芽,其产生于公元前305年的斯多噶学派的人权思想萌芽。作为制度的时期的人权,其产生于18世纪中后期的资产阶级的宪政革命。制度的时期的人权理论,可以称其为现代人权理论的开始。

可以这么说,一切的社会思想总是对现实社会生活的直接或间接的反映。或者说,所有的社会思想,总是能够从现实社会中寻找到根据。人权思想也是一样,不论是在欧洲,还在亚洲,不论在国内,还是在国外,最初人权思想的萌芽及人权理论,都产生于残酷的现实。特别是人权思想,它是人们经历了残酷的社会对人的奴役和压迫,出于自身本能的反抗,在长期的抗争中所探求出来的思想。哪里有剥削和压迫,哪里就有反抗。残酷的社会现实催生了人权思想萌芽的产生。特别是"君权神授"统治思想指导下而形成的奴隶制社会的非人的残酷剥削和压迫,促进人类思考和探求人的自身权利。

人权思想萌芽,开始经历了从自然法思想的起源到自然权利观念的产生,从"天赋人权"理论的形成,到"社会契约论"的具体运用,再到联合国制定《世界人权宣言》及人权公约的颁布等漫长的历史过程。从公元前305年的斯多噶学派的人权思想萌芽产生开始起算,到1948年《世界人权宣言》的制定,这漫长的人权思想演变过程,跨越了2300年的历史。其中,现代人权的历史是从18世纪开始起算,只有250多年的历史。

在这2300年的历史进程中,人类深受唯心"神权"的愚昧糊弄,饱受欺人"君权"的残酷压迫,尝尽封建"王权"的专制痛苦,经历了惨无人道的法西斯"二次世界大战"大屠杀的噩梦。所以,饱受痛苦且惊魂未定的人们,不断反思和不懈抗争,才有了人权思想的产生和人权理论的应用。例如,《世界人权宣言》就是在第二次世界大战结束的短短两年时间里,就一个世界宣言达成一致。但是,在世界和平时候,制定《公民权利与政治权利国际公约》和《经济、社会与文化权利国际公约》却用了20年的时间。可见,残酷的社会催生了国际性的人权宣言,加速了人权理论的产生。在和平年代,人们往往容易忘记反人权行为造成的伤害。

可以说,人权理论的产生与发展史,是人类社会反抗非正义的社会制度压迫的缩影,是一部充满了善与恶、正义与非正义、主张权利与反抗压迫的斗争历史。人权是撼动"神权"理论根基的新生力量,是砸碎封建专制统治的锐利工具,是人类对付所有集权

---

① 张文显主编:《法理学》,高等教育出版社、北京大学出版社2003年第2版,第381页。

专制统治的思想武器。为了实现人人都能享有的生命权、自由权、平等权和追求幸福权的美好愿望,"人权不是任何现存政治理论特有的意义,而是对所有伟大的意识形态的超越"。①

目前,比较一致的看法是,人权思想起源于公元前305年斯多噶学派的自然法思想,人权概念产生于文艺复兴时期,天赋人权是17—18世纪由欧洲资产阶级首先提出来的,社会契约论是洛克和卢梭在总结启蒙学者的"天赋人权"理论基础上加以完善的新理论。

在人权思想产生到人权理论形成的漫长的历史进程中,凝聚着众多启蒙思想家们的智慧,他们是荷兰的格劳秀斯、斯宾诺莎,英国的霍布斯、洛克,法国的伏尔泰、卢梭等思想大家。正是这些启蒙思想家的共同努力,才把人的生命与尊严同权利紧密结合而形成了人权理论。

如果用粗线条来概括这漫长的历史进程,人权理论的产生与发展的脉络是:从斯多噶学派的自然法思想的产生,到荷兰的格劳秀斯提炼了自然权利的概念;从英国的霍布斯提出关于国家产生于人们之间的允许君主专制存在的国家契约论,到斯宾诺莎只拥护民主制度的民主契约论;从洛克第一次系统地提出"天赋人权"的人权学说、率先提出"三权分立"的政治理论和总结先人思想提出了"社会契约论"的现代民主政治的思想和人权理论,到卢梭对社会契约论加以进一步的完善。最终,这些具有现代民主意识的人权理论,被美国《独立宣言》和法国《人权宣言》所采用,将观念上和理论上的人权变成现实的法律权利。简言之,人权理论伴随着资产阶级民主革命的胜利,实现了自然权利向法律权利的转化,自然法被实在法所确认,人权成为法律规范的对象,人权法成为具有强制力保障的社会规范。

二、人权思想的产生

关于人权思想的起源,是一个极为复杂的事,它可以追溯到早期的历史。但是,从哪个年代开始追溯,存在不同的观点。有的学者把它追溯到更早的公元前十几个世纪的奴隶制末期,认为古巴比伦王国制定的《汉穆拉比法典》中关于保护权利的规定是人权思想的源泉。② 其理由认为,该法典不仅对婚姻、家庭、继承、财产权、契约债务、自由人和奴隶的地位等问题作了规定,而且法典中有这样一句话:"在王国为实行正义统治,摧毁邪恶和暴力,防止以强凌弱,使国家开明起来,促进臣民的福祉。"因此,认为《汉穆拉比法典》是人权思想的源泉。有的学者把人权思想追溯到古希腊的民主思想,认为古希腊的民主制度具有人权的思想。

应当说,认为《汉穆拉比法典》就具有人权思想的内容是错误的。因为,《汉穆拉比

---

① 俞可平著:《权利政治与公益政治——当代西方政治哲学评析》,社会科学文献出版社2003年版,第126页。

② 《汉穆拉比法典》是世界上至今保留最完整第一部成文法,现存于法国巴黎的罗浮宫,因为刻在石柱上,也被称为"石柱法"。

法典》的开篇就宣传"君权神授",是人类第一部以成文法形式宣传"君权神授"的法律,而其中,王国所谓的"正义"统治,只是奉行神的意志统治罢了。① 而把人权思想追溯到古希腊的民主思想是符合人权客观事实的。因为,古希腊的奴隶制国家的民主制度改革,已经初步体现了人权思想的要求。

从有关史料看,人权思想的起源分两个阶段,一是有限的平等观点的提出,二是自然法思想的产生。而对近现代人权理论直接产生影响的是自然法思想。

(一)有限的平等观念产生

人权学者把人权思想起源追溯到古希腊的民主思想是具有一定的道理的。因为,古希腊的民主思想主要包括了有限的平等观念。什么是有限的平等观念,它是指权利主体的范围一般限于公民或自由人之间的平等,而没有扩展到奴隶的平等。例如:公元前594年梭伦(约前638—前559)的改革,他反对暴政和专制,废除债务奴役制,禁止奴隶买卖等改革措施,表明了人类在追求人身解放的道路上迈出了第一步。梭伦的改革还确立了强烈的公民权观念。他当权时制定的法律规定:当国内发生战乱时,公民必须拿起武器,或站在平乱一方,或站在叛乱一方,不允许袖手旁观,否则就要被剥夺公民权利。

之后,庇昔特拉图(约前600—前527)的改革,使得平等精神成为权利观念的核心。庇昔特拉图为满足平民阶级的权利要求,将部分贵族土地没收并分给平民。庇昔特拉图改革,表明了希腊人的权利观念开始从追求不平等走向追求平等。再之后,克里斯提尼(又译"克利斯梯尼")前508—前507年的改革,把雅典民主政治推进了一大步。他将平等权思想发展到了高峰,确立了古希腊最早的民权思想,创制了"陶片放逐法",对犯错误的官员通过民众投票的方式决定流放。克里斯提尼改革的创新之处表现为:(1)提出了"政权在全体公民手中,而不是在少数人手中"的权力在民的原则;(2)提出国家的政治生活应当是自由的原则,在自由的范畴中,特别重视言论自由的价值,认为言论自由对于公共事业只有好处,没有坏处。

遗憾的是,以上古希腊的民主改革派实行的是有限平等权的改革,权利主体的范围一般限于公民或自由人,而没有扩展到奴隶的平等。例如,梭伦的改革"赞成卑贱者与高贵者之间的权利不平等";克里斯提尼的改革也是将其权利主体限制于公民或自由人身上,而没有扩展到奴隶。

由于有限的平等观念没有触及反对"神权"的内容,只是提倡在公民或自由人之间权利的平等,所以笔者认为它只能是人权思想起源的前奏。这种平等观念在古代中国也是存在的。例如,在我国,距今4000年前的"禅让",成为远古时期权力更替的佳话,也是氏族部落传统的政治美德,其思想基础也是一种平等思想的具体运用。按照现代人权理论,"禅让"应当是早期的人权实践的具体表现。另外,中国传统思想包含平等观

---

① 具体参见本章"人权对抗'君权神授'"部分。

念的思想也是十分丰富的。例如"己所不欲,勿施于人""天下为公""王侯将相,宁有种乎""均贫富,等贵贱"等平权思想等等。但是,这些思想不是直接对"神权"提出来的,只能是具有人权观念的思想,不能作为近现代人权思想的起源。尽管如此,在当时的历史条件下,有限的平等观念产生是具有积极意义的,为以后的自然法思想的产生奠定了基础。

(二)自然法思想的产生

自然法思想的产生也是一个渐进的过程,包括了从智者学派发展到斯多噶学派,从不平等的自然正义观到人人平等的自然正义观的产生的演变过程。

1. 智者学派的产生

在古希腊,要求实现彻底的平等权利的主张来自早期智者学派中的一些进步人物。① 以普罗塔哥拉(约前481年—约前411年)为代表的早期智者公开向奴隶制度挑战,形成历史上最早的一股人权思潮。② 他们所要求实现的平等权利是真正的人权。人被奉为衡量一切的尺度。人的尊严和权利被视为神圣不可侵犯。这是一场具有深刻历史意义的人权启蒙思想运动。③ 由于智者学派的观点也仅限于人的平等,而没有触及对抗神权,所以智者学派的观念没有被作为人权思想的起源。

智者学派(sophists)是指前5世纪—前4世纪对希腊的一批收徒取酬的职业教师的统称。他们在思想学说上的观点和基本倾向是较为一致的,因而有人把这些人称为"智者派"。他们以雅典为中心,周游希腊各地,对青年进行修辞、论辩和演说等知识技能的训练,教授他们参政治国、处理公共事务的本领。该学派对神的不敬和否定对后世产生很大的影响。他们为了反对传统思想和宗教神话的束缚,力图贬低神的权威,否认

---

① 公元前5世纪前,智者泛指聪明伶俐并具有某种知识技能的人,如荷马史诗提到雕刻匠、造船工、战车驭手时,都称为"智者"。后来,自然科学家、诗人、音乐家乃至政治家,也被称之为"智者"。到公元前5世纪,特别是到柏拉图、亚里士多德时代,"智者"虽有上述含义,但多指专门以教授青年而获取报酬的职业教师。

② 普罗塔哥拉,也有翻译成"普罗泰戈拉"(约前481年—约公元前411年),是古希腊诡辩学派的著名哲学家。他和弟子之间发生的"半费诉讼"广为流传。他在收受弟子教人打官司时都要和对方订下合同,学生入学时先交一半学费,毕业后第一次出庭胜诉再交付另一半学费。学生欧提勒士(另说是"爱瓦特尔")学成后一直不肯替人打官司,当然也就不交付另一半学费。普罗塔哥拉决定起诉他的学生。在法庭上,老师志在必得地说:如果你在此案中胜诉,你就应按合同约定交付学费;如果你败诉就必须按法院判决付给我学费。总之,无论胜诉还是败诉,你都要付给我另一半学费。学生则针锋相对地回答:老师您错了,这场官司无论胜负我都不用付学费。如果我胜诉,根据法庭判决我不用付学费;如果我败诉,根据合同中我第一次出庭胜诉才付学费的约定,我也不必交付学费。双方都以真实性难以怀疑的前提出发,却得出了两个完全相反的结论,让法官难以判决。这就是历史上著名的"普罗塔哥拉悖论",也称为"半费诉讼"。这个故事表明,悖论作为一种特殊的思维形式,与诡辩有密切的联系。悖论既可以为人类思维的发展和科学理论的形成提供一些有益的启示,也可以为一些论者进行诡辩提供论辩的工具。

③ 郑杭生、谷春德主编:《人权史话》,北京出版社1991年版,第24页。

神的传统形象。① 其中,最重要的代表人物是普罗塔哥拉,他是古希腊诡辩学派的著名哲学家,是早期以智者身份公开向奴隶制度挑战的学者,在他思想影响下,古希腊形成历史上最初的人权思潮,他的著作虽然被烧毁了,但他的思想在古希腊产生了广泛影响。普罗塔哥拉的观点认为:人性是天赋平等的,智慧和美德是人人都能获得的品性,人应当成为万物的尺度。人的地位在普罗塔哥拉的学说中实际上取代了神的崇高地位。他关于人类分享同等品德的观点以及推崇人而不推崇神的做法,是对侵害人的尊严的奴隶制度和传统意识形态的挑战。②

在此之后,具有人权思想的学者包括苏格拉底(前469—前399年)。他从法律契约论的立场出发,提出公民应有离国的自由。当公民对国家法律有意见时,可以面临两种选择:一是自由离开这个国家,二是自愿留下来遵守法律。如果公民选择自由出国,则法律对此不得禁止。公民的离国自由权不是源于法律,而是源于公民的个人意志。苏格拉底关于公民因对国家不满而自由出国的权利观点是近现代出国自由权主张的古代表现形式。苏格拉底的理论已经内在地将出国自由权视为公民的基本权利了。

再者,亚里士多德(前384—前322)是古希腊思想的集大成者。他的权利思想包含着极为复杂的丰富内容,在权利理论的一系列具体问题上,他的论述又极大地丰富了人类关于权利问题的认识,深化了人的权利观念的进程。另一方面,他作为奴隶制度的辩护士,竭力将奴隶排除在权利主体范围之外,并从人的本性和自然法论出发论证奴隶制度的合理性。这是亚里士多德对自然法认识的局限性。

2. 斯多噶学派的形成

多数学者都承认,自然法的思想萌芽产生于斯多噶学派。

斯多噶学派的创始人是古希腊哲学家芝诺(约前336—前264年),他于公元前305年左右创立了斯多噶学派。斯多噶学派的观点来自于对世界本原的认识,认为世界本原有两种,一种是被动的本原即质料;另一种是能动的本原即理性。自然界的生成和运动是有规律的,即使神也无法改变。相反,神也要服从于理性。理性已经具有比神更高的意义,成为斯多噶派伦理学中的"命运"。斯多噶学派认为,人所要直接面对的,就是一个冰冷的"命运",谁也认识不了它,谁也改变不了它,从前讨好神的办法,在面对命运的时候完全无效了。斯多噶学派的"理性"观念是对当时的"神性论"的巨大挑战,也是自然法的思想起源。

斯多噶学派还提出世界主义的口号,认为每个人都受两种法律的支配:一是自己所在的城市法律,二是世界城市的法律即理性的法律。其中,世界城市的法律即理性的法律拥有更大权威。他认为,尽管各国各地区的风俗习惯各异,但是理性是统一的。可以

---

① 智者最早和最主要的代表人物是普罗塔哥拉和高尔吉亚,他们的思想奠定了智者学说的基础。其他代表人物有:普罗狄柯、希庇阿、安提丰、特拉西马库和克里底亚等。由于史料失传,人们对他们的生平事迹和著述状况所知甚少。智者的重要代表作有普罗泰戈拉的《真理或毁灭性的言论》《伟大的话》《论神》,高尔吉亚的《论不存在者或论自然》等,但保存下来的也仅是断简残章。

② 郑杭生、谷春德主编:《人权史话》,北京出版社1991年版,第24页。

这样认为,斯多噶学派的思想已大体具备人权思想的某些重要方面的内容,即整个人类,不分种族、肤色、信仰、国籍、门第、财产、身份等等,应一律平等,一视同仁。东罗马帝国皇帝查士丁尼一世的《法学总论》吸收了斯多噶学派思想,《法学总论》规定,根据自然法,一切人生而自由,既不知有奴隶,也就无所谓释放。①

3. 人人平等的自然正义观的产生

斯多噶学派的观点对人权思想的形成具有贡献作用的思想是人人平等的自然正义观。人人平等的自然正义观的核心内容是世界大同的理论。斯多噶学派主张,任何人,包括希腊人和野蛮人、上等人与下等人、城邦公民与外来人、奴隶和自由人、富人和穷人,都是平等的。人与人之间的唯一的本质区别,就是有智慧的人与愚蠢的人之间的区别,也就是所谓上帝可以引导的人和上帝必须拉着走的人之间的区别。人与人的平等是自然造就的,而自然本身是统一和完美的,代表宇宙最高的善。在斯多噶学派那里,人性和自然在道德上的统一是通过人人都拥有理性来完成的。在他们看来,给世界带来生气的同一圣火将火花投入了人的灵魂,使人拥有不同于动物的禀赋——理性,理性使人们相互认同,从而使社会生活成为必要和可能。正因为,斯多噶学派的人人平等的自然正义观的思想产生,人们把斯多噶学派的思想视为人权思想的源泉。

此后,基督教开始盛行。基督教主张一种比斯多噶学派更深刻、更绝对的平等。它把人的自然平等上升到生命创造意义上的平等。每个人的生命都来自一个共同的造物主——上帝,也就是现在法学语言所说的基于出生。因而,每个人在生命价值和尊严上,是绝对平等的。

三、近代人权理论的产生

近代人权理论确立的重要标志是自然权利的产生到"天赋人权"理论的形成,并得到具体的运用。它是指第一代人权理论即"天赋人权"理论得到具体的运用。"天赋人权"理论是由荷兰的格劳秀斯、斯宾诺莎,英国的霍布斯、洛克,法国的伏尔泰、卢梭等启蒙思想家在承前启后、大力传播自然法和自然权利的思想基础上形成的人权理论。从自然法观念演变为自然权利的学者是格劳秀斯;把自然权利归纳为"天赋人权"原则的是英国哲学家洛克,他在《政府论》一书中首次提出了"天赋权利"的概念,并初步地对"天赋人权"原则进行系统化的研究。他所确定的人民享有不可剥夺、不可转让的生命、健康、自由、财产等权利,经过此后启蒙学者的发展与完善,再经过美国《独立宣言》和《人权法案》、法国《人权宣言》和1793年宪法,以法律形式固定下来,成为资产阶级国家的法律原则。在天赋人权理论的形成过程中,英国的哲学家、政治思想家霍布斯提出了国家契约论,他反对君权神授,但主张君主专制;而另一位荷兰近代思想家斯宾诺莎则主张实行民主制的国家契约论,反对君主专制;接着,国家契约论经洛克和卢梭等思想

---

① 《自然权利说又称"天赋权利说""天赋人权说"》,中国人权网:http://www.humanrights-china.org/china/rqlc/C2200111791322.htm,访问日期:2009年9月10日。

家们的改造和完善，形成了社会契约论。简单地说，人权思想从自然法向自然权利转变，自然权利向"天赋人权"转变，而根据"天赋人权"理论，进而发展为社会契约论。

（一）近代人权理论形成的过程

1.荷兰法学家格劳秀斯率先提出自然权利。在意大利思想家、诗人但丁明确提出人权概念之后，①荷兰法学家格劳秀斯在1625年出版的《战争与和平》一书中也使用了"人的普遍权利"和"人权"概念。② 有学者指出，格劳秀斯是近代"天赋人权论"的先声，他的"天赋人权"思想主要是通过自然权利的思想表现出来的。格劳秀斯先是提出了自然法的基础不是神的意志，而是人的理性，进而提出了自然权利的概念。他把生命、躯体、自由、财产等看作不可侵犯的天生的权利，即一个人出生后就自然而然拥有的权利。③ 格劳秀斯于1625年创作的《战争与和平法》是一部历史巨著和国际法杰作。该书从立法的角度探讨如何消灭战争，以实现全人类的和平和幸福。与其他启蒙运动时期的代表作品一样，该书的核心思想，凝聚到一点，就是对人类和平的执着追求，是对人类的爱。在书中，他提出了许多合乎自然法的人道主义的观点，诸如：自卫战争是适合自然法的；在一定条件下，人民反统治者的战争是合理的。同时，他也注意到，在战争时期各国之间必须制定一种彼此都能适用的法则，借以保护非战争人员的权利等等，这些思想不仅体现了近代人权思想，也包含了人道主义精神。

2.英国的霍布斯率先提出国家契约论。霍布斯是英国的哲学家、政治思想家，比荷兰的格劳秀斯小5岁。④ 他是从人的欲望和理性出发来解释自然法，提出"自然状态说"，把人类处于没有公共权力管理，完全按照自己本性而生活的状态叫作"自然状态"。

---

① 意大利诗人但丁于14世纪初提出了"人权"概念。关于最早提出"人权"概念的研究，参见本书第二章第四节"人权法的历史"。

② 格劳秀斯(1583—1645年)，荷兰人，出生于一个议员家庭。他是古典自然法学派的主要代表人物和近代自然法理论的创始人之一，是世界近代国际法学的奠基人，也是近代"天赋人权论"的先声。他早年留学法国，15岁获法国奥尔良大学法学博士学位。年仅16岁的他在海牙任律师，25岁的他就担任荷兰一个省的检察长。1613年出使英国。1618年因卷入政治与宗教冲突而被捕入狱，并被判终身监禁。1621年越狱成功逃往法国，从此开始研究写作工作。他的著作《战争与和平法》《捕获法》和《论海上自由》，全面系统地论述了近代国际法的基本原理，使他成为近代国际法学的奠基人，而被世人誉为"国际法始祖"。《战争与和平法》是在流亡期间写成的。

③ 谷春德、郑杭生主编：《人权：从世界到中国》，党建读物出版社1999年版，第12~13页。

④ 霍布斯(1588—1679年)，出生于英国的一个乡村牧师家庭。他是英国哲学家、政治思想家，也是近代自然法和社会契约论的代表人物之一。其代表作为《利维坦》。"利维坦"字意为裂缝，在《圣经》中是象征邪恶的一种海怪，通常被描述为鲸鱼、海豚或鳄鱼的形状。《利维坦》的第二部分是全书的主干，主要描述自然状态中，人们都享有"生而平等"的自然权利，又都有渴望和平和安定生活的共同要求，于是出于人的理性，人们相互间同意订立契约，放弃各人的自然权利，把它托付给某一个人或一个由多人组成的集体，这个人或集体能把大家的意志化为一个意志，能把大家的人格统一为一个人格；大家则服从他的意志，服从他的判断。第三、四部分主要内容是否认自成一统的教会，抨击教皇掌有超越世俗政权的大权。其主要矛头是针对罗马教会，大量揭发了罗马教会的腐败黑暗、剥削贪婪的种种丑行劣迹，从而神的圣洁尊崇、教会的威严神秘，在霍布斯的笔下黯然失色。

随后,他提出了国家起源说,认为国家是人们为了遵守"自然法"而订立契约所形成的,即国家产生于人们之间的契约。其理论依据是:人们除了保留"自我防卫"等权利外,应当同意将自己的其他的自然权利交付、转让给一个人或一些人组成的会议,由某一个人或某个组织统一行使管理权,这样国家就产生了。这也是社会契约论的前身,笔者称之为国家契约论。"自我防卫"权利是指为了自己的生命而保留某些权利,如支配自己的身体的权利,享受空气、水的权利等。

霍布斯的国家契约论的特点是:一方面反对君权神授,另一方面主张君主专制,极力为绝对权力辩护。霍布斯的"自然权利"和"国家契约论",都把生命、自由、平等、财产等看作天赋的权利。他指出,人人都有生命权,而且生命权是不能转让的:"人们也必须为了自己的生命而保留某些权利,如支配自己的身体的权利,享受空气、水的权利,以及一切其他缺了就不能生活或生活不好的东西的权利。"①霍布斯以自然法作为依据,认为君主专制是好的政体。同时,认为"专制主义不一定必须是由君主才能实行,而是在任何政府形式之下都能实行的"。② 因此,霍布斯身上具有双重的秉性,既具有无神论的唯物主义思想,又具有坚持君主专制的封建思想。

3. 斯宾诺莎对国家契约论的修正。斯宾诺莎是另一位荷兰近代思想家,晚于霍布斯44年出生。③他主要以哲学家闻名于世,但是他的人权思想也不可忽视。斯宾诺莎的人权学说,既有与霍布斯相同的一面,又有不同的一面。相同的一面是,斯宾诺莎也用自然权利和契约论的观点来论证国家和公共权力的产生和实质。不同的是,斯宾诺莎不主张君主专制,而拥护民主制度。他认为,民主制可以让人享有信仰、思想和言论的自由,而"自由比任何事物都为珍贵"。④ 因此,斯宾诺莎的契约论更具有社会契约论的特征。

4. 洛克第一次系统地提出"天赋人权"学说和"三权分立"的思想,并提出社会契约论。与斯宾诺莎同年出生的英国民主宪政专家约翰·洛克,⑤他是第一次系统地提出

---

① [英]霍布斯著:《利维坦》,商务印书馆1985年版,第117页。
② 吴恩裕:《论洛克的政治思想》,载[英]洛克著:《政府论》(下篇),叶启芳等译,商务印书馆1964年版,Ⅶ页。
③ 斯宾诺莎(1632—1677年),荷兰哲学家,西方近代哲学史重要的理性主义者。他出生于一个犹太商人家庭。斯宾诺莎生前发表的只有《笛卡儿哲学原理》和《神学政治伦》,刚一问世就被列为禁书,但是人们把它伪装成医学书和历史故事进行销售。1656年,他因被指控异端言论而被召唤到犹太教会的长老们面前。长老们许诺给他提供500英镑的年金,要他保证起码在外表上忠诚于他的教会和宗教。他拒绝了这个条件,1656年7月27日他被按照希伯来仪式中的一整套阴森的程序开除了教籍。斯宾诺莎平静地接受了现实,他的父亲催促他离开家庭。1677年斯宾诺莎去世,那年他45岁。很多人哀悼他的去世,就像精英敬佩他的智慧,朴实的民众喜欢他的温和。
④ [荷]斯宾诺莎著:《神学政治论》,商务印书馆1963年版,第12页。
⑤ 约翰·洛克(1632—1704年)英国哲学家,经验主义的开创人,也是第一个全面阐述宪政民主思想的人,在哲学以及政治领域都有重要影响。

"天赋人权"学说、第一个系统阐述民主政治和"三权分立"的思想家。① 他积极提倡人的自然权利,主张要捍卫人的生命、自由和财产权。他的政治理念深远地影响了美国、法国、英国以及其他的西方国家。

1689年到1690年间,洛克写成的两篇《政府论》是他最重要的政治论文,其基本精神是对1688年刚刚结束的英国"光荣革命"进行辩护及在理论上加以总结。在论文的上篇,他极力并有效地驳斥了菲尔麦(又译"费尔默")爵士的君权神授和王位世袭的主张;在论文的下篇,洛克主张统治者的权力应来自于被统治者的同意,建立国家的唯一目的,是为了保障社会的安全以及人民拥有财产的自然权利。其理论依据是:人们为了保持生存,必须拥有财产。

洛克认为,自然状态社会与公民社会之间的主要区别是:公民社会有一个民主政府作为"裁判者",当个人受到侵害的时候,就可以向裁判者申诉。而自然状态社会则缺乏这样一个裁判者。洛克认为,在君主专制和封建统治制度下,因为统治者独揽一切大权,包括所有的立法和执行的权力,所以就不存在裁判者,人民依然是处于自然状态中。也就是说,在洛克眼里,君主专制和封建统治的国家,依然是处于自然状态之中。"只要有人被认为独揽一切,握有全部立法和执行的权力,那就不存在裁判者;由君主或他的命令所造成的损失或不幸,就无法向公正无私和有权裁判的人提出申诉,通过他的裁决可以期望得到救济和解决。"②

洛克认为,"当某些人基于每人的同意组成一个共同体时,他们就因此把这个共同体形成一个整体,具有作为一个整体而行动的权力,而这是只有经大多数人的同意和决定才能办到的。……人人都应根据这一同意而受大多数人的约束"。他还认为,立法权是"委托权力","只有人民才能通过组成立法机关和指定由谁来行使立法权"。不过,他强调社会契约论是可以废除的。当政府的所作所为与这一目的相违背的时候,人民就有权利采取行动甚至以暴力的方式将权力收回。"当人民发现立法机关行为与他们的委托相抵触时,人民方面仍然享有最高的权力来罢免或更换立法机关。"③

洛克认为每一个人都是平等的,在一个人没有损害另一人利益的情况下可以自行其是。更为重要的是,洛克还是第一个倡导了权力的分配与制约的思想家,他提出了从制度上保障人权的新思路:为了防止专制暴政,保障人民的自然权利,洛克提出立法权、执行权和对外权三权分立的分权制度和学说。他认为立法机关应当高于行政机关,防止行政权独断专行。这方面的理论由后来的法国哲学家孟德斯鸠继续发展,并对美国

---

① 之所以说,洛克是首先对"天赋人权"理论进行系统研究的思想家。因为洛克一生经历了英国资产阶级革命40年的腥风血雨,其间充斥复辟反复辟的较量,经历了3个限制王权、保障人权的法案的成立,那就是1679年的《人身保护法》、1689年的《权利法案》、1701年的《王位继承法》。他能够系统发展了天赋人权说,成为自然法和社会契约论的发展者,除了思想理论上的渊源,还有上述历史实践上的原因。这样,以"天赋人权"为核心内容的"第一代人权"终于得到了确立,并在很长一段时间内被认为是人权的经典理论。

② [英]洛克著:《政府论》(下篇),叶启芳等译,商务印书馆1964年版,第55页。

③ [英]洛克著:《政府论》(下篇),叶启芳等译,商务印书馆1964年版,参见第59、87、90页。

的三权分立制政体产生了积极的影响。

洛克的政治思想对后来的政治政体发展起到了极大的推动作用。洛克的自由主义被美国奉为神圣,成为美国的民族理想。他的思想深深影响了托马斯·杰弗逊等美国政治家,并且在美洲引发了一场轰轰烈烈的革命浪潮。洛克的影响在法国则更为激烈。伏尔泰是第一个将洛克等人的思想传到法国去的人,法国后来的启蒙运动乃至法国大革命都与洛克的思想不无关系。洛克第一次系统地提出"天赋人权"学说,把在英国革命时期提出的各种基本要求概括为自由权、生命权和财产权,并把它们说成是"天赋人权"。

5. 伏尔泰以大力宣扬"天赋人权"和辛辣地讽刺封建专制而著称。在洛克出生后的62年,法国诞生了一位伟大的启蒙思想家、文学家、哲学家——伏尔泰。① 他是18世纪法国资产阶级启蒙运动的旗手,被誉为"法兰西思想之王"、"法兰西最优秀的诗人"、"欧洲的良心"。雨果曾评价说:"伏尔泰的名字所代表的不是一个人,而是整整一个时代。"伏尔泰提倡天赋人权思想,认为人与生俱来就是自由和平等的,一切人都具有追求生存、追求幸福的权利。他信奉自然权利学说,认为"人们本质上是平等的",要求人人享有"自然权利"。他主张人人在法律面前平等,他以捍卫公民自由,特别是信仰自由和司法公正而闻名。他的一些关于自由的至理名言倍受传颂:"我可能不同意你说的每一个字,但我誓死捍卫你说话的权利。""人类最宝贵的财产——自由。"但是,他又认为财产权利的不平等是不可避免的。他把英国的君主立宪制理想化了,认为最理想的是由"开明"的君主按哲学家的意见来治理国家。

同时,伏尔泰曾因辛辣地讽刺封建专制主义而被流放,之后又被投入巴士底狱。② 他的书被列为禁书,他本人多次被逐出国门。1726年他被迫流亡英国,对英国资产阶级的政治、文化发生了浓厚的兴趣。《哲学通信》就是他在英国的观感和心得的总结。1734年,伏尔泰在法国正式发表了《哲学通信》,宣扬英国资产阶级革命后的成就,抨击法国的专制政体。他的书信集出版后即被当局查禁,巴黎法院下令逮捕作者。他逃至女友夏特莱侯爵夫人家中,在女友的庄园隐居15年。他于1778年5月30日在巴黎逝世。由于他直言不讳地反对教权主义,因而不能在巴黎举行基督教葬礼。但是13年后,胜利的法国革命者挖掘出他的遗体,重新安葬在巴黎伟人祠。

6. 卢梭继承和发展了洛克的"天赋人权论"和完善了社会契约论。法国另一位伟

---

① 伏尔泰的原名是弗朗梭阿—马利·阿鲁埃(1694—1778年),伏尔泰是笔名。他写过大量文学作品、历史和哲学著作,其中最有影响的是在哲学方面的一本书,即《哲学通信》(又名《哲学书简》或《英国书简》,发表于1734年)。这部书被人称为"投向旧制度的第一颗炸弹",是他于1726—1729年避居英国期间,潜心考察英国的政治制度、哲学和文艺,回国后发表的哲学著作。

② 1715年,伏尔泰因写诗讽刺当时摄政王奥尔良公爵被流放到苏里。1717年,他因写讽刺诗影射宫廷的淫乱生活,被投入巴士底狱关押了11个月。1726年,伏尔泰又遭贵族德·罗昂的污辱并遭诬告,又一次被投入巴士底狱达一年。之后,伏尔泰答应了离开法国的条件,不久被释放出狱。因此他前往英国,大约住了两年半至三年时间。1729年,因得到法国国王路易十五的默许,伏尔泰回到法国。

大的思想先驱者卢梭,比伏尔泰小18岁,他是18世纪启蒙运动最卓越的代表人物之一。① 他继承和发展了洛克的"天赋人权论",在"天赋人权论"的系统化过程中作出了自己应有的贡献。他的《社会契约论》也是在继承和发扬洛克的"社会契约论"的基础上写成的。该书为18世纪末法国资产阶级民主革命和美国资产阶级民主革命提供了理论纲领。② 全书的中心思想是:人是生而自由与平等的,国家只能是自由的人民自由协议的产物,如果自由被强力所剥夺,则被剥夺了自由的人民有革命的权利,可以用强力夺回自己的自由;国家的主权在人民,而最好的政体应该是民主共和国。他认为社会契约所要解决的根本问题是,"要寻找出一种结合的形式使它能以全部共同的力量来卫护和保障每个结合者的人身和财富,并且由于这一结合而使每一个与全体相联合的个人又只不过是服从自己本人,并且仍然像以往一样地自由"。③ 换言之,人民同意建立政府的目的,就是要保护他们的天赋人权,即保护"构成他们生存要素的财产、自由和生命"。④ 他认为一切权利属于人民,政府和官吏是人民委任的,人民有权委任他们,也有权撤换他们,直至消灭奴役压迫人民的统治者。"这个社会公约一旦遭到破坏,每个人立刻就恢复他原来的权利,并在丧失约定的自由时,就又重新获得了他为了约定的自由而放弃的自己的天然的自由。"⑤这就是社会契约论和人民主权思想的体现。

另外,卢梭不仅继承了洛克的思想,而且对洛克思想的发展也是明显的。这主要表现为:一是他们所强调的重点不同。卢梭不仅把平等提升到十分重要的地位,认为没有平等,"自由便不能存在",⑥而且其平等的范围也远远超出洛克强调的法律平等,还包括道德平等、财产平等和交换平等。二是卢梭提出了新观点,这就是卢梭的"人民主权论"。从人民权力的角度看,霍布斯的社会契约思想是把人置于一个人或数个人的专制统治之下的约定,洛克是通过社会契约以议会主权代替人民主权,而卢梭则是主张人民主权至上,人民主权不可转让、不可分割。

――――――――――

① 卢梭的全名是让·雅各·卢梭(1712—1778年),法国著名启蒙思想家、哲学家、教育家、文学家,是18世纪法国大革命的思想先驱,启蒙运动最卓越的代表人物之一。他是《百科全书》的撰稿人之一,主要著作有《论人类不平等的起源和基础》《社会契约论》《爱弥儿》《新爱洛伊丝》《忏悔录》等。他于1712年6月28日出生于瑞士日内瓦一个钟表匠的家庭,属于日内瓦公民,一出生就失去了母爱(母亲因生他难产去世),是由父亲和姑妈抚养长大的。他在生前遭人唾弃,死后却受人膜拜。1791年12月21日,法国国民大会投票通过决议,给大革命的象征卢梭树立雕像,以金字题词——"自由的奠基人"。卢梭被安葬于巴黎先贤祠。

② 《社会契约论》于1762年出版之后,遭到日内瓦当局的焚烧,次年他放弃了自己的日内瓦公民权。此外,他的另一本名著是遭到法国当局查封、与《社会契约论》同年发表的小说体教育名著《爱弥儿》。该书第一次在荷兰的阿姆斯特丹出版,轰动了整个法国和西欧一些资产阶级国家,影响巨大。当此书要在法国出版时,遭到当局的查禁。按照法国当时的习俗,一本书出版之前必须经过某些知名人士的传阅。《爱弥儿》经过外界传阅后,这本充满灵感和独具创见的教育学著作,被外界视为异端邪说,还被法国法庭列为禁书。

③ [法]卢梭著:《社会契约论》,何兆武译,法律出版社1980年版,第23页。
④ [法]卢梭著:《论人类不平等的起源和基础》,李常山译,法律出版社1958年版,第132页。
⑤ [法]卢梭著:《论人类不平等的起源和基础》,李常山译,法律出版社1958年版,第132页。
⑥ [法]卢梭著:《社会契约论》,何兆武译,法律出版社1980年版,第69页。

7."天赋人权"理论在美国生根发芽。此后的美国也出现了许多杰出的拥护并宣传"天赋人权"理论的思想家。比较著名的有,美国独立战争时期著名的政治思想家、激进的资产阶级民主主义者潘恩(1737—1809年)。他根据欧洲启蒙思想家的自然权利论和社会契约论,进一步系统地论述了天赋人权论。他在《常识》(1776年)、《人权论》(1791年)等著作中,论证了革命和推翻君主制、建立共和制的合理性,是属于人民的自然权利。同时,作为实践家,潘恩身体力行,为争取人权、反对君权而奔走呼号。他应邀参加了1789年8月颁布的法国《人权宣言》的起草。

另一位是美国独立战争时期和建国初期杰出的政治家杰弗逊(1743—1826年)。他在1775年,即年仅32岁时,受委托起草美国的《独立宣言》。他以通俗易懂的形式,将"人人生而平等"的原则、"生命、自由和追求幸福"等自然赋予的"不可转让的权利"载入这一宪法性的文件中。杰弗逊在《独立宣言》中,将洛克天赋人权的核心"财产权"改为"追求幸福的权利"。他认为,财产权并不属于天赋人权,而仅仅是国家法律规定的权利;财产权应以保障天赋人权为前提,应防止侵害财产权导致侵害天赋人权的情况发生。杰弗逊还为美国国会通过保障人权的十条修正案,即1791年生效的《人权法案》,作出了贡献。

第三节 人权的本质与分类

一、人权的本质

(一)人权本质的要义

事物的本质是事物特有的属性,这种属性决定了该事物成为自己的原因。人权的本质是人权特有的属性,这种属性决定了人权成为人权的原因。人权的本质是人权自身特别拥有的根本属性,既具有"客观"的属性,也具有"主观"的属性。首先,人权的本质具有客观的属性。从字面上理解,本质具有"根本"、"原本"和"本来"的含义。从内涵上理解,本质是指事物本身所固有的属性、面貌和发展的根本性质,它是隐蔽的,只有透过现象才能看得见。其次,人权的本质具有主观的属性。人权的本质属性是人权自身特别拥有的根本属性。这意味着人权的本质,是其他的一般权利所不具有的属性。从这个意义上说,人权的本质是一个关系概念。即:人权的本质不能脱离与其他事物的比较而存在。由于人们对这些属性的重要性的理解会因人而异,所以说人权的本质也具有主观性的特征。再次,人权的本质是同人权的定义紧密联系在一起的,如果要给人权下定义,该人权的定义就应将该人权的"本质"包括在内;反过来说,只要给出了一个人权的定义,一般也就揭示了人权的本质。人权是指人依自然属性应当享有的,依社会属性所确认和保障的,对国家权力具有约束力的权利总称。

(二)人权本质的不同观点

什么是人权的本质？不同的学者有不同的观点。目前,关于人权的本质,我国人权学者有以下几种不同的观点：

1. "天赋人权"是人权的本质。持这种观点的学者有两种表述,但是意思相同：一种认为,人权的本质就是人们仅凭其作为人就享有人权,且该权利不是法律赋予的,是每个人一出生就固有的权利。① 另一种认为,人权本质上是一种道德权利,它是一个人的正常生活所必需的。这些"必需的"权利主要是由人类根据自己的人性、理性和道德加以判定的,而不是由哪个人或团体赋予的或法律规定的。②

2. 人的本性是人权的本质,其中利益和道德是核心。"人权的本质,即人之所以应当享有人权,是基于人有本性。"③该学者把人的本性作为人权的本质,且认为人的本性包括了自然属性和社会属性,具体内容包括"天性、德性和理性"。④ 同时,他又强调人权的这种"权利",最为本质的东西,一是利益,二是道德。他认为,任何"权利"的基础都是"利益"。不过,人权所包含的利益极为多样与广泛,不仅包括经济的、文化的、政治的和社会生活中的各种利益,也包括人身人格的各种利益,还包括思想与行为的各种自由。他还认为,人权另一最为本质的要素是道德。他指出："人权是人所应当享有的权利"中的"应当",就是一个伦理的和道德的概念。这里的道德是指进步的道德,而且为人类所公认的。⑤

3. 人权的本质属性仅限于人的利益。有的学者只强调人权的本质属性是人的利益。"人权的本质属性首要地表现为利益,无论利益的形态是物质的还是精神的。正是从这一意义讲,人权总是以利己的自私的方式存在着。它是人实现利益的手段,并且是最可靠最有效的手段。"⑥

4. 人权的本质是事实上的人权。"我们从人权所依存的社会事实基础上概括出人权的本质含义,即事实上的人权。""事实上的人权是从与概念中的人权相对应的情况下,对人权本体的一种认识方法,它与从另一角度对人权所划分的三种形态,即应然的、法然的、实然的人权,是有本质区别和联系的。"⑦事实上的人权相当于应有人权的现实

---

① "人权的本质属性之一方面,决定了人们仅凭其作为人就享有这些权利。因此,这些权利并不是法律赋予的,它是每个人一出生就固有的权利,法律只是形式上确认和保护个人和群体的权利不受干涉和侵犯。"方立新、夏立安编著：《人权法导论》,浙江大学出版社2007年版,第2页。
② 俞可平：《权利政治与公益政治——当代西方政治哲学评析》,社会科学文献出版社2003年版,第125页。
③ 李步云主编：《人权法学》,高等教育出版社2005年版,第10页。
④ 李步云主编：《人权法学》,高等教育出版社2005年版,第38~44页。
⑤ 李步云主编：《人权法学》,高等教育出版社2005年版,第18页。
⑥ 张文显主编：《法理学》,高等教育出版社、北京大学出版社1999年版,第96页。
⑦ 韩德强著：《人权价值论》,载于徐显明主编：《人权研究》(第一卷),山东人民出版社2001年版,第62页。

性,从而使人权脱离了概念化的特征。"现实性是事实上人权的本质特征。"①

5. 其他几种观点。有的学者认为,人权的本质特征是自由和平等。② 没有自由、平等作保证,人类就不能作为人得以生存和发展,就谈不上人的尊严,也就谈不上人权。③ 有的学者认为,人权在本质上是人的欲望和需要,但要把人的欲望和需要判断为权利必须先找到一个有力的根据,尤其是考虑到人权中的普遍平等原则时,这种根据就只能从"人"本身去寻找。④ 有的学者认为,人权的本质是国家主权给予公民的一种待遇。

学者们从不同角度理解人权的本质特征,提出的不同观点是值得商榷的。比如,把"天赋人权"作为人权的本质,或者把人的本性作为人权的本质,这实质上混淆了人权的本原和本质特征的区别,"天赋人权"和人的本性,应当是人权的本原而非人权的本质。又如,人权的本质属性仅限于利益。学习法律的人都知道权利实质上就是一种利益,不仅仅限于人权。再如,人权的本质是自由和平等。这实质上是把人权的内容当作人权的本质。自由和平等是人权的重要内容,不能把人权的主要内容视为人权的本质。如果这样理解人权的本质,那么人的生命才是最根本的,那么为何没有把人的生命作为人的本质呢?再者,人权在本质上是人的欲望和需要的观点,实质上与人权的本质是利益的观点相同,人的欲望和需要的实质就是人的利益需求。

(三)人权本质的理性思考

关于人权的本质问题,笔者认同以下的观点:人权的本质是以个人的权利对抗公共权力,或者说是用人权为尺度,对政府公共权力加以限定。持有此观点的学者有瑞士的人权学者托马斯·弗莱纳,他认为:"支撑着对人权的现代理解的基本观念是这样一种认识:有必要提醒其遵守人权的义务的正是政府。人权标明了国家权力的边界,对立法机关的权力设置了一种限制,要求政府尊重人的尊严,即使这样做使政府不高兴。"⑤中国学者徐显明教授认为:"人权是公权的本原、界限、目的,法律能够调处出这种状态,法治便存在。"⑥有的学者从国家权力来源的角度论述了人权本质:"国家权力是来自公民权利的让渡,国家权力存在的目的是为了保障所有公民的基本人权。"⑦笔者之所以认同这种观点,是因为,从人权理论形成过程看,人权始终是针对统治权的,也就是说人权

---

① 韩德强著:《人权价值论》,载于徐显明主编:《人权研究》(第一卷),山东人民出版社2001年版,第62页。
② 中国人权研究会:《什么是人权》,载《人民日报》2005年1月12日第9版。
③ 《人权的本质是什么?》,http://wenda.tianya.cn/wenda/thread?tid=1c803ff50affeee0,访问日期:2009年9月3日。
④ 曲相霏著:《人权主体论》,载徐显明主编:《人权研究》(第一卷),山东人民出版社出版2001年版,第5页。
⑤ [瑞士]托马斯·弗莱纳著:《人权是什么》,中国社会科学出版社2000年版,第3页。
⑥ 徐显明:《法治的真谛是人权(代序)一种人权史的解释》,载徐显明主编:《人权研究》(第一卷),山东人民出版社2001年版,第1页。
⑦ 朱福惠主编:《宪法学》,厦门大学出版社2007年版,第298页。

的逻辑起点就是基于对统治权的反抗而产生的。正如中国人权网站的一篇文章所说的：“从一定的意义上说，一部人类的历史，就是争取和实现人权的历史。进入阶级社会之后，人权的历史就表现为被压迫者反抗压迫，争取确认人的尊严、价值和基本权利的历史。反压迫、反剥削和反歧视是人权的本质特征和内在要求。”① 因此，人权的本质就是对政府权力的界定和限制。对这样的人权本质的命题，笔者从以下几方面加以论证：

1.人权是从反对"君权神授"作为逻辑起点的。人权思想是基于反对神权统治而产生的，神权统治的具体表现形式是"君权神授"。"君权神授"是奴隶制、封建制实行非人统治和专制统治的理论依据和精神食粮。君权神授是神化了的统治权，其思想核心是认为统治者的权力是神授予的，民众必须服从统治者的管理。以至于发展到后来，封建社会所有的统治者都认为其权力是神授予的，具有天然的合理性，封建王权也是代表神在人间行使权力，管理人民。

从有文字记载的"君权神授"思想起源上看，不论是中国，还是西方国家，在时间上相差无几，都源于距今约5000年至4000年前后的时间。② 在君权神授的统治理论支配下，奴隶主阶级残酷地压榨、剥削广大奴隶。奴隶主们过着穷奢极欲、花天酒地和作威作福的生活。奴隶呢？他们只是会说话的工具，正如马克思在《资本论》里如描述的那样，"在农场主饲养的各种牲畜中，劳动者这种会说话的工具一直是喂得最坏和虐待的最残酷的了"。③ 奴隶是社会上受到剥削和压迫最为沉重的阶级，他们完全没有人身自由，本身也是奴隶主的一种财产，不仅过着非人的生活，而且生命没有任何保障，可以任凭奴隶主主宰。经过史学家们的考证，现在有很多证据证明奴隶社会非人的现实：

（1）奴隶主不仅可以任意买卖奴隶，还可以任意杀戮奴隶。在西方，公元前2世纪的希腊和罗马已出现很大的奴隶市场。当时奴隶的价格，从《汉穆拉比法典》规定的自由民对奴隶的赔偿规定可以窥见一斑。该法典第199条和第247条规定：自由民若伤害奴隶的眼睛，那么他就必须向该奴隶的主人作出相当于该奴隶一半身价的赔偿，这个

---

① 《人权概念的历史演变》，中国人权网：http://www.humanrights.cn/china/rqlc/C1200111790613.htm，访问日期：2009年9月5日。

② 最早的奴隶制国家，产生于距今约5000年前的非洲东北部。公元前3000年左右，初步统一的古代埃及国家建立起来。这是人类社会最早的奴隶制国家。埃及国王即称法老，自称是神的化身，他们的巨型陵墓金字塔，就是他们权力和地位的象征。此时，"君权神授"思想没有文字记载。有文字记载的君权神授思想，是发生在古巴比伦国统治时期，并被写入奴隶制国家的法律。公元前18世纪，古巴比伦的第六代王汉穆拉比（约前1792—前1750年在位）完成了两河流域的统一，并制定了《汉穆拉比法典》。这是世界上至今保留最完整的第一部成文法。该法典的序言部分的重要内容就是神化王权，宣称其权力来自神。汉穆拉比自称是"众王之神"、"巴比伦的太阳"，宣扬"君权神授"、"君权至上"的思想。在中国，具有文字记载的君权神授的思想起源于夏朝，距今也有4000余年的历史。《尚书·召诰》说："有夏服（受）天命。"这是我国最早的关于"君权神授"思想的记载。殷商奴隶主贵族创造了一种"至上神"的观念，称为"帝"或"上帝"，认为它是上天和人间的最高主宰，是商王朝的宗祖神，因此，老百姓应该服从商王的统治。

③ 马克思著：《资本论》，中央编译局译，中日社会科学出版社1983年版，第721页。

数量刚好等同于伤害一头牛的眼睛。① 在中国,古代周朝有一个名叫"匆鼎"的青铜器,其铭文记载了当时奴隶可以作为牲畜来买卖的事实:五个奴隶换"匹马束丝",即一匹马加一束丝可以换五个奴隶。在春秋时期,一个奴隶的价格约五张羊皮。春秋时期晋国奴隶百里奚陪嫁到秦国后逃到楚国。秦穆公得知百里奚是个人才,就用五张羊皮赎回百里奚。可见,奴隶是多么不值钱。再者,中国殷代的"人殉"和'人祭"证明了奴隶主可以任意杀戮奴隶的事实。郭沫若所著《奴隶制时代》刊出的河南安阳武官村商殷陵墓发掘的照片,证明当时确有杀奴隶为奴隶主殉葬的事实。一种是活埋的身首完整的殉葬,叫"生殉";一种是砍头的身首异处的殉葬,叫"杀殉"。每一大墓的人殉有的多至300~400人。正如墨子《节葬篇》所说:"天子杀殉,众者数百,寡者数十;将军大夫杀殉,众者数十,寡者数人。"不仅奴隶主贵族的墓葬采用人殉,而且每次祭祀时还采用人祭。在古巴比伦,公元前3500年的乌尔王墓被发掘时,亦发现有殉葬者59人。在罗马,古代角斗场的遗址也证明了奴隶主可以任意杀害奴隶,在那里,不知有多少角斗奴在彼此厮杀或与猛兽的争斗中成为牺牲品。②

(2)奴隶制社会的刑罚都相当残忍。中国古代的墨、劓、剕、宫、大辟这五刑的出现本身便已是对人的尊严和人格的侵害。面上刺字、割鼻、去耳和破坏生殖器官,这些鲜血淋淋痛苦无比的肉刑公然披上法的外衣。奴隶制五刑的残酷镇压性质自夏商至西周一路向封建社会延伸而去。与此相同,外国奴隶制同样采用残酷的刑罚。例如《汉穆拉比法典》规定的刑罚手段同样十分残酷,包括火焚、水溺等,还有挖眼、割耳、割舌、割乳房、断指等残害肢体刑。

(3)神明裁判广泛使用。神明裁判是指借助"神"的力量来考验当事人,以确定被告人是否有罪或败诉的原始审判方式。它大约产生于原始社会末期,盛行于一些古代奴隶制国家和欧洲中世纪前期封建制国家。奴隶社会的司法裁决都采用神明裁判,主要分为神兽裁判、水神裁判和火神裁判等方式,进行所谓的是非裁判。例如,在中国古代社会传说中的"廌"是一种神兽,能分辨是非曲直,在审判时,神兽用角去抵触有罪的人,那人即被认为有罪。另一种说法是,那神兽是一种能分辨曲直的神羊,它见人相斗,即以角触不直者去,闻人相争,即以口咬不正者。③ 关于水神裁判,在《汉穆拉比法典》中也有规定,其水审法是将被控告有罪的人投入河里,沉入水底的人是有罪的人,否则是无罪。④ 火神裁判是指令被告人或双方当事人将手伸入沸水锅口捞取某种东西,或者让他们手拿烧红的铁器走一段路,看其手是否被烫伤或烫伤包扎一段时间后是否痊愈,以决定其是否有罪。如果被告人取得控告人的同意,也可用赎金免掉神明裁判。如法兰克《萨利克法典》第53条规定:"如果有人被判处沸水锅的考验,那么,双方可达成协

---

① 蔡晓荣主编:《外国法制史》,厦门大学出版社2007年版,第24页。
② 奴隶主可以任意杀戮奴隶和奴隶主可以任意买卖奴隶的内容,引自郑杭生、谷春德主编:《人权史话》,北京出版社1991年版,第5页。
③ "廌"在中国古代法中具有神意裁判之意。
④ 蔡晓荣主编:《外国法制史》,厦门大学出版社2007年版,第26页。

议,使被判决者可赎回自己的手。"①

正是在这样的奴隶制的残酷的历史背景下,启蒙思想家们开始思考着奴隶主阶级的统治权力的正当性问题,思考着人类理性对抗神性的问题。西方的"君权神授"思想,首先受到斯多噶学派的冲击。斯多噶学派的"理性论"对"君权神授"的统治理论打响了第一枪。斯多噶学派的产生,标志着反对"神权"统治理论的自然法及自然权利的思想的孕育。斯多噶学派的理论,是从人受命运控制开始,延伸到人受"理性"控制。该学派认为,当神可以决定、庇护人的时候,人可以通过祭祀、进贡祈求神的保佑,祈求神给人幸福;然而当神不起作用的时候,人所要直接面对的,就是一个冰冷的"命运",谁也认识不了它,谁也改变不了它,从前讨好神的办法,在面对命运的时候完全无效了。因此,斯多噶学派认为自然界的生成和运动是有规律的,即使神也无法改变。这个规律就是理性。相反,神也要服从于理性。由此,自然法和自然权利开始受到人们的重视。

斯多噶学派用这样的自然权利的新观点抵制长期以来占统治地位的神权思想,并且经过以后历代的思想家们的共同努力形成了近代人权观念。正如英国《牛津法律大辞典》所说的:"维护人权的主张,最早产生于自然法和自然权利的思想中。这些思想被希腊和罗马的斯多噶派学者、罗马法学家和基督教最初6世纪的主要著作家、阿奎那和中世纪的一些英国法学家所发展,并成为所有的人是自由和平等的信念基础;关键的问题是奴隶制度,实在法一般都承认它,但自然法却谴责它。"②尽管自然法思想曾经被教会利用,"教会曾经是自然法的权威解释者",③但是自然法和自然权利的思想对神权的统治地位产生的撼动作用是显而易见的。即从智者学派开始,到斯多噶学派的产生,从古希腊到古罗马,自然法学派的自然权利观念迅速成长,且经过长达1000多年的思想理论积累,开始直面"君权神授"思想并且将其转变为对国家权力的限制。正是由于自然法和自然权利的理论冲击,欧洲的神权统治理论和王权统治基础被动摇了。神权被动摇具体表现为,教会与皇权之间的争夺。与此同时,反对君权神授的奴隶暴动和农民起义也开始风起云涌。

2. 限制王权的行为是近代人权概念形成的社会基石。从分析的角度看,人权运动自始至今大约经历了限制王权、确立人权、人权的国际化和多元化这样三个时期。限制王权成为近代人权理论形成的具有重要里程碑意义的社会活动。

从14世纪初的伟大诗人但丁最先使用"人权"概念一词开始,经由荷兰的格劳秀斯、斯宾诺莎,英国的霍布斯、洛克,法国的伏尔泰等启蒙思想家的共同努力,直至法国思想家卢梭于18世纪中叶完成《社会契约论》为标志,天赋人权理论开始形成并得到完善。而在此前,欧洲的一些国家以及英国已经开始了限制王权的社会实践,为近代人权

---

① 《神明裁判》:http://baike.baidu.com/view/479451.htm,访问日期:2009年9月6日。
② [英]戴维·M.沃克著:《牛津法律大词典》,北京社会与科学发展研究所译,光明日报出版社1988年版,第426页。
③ [英]戴维·M.沃克著:《牛津法律大词典》,北京社会与科学发展研究所译,光明日报出版社1988年版,第629页。

理论形成进行了有益探索。例如,在1188年,利昂议会从国王阿方索九世处获得了一系列权利的确认,这些权利包括生存、名誉、住宅和财产不可侵犯权,以及被告定期受审的权利。1222年匈牙利国王安德烈二世的金色训令保证,没有按照司法程序先被宣判有罪,不能逮捕任何贵族或使其丧失贵族称号。其中最有名的是,1215年英国国王约翰与贵族们签订的《自由大宪章》。其中规定:非依其所属的贵族或该地的法律的合法判决,任何自由民都不得被逮捕、监禁或放逐出境,或者受任何损害。这些条款表达了一种必然将会扩大适用范围的人权观念,而且后来也被人们反复主张对所有人都适用的规定。虽然在当时,这是一整套适合于贵族的要求,并不维护所有个人的权利,但它的某些条款已经反映出人权不仅对神权的否定,更是对统治权的限定。

3. 近代人权理论是在反对封建王权专制统治过程中得到完善的。这一阶段的完善是从早期的限制王权开始到基本人权的确立。自然法和自然权利的思想得到广泛传播的时期是文艺复兴时期。文艺复兴时期,经过一大批启蒙思想家们的不懈努力,"天赋人权"的思想动摇了"君权神授"的思想根基。接着,资产阶级民主革命家运用近代人权理论与封建王权专制统治斗争,不仅限制了王权,而且在斗争过程中人权理论也得到了完善。

如前所述,"天赋人权"理论,从14世纪初的伟大诗人但丁最先使用"人权"概念一词开始建立,到法国思想家卢梭于18世纪中叶完成《社会契约论》为标志而得到完善。在近代人权理论的形成及完善的400多年的历史中,人权主要是面对封建王权专制统治而进行斗争,进而明确提出了议会与国王的分权界限。正是由于这些思想家们在承前启后、大力传播自然法和自然权利的思想基础上形成第一代人权理论——"天赋人权",将这种理论发展为"社会契约论",并在实践中成功运用,最终"君权神授"统治理论被世界各国制定的保障"天赋人权"的宪法性文件所埋葬。

以英国为例,在17世纪的英国,它表现为资产阶级反对封建王权的斗争。为此,17世纪的英国资产阶级革命,被称为第一次人权运动。现代人权理论的第一个代表人物是英国思想家洛克。1682年英国资产阶级以财政力量为后盾迫使国王查理一世承认国会的《权利请愿书》。"光荣革命"后的1689年,英国资产阶级国会又颁布了《权利法案》。这两个历史性文件并没有提出和规定基本的人权,但却极大地限制了君王的权限。它们规定,国王未经国会许可不得征税,不得私养军队,国王不得破坏国家的法律,不得干预国会的自由等。《权利法案》的制定标志着具有近代意义的英国宪法的初步形成,也标志着反对封建王权的人权斗争取得初步胜利。

以美国为例,最早将"天赋人权"的自然权利写入实在法之中的是1776年美国的《独立宣言》,马克思称之为"第一个人权宣言"。《独立宣言》写道:"人人生而平等,他们都从他们的'造物主'那里被赋予了某些不可转让的权利,其中包括生命权、自由权和追求幸福的权利。为了保障这些权利,所以才在人们中间成立政府。而政府的正当权力,则征得自被统治者的同意。如果遇有任何一种形式的政府变成损害这些目的的(政府),那么,人民就有权利来改变它或废除它,以建立新政府。"其他州的《权利法案》用不同的词句所仿效,特别是体现在宾夕法尼亚和马萨诸塞州的《权利法案》里。美国的近代人权还体现在1791年的《人权法案》即美国宪法最早的10条修正案中。这些权利不仅强调了人权的重要性，更是体现了人权对政府权力的限制。

以法国为例，1789年法国通过了《人权和公民权宣言》，该宣言第1条即确认："在权利方面，人们生来是而且始终是自由平等的。"第2条指出："任何政治结合的目的都在于保护人的自然的和不可动摇的权利。这些权利就是自由、财产、安全和反抗压迫。"再之后，世界各国普遍开始了以"天赋人权"为理论基础的民主宪政运动，其中重要的内容就是代表人民权利的议会与代表国家权力的国王或政府或总统之间的权力分配，或对他们的权力限制。近代人权理论在反对王权专制统治过程中得到完善与进步。

4. 现代人权的核心内容仍然是对国家权力的限制或提出要求。解析《世界人权宣言》的规定，便可以论证上述命题。《世界人权宣言》共有30个条款，而每一个条款中都包含着"人人"所享有的权利，即《世界人权宣言》通过赋予全人类每一个人都享有权利的方式，对各国政府权力加以限制。例如，在宣言的前言部分明确阐明："世界性的自由、正义与和平的基础是对人类家庭所有成员的固有尊严及其平等的和不移的权利的承认。"也就是说，各国政府必须承认所有民众都享有固有尊严及其平等的和不移的权利，这些权利包括：人人生而自由，在尊严和权利上一律平等（第1条）；人人有资格享有本宣言所载的一切权利和自由（第2条）；人人有权享有生命、自由和人身安全（第3条）；人人在任何地方有权被承认在法律前的人格（第6条）；法律之前人人平等，并有权享受法律的平等保护，不受任何歧视；人人有权享受平等保护，以免受违反本宣言的任何歧视行为以及煽动这种歧视的任何行为之害（第7条），等等。

在此基础上，还提出了具体的权利保障要求。例如，人人完全平等地有权由一个独立而无偏倚的法庭进行公正的和公开的审讯，以确定他的权利和义务并判定对他提出的任何刑事指控（第10条）；任何人的私生活、家庭、住宅和通信不得任意干涉，他的荣誉和名誉不得加以攻击。人人有权享受法律保护，以免受这种干涉或攻击（第12条）；人人在各国境内有权自由迁徙和居住；人人有权离开任何国家，包括其本国在内，并有权返回他的国家（第13条），等等。从目前世界各国的人权实施情况看，世界人权宣言提出的个人权利的享有和对政府权力的限制，有些是实现了，也有相当一些内容没有实现。尽管这样，也反映了《世界人权宣言》的核心内容是对国家权力的限制。

5. 从人权的具体实践看，当国家公共权力受到的限制越多，该国的人权状况就越好。反之亦然，当国家公共权力受到的限制越少，人权状况必然不好。在当今的民主制度盛行的世界里，人们依法对掌握公共权力的人加以限制，防止滥用手中的权力侵犯人权或谋取私利，是十分重要，也是十分必要的。从这个意义上讲，国家公共权力受到的限制越多，对人权保护越有利，人的生命、自由、尊严等权利就能够得到更好的实现；国家公共权力受到的限制越少，对人权保护越不利，人的生命、自由、尊严等权利必然经常受到专制的威胁和侵犯。瑞士的人权学者托马斯·弗莱纳提出："随着各项人权的成文法的牢固确立，国家元首的地位发生了根本的改变。谁想以人民的名义进行统治，谁就必须承认公民享有基本的、不可侵犯的权利，就是政府也不能侵犯这些权利。那么，由此人民得到了革命的权利和任命政府的权力吗？的确如此，因为人民享有基本权利，这就意味着他们凭借自己的权利就能够任命一个新政府。如果人民没有人权,他们决不可能证明他们有权利审判国家和政府。从此时起,再也没有发生不以人权的名义对当局和剥削者的滥用权力提出挑战的革命。"① 就当前我国而言,在房屋拆迁过程中就出现多起因拆迁而自焚的行为。公民为了维护财产权而不惜牺牲生命。在多起拆迁自焚案件中就有因为滥用行政权力而引发的。例如:江西抚州宜黄县凤冈镇因拆迁而引发自焚事件,拆迁户钟如奎家3人被烧成重伤,其中1人死亡。由于滥用行政权力侵犯公民财产权,宜黄县委书记、县长被免除职务,并被立案调查。同时,另有宜黄县公安局、建设局、房管局等5名行政人员受到相应处理。② 大家经常听到英国历史学家阿克顿爵士的一句名言:"权力容易腐败,绝对权力产生绝对的腐败。"这句名言表明了只要绝对权力存在,腐败必然存在,人权必然受侵犯,反映了对公共权力限制的必要性。从各国的历史发展进程看:凡是实行民主制度的国家,人权受保护的状况就好;凡是实行专制制度的国家,人权不仅得不到保护而且还经常受到侵犯。这也是启蒙运动的一个最重要的成就,即形成了这样一种信念:国家与政府受人民的不可剥夺的人权的约束,这就是人权本质的重要体现。

综上所述,人权的本质是作为个人对政府权力的界定和限制。在我国,有些学者在论述人权的本质时,也揭示了这样的观点,中国学者俞可平教授认为"人权是个人对国家的要求,不是国家对个人的要求,这种对国家的要求分为消极的和积极的两种。"同时,他还认为,"人权作为个人对国家的要求,也就是对政府可能对个人所做行为的限制,它直接决定国家对个人应当做些什么或不应当做些什么,能做些什么或不能做些什么"。③ 奥地利的国际人权学者认为:人权的确立通常是对具体威胁或者压迫行为的回应。比如,宗教自由是最先得到表述的人权之一,其确立就是为了应对欧洲强大的天主教会以及由教会引发的宗教战争和政府压制。④

二、人权的分类

按照不同划分标准,可以将人权概念进行不同的分类。了解人权分类的依据及基本含义,有助于加深对人权知识体系的认识和掌握。目前人权概念分类主要有以下几种。

---

① [瑞士]托马斯·弗莱纳著:《人权是什么》,谢鹏程译,中国社会科学出版社2000年版,第4页。

② 参见《海峡都报》2010年10月11日第A15版。

③ 俞可平著:《权利政治与公益政治——当代西方政治哲学评析》,社会科学文献出版社2003年版,第124页。他具体谈及人权本质时又说人权的本质是道德权利:"人权本质上是一种道德权利,它是一个人的正常生活所必需的。这些'必需的'权利主要是由人类根据自己的人性、理性和道德加以判定的,而不是由哪个人或团体赋予的或法律规定的。"

④ [奥]曼弗雷德·诺瓦克著:《国际人权制度导论》,柳文华译,北京大学出版社2010年版,第3页。

(一)"三代人权"

按照人权概念变化的不同阶段进行划分,形成"三代人权"概念的分类法。"三代人权"概念的划分方法,是最为著名的和国际上广为流传的一种分类方法。这种分类方法是由1979年时任联合国教科文组织人权与和平处处长的法国人权学者卡雷尔·瓦萨克首次提出的,后来,被人权学者频繁引用。"三代人权"概念的分类方法包括:第一代人权概念,它是以"天赋人权"为核心内容的人权概念,具体是指公民权利和政治权利;第二代人权概念,它是以社会权利为核心内容的人权概念,具体是指经济、社会和文化权利;第三代人权概念,它是以集体人权为核心内容的人权概念,具体包括民族自决权、发展权、独立权、环境权、和平与安全权和享有人类共同继承的遗产权等。

1. 第一代人权概念

第一代人权概念的内涵主要是指公民权利和政治权利。其理论基础是建立在自然法和自然权利的理论上的"天赋人权"学说和"社会契约论"学说。① 第一代人权受法国资产阶级革命和美国革命的影响,主要在欧美18世纪人权运动中产生。其主要内容包括:生命权、自由权、财产权和追求幸福权,以及享有言论、信仰、出版、结社、通讯、宗教等自由,并享有免受非法逮捕和受公正审判等权利。权利的性质是属于公民权利与政治权利的范畴。它的诞生是以美国的《独立宣言》和法国的《人权与公民权利宣言》为标志。

"第一代人权"主要体现了自由的观念,贯穿着"社会契约论"和"不干预论"的学说,核心是保护个人自由,特别是保护个人的政治自由和私有财产,以防政治权力的滥用和误用。"社会契约论"宗旨是:政府设立的合法性。政府的设立必须经过人民的同意,政府必须按照契约的要求管理国家,如果违反约定,人民有权罢免或改选政府,甚至可以采用暴力推翻违约的政府。"不干预论"强调的是:政府对公民的个人自由不进行干预,政府干预个人自由必须符合社会契约所规定的法定程序。

2. 第二代人权概念

第二代人权概念的内涵主要是指社会权利,包括经济、社会和文化权利。它的具体内容包括了劳动权、物质帮助权、受教育权、参政权等。第二代人权受19世纪末20世纪初的社会主义运动和革命的影响,形成于俄国革命时期。它在宪法上的反映是:在东方是以苏联的《被剥削劳动人民权利宣言》为代表的宪法性规定,在西方是以德国《魏玛宪法》为标志。

第二代人权概念写入国际人权文件是东方国家与西方国家不同观念冲突和碰撞后

---

① 关于人权从自然法和自然权利的思想观念发展到"天赋人权"理论,再形成"社会契约论"学说理论的演绎过程,参见第一章第二节人权的产生与发展。其主要内容包括了在自然法产生的基础上,荷兰的格劳秀斯提出了自然权利,英国的霍布斯依自然权利提出了基于契约而产生国家的"国家契约论",英国的洛克系统地提出了"天赋人权"、"三权分立"和"社会契约论",法国的卢梭完善了"社会契约论",这样的历史演绎过程。

的妥协结果。"从《大西洋宣言》和《联合国家宣言》到《联合国宪章》,经济、社会和文化权利,和整个人权问题一样,都被载入这些重要的国际文件,并得到初步的阐述。这些文件,使人们感受到一种以合作为主的清新的气息。"[1]但是,到1948年联合国讨论和通过《世界人权宣言》时,情况就不同了。东西方的人权观念分歧,在经济、社会、文化权利问题上集中暴露出来。分歧点主要是:要不要在宣言中列入经济、社会和文化权利。西方国家,或者借口经济、社会和文化权利具有"社会主义色彩",或者宣称这些权利不属于国家的职能范围,依其国内情况和法律无法保证各项经济、社会、文化权利的实现,或者甚至声称列入这些权利就会"侵犯"其他国家的社会制度。西方国家坚决反对将其列入宣言中去。

而社会主义国家则认为,起草世界人权宣言应当考虑所有国家在发展人的权利和自由方面所取得的成就,既反映政治权利,也反映经济、社会、文化权利;在人权宣言中如果缺少经济、社会、文化权利,将会削弱文件的意义,因为这些权利在所有权利中占据最重要的位置;同样,如果不加入这些权利,人权就是不全面的,享受人权也将成为一句空话。社会主义国家的这一立场得到人权委员会多数成员的支持。尽管西方国家反对,一系列经济、社会、文化权利仍然被写进了宣言。不过由于《世界人权宣言》基本上反映了西方传统的人权观念,这样,当年在联合国大会投票通过该宣言时,社会主义国家一起投了弃权票。[2]

《世界人权宣言》通过后,存在一个如何看待经济、社会和文化权利的地位问题。在经济、社会和文化权利被列入人权宣言后,西方国家把其看作是次要的、从属于公民和政治权利的。这与社会主义国家认为经济、社会和文化权利"占据最重要的位置"的观点是矛盾的。西方的观点在《世界人权宣言》中得到了反映。因为《世界人权宣言》第22条规定:把经济、社会和文化权利看作是"个人尊严和人格自由发展所必需的"权利,其中心点或者说侧重点是在公民和政治权利方面。应当说,《世界人权宣言》基本上反映了西方传统的人权观念。

接着是,国际社会如何在国际人权文件中体现第一代人权和第二代人权的内容,这是费尽了心机的事情。联合国人权委员会成立时,原本计划拟定一部《世界人权宣言》和一部《世界人权公约》。《世界人权宣言》通过后,在草拟人权公约的过程中,又一次发生了第二代人权内容"要不要列入"人权公约的争论。起初,人权委员会根据西方传统的人权思想,起草了一个只保护公民个人的公民权利和政治权利的公约,于1950年提

---

[1] 《联合国宪章》制定之前,经济、社会和文化权利就受到国际社会的重视。在联合国成立之前,战时反法西斯同盟在1941年和1942年分别制定了《大西洋宣言》和《联合国家宣言》。这两部宣言着眼于"尊重各民族自由选择其所赖以生存的政府形式的权利",指出了打败法西斯和保护人权的关系;联合国家"深信战胜敌国对于保卫生命、自由和宗教自由并对于保全其本国和其他各国的人权和正义非常重要"。参见谷春德、郑杭生主编:《人权从世界到中国——当代中国人权的理论与实践》,党建读物出版社1999年版,第39页。

[2] 谷春德、郑杭生主编:《人权从世界到中国——当代中国人权的理论与实践》,党建读物出版社1999年版,第40~42页。

交联合国大会征求意见。社会主义国家和第三世界国家普遍不同意这种做法,认为公约必须包括《世界人权宣言》所有的内容,必须对经济、社会和文化权利也予以保障。双方各执己见,相持不下。经过长期酝酿,冗长辩论,1952年决定起草两个人权公约。起草工作到1954年完成,逐条审查延续12年,直到1966年才在第21届联大通过,发放给各国签署。至此,《世界人权宣言》的内容,通过人权的两个公约——《公民权利和政治权利国际公约》和《经济、社会、文化权利国际公约》,以法律义务的形式肯定下来。"第二代人权",经过斗争,终于和"第一代人权"一起得到了确立。

经济、社会、文化权利在此后的人权事业发展中,地位逐步提高,例如1966年的《德黑兰宣言》强调指出,"如不同时享有经济、社会、文化权利,则公民和政治权利绝无以实现"。这里,经济、社会和文化权利成为公民和政治权利的基础。后来,1977年联大通过的《人权新概念决议案》又重申了《德黑兰宣言》的观点。当然,在这个问题上,东西方国家的分歧并没有解决,也不可能就这样得到解决。

3. 第三代人权概念

第三代人权概念主要是指集体人权。集体人权是指国家和民族的集体权利,是相对于自然人个人人权而言的某一类人共同或单独享有的人权,其权利主体是某一类特殊社会群体,或某一民族与某一国家。① 集体人权主要包括民族自决权、发展权、环境权、和平与安全权和享有人类共同继承的遗产权等。第三代人权主要是从第二次世界大战以后的民族解放运动中产生并发展起来的,其内容就是现在我们正在讨论的国际集体人权,包括自决权、发展权等等。

集体人权成型于20世纪60年代,提出第三代人权概念的是第三世界国家。第二次世界大战结束后,第三世界国家经过长期的艰苦斗争,纷纷赢得独立,成为国际社会中的积极力量。"第三世界国家为了维护民族独立,清除殖民主义的影响,在已形成的不公平的政治经济秩序中最大限度地保障自己的利益,并为那些尚未取得独立或尚未完全取得独立的民族争取权利。"②因此,实质上是第三世界国家提出集体人权概念,并为"第三代人权"的发展作出了特殊的贡献。

"第三代人权"主要包括民族自决权、发展权、环境权、和平与安全权和享有人类共同继承的遗产权等权利。其中,政治、经济、文化的自决权;经济与社会发展的权利;参与和分享"人类共同遗产"的权利,这三项权利反映了第三世界民族主义的兴起以及它对权力、财富和其他重要资源在全球范围内分配的要求。这里,人类共同遗产指地球空

---

① 集体人权的概念,虽是法国著名的法学家卡莱尔·瓦萨克在1979年召开的国际人权协会第十届研究会上提出来的,但是它的源泉却在20世纪40—50年代开始的民族独立运动之中;同样,集体人权的概念,虽然理论上是在第一代、第二代人权概念的基础上提出来的,但它主要反映这一时期全球性非殖民化进程或运动的结果。见谷春德、郑杭生主编:《人权从世界到中国——当代中国人权的理论与实践》,党建读物出版社1999年版,第44页。

② 谷春德、郑杭生主编:《人权从世界到中国——当代中国人权的理论与实践》,党建读物出版社1999年版,第42页。

间资源、科学技术、文化传统、遗址等。其他三项权利,即要求和平的权利、要求健康与环境平衡的权利、接受人道主义援助的权利。这些权利的要求反映了处在落后状态和弱小地位的国家的要求。"第三代人权"最重要的是民族自决权和发展权。

"三代人权"概念的产生历史,揭示了在近代、现代和当代历史过程中人权的内容逐渐丰富和发展的历程。同时,它反映了不同时期的人权事业的历史,即:"第一代人权"反映的是 17—18 世纪的资产阶级革命成果,"第二代人权"反映的是 20 世纪上半叶的社会主义革命的历程,"第三代人权"反映的是第二次世界大战后的反殖民主义革命斗争史。从"三代人权"概念的发展历程看,发达国家强调"第一代人权",否定"第二代人权"和"第三代人权",甚至把"第一代人权"当作唯一的人权。而发展中国家强调"第二代人权"和"第三代人权",这两代人权得到承认是经过斗争而实现的。同时,发展中国家并不否认"第一代人权",只是强调要真正实现"第一代人权"需要一个过程。同时,发展中国家反对把第一代人权当作唯一的人权,反对把第一代人权作为向别国施加压力的政治工具。

也有的学者是这样归纳和理解"三代人权"的:将第一代人权称之为"消极权利",以自由权为本位,其主题是以个人的自由权对抗公权力的干涉,这一代人权在自由资本主义时期达到了顶峰;将第二代人权称之为"积极权利",以生存权为本位,其主题是要求国家采取积极行动,保障公民的"经济、社会、文化权利",这一代人权尤为社会主义者所提倡;第三代人权是"连带权利",以发展权为本位,其主题关涉人类共同生存、发展所依赖的和平权、环境权与发展权。

当然,也有学者对"三代人权"提出质疑或提出反对意见。提出质疑的学者认为,"三代人权"的划分,可以让人们清晰地认识人权作为权利在发展与实现的过程中,会因为每个国家的发展阶段和发展程度的差异,导致各国人权内容的侧重点有所不同。各国发展阶段的差异,会使人权的内容的普遍性问题更加扑朔迷离。同时,"三代人权"过于强调人权作为权利的差异性,而否认了人作为人权主体的共似性,"这就导致了人权研究中的一个极具讽刺意味的悖论,即在人本主义基础上展开的人权理论研究中作为根本的'人'被遗忘了"。[①]

有的学者反对"三代人权"概念的划分方法。认为,"三代人权"概念的划分不科学,且与西方的人权理论不相符。他认为,《世界人权宣言》不分第一代和第二代人权,所有的人权都一样重要。为了证明这点,可以提到很多依据。例如,联合国大会 1966 年 12 月通过的《公民权利和政治权利国际公约》第 4 条规定,除了国家紧急状态以外,在和平状况下,联合国是不分重要和次要的人权的。国际人权会议 1968 年 5 月宣布的《德黑兰宣言》指出,人权及基本自由不容分割,若不同时享有经济、社会及文化权利,则公民及政治权利绝无实现之日。联合国大会 1977 年 12 月通过的《关于人权新概念的决议案》规定:"一切人权和基本自由不可分割并且是互相依存的;对于公民权利和政治权

---

① 齐延平著:《论普遍人权》,载《法学论坛》2002 年第 3 期。

利,以及经济、社会和文化权利的执行、增进和保护,应当给予同等的注意和迫切的考虑。"同样,1993年6月世界人权会议公布的《维也纳宣言和行动纲领》强调:"所有人权都是普遍、不可分割、相互依存和互相联系的。"①

西方学者反对集体人权的观点。美国人权学者路易斯·亨金(Louis Henkin)②是反对集体人权的代表。他在提出"人权是社会中个人的权利"的同时,也婉转地强调,"人权本质上是个人权利,而非任何群体或集体的权利"。这种否定集体权利的说法,表达了亨金的真实思想。由于国际人权公约已经明文规定了一些集体人权,如民族自决权,所以他用了缓和的、留有余地的说法"本质上是",意思是即使有集体权利,也只是个人权利的延伸。因此,在他看来,国际人权公约明文规定的"民族自决权",只不过是对个人权利的"另外附加";而和平权、发展权、环境权不具有法律约束力,甚至也不是集体人权。③

(二)"积极权利"和"消极权利"

按照国家公权力保护人权的方式或者依照人权实现的方式划分,人权可以分为"积极权利"和"消极权利"。④人权的积极权利与消极权利,这样的划分法也是一种影响面相当广泛的分类方法,它既与"三代人权"的分类紧密相连,又同人权中的自由权与社会权的分类紧密相连。

1. 与"三代人权"的联系。第一代人权概念的核心精神是以个人自由权对抗国家的公权力。这些自由权利的实现通常要求国家以不作为的方式来保障实现,所以称其为"消极人权"。第二代人权概念,是依据"平等"原则,注重社会成员的实际生活处境,而提出的包括工作权、休息权、受教育权、健康权、社会保障权在内的诸多权利。这类权利必须依靠国家以积极作为方式,即采取积极有效的措施予以保障才能得以实现,所以称之为"积极人权"。

2. 与"自由权和社会权"的联系。人权主流理论认为,自由权是一种"消极人权",即自由权的实现,只要求国家公共权力消极地不作为就能保障实现的一项权利;社会权是

---

① 胜雅律:《人权概念在联合国的发展》,http://www.humanrights.cn/cn/zt/qita/rqzz/2009/01/t20090311_426287.htm,访问日期:2009年10月20日。

② 美国哥伦比亚大学资深教授和特殊任务教授,该校人权研究中心董事会主席。研究领域为宪法、国际法、美国对外关系法和人权。1937年获得学士学位,1940年在哈佛大学获法学博士,曾担任美国最高法院的职员,40—50年代,有10年时间担任美国国务院的官员。1957年开始,先后在宾夕法尼亚大学、哥伦比亚大学担任法学教授至今。1978—1984年担任美国国际法杂志的共同主编,1992—1994年担任美国国际法学会的主席,从1993年开始担任美国国务院国际法咨询委员会的成员。

③ 参见谷春德、郑杭生主编:《人权从世界到中国——当代中国人权的理论与实践》,党建读物出版社1999年版,第56页。

④ 李步云主编:《人权法学》,高等教育出版社2005年版,第54~56页。以下笔者有时将人权的积极权利和人权的消极权利,简称为"积极人权"和"消极人权"。

一种"积极人权",即社会权的实现,需要国家公共权力以积极的作为方式或者采取切实有效的措施才能够实现的权利。有学者认为,"在实际运用这对范畴的过程中,人们往往以积极权利与消极权利来分别指代社会权与自由权,这似乎成为一个公理",①这也说明这种分类不仅在理论研究,而且在实际运用上都是十分重要的人权分类法。

我国的法学者及政治学者,在关于积极权利与消极权利的划分上,大致有两种划分模式:第一,以权利主体的行为方式加以划分,形成积极权利和消极权利。权利主体以作为的方式来行使权利的,称之为"积极权利";权利主体以不作为的方式行使权利的,称之为"消极权利"。第二,以义务相对人的行为方式进行划分,形成积极权利和消极权利。"积极权利"是指义务人以积极主动的作为方式保障权利主体的权利实现,"消极权利"是指义务人以消极不作为或不干预权利主体行使权利的权利实现方式。例如言论自由权的实现是以国家不干预为前提条件而得以实现的。"积极人权"和"消极人权"的划分是在第二意义上使用的。

从人权实现的角度讲,人权的"消极权利",即要求国家公共权力与社会组织的"不作为",以保障人的人身权、人格权及政治权和自由权,例如生命权、人身自由权、言论自由权、选举与被选举权等不被剥夺或受侵害;人权的"积极权利",即要求国家公共权力和社会组织的"作为",以使人们的经济、文化和社会权利,包括就业权、休息权、社会福利权等得以实现。其中,人权的"积极权利"的界定模式得到学界普遍的认可。积极权利一般是针对义务相对人的积极作为义务而言的。有学者指出所谓积极权利,"就是个人要求国家加以积极所为的权利,这类权利主要是指各种社会福利权利或各种受益权利,如公民的工作权、受教育权、社会救济权、保健权、休假权、娱乐权,等等"。② 也有学者认为:"积极权利是国家必须积极履行的义务,个人的权利必须借助于政府的积极作为才能实现。"③同时,该学者提出,"消极权利是指一种自由状态,这种自由只要不受国家的干涉即可实现,是一种免于他人干预的权利。持消极权利观的人认为,人人都享有一种自然权利,权利都是私人的,是在没有他人强制,依照市民社会中自由的法则获得的。对于这些权利,国家只能消极地'不作为',只有当权利人与他人发生纠纷时才来居中裁决,进行干预"。④ 以上学者的观点,对我们理解人权的积极权利与消极权利的含义是很有帮助的。

人权的积极权利与消极权利的区别是明显的,二者之间的区别可归纳为以下几点:第一,从产生时间来看,人权的消极权利及其观念先于人权的积极权利及其观念产生。人权的消极权利是从自然法和自然权利演化而来的,是以天赋人权为核心内容的人权。同时,人权的消极权利观念在西方自由主义传统中根深蒂固,特别是在自由资本主义时期更是盛行,其自由权利观念催生了自由放任的市场经济的生长。人权的积极权利观

---

① 李步云主编:《人权法学》,高等教育出版社2005年版,第53页。
② 俞可平著:《社群主义》,中国社会科学出版社1998年版,第82~83页。
③ 李步云主编:《人权法学》,高等教育出版社2005年版,第56页。
④ 李步云主编:《人权法学》,高等教育出版社2005年版,第56页。

念是社会主义革命和西方"福利国家"的产物,它在19世纪后期萌发,至20世纪得到逐步普及。第二,从人权义务主体的行为性质和行为内容来看,人权的积极权利实现要求义务主体作出积极的履行义务的行为,即以作为方式来履行义务;人权的消极权利实现只要求义务主体实施消极义务,即实施不作为义务,只要不要干预人权权利主体的行为即可。简言之,人权的积极权利要求义务主体提供某种物质保障或社会服务;而人权的消极权利要求义务主体不要干预权利主体的活动。第三,从人权实现的条件来看,人权的积极权利受制于现有社会物质条件,而社会物质条件是逐步改善的过程。同时,社会资源总是稀缺的。因而,人权的积极权利的实现是渐进的并且各种权利之间会出现互相冲突的问题;人权的消极权利受社会物质条件的制约和社会资源的限制的负面作用比较小,主要是受意识形态和思想观念的影响,因而其实现可以是立即兑现的,也可能是遥遥无期的。

(三)"公民政治权利"和"经济、社会及文化权利"

根据国际人权公约记载的人权种类加以划分,形成公民政治权利和经济、社会及文化权利的分类法。① 1966年联合国大会通过的《公民权利和政治权利国际公约》与《经济、社会和文化权利国际公约》,对上述两类权利分别作出了规定,成为国际人权法律规则体系的基础。

公民政治权利,又称为公民权利和政治权利,其内容主要包括是享有言论、信仰、出版、结社、通讯、宗教等自由以及享有免受非法逮捕和受公正审判等权利。它的理论基础是自然法和自然权利,它的诞生是以美国的《独立宣言》和法国的《人权与公民权利宣言》为标志。

经济、社会及文化权利,也可以称之为经济、社会、文化权利,其具体主要内容包括了劳动权、物质帮助权、受教育权、参政权等。它的理论依据是考虑所有国家在发展人的权利和自由方面所取得的成就,既要反映政治权利,也要反映经济、社会、文化权利。在宣言中如果缺少经济、社会、文化权利,将会削弱人权宣言文件的意义,因为这些权利在所有权利中占据最重要的位置。如果人权宣言中不加入这些权利,人权就是不全面的,享受人权也将成为一句空话。因此,在社会主义国家和第三世界国家共同努力下,经济、社会、文化权利被写入国际人权文件。

在"三代人权"概念中,公民权利和政治权利属于"第一代人权"范畴;在人权的积极权利和消极权利分类中,它属于人权的消极权利或自由权。其权利的实现,只要求义务主体实施消极义务,即实施不作为义务,只要不要干预人权权利主体的行为即可。在"三代人权"概念中,经济、社会、文化权利属于"第二代人权"范畴;在人权的积极权利和消极权利分类中,它属于人权的积极权利或社会权利。其权利的实现,必须依靠国家的

---

① 有的学者将其称为"两类人权说",这是基于国际人权文书的架构及对人权的表述与列举所作的分类。

积极履行义务的行为保证,个人的权利必须借助于政府的积极作为才能实现。

这种人权的分类的特征:第一,从人权发展的历史来看,公民权利和政治权利主张的提出及其观念形成要早于经济、社会和文化权利及其观念的产生。第二,从权利的实现方式和要求来看,二者也有所不同。对公民权利和政治权利的规定,国际人权公约要求各缔约国尽速实现,但是,对经济、社会和文化权利的规定,国际人权公约则要求各国采取步骤,"尽最大能力"逐步实现。"尽管国际人权文书对两类权利的保护给予同等的关注和重视,但是实践上,各国在理解与行动上存在着歧异。"①

（四）"有限人权"与"普遍人权"

按照享有人权的主体范围划分,人权可以分为"有限人权"与"普遍人权"。享有人权的主体范围是划分有限的人权概念与普遍的人权概念的依据。人权属于全人类所有人都能享有的权利,这就是普遍的人权概念。人权属于部分人的权利,不论这部分人涵盖面多广泛,只要是存在排除了部分人可以享有权利的人权,就属于有限的人权概念。

这样的人权概念分类法,它是由瑞士法学家、汉学家、瑞士比较法学研究所教授胜雅律率先提出来的。1992年4月在北京大学召开的国际比较法学会议时,胜雅律教授参加会议并在所提交的《从有限的人权概念到普遍的人权概念——人权的两个阶段》论文中,提出了有限的人权概念和普遍的人权概念。② 该论文认为,多数西方学者在研究人权时着重研究"权利"而没有认真研究"人"。因此,他在本文中着重研究"人"。他提出人权的两个阶段的学说,第一个阶段是直到1984年《世界人权宣言》以前的非普遍人权阶段。那时从理论上和实际上,人权根本不是普遍的,奴隶、妇女、有色人种等等都被排斥在人类以外,"人"仅属于欧洲人（特别是男性）。2009年胜雅律教授在我国《人权》杂志上发表文章指出:"在联合国建立之前,西方人对人权中'人'字的理解很狭窄,他们把人权的范围,就人权的主体而言,限制于白种人。"③第二个阶段是《世界人权宣言》(1948年)通过后,在理论上讲,人权是普遍的,但理论与实际仍有矛盾,"人"这个词仍然模糊。④

---

① 方立新、夏立安编著:《人权法导论》,浙江大学出版社2007年版,第11页。
② 该论文由王长斌翻译后编入沈宗灵、黄枏森主编:《西方人权学说》(下),四川人民出版社1994年版。
③ 在第一次世界大战后的1919年《巴黎和约》谈判中,日本政府的代表要求把人种平等原则写入《巴黎和约》,中国代表支持日本的主张,但是美国因其黑人问题以及英国因其殖民地问题都坚决反对该主张。结果世界历史上第一次在国际法上承认人种平等原则的要求失败了。在第二次世界大战中,在讨论战后建立一个世界性国际组织的时候,蒋介石又要求人种平等原则应受到该组织的承认。这一次主要的西方国家再也无法抵抗了。因此联合国《宪章》以及《世界人权宣言》两个文件都承认了人种平等原则,这样把"人"字的理解扩大到了各种人种的人。胜雅律:《人权概念在联合国的发展》,载《人权》2009年第1期。
④ [瑞士]胜雅律著:《从有限的人权概念到普遍的人权概念——人权的两个阶段》,王长斌译,载沈宗灵、黄枏森主编:《西方人权学说》(下),四川人民出版社1994年版,第250～278页。

由此可见,有限的人权概念与普遍的人权概念形成的分界线是以 1948 年的《世界人权宣言》制定并颁布为界。即理论上讲,从人权概念产生到 1948 年《世界人权宣言》颁布以前,人权概念属于有限的人权概念。1948 年《世界人权宣言》颁布之后,人权概念属于普遍的人权概念。胜雅律教授指出:"本文着力于'人权'一词中'人'这一成分的发展。我建议以'人权的两个阶段'理论补充'人权的三代'理论。两个阶段的转折点是联合国的《世界人权宣言》(1948 年 12 月 10 日)。从这个宣言以来,人权——从理论上讲——才是'普遍的'。该宣言以前,按照《世界人权宣言》标题的逻辑,人权——从理论上讲——则是非普遍的。'非普遍的'就意味着 1948 年前的人权和自由是随人种、肤色等方面的不同而有区别的。人权的两个阶段是:(1)第一个阶段:非普遍人权阶段到 1948 年;(2)第二个阶段:普遍人权阶段,自 1948 年以来。"①提出这样的划分法是有依据的。

1. 有限的人权概念存在的理由。之所以说,1948 年《世界人权宣言》颁布以前,人权概念属于有限的人权概念。这是因为,此前享有人权的主体不是所有的人,而是特定的人。以美国为例,1776 年,美国宣布"不言而喻"的"人人生而平等"的《独立宣言》颁布后,却依然保留着奴隶制。有趣的是,《独立宣言》通过时,参加《独立宣言》起草的美国人权先锋杰斐逊本人就是奴隶主。也就是说,世界上"第一个人权宣言"所规定的人权主体不包括奴隶,奴隶仍然是会说话的劳动工具。直到 1791 年,美国的马里兰州的法律还明确规定,奴隶属于动产的组成部分,"如果一个受监护的未成年人的动产由诸如奴隶、能够干活的牲畜、所有种类的动物、木制家具、藏书等组成,法院……可于任何时候通过命令予以出卖"。②这部曾被马克思热情地称赞为世界上"第一个人权宣言"的美国《独立宣言》在充分展示了近代人权理论的优秀成果,成为世界人权史上具有划时代意义的里程碑的同时,在宣布"人人生而平等"的时候,保留了罪恶昭彰的奴隶制。

另外,美国妇女也难以成为人权的主体。在美国的社会,妇女备受歧视,某些职业,诸如医生、高等学校教师、工程师、律师和牧师等都不允许妇女担任。在《独立宣言》发表后长达一个半世纪的历史中,美国妇女一直是作为二等公民存在的,直到 1920 年的宪法第 19 条修正案通过才获得了普遍的平等选举权。③可是,美国宪法第 14 条修正

---

① [瑞士]胜雅律著:《从有限的人权概念到普遍的人权概念——人权的两个阶段》,王长斌译,载沈宗灵、黄楠森主编:《西方人权学说》(下),四川人民出版社 1994 年版,第 250~278 页。
② 参见曲相霏著:《人权主体论》,载徐显明主编《人权研究》(第一卷),山东人民出版社 2001 年版,第 9 页。
③ 该修正案早在 1878 年在美国国会上提出,但是没有获得认可。之后,经过了 42 年的不懈努力,美国妇女才获得了平等的选举权。《宪法的第十九条修正案批准证,以及田纳西州州议会上下两院的决议和议事记录手抄本》,http://www.wdl.org/zh/item/2720/,访问日期:2009 年 10 月 21 日。

案曾确立了平等权利原则。① 然而,1894年最高法院竟授权各州可以自行界定宪法第14条修正案所提及的"人"的含义是否只限于男子。这样,美国的有些州在自1894年直至1971年的77年间,仍然依据最高法院的这一裁决,作出关于妇女不是法律上(宪法第14条修正案)所指的"人"的解释。②

总之,在18世纪的美国,人民这个词的含义相当狭窄,它不包括奴隶、没有财产的白人男子、印第安人和妇女,这些人都不属于人民的范畴。我国一位人权学者是这样描述当时美国人权主体状况的:"必须指出,在1776年,'人民'这个词的含义是相当狭窄的。奴隶不是人民,没有财产的白人男子也不是人民,能称得上'人民'的是拥有不动产和动产的白人男子纳税人、基督徒、特别是新教徒。印第安人不是'人民',因为他们不纳税,妇女也不是'人民',因为她们不享有财产权。"③

法国的《人权与公民权宣言》在人权主体上与美国的《独立宣言》是一脉相承的,它同样只限于"欧洲男性成年人,而且还必须有一定的收入。该宣言第1条规定:"人们生来是而且始终是自由和平等的所有的'人'。"这里的人是在排除了妇女的有限意义上使用的。被排除在"人"之外的还有"革命的敌人"。据有关资料反映,"在法国大革命中大规模地用被斩首者的皮肤来制作皮革。根据1794年9月20日的一份报告,默东的一个制造商专门从事这项工作。国民公会以45000法郎作为对该项工业的支持"。④ 1791年9月颁布法国第一部资产阶级宪法,规定法国是君主立宪政体,将全国公民按财产多少分为"积极公民"和"消极公民",只有"积极公民"才有选举权和被选举权,违背了《人权宣言》所规定的"一切人都是平等的"诺言。

2. 普遍的人权概念的产生。普遍的人权概念形成的分界线是以1948年的《世界人权宣言》制定并颁布为界。《世界人权宣言》颁布以前,人权概念属于有限人权概念。之后,人权概念属于普遍人权概念。

(1)《世界人权宣言》制定前,普遍人权概念开始得到实践。在人权实践上,与普遍人权比较,有限人权是落后的,但是与没有人权的社会比较,有限人权又是进步的。经过文艺复兴启蒙思想家的努力,人们将观念上的自然法转变为与现实相联系的自然权利,再从自然权利中提炼出"天赋人权"理论,并作为指导英国、美国和法国的资产阶级民主革命的重要理论。1776年美国的《独立宣言》和1789年法国的《人权宣言》都是按照"天赋人权"理论构建的人权纲领性文件,极大地推动了世界人权事业的发展。尽管,现在回头评价这两部分具有划时代意义的人权文献,很容易发现文献的不足,文献记载

---

① 美国宪法第14条修正案第1款规定:"凡在美国出生或归化美国的人,均为合众国的和他们居住州的公民。任何一州,都不得制定或实施限制合众国公民的特权或豁免权的任何法律;不经正当法律程序,不得剥夺任何人的生命、自由或财产;对于在其管辖范围内的任何人,不得拒绝给予法律的平等保护。"
② 陆镜生:《美国人权政治》,当代世界出版社1997年版,第271页。
③ 陆镜生:《美国人权政治》,当代世界出版社1997年版,第131页。
④ 曲相霏著:《人权主体论》,载徐显明主编:《人权研究》(第一卷),山东人民出版社2001年版,第10页。

的人权概念属于有限的人权,但是瑕不掩瑜。正是由于这些人权纲领性文献的颁布,极大地推动了人权事业的发展。英国、美国妇女都高举着人权纲领性文献主张自己的权利,所以才有了1918年英国的30岁以上妇女享有投票权的法律,之后,1928年将享有投票权的妇女年龄降为21岁。接着,才有1920年美国同意妇女依法享有投票权的规定。

另外,正是由1776年美国的《独立宣言》和1789年法国的《人权宣言》的颁布,推动了世界范围的奴隶制的废除。据资料反映,世界范围内,多数国家在18世纪至19世纪这百年间废除了奴隶制。例如,英格兰和苏格兰分别于1772年和1776年废除奴隶制;英国于1834年8月1日开始废除奴隶制,包括所有殖民地的国家都实行了废除奴隶制,但印度是于1838年8月1日废除奴隶制的。法国第一次开始实行废除奴隶制的时间是1794年至1802年间,同时也包括了其统治的部分殖民地国家的奴隶制废除,第二次实行废除奴隶制时间是1848年,包括所有殖民地的国家。美国废除奴隶制的时间是1865年。此外,秘鲁于1851年、俄罗斯于1861年、荷兰于1863年、巴西于1888年、韩国于1894年、中国于1911年、缅甸于1929年、埃塞俄比亚于1936年都废除了奴隶制。在1948年《世界人权宣言》制定前,世界范围内只有极少数的国家还没有废除奴隶制,例如:中国西藏于1959年由中华人民共和国废除其奴隶制;沙特阿拉伯于1962年才废除奴隶制;毛里塔尼亚于1980年废除,但是实际依然在实行,在1961年的新宪法中又暗示允许奴隶制。[①] 奴隶制的废除标志着有限人权向普遍人权转化,这是一个重要的历史性的进步。[②]

(2)《世界人权宣言》制定时普遍人权概念开始形成。在人权理论上,人权的英文一词,从原来的专指用于男性的权利的单词,改变为可以用于所有人的权利名词。因此,在《世界人权宣言》颁布前,"人权"的英文书写采用"男人的权利"即"rights of man",其中的"man"在当时专指成年男子。仅从词义上看,当时英文的"人权"是仅限于男性公民的权利名词。随着人权理论的发展,英文的人权名词成为一个涉及有限人权概念与普遍人权概念的现实问题。在制定《世界人权宣言》时,人们开始思考着如何纠正"rights of man"这种明显包含着有限人权内涵的错误概念。一位日本人权学者说:"人权在英语中是指'男子的权利'(rights of man),只是到了第二次世界大战后,才变成纯粹意味'人的权利'(human rights)。即使不能说第二次世界大战前的有关人权的文章和议论都是将权利主体限定于男子,但是也不能否定,在无意识中使用将男子与人一般

---

① 《废奴主义》,http://zh.wikipedia.org/zh－cn/%E5%BB%A2%E5%A5%B4%E4%B8%BB%E7%BE%A9 访问日期,2009年10月23日。

② 每年的12月2日是废除奴隶制国际日,这个纪念日可追溯至1949年12月2日。在这一天,联合国大会通过了《禁止贩卖人口及取缔意图营利使人卖淫的公约》。2002年12月18日的联合国大会作出57/195号决议,宣布2004年为纪念反对和废除奴隶制斗争国际年。2006年11月28日,联合国大会决定将2007年3月25日定为纪念废除跨大西洋贩卖奴隶二百周年国际日。

视为同一用语来表现人权主体的这一事实中,明显存在男子中心的思维形态。"①正值此时,一位伟大的女性出现了,她积极倡导使用新的英文"人权""human rights"一词替代旧的英文"人权""rights of man"一词。1947 年,她提议在《世界人权宣言》英文本中使用"人权"(human rights)一词,她的提议被普遍认可。她就是美国第 32 届总统罗斯福的夫人——埃莉诺·罗斯福。就是这位美国总统夫人,一个伟大、平和、独立而又超脱的"世界第一夫人",她为纠正错误的有限的人权概念作出了不可磨灭的贡献。②因此,"人权"一词现在的英文书写是"human rights",其中"human"是指"人类的"或"凡人皆有的"意思。

(3)《世界人权宣言》的规定体现了普遍人权的内涵。《世界人权宣言》只有 30 个条款,其中有 20 处体现了"人人"。例如,第 1 条规定:"人人生而自由,在尊严和权利上一律平等。"第 3 条规定:"人人有权享有生命、自由和人身安全。"第 6 条规定:"人人在任何地方有权被承认在法律前的人格。"第 7 条规定:"法律之前人人平等,并有权享受法律的平等保护,不受任何歧视。人人有权享受平等保护,以免受违反本宣言的任何歧视行为以及煽动这种歧视的任何行为之害。"第 21 条规定:"人人有直接或通过自由选择的代表参与治理本国的权利。人人有平等机会参加本国公务的权利。"等等。这里"人人"的含义在《世界人权宣言》中有明确规定,第 2 条规定:"人人有资格享有本宣言所载的一切权利和自由不分种族、肤色、性别、语言、宗教、政治或其他见解、国籍或社会出身、财产、出生或其他身份等任何区别。""且不得因一人所属的国家或领土的政治的、行政的或者国际的地位之不同而有所区别,无论该领土是独立领土、托管领土、非自治领土或者处于其他任何主权受限制的情况之下。"

(五)"应有人权"、"法定人权"和"实有人权"

按照人权的本原和拥有权利的可能性划分,人权可以分为应有人权、法定人权和实有人权。这也是人权的三种基本形态:应有权利、法定权利和实有权利。从权利的逻辑出发,可以将其归纳为应然的权利和实然的权利两部分。

1. 应有权利是人依其自然属性和社会属性应当享有的权利,是人作为人应当享有的权利,因此也是人权最初、最完整的形态,属于应然的范畴。应有权利的内涵外延处于不断的变动与扩展之中,与人类的道德标准和价值观具有密切的关联。

2. 法定权利是人权法律化、制度化、规范化的结果,是人们将应有权利法定化的结果。所以,应有权利是法定权利的前提和基础。人权的法律化,使人权得到切实有效的保障,以便在最大限度内实现人权。就各国立法现状而言,人权的法律化是普遍趋势,

---

① [日]大沼保昭著:《人权、国家与文明》,王志安译,生活读书知识三联书店 2003 年版,第 150 页。

② 埃莉诺·罗斯福(Anna Eleanor Roosevelt)是一位伟大的政治家与妇女运动者。其丈夫罗斯福总统担任了 4 届美国总统。她不断地通过自己的努力为全美国的女性争取更多民主的权利,提倡人道意识,在她任美国驻联合国理事会代表期间,出访众多第三世界国家,在人权工作方面作出了重大贡献。

但是，法律规定的人权与人们应有的人权之间还存在着很大差距。

3. 实有权利是指人们能够实际享有和行使的权利，因此，实有人权是判断一个国家人权状况的重要依据。评价一个国家的人权状况，显然不能仅看其人权立法是否完备，还需要仔细观察该国公民实际享有人权的真实情况。如果法律得不到切实遵行，人权规范也等于零。

由此可见，应有权利、法律权利和实有权利三者之间既不是一种平行关系，也不是严格意义上的递进关系，它们之间有重合，也有背离。应有权利是人权的发展目标和方向，法定权利是人权制度完善、保障、实现的基本途径，实有人权既反映了人们生活于特定社会的真实状况，也是人权事业发展的动力。

另外，按照人权主体的不同，可以将人权划分"个人人权"与"集体人权"。个人人权是指每一个自然人都应当享有的人权，其权利主体是个人。集体人权是指相对于个人人权而言的某一类人共同或单独享有的人权，其权利主体是某一类特殊社会群体，或某一民族与某一国家。[①] 按照享有人权的内容划分，人权可以分为"绝对人权"与"相对人权"。"绝对人权"是指第一代人权，即是指公民权利和政治权利。"相对人权"是指第二代人权与第三代人权。

---

① 关于"个人人权"与"集体人权"的内容参见本书第六章特殊人权关系部分内容。

第二章 人权法概述

> 犹如正圆与椭圆相交又不相同一样,人权的理想与人权的现实既相交又不相同。在未来岁月中,让现实的人权接近理想的人权应当成为我们共同奋斗的目标。这需要全体社会成员的共同努力,更需要国家的宽容与开明。我们的时代正处在尝试着构筑新人权法的时代,构筑新人权法需要智慧与探索。
>
> ——题记

人权法是指国家或国际组织以保障自然权利为基础而制定或认可的调整人权关系的法律规范总称。人权法的内部结构是由自然人权法、国内人权法和国际人权法组成的。自然人权法是保护自然权利为宗旨,保障人的生命权为核心的自然法则。它主要规范人的生命权、人身自由权与人身平等权。同时,人权法强调的是,生命权、人身自由权与人身平等权是基于出生而产生的,不是法律赋予的,进而表明以生命权为基础的自然权利是人权的源泉。国内人权法是指国家以保障自然权利为基础而制定或认可的调整人权关系的法律规范总称。它的主要任务是将自然权利上升为国家法律,将国际人权公约转换成国内人权规范,并根据本国实际,确认人权保障的范围。国际人权法是国际组织以保障自然权利为基础而制定的调整人权关系的国际人权规范的总称,包括条约、公约、决议等内容。自然人权法、国内人权法和国际人权法之间既有区别又有联系。

自然人权法是基于生命缔造者脱氧核糖核酸(DNA)的自然结合而产生的,以生命为基础、以自由与平等为前提的基本权利法则。自然人权法是国内人权法与国际人权法的理论基础,没有自然人权法为理论基础,人权理论就会陷入人权是由法律赋予的尴尬境地。国内人权法与国际人权法是自然人权法的保障。可以这么说,孕育自然权利的摇篮是人的遗传基因即DNA的结合,[①]养育生命权利的养分是母乳与食物,保障生命权利的法律就是国内人权法和国际人权法。国内人权法主要是由国内宪法为主的相关基本法律构成。国际人权法主要包括《世界人权宣言》《经济、社会与文化权利国际公约》《公民权利与政治权利国际公约》等国际公约。

---

① 基因是指含特定遗传信息的核苷酸序列,是遗传物质的最小功能单位。除某些病毒的基因由核糖核酸(RNA)构成以外,多数生物的基因由脱氧核糖核酸(DNA)构成,并在染色体上作线状排列。基因一词通常指染色体基因。

人权法理论揭示了"母亲是伟大的"这个永恒真理。每一个生命都经过"十月怀胎，一朝分娩"的孕育和生产过程，正是母亲的艰难怀孕与痛苦分娩，才有了生命。有了生命才有了人权，之后，才有了调整人权关系的人权法。这是从自然权利角度思考人权。从社会权利角度思考人权，人权法还揭示了形成民主与文明社会的基本原理，即：政府的组成是基于每一个公民让渡了自己的部分权利之后，由全体公民委托部分公民管理政府。同理，立法机关的组成也是基于每一个公民委托部分公民组成立法机构，依法行使立法权力。接受委托而享有管理政府权力和享有立法权力的公民，应当清楚地知道，没有全体公民的委托授权，就没有管理政府的权力，就没有立法的权力。因此，享有管理职权和立法职权的公民，应当在思想上牢固树立尊重与保护公民权利，尊重和保护人权，应当把人权法作为最崇高无比的、值得敬重和遵循的行为准则。

第一节　人权法概念与特征

一、人权法的现状

我国法学界对人权法的研究处于这样的状态：承认国际人权法，但质疑国内人权法的存在。人权法的理论研究处于初始阶段，可借鉴的资料不多。

（一）质疑国内人权法的存在

我国人权法理论存在这样的问题，一方面承认国际人权法的存在，另一方面对国内人权法的存在产生质疑。有位人权学者说："国内外学者对国际人权法是什么，看法也基本相同，即肯定它的存在，并已成为国际法的一个分支。但是，有没有国内人权法，则似乎是一个新问题、新概念。"①有的学者认为，目前，我国难以在学术意义上提出人权法学的概念："从严格学术意义上来讲，我国目前对人权法的理论研究仍然处于初创阶段，现有的关于人权法的理论研究成果基本上停留在对各种形式的人权法律制度的介绍和分析上，还没有建立起比较系统和科学的人权法学体系。所以，从学术意义上来看，目前还很难准确地提出'人权法学'的概念或者是'人权法学的新发展'这种学术命题。"②之所以会对国内人权法产生质疑，是因为我们对国内人权法研究太少。

（二）人权法的理论研究处于初始阶段

我国人权理论研究是从1991年国家颁布《中国人权状况》白皮书后开始的，走过了20年历程。从总体上看，国家人权理论的研究成果比较多，人权法理论的成果相当少。

---

① 李步云主编：《人权法学》，高等教育出版社2005年版，第102页。
② 莫纪宏、王祯军等著：《人权法的新发展》，中国社会科学出版社2008年版，前言部分。

目前,有关人权法的学术研究存在以下几个问题:第一,人权法的著作数量少。笔者目力所及范围内收集到的人权法著作只有为数不多的几部。适用于高等教育的《人权法》教材只有六至七种。例如:杨成铭主编的《人权法学》、南京大学法学院编写的《人权法学》、李步云主编的《人权法》、方立新等编著的《人权法导论》、杨春福主编的《人权法学》(第二版)、白桂梅主编的《人权法学》以及徐显明主编的《人权法原理》和《国际人权法》等。① 第二,人权法概念的研究成果更是罕见。人权法的论文几乎没有,在网络以及相关的论文资料库中输入人权法概念,相关词条是空白的。同时,有些学者回避对人权法概念的研究。上述的《人权法学》著作中,多数学者回避了人权法概念的研究,只有李步云教授主编的《人权法》给人权法概念下了定义。② 从有关人权法的著作中,可以深切感觉到,我国的人权法的理论研究比较薄弱,是处于起步和探索阶段,可以借鉴的资料不多。

二、人权法的概念

笔者对人权法概念的思考,只是进行探索性研究的结果,希望得到学界同仁的指正。人权法有广义与狭义、形式意义与实质意义之分。

广义的人权法,是指国家或国家之间以及国际组织,以保障自然权利为基础而制定或认可的有关调整人权关系的法律规范的总称。③ 狭义的人权法是指国家以保障自然权利为基础而制定或认可的有关调整人权关系的法律规范总称。可见,广义的人权法包括了国内人权法与国际人权法。而狭义的人权法仅指国内人权法,不包括国际人权法。

形式意义的人权法,是指颁布了以人权法命名的法律规范。在国际人权法中有形式意义的人权法,例如《世界人权宣言》《经济、社会与文化权利国际公约》《公民权利与政治权利国际公约》,这些都属于形式意义的国际人权法。目前,我国没有形式意义的人权法。

实质意义的人权法,是调整人权关系的法律规范的总和。凡是以保障自然权利为基础而制定或认可的规范性文件,都属于人权法。实质意义的人权法包括了形式意义的人权法,还包括其他所有调整人权关系的规范性文件。例如,我国《宪法》规定的公民基本权利;《民法通则》规定了公民的生命权、财产权、名誉权;《刑事诉讼法》规定了严禁刑讯逼供、禁止酷刑的条款;《知识产权法》规定的知识产权不受侵犯;以及行政法、社会

---

① 目前尚缺一本人权法学教材即:尹奎杰著:《人权法学》,吉林人民出版社2004年版。
② 李步云教授认为:"人权法,是主权国家通过法律、法规与判例或国际法主体之间通过条约与习惯等法的形式规定或认可的有关保障人权的原则、规则或制度的总称。"李步云主编:《人权法学》,高等教育出版社2005年版,第102页。
③ 如前所述,我国人权法概念及相关理论问题研究比较滞后,在很有限的几部人权法教材中,只有李步云教授主编的《人权法学》给人权法下了定义。因此,可以借鉴的其他人权法的概念很少。李步云教授的人权法概念只反映了国内人权法与国际人权法的特征,没能揭示人的自然权利的特征,因此,也有局限性。

保障法、环境法等具有保障人权关系的条文和其他规范性文件,都属于实质意义的人权法。我国有实质意义的人权法。

我们所研究的人权法是广义的人权法和实质意义的人权法。人权法是指国家或国家之间以及国际组织,以保障自然权利为基础而制定或认可的调整人权关系的法律规范的总称。

这里人权法的概念与第一章人权概念是相互联系的。人权理论强调了自然权利是社会权利的基石,人权法概念也体现了凡是以保障自然权利为前提而制定或认可的社会规范就是人权法。理解和掌握人权法概念,应当重点把握以下两点:

第一,人权是以自然权利为基础,以社会权利为保障的权利总和。"自然权利是指作为依靠自然法则和人的本性而不是依靠国家的制定法来维持的个人固有权利而提出的主张。"① 自然权利是指人基于人的出生这种自然状态下所应当享有的权利,包括生命权、自由权、平等权与尊严权。我国许多人权法学者把自然权利视为道德权利。社会权利是指国家制定或认可的赋予公民享有的权利总称。社会权利即法律权利,是把自然权利经过立法程度将其上升为法律权利。因此,自然权利是社会权利的基础与前提,社会权利是自然权利的确认与保障。

第二,人权法概念包括了国内人权法和国际人权法的内容。国内人权法是指国家以保障自然权利为基础,制定或认可的有关调整人权关系的法律规范与政策规范的总称。国际人权法是指国际组织以及国家之间,以保障自然权利为基础而制定的调整国际组织与国家之间、国家与国家之间,以及国家与个人之间的保障人权关系的规范性文件的总称。从人权法产生的历史看,是先有国内人权法的存在,之后才有国际人权法的产生。例如,美国的《独立宣言》和法国的《人权与公民权公约》,这些国内人权法案都比《世界人权宣言》更早问世。从我国人权法的产生与发展看,是先有了国际人权法的存在,再有国内人权法的产生。新中国的宪法是在《世界人权宣言》之后制定实施的。随着国际人权法规范性文件的制定和实施,国际人权法的作用越来越得到发挥。"不能不承认的是,自第二次世界大战以来,这些国内权利法案越来越受到国际法的影响。事实上,还没有其他的哪个领域能如此的使国际法和国内宪法如此紧密地互动。"② 因此,学习人权法必须了解国内人权法与国际人权法之间的关系。

三、人权法的特征

人权法概念,揭示了人权法是自然权利(自然法)与法定权利(实在法)的结合,是国内法与国际法的结合,是自然法、国内法与国际法的和谐共处,并且明确了人权法是调整人权关系的法律规范总称。人权法的特征包括以下内容:

---

① [英]戴维·M.沃克:《牛津法律大词典》,北京社会与科学发展研究所组织翻译,光明日报出版社1988年版,第631页。
② [奥]曼弗雷德·诺瓦克著:《国际人权制度导论》,北京大学出版社2010年版,第35页。

（一）人权法是自然法（自然权利）与实在法（法定权利）的统一

这里的自然法是指人基于出生而享有基本权利的准则，是一种生命法则。它是人类的生殖与繁衍以及生命存续的基本法则。这个自然法的核心是生命权利是基于自然出生而取得的，而不是法律赋予的。伴随出生的生命权利还应当包括自由、平等、人的尊严与追求幸福的权利。这些权利是固有的、不可转让的、不可或缺的权利。

自然权利与自然法学派的主张具有异曲同工之处。自然法学派是以揭示了宇宙和谐秩序的自然法作为正义标准，而且认为它是绝对的正义，并且认为，真正体现绝对正义的是在于人类制定的协议、国家制定的法律之外的，存在于人的内心中的自然法，而非由人们的协议产生的。持这种观点的法学学派是自然法学派。[①]

人权法所倡导的自然权利，坚持生命、自由与平等的绝对正义性，并且相信体现生命、自由与平等的绝对正义是其他人权产生的基础，这一点与自然法学派具有相似之处。所不同的是，自然权利的绝对正义性不是存在于人的内心，而是基于自然人出生的客观事实，人的自由与平等是基于人的出生。而其他人权是自由与平等权派生出来的权利。例如，基于人的自由权利的让渡而形成了选举权、罢免权等政治权利，基于生命权的保护而形成了生存权与发展权等经济与社会权利。

这里的实在法，是指各国在各个历史时期制定或认可的法律，是现实的法律制度的总称。人是社会关系的总和，脱离了社会关系，人的本质特征就得不到反映。因此，自然人基于出生而享有的自然权利，必须通过实在法加以确认与保障，自然权利才能在社会关系中得以实现。因此，这里的实在法是指人的自然权利在法律制度上得到确认与保障，使之成为法定的权利。最早将自然权利写入实在法的典范是1776年美国的《独立宣言》，马克思称之为"第一个人权宣言"。[②]《独立宣言》写道："人人生而平等，他们都从他们的'造物主'那里被赋予了某些不可转让的权利，其中包括生命权、自由权和追求幸福的权利。为了保障这些权利，所以才在人们中间成立政府。而政府的正当权力，则系得自被统治者的同意。如果遇有任何一种形式的政府变成损害这些目的的（政府），那么，人民就有权利来改变它或废除它，以建立新政府。"之后，《世界人权宣言》向全世界宣告"人人生而自由、平等"的原则，是自然法的价值在现实法律制度上体现的

---

① 自然法学认为，以揭示宇宙和谐秩序的自然法为正义的标准，坚持正义的绝对性，相信真正体现正义的是在人类制定的协议、国家制定的法律之外的，存在于人的内心中的自然法，而非由人们的协议产生的正义标准。在古希腊荷马时代就出现了自然法学的观念，到17—18世纪时，自然法学观念已成为一个完整的思想体系，并达到了一个高峰。19世纪末20世纪初，自然法学得到了复兴。自然法学强调法的价值取向，强调法的公平、正义、理性，强调实在法（人定法）应服从自然法，服从公平、正义等根本理念。在西方，每次社会大变革时期，自然法学总是作为一面旗帜，主导着西方社会法律发展的大方向。自然法学的观念在西方法律发展过程中产生了深刻的影响，至今仍深入人心。例如，私有财产不可侵犯、法无明文不为罪、人身自由不可侵犯、人民主权、权力分立等思想，都发端于自然法学的理念。

② 《马克思恩格斯全集》第16卷，第20页。

有力注释,是自然法与实在法融合的具体表现。我国的《宪法》也体现了保护人的生命、自由与平等的内容。我国《民法总则》关于自然人的权利基于出生终于死亡的规定,也是将自然权利与法律权利相结合的注释。

(二)人权法是国内法与国际法的融合法

国内人权法和国际人权法是人权法的重要组成部分。

国内人权法与国际人权法之间最密切联系的焦点是,二者都是以保障自然权利为基础而制定或认可的规范性文件为己任。自然权利是国内人权法与国际人权法的连接点。二者的关系表现为,国内人权法是具体实施人权的法律,关系到人权内容的具体实现。国际人权法是确立世界范围内的保障人权目标,是指引和监督各国政府履行人权义务的国际法。应当看到,近年来,国际人权法对国内人权法的影响越来越明显,特别是对国内宪法产生影响。"不能不承认的是,自从第二次世界大战以来,这些国内权利法案越来越受到国际法的影响。事实上,还没有其他的哪个领域能如此的使国际法和国内宪法如此紧密地互动。"①

国内人权法与国际人权法是有区别的。首先是法的表现形式和适用范围不同。国内法的表现形式主要包括宪法、法律、法规和规章。同时,由于人权具有的进步性,国内人权法必须适应人权进步的要求,所以,国内人权法的渊源应当包括政府制定的保障人权的政策性文件。例如,中国政府在解决最低生活水准权问题、在建立与完善社会保障制度、在解决城乡二元结构的最低生活保障线等方面,都是采取政策性文件加以启动与推进的。国际人权法的表现形式主要包括宣言、条约、协议、惯例或习惯等。在适用范围上,国内人权法只适用于本国,国际人权法适用于联合国的会员国,以及签订或加入了国际公约的成员国。此外,二者还有以下的区别:人权法的制定主体不同、人权法的强制力依据不同、人权法的实施方式不同、人权法的调整范围不同、人权法所属体系不同等方面。例如,国内人权法的主体是公民,国际人权法的主体包括自然人,也包括集体人权主体,即国家、民族、非政府组织等。具体内容见本章节的人权法分类部分。

(三)人权法是调整人权关系的法律规范总称

人权关系是指人在参与社会活动过程中,以自然人的生命和自由为基础,以限制公权力为手段,以追求幸福为目标而形成的社会关系。我们按照规范对象不同,对人权关系加以划分。人权关系可以分为自然人权关系、国内人权关系和国际人权关系。

自然人权关系,是指作为自然人基于出生所享有的自然权利而形成的社会关系。它是以自然权利为基础而形成的权利与义务关系,包括保障人的生命关系、保障人身自由与平等关系和维护人的尊严关系。自然人权关系的权利主体是自然人,不分国籍、种

---

① [奥]曼弗雷德·诺瓦克著:《国际人权制度导论》,柳华文译,北京大学出版社2010年版,第35页。

族、民族、区域等等,都应当享有的权利。义务主体是所有的国家、政府或非政府组织、国际组织、国际社会等,都负有保障自然人权关系的职责。

国内人权关系是公民要求国家保障人权以及国家实施保障人权而形成的社会关系。国内人权法是以法律权利的形式确定人权主体之间的权利与义务关系。国内人权关系的权利主体与自然人权关系主体略有不同,前者是公民,后者是自然人;义务主体是国家和政府。人权的内容主要包括宪法规定的基本权利,以及相关法律规定的保障人权的内容,即公民权、政治权利、社会权利、经济权利、文化权利等内容。

国际人权关系是国际人权主体要求国际组织保障人权以及国际组织实施人权保障而形成的社会关系。国际人权关系的主体不仅包括自然人,也包括了某国的公民,还包括国家、民族、非政府组织等作为集体人权的权利主体。义务主体是国际社会、其他国家、国际组织等。国际人权关系的权利主体所享有的权利主要是集体人权,权利内容包括发展权、自决权和环境权等。

(四)人权法的渊源具有特殊性

国际人权法的表现形式具有其特殊性。如前所述,国际法的渊源包括宣言、条约、协议、惯例或习惯等。同时,国际人权法渊源的效力需要通过国内人权法才能得以贯彻实施。国内法的表现形式主要包括宪法、法律、法规和规章。由于人权具有不断进步的特征,国内人权法的渊源也必须表现为多样性,以适应人权进步的要求。国内人权法的渊源除了宪法、法律、法规和规章以外,还包括政府制定的保障人权的政策性文件。例如,中国政府在建立与完善社会保障制度、在最低工资标准等方面,都是采取政策性文件加以推进的。因此,就国内人权法而言,国家政策是国内人权法的重要的渊源。

第二节 人权法的调整对象

一、概述

人权法能否作为独立的法律部门,关键的是人权法是否有自己的调整对象。法律部门是根据一定标准和原则所划定的调整同一类社会关系的法律规范总称。目前,国际人权法已经被国内外学者认可作为独立的国际法律部门。但是,国内人权法是否作为独立的法律部门,还没有达成共识。之所以没有达成共识,重要原因就是对人权法的调整对象没有达成共识。

人权法有没有特定的调整对象?什么是人权法调整对象?这些理论问题都关系到人权法是不是一个独立的法律部门的问题,关系到人权法所调整的社会关系的范畴。笔者认为,人权法有自己的调整对象。人权法是调整人权关系的法律规范总称,人权关系是人权法的调整对象。人权关系是指人在参与社会活动过程中,以自然权利为基础,以发展权利为保障,以限制公权力为手段,以维护人的尊严为核心,以追求人的幸福为目标而形成的社会关系。这样的人权关系揭示了人权的实质,反映了人权关系的基本构成,可以作为研究人权关系的一种路径。

对上述的人权关系可以作进一步划分,人权关系包括了以下几方面的内容:人权基础关系、人权存续关系、人权让渡关系和人权目标关系,也可以称之为生存关系、发展关系、民主关系、尊严的保障关系。与上述关系相对应的人权内容包括生存权、发展权(包括集体人权)、民主权、文化权以及尊严与幸福权。

生存关系即人权基础关系,它是以自然权利为基础而形成的社会关系。自然权利是依靠自然法则和人的本性而提出的权利主张,是基于人的出生而享有的权利。人权基础关系包含了生命关系和生命存续关系,是以生命权为基础的人的生命延续关系,它包括了人权中的绝对权利——生命权以及维持生命延续的生存权而形成的社会关系。其权利内容是生命权、健康权、人身安全权、人身自由权和财产权作为主体的权利体系。生存关系主要要求国家以不作为方式即消极方式来确保权利的实现,即国家、政府或他人不能对生命权、健康权、人身安全权和人身自由权进行侵犯或限制。同时,国家或政府还应当保障社会成员享有基本生活水准权。

发展关系即人权存续关系,它是指个人积极、自由和有意义地参与政治、经济、社会和文化的活动并公平享有社会进步所产生的利益而形成的社会关系。人权发展关系主要依靠国家的积极作为来实现的,除包含有国家积极推动经济发展,努力改善和提高全体人民生活质量和水平以外,还包括整个国家和民族在政治、经济、社会、文化、教育、卫生和社会福利等方面的全面发展,以及努力实现社会公平与正义。人权发展关系主要包括了社会成员享有的工作权、受教育权、文化权、社会保障权、环境权等方面的权利。

民主关系即人权让渡关系,它是指社会成员让渡了自然权利中的部分自由权而换取到的参与国家政权管理的社会权利。可以说,民主关系是基于人权让渡关系而形成的社会关系。在人权法中,民主关系也可以称之为公民的授权与限权关系。自然权利的任意行使必然导致社会无序。如何做到既保障自然权利的有效行使,又能确保社会秩序的有序运行,这就是近代西方人权思想启蒙学者所思考的问题。他们以自然法则理论和社会契约理论为基础,揭示了人权法中的自然权利与社会权利之间的转换关系,产生了人权让渡关系,即形成了近现代民主关系。民主关系属于人权关系的重要组成部分,是公民限制公权力的重要保障。其权利内容比较明确,主要包括了平等权、表达自由权与政治参与权。自由权除了人身自由以外,还包括思想、言论、结社、集会、出版、游行示威、罢工等方面表达自由的权利。政治参与权包括选举权与被选举权、罢免权、监督权等权利。

保障尊严关系即人权目标关系,包括了尊严维护关系和追求幸福关系。尊严维护关系是指以生命尊严为基础的保障基本人权而形成的社会关系。追求幸福关系是指社会成员享有基于自由、平等和对尊严的尊重,而享有塑造自己生活的权利而形成的社会关系。简言之,它是社会成员自我价值得到体现与满足而形成的社会关系。自我价值得到体现与满足必须是基于自由、平等和对尊严的尊重基础上产生的,不是基于外界压力或者社会要求而产生的。人的尊严是指以生命尊严为基础的基本人权得到有效保障而形成的人的自信。维护人的尊严,其底线是生命权的保障,对生命的尊重。追求幸福生活是人类社会发展的永恒主题和终极目标。人类追求幸福不仅是物质的享受,更重要的是社会权利方面和精神权利方面的拥有。各国在发展经济让国民享受物质带来的快乐的同时,如何让国民拥有更多的社会权利,即主要是民主权利以及其他方面的精神享有权利,如何寻求物质追求与精神追求之间的平衡点,是长期困扰着各国政府的重大难题。

此外,人权关系还包括特殊人权关系。特殊人权关系是指集体人权关系。集体人权关系是相对于个人人权而言的某一类人或国家所享有的人权而形成的社会关系。特殊人权关系的权利主体是某一类特殊社会群体,或某一民族与某一国家,而不是个人权利主体。

二、人权关系的分类

我国的人权法学界对人权关系研究得不多,对人权关系没有形成统一的认识。因此,人权关系的分类也是一个有待深入研究的问题。

根据人权法资料反映,对人权关系的分类主要有以下几种分类法:

(1)按照"三代人权"产生的顺序划分,人权关系可以划分为公民与政治权利关系;经济、社会与文化权利关系;集体人权。这种划分法普遍存在于各种人权法的教材中。

(2)按照人权结构划分,将人权分为三个层次:第一层次是人的基本权利,这些权利是每一个生活在现代文明社会中的人生来就由社会赋予的,是做人的起码条件,是不可剥夺的。它包括生存权和基本自由权、劳动和劳动所得归劳动者支配和享用的权利,以及平等权、发展权等。第二层次是公民权,是人作为一个国家的公民才具有的权利。如选举权和被选举权。第三层次是人所具有的或应该具有的一切权利。①

(3)按照人权的来源不同划分,人权关系可以分为自然人权关系、国内人权关系和国际人权关系。自然人权关系是自然人基于出生而享有的生命权、平等权和自由权而形成的社会关系。国内人权关系是基于国内宪法等人权法案所确认和保障的权利而形成的社会关系。国际人权关系是基于国际人权法所确认和保障的权利而形成的社会关系。由于自然人权关系、国内人权关系和国际人权关系都必须以保障自然权利为基础,同时,国内人权关系和国际人权关系又有密切的互动关系,因此,这样划分人权关系容易出现内容交叉与重复。

(4)按照人权实质内容划分,人权关系可以分为人权基础关系即生存关系,包括了生命关系和生命存续关系,其主要的权利是生存权;人权发展关系即发展关系,是个人积极、自由和有意义地参与政治、经济、社会和文化的活动并公平享有社会进步所产生的利益而形成的社会关系,其主要的权利是发展权;人权让渡关系即民主关系,是指社

---

① 参见陈尚志:《从马克思主义看人权的哲学基础》,载白桂梅主编:《国际人权与发展:中国和加拿大的视角》,法律出版社1998年版,第7页。

会成员让渡了自然权利中的部分自由权而换取得到的参与国家政权管理的社会权利，其主要的权利是民主权；人权目标关系包括尊严维护和追求幸福关系，尊严维护关系是指以生命尊严为基础的保障基本人权而形成的社会关系，追求幸福关系是指社会成员基于自由、平等和对尊严的尊重，而享有塑造自己生活的权利而形成的社会关系，其主要的权利是尊严权与幸福权。

　　笔者认为，按照人权实质内容划分，体现了人权的本质特征，突出了自然权利的保护和对人尊严的尊重。同时，强调了民主权利在人权法体系中的作用，发展人权事业，保障人权，不能仅仅强调保障生存权，应当是在保障生存权的基础上，重点保障民主权利的有效实现。民主权利既是制约公权力的重要手段，也是防止公权力侵犯人权的不可缺少的权利。因此，人权法所调整的人权关系包括了生存关系、发展关系、民主关系和尊严与幸福保障关系，揭示了人权关系的内涵，反映了人权的本质特征。同时，这也是人权法区别其他法律部门的重要标志。人权关系之所以不同于宪政关系、行政关系、民事关系和刑事关系，可从人权关系的构成上加以区别。因此，人权关系属于人权法调整的特定对象。

三、人权关系的内容

（一）人权法调整人的生存关系

　　生存关系是指人的生命关系和生命存续关系的总称。人的生命关系是人权法重点调整的对象，也是人权得以产生的前提。人的生命关系是基于人的出生事实而产生的社会关系。在这种社会关系中，国家和政府以及他人只有对人的生命的尊重与敬畏，不能对他人的生命进行任何侵害。没有人的生命存在也就没有人类社会，也就没有人权。人的生命是人权法重点保护的对象。

　　人的生命权在人权法上表现出来的是自然权利，它是"依靠自然法则和人的本性而不是依靠国家的制定法来维持的个人固有权利而提出的主张"。[①] 首先，它包括了人权中的绝对权利——生命权。生命权利是基于自然状态下人的出生而产生的权利，不是基于法律赋予的权利。因此，人权法中就涉及人的权利从何时开始、胎儿是否享有权利、堕胎是否合法、强制计划生育是否符合人权、人是否享有自杀的权利、国家是否应当废除死刑等等人权法的理论问题。西方很多国家废止了死刑，我国也已将死刑收归最高人民法院审理，这也是对生命尊重的具体表现。

　　人的生命权不是孤立存在的，是必须以自由权与平等权作为支点的权利总和。伴随着人的生命诞生而同时存在的权利还应当有人的自由与平等的权利。人的生命关系必然包括了人身自由与平等关系。这是人权法调整的另一个重点。人身自由关系是指

---

① ［英］戴维·M.沃克：《牛津法律大词典》，北京社会与科学发展研究所组织翻译，光明日报出版社1988年版，第631页。

基于生命而享有自由权利而形成的社会关系。这里的自由主要指人身自由与平等。如果只规定人的生命权而放弃人身自由与平等权，那么人就会成为行尸走肉，就会成为统治者的会说话的工具，成为统治者或他人的奴隶。因此，《世界人权宣言》第1条向全世界宣告：人人生而自由。美国的《独立宣言》写道："人人生而平等，他们都从他们的'造物主'那里被赋予了某些不可转让的权利，其中包括生命权、自由权和追求幸福的权利。"人权法强调，人的生命权是基于出生而获取得到的，人身自由与平等的权利，也是基于出生而存在的权利。因此，人身自由权与平等权是人权法中的不可或缺的权利。人权法涉及的人身自由权包括住宅自由、通信自由，还包括了严禁酷刑、未经审判不得限制人身自由、严禁奴役与奴隶、严禁歧视等内容，这些都属于人权法所调整的人的生命关系所衍生出来的权利内容。

生命存续关系是指人的生命安全得到保障和基本生活需要得到满足而形成的社会关系。从我国现状看，我国政府认同的生存关系是指人的生命权和温饱权的总称。温饱权是指享有吃得饱、穿得暖的权利，即主要解决丰衣足食问题和贫困人口的温饱问题。也就是说，我国目前是在中义层面使用生存权。中义的生存权是指以生命权为基础，以人身自由与安全为前提，以保障最低生活水准为条件的生命存续的权利。生命权包括人的出生权利、人身不受伤害和杀害的权利或得到保护以免遭伤害和杀害的权利，以及取得维持生命和最低限度的健康保护的物质必需品的权利。人身自由权包括人人享有不受非法拘禁或逮捕、享有住宅自由、通信自由与私人空间的权利。人身安全权包括身体权与健康权的有机结合。广义的生存权包括了以发展权、民主权为内容的生存权关系。

（二）人权法调整人权的发展关系

人权发展关系，即人的发展关系，是指个人积极、自由和有意义地参与政治、经济、社会和文化的活动并公平享有社会进步所产生的利益而形成的社会关系。发展关系是以生存关系的实现为必要前提，没有生存就没有发展，这是很浅显的道理。广义的发展关系的权利主体包括了个人、民族和国家。狭义的发展关系的权利主体仅指个人。从人权法调整对象而言，人权法包括了广义的发展关系的权利主体，即包括了个人、民族和国家。这也是第三代人权的重要内容。人权法调整的发展关系涉及重要权利，即发展权。发展权被国际社会普遍接受和认可，是基于1979年《关于发展权的决议》而成为人权法的重要概念之一。这是首次在联合国决议中提出"发展权"概念的决议。它明确发展权是一项人权，"平等发展的机会既是各个国家的特权也是各国国内个人的特权"，标志着国际社会对发展权的确定和认可。[①] 其中民族和国家享有的发展权属于特殊人权关系，即集体人权关系。个人的发展权不作为集体人权，而视其为一般人权，主要包括了社会成员享有的工作权、受教育权、文化权、社会保障权、环境权等方面的权利。

---

① 南京大学法学院编：《人权法学》，科学出版社2004年版，第444页。

人的发展关系主要依靠国家的积极作为来实现的,包含有国家积极推动经济发展,除了努力改善和提高全体人民生活质量和水平以外,还包括整个国家和民族在政治、经济、社会、文化、教育、卫生和社会福利等方面的全面发展,以及努力实现社会公平与正义。

(三)人权法调整人权让渡关系

人权让渡关系即民主关系,是指社会成员让渡了自然权利中的部分自由权而换取得到的参与国家政权管理的社会权利。从人权法的视角看,民主关系是基于人权让渡关系而形成的社会关系,在人权法中也可以称之为公民的授权与限权关系。

自然权利是指依靠自然法则和人的本性提出的主张。正是基于自然权利的思想观念,人权思想启蒙家提出了自然权利让渡的观点。每个享有自然权利的人,应当让出部分自由权利,授权一些人对社会进行管理,社会才会有秩序地运行。基于这样的权利让渡,才有了国家机构,才有了国家领导人,才有了政府管理者。每个人让渡自己的部分自然权利就是一种授权行为,授权一些人对社会进行管理。这也就是现代文明社会的代议制和民主选举制的理论基础,在美国是议会制,在日本是内阁制,在我国是人民代表大会制度。被授予立法权或政府管理权的人,必须以保障人的基本权利为己任,必须遵守人权授权的约定,依照约定的权限行使权力。如果被授予权力的人滥用权力,授权人就可以进行罢免、更换被授权人,可以更换管理者或国家领导人。总之,权利让渡关系是以自然法则和社会契约论为基础,揭示了人权自然权利与社会权利之间的转换关系而形成的社会关系。

正是社会成员让渡了自然权利中的部分自由权而换取得到的参与国家政权管理的社会权利,因此,形成了近现代民主关系。民主关系属于人权关系的重要组成部分,是公民限制公权力的重要保障。其权利内容比较明确,主要包括了平等权、自由权与政治参与权。自由权除了人身自由以外,应当包括思想、言论、结社、集会、出版、游行示威、罢工等方面的自由权利。政治参与权包括选举权与被选举权、罢免权、监督权等权利。人权法调整人的授权与限权关系,体现在我国法律制度上,主要包括了行政法与行政诉讼法、国家赔偿法、刑事诉讼法等法律。

(四)特殊人权关系即集体人权关系

特殊人权关系是指集体人权关系。集体人权关系是相对于个人人权而言的某一类人或国家所享有的人权而形成的社会关系。特殊人权关系的权利主体是某一类特殊社会群体,或某一民族与某一国家,而不是个人权利主体。集体人权关系包括国内集体人权与国际集体人权两类,也可称之为特殊群体人权和国家与民族人权。国家与民族人权是指在世界范围内的国家或地区为主体所享有的权利,主要包括民族自决权、种族平等权、发展权、和平与安全权、环境权、自由处置天然财产和资源权、食物权、人道主义援助权等等。特殊群体人权主要包括少数民族的权利、儿童的权利、妇女的权利、老年人的权利、残疾人的权利、罪犯的权利、外国侨民与难民的权利等等。

(五)人权法调整人的尊严关系

维护人的尊严关系是人权目标,是人们为了维护人的尊严与追求幸福而形成的社会关系,包括了尊严维护关系和追求幸福关系。尊严维护关系是指以生命尊严为基础的保障基本人权而形成的社会关系。人的尊严是指以生命尊严为基础的基本人权得到有效保障而形成的人的自信。生命尊严与基本人权保护是构成人的尊严的两个支点。奥地利的人权学者认为,"如果一个人遭受酷刑、被迫受奴役,或被迫过贫困的生活,即没有最低标准的食物、衣物或者住房,其尊严就受到侵犯。其他经济、社会和文化权利,比如获得最低限度的教育、医疗和社会保障同尊重隐私、家庭生活或者个人自由一样,也对有尊严的生活具有根本性的重要意义。"① 可见,维护人的尊严,其底线是生命权的保障,是对生命的尊重。同时,对基本人权的侵犯同样损害人的尊严,最低限度的教育、医疗和社会保障的缺失,同样对有尊严的生活具有根本性的负面影响。因此,保障人的生命和保护基本人权是人权法体系的支点,离开这个支点,人权法体系就不复存在。

落实到人权法的具体权利,人的尊严的底线是最低生活保障权的实现。作为社会的人,一旦失去了最低生活保障权,不能获取到维持最低生活的物质保障,其作为人的尊严就必然受到损害。没有最低生活保障的人,要么饿死,要么乞讨,要么偷窃或抢劫,这些行为当然损害了人的尊严。所以说,人权法调整尊严维护关系,是以生命的尊严为基础的基本权利得到保障而形成的社会关系,其中涉及生存权、私有财产权、工作权或劳动权、受教育权、社会保险或社会保障权等权利的保障,这些权利的实现,是维护人的尊严最起码的或相当重要的权利。任意剥夺人的财产权、工作权、社会保障权,都必然影响到人的生存,导致人的尊严受损害。

再者,人的尊严不仅仅是维持生命权,或者认为保证了生存权就维护了人的尊严,这样的认识是不全面的。因为,人的本质是社会关系的总和,人与动物的最大区别是人的社会属性。人权法中强调人的尊严,是以生命尊严为基础的基本权利得到保障的尊严。生命的尊严是人的尊严的基础,不是人的尊严的全部。人的尊严得到有效实现的途径,是保障生命权的同时,必须对人的基本权利予以保障,即人的自由与平等权得到保障,基于人权而产生的授予权力或限制权力的制度得到有效运行,即公民的政治权利得到实现。可见,人的尊严权是由生命权、自由权、平等权、公民的民主选举权和罢免权组成的。这些权利是人的尊严权的重要组成部分,也是人权法调整的主要对象。2010年初,温家宝总理在不同的场合,多次提到要让人民过上更有尊严的生活,必然包括了生命权以外的其他基本人权得到保障。

尊严维护关系必须守住二个基本的底线:一个是"尊严的底线是拒绝乞讨"。这里包括了拒绝对食物和权利的乞讨。如果是乞讨得来的食物和权利,也就没有尊严可言

---

① [奥]曼弗雷德·诺瓦克著:《国际人权制度导论》,柳华文译,北京大学出版社2010年版,第1页。

了。《世界人权宣言》第 25 条明确规定：人人有权享受为维持他本人和家属的健康和福利所需要的生活水准，包括食物、衣着、住房、医疗和必要的社会服务。这就明示了拒绝对食物的乞讨。

我国《宪法》第 2 条规定，国家一切权力属于人民，这也明示了拒绝对权利的乞讨。这些规定都是保障人的尊严和体现人权基本精神的条款。另一个底线是，"人的尊严受法律保护，不得受侵犯"。由此产生的严禁体罚、严禁刑讯逼供、严禁奴役、严禁歧视等人权法律制度，也都是为了保障人的尊严而设立的。总之，尊严维护关系得到有效保护，社会成员应当享有以下权利：享有体面生活权、充分享有政治权、个性自由发展权和隐私权得到保护。

人权关系是人们追求幸福为最终目标而形成的社会关系。追求幸福关系是指社会成员基于对自由、平等和尊严的尊重，享有塑造自己生活并要求国家尊重自己选择的权利而形成的社会关系。

维护人的尊严是人权的最低要求，而追求幸福生活是人类社会发展的永恒主题和终极目标。从人类生存与发展的基本规律看，追求幸福生活，首先必须保障人类的生存。生存是人类追求幸福的前提。当人类生存面临挑战时，追求幸福也就成为空中楼阁。因此，各国都把发展经济，提高人民的生活水平作为保障人权的重要指标。但是，生存不是人类社会追求幸福的唯一指标。因为人类是能创造工具、会思维、有理性的高级动物群体，除了有物质追求以外，还有精神追求。人类追求幸福不仅是物质的享受，更重要的是社会权利和精神方面的拥有。总之，追求幸福关系是人权的综合体现，是塑造自我生活的集中体现。它只有在生存权、发展权、民主权和人的尊严权得到有效保障和实现的时候，追求幸福权才能充分得到实现。

四、人权关系与其他社会关系

人权关系是指人在参与社会活动过程中，以自然权利为基础，以限制公权力为手段，以维护人的尊严为核心，以追求人的幸福为目标而形成的社会关系。简单说，人权关系是个人要求国家保障人权以及国家承诺对人权予以有效保障而形成的社会关系。

人权关系作为人权法调整的特定社会关系，是从人作为人应当享有权利为前提。它与宪政关系、行政关系、民事关系、刑事关系的区别是明显的。因此，人权关系不同于宪法关系、行政关系、民事关系和刑事关系，它属于人权法调整的特定对象。

（一）人权关系与宪政关系

在各种的社会关系中，人权关系与宪政关系具有密切的联系，又具有区别。人权关系是指以自然权利为基础，以维护人的尊严为核心，以追求人的幸福为目标而形成的社会关系。人权关系构成了人权法的调整对象，主要包括四类：第一类是生存关系，涉及生命保障与生存权；第二类是发展关系，涉及工作权、受教育权；第三类是人权让渡关系即民主关系，涉及自由权与政治权；第四类是人的目标关系，涉及尊严维护关系和追求幸福关系。

宪政关系是依据宪法规范,在宪法主体之间产生的,以宪法规定的权利与义务为基本内容的社会政治关系。宪政关系构成了宪法的调整对象,主要包括三类:第一类是国家机构设置关系,第二类是公民权利与义务关系,第三类是国家机关权力制约关系。人权关系与宪政关系最主要的联系是,人权关系是宪法关系的源泉,宪法关系是人权关系的保障。二者最主要的区别是,人权关系的焦点是人的生命与尊严的保护与维护。宪政关系的焦点是政治秩序的形成与维护。

1.二者联系的主要表现是,人权关系是宪法关系的源泉,宪法关系是人权关系的保障。具体说:(1)人权关系是宪法关系的起点,没有人权关系也就没有宪政关系。或者说,人权关系是宪政关系的基础,没有确认与保障人权关系的宪政就只能是专政。(2)宪政关系是人权关系的保障。没有宪政的确认与保障,人权只能是停留在道德层面上的权利。(3)公民权源自于人权。人权是世界范围使用的概念,公民权是宪政范围使用的概念。公民权是自然人让渡部分自然权利之后,取得公民资格所享有的权利。(4)在国内人权法中,人权关系的权利与义务主要是体现在宪政关系中。

2.二者区别的主要表现有以下几点:

(1)适用法律不同。人权关系属于人权法调整,宪政关系属于宪法调整。人权法包括了国际人权法,人权关系受国际法规范。宪政关系只受本国宪法调整。人权是人类的权利,公民权是公民的权利。

(2)价值取向不同。人权关系体现社会成员权利与国家主权之间的权利授予关系。宪政关系体现的是国家机构权力分配与公民权利享有之间的权利平衡关系。人权关系是以人的权利为核心,围绕人的生存、发展以及享有公民权利及自然权利让渡之后形成的以政治权利为内容的社会关系。其实质是社会成员与国家主权的关系,即社会成员放弃一些自然权利,同意国家的存在而形成社会成员权与国家主权关系。宪政关系是以国家机构权力与公民享有权利之间的平衡关系。宪政关系实质上是人权关系的具体运用,即依法设立的国家机关可以享有什么权力,社会成员放弃了哪些自然权利而换取符合社会进步与发展的政治权利。这种权利平衡关系受一国的经济、政治、文化等因素影响。

(3)权利实质不同。人权关系主体享有的权利是以自然权利为基础,具有自然属性。宪政关系主体享有的权利是以法律权利为前提,具有社会属性。人权法是以自然权利为基础的法,不以实在法是否确认为条件,实在法确认也好,不确认也好,人权关系中的生命权、自由权和平等权都是客观存在的。宪法是以革命取得胜利为前提,只有取得革命胜利,掌握了国家政权才能制定宪法,才能在宪法上赋予公民权利。没有宪法赋予公民权利,公民权利就不能得到行使,也不能得到有效保障。

(4)人权理念与宪政理念上的区别。这主要表现在:

第一,人权与宪政对人性的认知性不同。人权理论对人性持有一种相对乐观的态度,它包含人是理性的,人性是善的假定:人是万物之灵,是理性的动物。因此,根据人权理论,人民享有选举权是防止专制的重要手段;人民作为国家的主人不会自愿去选择专制制度。这是因为人民不会自己对自己实施暴政,所以人民不会去选举会欺压人民、侵害人权的人来掌握国家权力。人权理论还认为社会公平或正义的标志是统治权力掌握在人民手里。而根据宪政理论,宪政对人性的看法是不乐观的。它不相信人有足够的理性和美德,而是认为人性是不完善的,人具有自私性和贪婪性。英国19世纪的史学家阿克顿就曾指出,人本具罪恶性,权力既然是由人而产生,便有它无法消解的毒素。地位越高的人,罪恶性也就越大。因此教皇或国王的堕落便不可和一般的老百姓同日而语。他在其作品《自由和权力浅说》中写出一个至理名言:"权力导致腐化,绝对的权力导致绝对的腐化。"不受制约的权力更具有压迫性和腐败性。这使得以人作为其能动行使者的权力隐含着极大的风险。孟德斯鸠断言:"一切有权力的人都容易滥用权力,这是万古不易的一条经验。有权力的人们使用权力一直到遇有界限的地方才休止。"由此我们可以看出,宪政理论对人性的不信任。

第二,人权与宪政在基本理念上有着更为深刻的冲突。人权理念强烈地要求人民直接地行使权力或间接地掌握权力,而不问权力如何行使以及行使到什么程度和范围。"宪政则要限制一切权力,使其不能逾越预定的范围。从某种角度来看,宪政实质上是反民主的。"①现代宪政理论指出,民主政治虽然较之于君主专制统治是一个巨大的进步,但它并不是一种完美的体制,"此种制度如果得不到有效的制衡和规约,同样也会恶性膨胀"。②

(二)人权关系与行政关系

人权关系是指人在参与社会活动过程中,以自然权利为基础,以限制公权力为手段,以维护人的尊严为核心,以追求人的幸福为目标而形成的各种关系。人权关系构成了人权法的调整对象,其中最主要包括:第一类是人的生存关系,包括生命关系;第二类是人权让渡关系,即权利授予与权利限制关系,体现为民主关系;第三类是人的尊严维护关系。

行政关系是指行政主体行使行政职能和接受行政法制监督而与行政相对人、行政法制监督主体发生的各种关系,以及行政主体内部发生的各种关系。行政关系构成了行政法的调整对象,主要包括四类:第一类是行政管理关系,第二类是行政法制监督关系,第三类是行政救济关系,第四类是内部行政关系。

二者的区别是:人权关系不存在隶属关系,是社会成员权利与国家主权关系,是权利授予关系。行政关系具有隶属关系,是管理与被管理关系。人权关系的焦点是人的生命与尊严,行政关系的焦点是社会秩序的管理。二者也有联系,从根本上说,行政关系源于人权关系,是人权关系中的授权关系的具体体现。行政权力来源于人权的自然权利让渡,是人们依自然权利而选举一些人对社会进行管理,因而产生了行政权力。但是在现实生活中,行政关系经常对人权关系造成侵犯,特别是行政机关滥用职权,对公

---

① [美]埃尔斯特、[挪]斯莱格斯塔德编:《宪政与民主》,潘勤、谢鹏程译,三联书店出版1998年版,第224页。

② 齐延平著:《人权与法治》,山东人民出版社2003年版,第23页。

民或自然人的人身权和财产权的侵犯。

(三)人权关系与民事关系

人权关系与民事关系具有很密切的联系。民事关系是平等主体之间形成的人身关系与财产关系的总称。民事关系主要包括两大类：第一类是人身关系，第二类是财产关系。人身关系和财产关系，与人权关系中的生存关系具有紧密的联系。同时，又具有明显区别。

1.人权关系与民事关系的联系

(1)人权关系与人身关系的联系。人身关系是人们在社会生活中形成的具有人身属性、与主体的身份不可分离的、不是以经济利益而是以特定精神利益为内容的社会关系。人身权包括人格权和身份权。其中，人格权与自然权利之间的联系最为密切。民法的人格权包括生命权、身体权、健康权、姓名权、名称权、名誉权、肖像权等权利。可见，人格权与自然权利二者具有兼容性。自然权利是指人基于出生而享有的，既包括生命权、身体权、健康权等权利，也包括自由、平等权、尊严权等权利而构成的权利总和。从中可以看出人格权的生命权、身体权、健康权，与自然权利的生命权、身体权和健康权是相同的。但是，我国原《民法通则》中的人格权不包括自由权、平等权、尊严权，而自然权利包括了自由权、平等权、尊严权，这是二者的明显不同之处。值得强调的是，我国新《民法总则》第109条新增加了保护自然的自由权和尊严权的条款，即规定："自然人的人身自由、人格尊严受法律保护"。

由于人格权与自然权利具有密切联系，因此，导致了对人格权性质的争论，即人格权究竟是人权、宪法权利，还是民事权利。因为，现代世界各国宪法均将人格权的保护放在重要位置，民法中也有特别人格权或一般人格权的区分。根据国际人权公约和人权法学理论，生命权又是人权的母体性权利。

(2)人权关系与财产关系的联系。民法的财产权是指以财产利益为内容，直接体现财产利益的民事权利。财产权既包括物权、债权、继承权，也包括知识产权中的财产权利。财产权的享有是人权法的基本要求，是基于维持人的生存权和发展权的需要，是维护人的尊严的需要。人一旦丧失了拥有财产权的资格，也就丧失了生存的可能。因此，财产权也是人权的重要组成部分。

2.人权关系与民事关系的区别。

(1)适用法律不同。人权关系是人权法调整的对象，适用人权法。民事关系是民法调整的对象，适用民法。同时，人权法是由国内人权法与国际人权法组成的法律规范总和，人权关系的保护具有国际法的元素。民事关系不具有这样的特征。

(2)权利构成与属性不同。人权关系与民事关系的人身关系有部分交叉。人权法调整的生存关系涉及的生存权，与民法调整的人身权的部分内容有交叉。人权关系的生存权是由生命权、人身自由权、人身平等权、尊严权等权利构成的，民事关系的人格权是由生命权、身体权、健康权、人身自由权、姓名权、名称权、名誉权、肖像权等权利构成的。尽管权利内容有交叉，但是又有不同。民事关系主要是人身关系和财产关系。人权关系还包括发展关系和民主关系,其中发展关系包括了工作权、受教育权等权利,民主关系包括了政治权利等内容。同时,人权关系的自然权利具有自然属性,属于自然权利,可以不基于法律的认可即可取得。如果人的生命必须经过法律认可才能存在,那么人类社会就可能回到奴隶制社会。民事关系的人格权是基于民法确认的,具有社会属性,属于法律权利。民法没有确认,权利主体不享有权利。例如,胎儿在民事法律关系中是附条件的权利主体。但是在人权法律关系中,胎儿是权利主体。同时,民法中的部分的身份权的缺失是不影响人的生命与尊严的,因此这部分身份权没有被列入人权范畴。例如,商标权、指定监护权等身份权。

(3)拥有权利的目的不同。从民事关系讲,拥有财产权是一种支配权、处分权和收益权的结合,其目的主要是为了收益。从人权关系讲,拥有财产权的目的是维持生命和继续生存的需要,是维持人的尊严的最低需求。因此,判断公权力对公民的财产权的侵犯是否构成对人权的侵犯,其边界是,当公权力侵犯财产的行为,构成对人的生存,甚至生命产生负面影响的,构成对人权的侵犯,如果不产生负面影响的侵权则属于民事侵权。

总之,人权是指作为人所享有的权利,其内容广泛。而人格权中的生命权、健康权、人身自由权等权利是人权最重要的组成部分,受到民事法律的确认和保障。因此,民法是国内人权法的重要组成部分。

此外,人权关系与刑事关系、刑事诉讼关系也具有一定的联系与区别。刑事关系主要涉及限制人身自由和死刑的适用而形成的社会关系,这类社会关系与人权保护具有密切联系。刑事诉讼关系主要涉及刑讯逼供、酷刑等侵犯人权的行为,而这类行为是人权法严格禁止的。

第三节 人权法原则与体系

一、人权法的原则

人权法的原则是指制定或实施人权法所依据的法则或标准。这些原则应当是经过长期保护人权过程中经过检验所整理出来的合理化经验总结,是指导人权法的制定与实施的准则。人权法的总原则是保护与尊重人权,"使所有人有权基于自由、平等和对尊严的尊重而塑造他们自己的生活的基本权利"。[①] 为了保证总体原则的实现,在制定或实施人权法的时候,应当遵循以下原则。

---

① [奥]曼弗雷德·诺瓦克著:《国际人权制度导论》,柳华文译,北京大学出版社2010年版,第1页。

(一)生命与尊严至上原则

人的生命与尊严至上原则是人权法的首要原则。这体现了对人的生命敬重与对人的尊严保护。人权法就是以自然权利为基础的,以法律形式确认的保护人的生命与尊严的法律。自然权利是指人基于出生而应当享有的权利。保护人的生命作为人权法的至上原则是人权法题中应有之义。人的生命是人权产生的本源,没有人的生命存在,就没有人权之说,更没有人权法的诞生。同时,由于人是社会关系的总和,脱离了社会关系,人的本性也就得不到体现。因而,仅仅保护人的生命还是不够的,必须同时维护人的尊严。维护人的尊严的底线是,作为人应当拥有最低标准的食物、衣物或住房。如果一个人被迫过着没有最低标准的食物、衣物或住房的贫困生活,那么,这个人的尊严就受到侵犯。同时,如果一个人遭受酷刑、被迫受奴役,以及其他经济、社会和文化权利,例如获得最低限度的教育、医疗和社会保障的权利不能得到实现的话,这个人的尊严同样是受到侵犯。从更广泛的意义上讲,人的尊严包括政治权利的实现,否则不能体现作为社会人的责任,也不能体现社会契约的原理。可见,人权法的最基本原则就是保护人的生命和尊严。具体地说,在保护人的生命基础上,人权法应当保障人拥有最低的生活水准,获得最低限制的教育、医疗和社会保障,以及享有比较充分的政治权利。

国际人权法关于人的生命与尊严至上原则的规定,体现在以下几点:首先是《联合国宪章》规定:重申基本人权、人格尊严与价值,以及男女与大小各国平等权利之信念,促成国际合作,且不分种族、性别、语言或宗教等差别。这一规定体现了人权法的首要任务是尊重基本人权和对人格与价值的尊重,以此增进并激励世界各国政府,对于全体人类的人权与基本自由的尊重。再者,《世界人权宣言》序言开宗明义指出:"鉴于对人类家庭所有成员的固有尊严及其平等的和不移的权利的承认,乃是世界自由、正义与和平的基础,鉴于对人权的无视和侮蔑已发展为野蛮暴行,这些暴行玷污了人类的良心,而一个人人享有言论和信仰自由并免予恐惧和匮乏的世界的来临,已被宣布为普通人民的最高愿望,鉴于为使人类不致迫不得已铤而走险对暴政和压迫进行反叛,有必要使人权受法治的保护,于有必要促进各国间友好关系的发展,鉴于各联合国国家的人民已在联合国宪章中重申他们对基本人权、人格尊严和价值以及男女平等权利的信念,并决心促成较大自由中的社会进步和生活水平的改善,鉴于各会员国业已誓愿同联合国合作以促进对人权和基本自由的普遍尊重和遵行,鉴于对这些权利和自由的普遍了解对于这个誓愿的充分实现具有很大的重要性,因此现在,大会发布这一世界人权宣言,作为所有人民和所有国家努力实现的共同标准,以期每一个人和社会机构经常铭念本宣言,努力通过教诲和教育促进对权利和自由的尊重,并通过国家的和国际的渐进措施,使这些权利和自由在各会员国本身人民及在其管辖下领土的人民中得到普遍和有效的承认和遵行。"同时,第3条规定:"人人有权享有生命、自由和人身安全。"

(二)禁止歧视原则

禁止歧视原则,又称为"防止歧视原则",是人权法的一项重要原则。禁止歧视原则是实施平等权的前提,歧视行为的存在必然会影响平等权的实现,所以禁止歧视原则是人权法的重要原则。

禁止歧视是《联合国宪章》和《世界人权宣言》所确立的人权法保护人权的重要原则。《联合国宪章》规定:"重申基本人权、人格尊严与价值,以及男女与大小各国平等权利之信念,促成国际合作,且不分种族、性别、语言或宗教等差别。"这一规定是国际人权法首次提出的禁止歧视原则,也是为了应对德国纳粹实施的系统性的歧视而建立起来的人权法的原则。此后,《世界人权宣言》扩展了禁止歧视的范围。该宣言第2条规定:"人人有资格享受本宣言所载的一切权利和自由,不分种族、肤色、性别、语言、宗教、政治或其他见解、国籍或社会出身、财产、出生或其他身份等任何区别。"第7条进一步规定:"人人有权享受平等保护,以免受违反本宣言的任何歧视行为以及煽动这种歧视的任何行为之害。"接着,《公民权利和政治权利国际公约》第26条将禁止歧视原则作为平等人权的一部分,它成为适用于所有人权的一项原则。

禁止歧视的规定大多数是基于种族、肤色、性别、语言、宗教、政治或其他见解、国籍或社会出身、财产、出生或其他身份等的区别对待。人人平等地、不受歧视地享有各项人权,成为国际人权文件的普遍原则,也成为各国国内人权立法的示范。同时,在《经济、社会、文化权利国际公约》《儿童权利公约》《关于难民地位的议定书》《残疾者权利宣言》等国际人权文件中,对禁止歧视也作了相应的具体规定。

为了贯彻实施禁止歧视原则,联合国和有关国际组织还先后颁布了一系列相关的国际文件。这些文件主要包括:1958年6月的《关于就业和职业歧视的公约》,1960年12月的《取缔教育歧视公约》,1962年1月的《在政治权利问题上的自由与不歧视的一般原则》,1963年11月的《联合国消除一切形式种族歧视宣言》,1966年3月的《消除一切形式种族歧视国际公约》,1967年11月的《消除对妇女歧视宣言》,1980年3月的《消除对妇女一切形式歧视公约》,1981年11月的《消除基于宗教或信仰原因的一切形式的不容忍和歧视宣言》等。禁止歧视是人权法的基本原则,这一精神还体现在,1989年《公民权利和政治权利国际公约》人权事务委员会在第18号一般评论中指出:"不得歧视、法律面前平等以及法律的无所歧视的平等保护,是保护人权的基本而普遍的原则。"

中国政府十分重视禁止歧视原则,特别在反对种族隔离和一切形式的种族歧视政策上,高度评价并支持联合国组织发起的《反对种族主义和种族歧视的十年行动纲领》和《向种族主义和种族歧视进行战斗的第二个十年行动纲领》,认为这些活动对实现消除一切形式的种族歧视目标是十分有益的。中国已加入了《消除一切形式种族歧视国际公约》《消除对妇女一切形式歧视公约》等。中国推荐的专家还连续当选为消除种族歧视委员会、消除对妇女歧视委员会、防止歧视和保护少数小组委员会等机构的委员或候补委员。从1981年起,中国先后派代表参加了《保护在民族或种族、语言和宗教上属于少数人的权利宣言》《儿童权利公约》等工作组,在这些工作组起草有关国际人权文件时坚持了禁止歧视的原则。①

（三）人权比例原则

人权比例原则，是指各国政府平衡国际人权标准与国内人权标准应当遵守的准则，以及即使某种人权价值实现必然会以其他人权价值的损害为代价，应当使被损害的利益减少降低到最小限度。

人权法是国际人权规则与国内人权规则的总和，它是为全人类的人共同相处，以及为国家与生活在其领土上的公民或自然人之间的关系规定了具有普遍性又具有特殊性的最低标准。具有普遍性的最低标准是对生命的保护与尊重；具有特殊性的标准是各国根据经济、社会与文化发展水平不同而给予的发展权、文化权与政治权的内容有所不同。人权学者认为："维也纳世界人权大会看来在原则上解决了关于人权普遍性的政治争论，人权的普遍效力也获得了所有国家的承认。但是，1993 年的《维也纳宣言》也强调需要考虑不同民族来自于各自宗教和文化传统的国内和区域特色。"②因此，人权法的比例原则，可以起到平衡国际人权标准与国内人权标准的作用。当有充分理由认为，国际人权法标准危及特定的国内价值或优良传统时，国内人权法可以对国际人权法的条款加以限制。"不管哪里，当政府相信国际人权标准的广泛适用危及特定的国内价值或者传统，并以对受到影响的人来说是清楚和可预见的法律来限制某些权利时，如果这种限制为了维持公共秩序或者类似原因而具有正当合理性，则这种限制通常是得到接受的。"③

人权比例原则的具体运用是指即使某种人权价值实现必然会以其他人权价值的损害为代价，也应当使被损害的利益减少到最小限度。也就是说，比例原则是指为保护某种较为优越的人权价值必须侵犯部分其他人权利益时，不得逾越此目的所必要的程度。④人权法的比例原则的功能，是避免各国政府滥用权力。国家在采取某种措施，可能会侵犯其他人权利益时，应当把这种利益损害减少到最低程度。例如，为了维护公共秩序，可以实施交通管制，这样可能会影响人身移动自由。所以，采取这种措施时，应当尽可能实现"最少限制"或"最小损害"。再如，为了控制传染病的扩散，必要时会对人身自由加以限制，同样，这种限制应当把对人身自由的限制减少到最低范围。"当一个政府有意直接干预诸如隐私权、宗教、表达和集会自由一类的权利时，不仅必须有采取行

---

① 中国人权网：《禁止歧视原则》，http://www.humanrights-china.org/china/rqfg/R520011029113159.htm，访问日期：2009 年 11 月 2 日。"防止歧视和保护少数小组委员会"是 1947 年在第一届人权委员会会议上设立的，防止形成歧视，保护在种族、民族、宗教和语言上属于少数人的权益。

② ［奥］曼弗雷德·诺瓦克著：《国际人权制度导论》，柳华文译，北京大学出版社 2010 年版，第 57 页。

③ ［奥］曼弗雷德·诺瓦克著：《国际人权制度导论》，柳华文译，北京大学出版社 2010 年版，第 57 页。

④ ［德］Karl Larenz 著：《法学方法论》，陈爱娥译，台湾五南图书出版公司 1996 年版，第 320 页。

动的正当理由,事实上还必须证明其干预为保护相应的利益是必要的。"①因此,比例原则要求各国政府在采取可能侵犯其他人权的行动时,必须具有正当理由,而且这种正当理由应当经过能够代表全体民意机关以立法形式表现出来的。如果出现可能损害其他人权时,应当把损害减少到最低限度。有的学者提出,坚持比例原则,应当处理好以下关系:措施与目的之间的关系,措施的倾向,措施的必要性,对利益的最终权衡包括"在民主社会的必要性"、"紧迫的社会需要"等。②

美国法院不同时期的判例是对人权比例原则的进一步发展,例如个别利益平衡原则,即法院将言论自由对个人与社会的利益,同限制自由所能获得的社会利益进行比较,何种利益为大,就采取与其相对应的措施;优先适用原则,即认为言论自由相比其他自由居于优越地位,两者发生冲突时,其他自由权利应予让步等。③ 这些原则都构成了对限制言论自由的权力的限制。尽管不同判例确立的规则还存在一些差异,但不容否认的是,美国过去的判决一再显示,有关诽谤性言论,造谣生事的言论,泄露国家机密、危害公共安全、妨害交通的言论,猥亵性言论,损害公共利益的虚假的、欺骗性或误导性的商业性言论等,均不在言论自由保障范围之内。④ 这些判例可以说是对人权比例原则的进一步完善。

(四)法定抗争原则

法定抗争原则,也称法定抵抗原则,是指当政府严重违反人权法的规定,且对违法行为不予纠正,或无法经过法定程序更换违反民意、滥用职权的管理者的时候,可以采取集会、游行、示威、罢工等方式,对违反人权法的政府进行对抗,直到人权得到保护和实现为止。如前所述,人权的表现形态有三种,即应有权利、法定权利与实有权利。在现实生活中,当法定权利不能反映应有权利时,或实有权利不能反映法定权利时,抗争原则就发生作用。法定抗争原则的具体表现是公民享有抵抗权。抵抗权是指公民拥有的权利,在必要时,可以对国家法律产生的义务,采取不服从及抵抗的行为。⑤

抗争权自始至终伴随着人权。人权历史就是一部抗争的历史。人们运用抗争权反抗封建专制,保障人权是客观事实。从公元前305年的斯多噶学派的人权思想萌芽产生开始起算,到1948年《国际人权宣言》的制定,这漫长的人权思想演变过程,跨越了2253年的历史。在这2253年的历史进程中,人类经历了"神权"的愚昧糊弄、"君权"的残酷压迫、"王权"的专制痛苦和"二次世界大战"大屠杀的噩梦。所以,饱受痛苦且惊

---

① [奥]曼弗雷德·诺瓦克著:《国际人权制度导论》,柳华文译,北京大学出版社2010年版,第57页。
② [奥]曼弗雷德·诺瓦克著:《国际人权制度导论》,柳华文译,北京大学出版社2010年版,第57页。
③ [美]罗纳德·德沃金著:《自由的法——对美国宪法的道德解读》,刘丽君译,上海人民出版社2001年版,第278~280页。
④ 南京大学法学院编:《人权法学》,科学出版社2005年版,第147页。
⑤ 转引自陈新民:《德国公法学理论基础》,山东人民出版社2001年版,第603页。

魂未定的人们,不断反思和不懈抗争,才有了人权思想的产生和人权理论的应用。可以说,人权理论的产生与发展,是人类社会反抗非正义的社会制度压迫的缩影,是一部充满了善与恶、正义与非正义、主张权利与反抗压迫的斗争历史。人权是撼动"神权"理论根基的新生力量,是砸碎封建专制统治的锐利工具,是人类对付所有集权专制统治的思想武器。

抗争权是人实现人权的最有力的武器。没有抗争的权利也就没有今天的人权和人权理论的发展。洛克认为,当政府的所作所为与这一目的相违背的时候,人民就有权利采取行动甚至以暴力的方式将权力收回。"当人民发现立法机关行为与他们的委托相抵触时,人民方面仍然享有最高的权力来罢免或更换立法机关。"① 最早把抗争权写入人权法案的是美国维吉尼亚州的人权宣言。1776 年 6 月 17 日,美国弗吉尼亚州制定的《人权宣言》规定,人民对政府施政不满意以及政府成为暴虐之政权时,社会上大多数人即有推翻政府的权利。并以国民主权和天赋人权作为反抗政府暴政、推翻无道政府之权利的理论基础。之后,1793 年的法国《人权宣言》第 33 条、第 34 条和第 35 条规定:"对压迫的抵抗是人的其他各种权利必然产生的结果"、"即使只有一个社会成员受到压迫,即构成对社会的压迫"、"对政府侵害人民的各种权利时,起义不仅是人民的各种权利中最神圣的部分,而且还是义务中难以免除的部分"。② 最先把公民享有抵抗权写入宪法的是德国黑森邦的宪法。1946 年 12 月制定的德国黑森邦《宪法》第 147 条规定:"当公权力违宪而行使时,每位国民有反抗之义务与权利。"之后,1947 年 10 月的德国布莱梅邦宪法、1950 年 9 月的柏林宪法,以及 1968 年 6 月的德国基本法修正案,都规定了人民享有抵抗权。③

现代社会人权的抗争性还继续发挥作用。例如,2010 年 9 月 5 日至 7 日,由于不满地铁公司的裁员计划及薪资水平,英国伦敦地铁上万名员工展开了一系列的罢工行动。这是伦敦地铁系统自 2009 年 6 月以来遭遇的又一次大罢工(2009 年 6 月 9 日英国伦敦铁路、海运及运输工会不满加薪要求未获同意,宣布当地时间 9 日晚 7 时展开 48 小时大罢工)。这次罢工让伦敦地铁面临全面瘫痪,数百万名伦敦市民的出行因此受到影响。据悉,此轮罢工结束之后,伦敦地铁工会还计划在 2010 年 10 月 3 日、11 月 2 日和 11 月 28 日再次举行 3 场 24 小时的大罢工。④ 与此同时,2010 年 9 月 7 日,为了抗议政府将退休年龄从 60 岁提高到 62 岁,法国也举行全国大罢工。根据法国的养老改革计划,能够领取全额退休金的年龄也将从 65 岁提高到 67 岁。再是,2010 年 9 月 6

---

① [英]洛克著:《政府论》(下篇),叶启芳等译,商务印书馆 1964 年版,第 90 页。
② 南京大学法学院编:《人权法学》,科学出版社 2005 年版,第 197 页。
③ 陈新民:《德国公法学理论基础》,山东出版社 2001 年版,第 604~613 页。
④ 《伦敦地铁上万名员工大罢工 百万市民排队挤公交》,http://news.xinmin.cn/world/gjkb/2010/09/10/6751839.html,访问日期:2010 年 10 月 25 日。

日,部分法国中学教师周一罢工,抗议法国教育行业削减7000个工作岗位的计划。[①]需要列举世界各国民众运用抗争权维护自己的人权事例是相当多的。尽管我国宪法没有规定罢工权利,但是在维护人权关系的社会实践中,民众运用罢工权来维护自身权益的行为还是存在的。例如,2008年11月3日,重庆市的出租汽车全城罢工。出租车罢工的主要原因是:一是重庆市道路运输管理对黑车整治不力,导致黑车泛滥;二是运价低,起步价才5元;三是出租汽车公司对挂靠的个体出租车收取的管理费过高,平均每辆出租车每月收取管理费7000～8000元;四是出租车有时在主城区加气难。[②]可以说,法定抗争原则是人权法的基本原则,它在宪法上的体现是结社、集会、游行、示威与罢工的权利。

二、人权法的体系

人权法的体系是根据一定标准、原则所制定的同类规范的总称。人权法是调整人权关系的法律规范总称。人权关系包括了生存关系、发展关系、民主关系和人的尊严与幸福关系。这些人权关系是通过法律规范加以调整的。因此,人权法的体系应当是以生存关系为基础,以发展关系为保障,以民主关系为核心,以人的尊严与幸福关系为最终目标,而形成的内在逻辑严谨的呈体系化的有机联系的统一整体。但是,由于人权法具有特殊性,其内容涵盖生活方方面面,法的渊源包括了国内人权法与国际人权法,因此,人权法要真正实现形成的内在逻辑严谨的呈体系化的有机联系的统一整体是比较困难的。鉴于人权法的特殊性,多数人权法学者都把人权法体系划分为国内人权法和国际人权法两部分内容。以下先介绍我国人权法体系的现状,再论述笔者的观点。

(一)人权法体系的现状

从目前的高校教材看,我国人权法的体系主要有以下几种分类法:

1."七大类"的人权法体系。它包括:(1)人身自由与安全权,即包括生存权、生命权、人身安全权、人身自由权、人格权。(2)自由权,即包括表达自由、政治自由、宗教自由。(3)平等权,即包括民族平等、男女平等、政治平等和经济平等。(4)民主权,即包括选举权与被选举权、参与议政权、监督权和自治权。(5)经济权,即包括财产权、工作权、社会保障权。(6)受教育权。(7)人道权,即包括儿童权、老人权、残疾人权、犯罪嫌疑人和囚犯的权利。[③]

此外,还有另一种版本的"七大类"人权法体系。它包括:(1)人身人格权,即包括生存权、生命权、人身安全权、人身自由权和人格尊严权。(2)自由权,即包括财产与经济

---

① 《法国全国大罢工 抗议退休年龄从60岁提至62岁》,http://www.946.com.cn/news/foreign/201009090080.html,访问日期:2010年10月25日。

② 《重庆出租车司机因运价低等原因举行全城罢工》,http://news.163.com/08/1103/11/4PQQUIRA0001124J.html,访问日期:2010年10月25日。

③ 杨成铭主编:《人权法学》,中国方正出版社2004年版。

活动的自由、思想良心和宗教信仰自由、表达自由。(3)平等权,即包括民族平等、男女平等和政治平等。(4)民主权利,即包括治人权即选举权与罢免权,治法权即立法权、公职担任权与知情权、抵抗权与监督权、自治权。(5)劳动权,即包括工作权、团结权、集体协商与行动权、社会保险权、工作环境权。(6)环境权与发展权。(7)人道权。①

2."九大类"的人权法体系。它包括:(1)人身人格权,即包括生存权、生命权、人身安全权、人身自由权和人格尊严权。(2)自由权,即包括表达自由、政治自由、宗教信仰自由、创作自由与学术自由。(3)平等权,即包括民族平等、男女平等、经济平等和政治平等。(4)民主权利,即包括选举权与参与议政权、监督权、自治权。(5)劳动权,即包括就业权、劳动条件权、团结权。(6)社会保障权,即包括社会保险、社会救助、社会福利、优抚安置。(7)受教育权,即包括学习机会权、学习条件权、学习成功权。(8)人道权,即包括残疾人权利、灾民权利和罪犯权利。(9)集体人权,即包括人民自决权、发展权、其他集体权利(资源处置权、环境权、和平与安全权等)。②

3."四大类"与"三大类"的人权法体系。它包括:按照人权的种类划分,把人权体系划分为公民与政治权利;经济、社会和文化权利;少数者、土著民族、妇女和儿童的权利;人民、民族自决权和发展权等四大类。③ 或者分为公民权利与政治权利;经济、社会和文化权利;特殊人群的权利等三大类。④

上述人权法体系分类,存在分类不科学,不能反映人权内在规律的问题:

(1)使用概念不规范。例如人身人格权与生存权混淆。多数人权法教材把人身人格权作为属概念,而把生存权作为种概念是明显不妥当的。①人身人格权的表述不规范。从民法角度看,民法中只有人身权的表述,没有人身人格权的表述。从人权法角度看,人权法上只有生存权的表述,没有人身人格权的表述。②民法的人身权与人权法的生存权,两个概念有交叉但又不相同。人身权包括了人格权和身份权。其中,人格权与人权法的自然权利关系最为密切。人格权包括生命权、身体权、健康权、姓名权、名称权、名誉权、肖像权等权利。身份权主要包括著作、知识产权、荣誉权等。人权法的生存权主要包括了生命权、身体权、健康权、人身自由权、人身安全权和人身平等权。人身权不包括人身自由权、人身安全权和人身平等权的内容;生存权不包括著作权、知识产权、荣誉权的内容。因此,把生存权作为人身人格权的种概念是错误的。⑤③有的学者用"人身自由与安全权"作为属概念,生存权、生命权作为种概念,更是一种错误。⑥人身自由与安全权是依附于生命权的,不是生命权从属于"人身自由与安全

---

① 南京大学法学院编:《人权法学》,科学出版社2005年版。
② 该学者把集体人权作为国际人权法的内容。参见李步云主编:《人权法学》,高等教育出版社2005年版。
③ 徐显明主编:《国际人权法》,法律出版社2004年版。
④ 方立新、夏立安:《人权法导论》,浙江大学出版社2007年版。
⑤ 南京大学法学院:《人权法学》,科学出版社2005年版;李步云主编:《人权法学》,高等教育出版社2005年版。这两部教材都是这样划分的。
⑥ 杨成铭主编:《人权法学》,中国方正出版社2004年版。

权"。

(2)忽视发展权的地位。发展权是人权法的重要概念。而现有的人权法教材,没有把发展权作为重要的内容加以体现。有的只把发展权与环境权相联系,[①]有的把发展权作为集体人权的一种权利。[②]

(3)权利归类不科学。工作权或劳动权,可以属于生存权,也可以属于发展权,而多数教材都将之作为单独的人权。受教育权应当属于发展权,或者属于文化权,而多数教材都把受教育权单独列举。同时都没有文化权的内容。

(二)新人权法的体系

新人权法的体系包括国内人权法和国际人权法。

1. 国内人权法。国内人权法的体系应当包括以下内容:国内人权法包括生存关系、发展关系、民主关系、特殊人权关系和尊严维护关系。具体权利包括:(1)生存权,包括生命权、人身自由权、人身安全权和基本生活水准权等。(2)发展权,包括工作权、受教育权、文化权、社会保障权等。(3)民主权,包括公民权、平等权、表达自由权和政治权。(4)特殊人权即集体人权,包括国家与民族人权和特殊群体人权。(5)尊严维护权(尊严维护与幸福追求权),它是上述人权的综合实现,是一个系统工程,归纳说包括享有体面生活权、充分享有政治权、个性自由发展权和隐私权得到保护权。

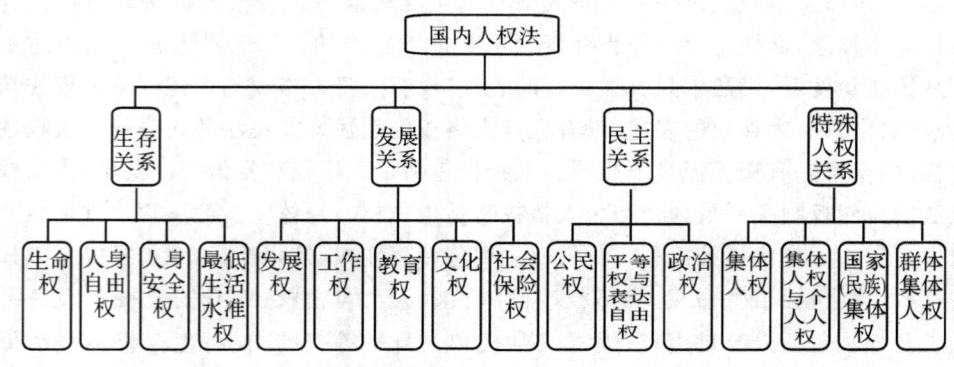

图1 国内人权法的体系

2. 国际人权法。国际人权法的体系在国内人权法体系基础上,还应当包括以下内容:即国际人权法调整国家之间人权监督关系、集体人权关系和国际组织人权保障关系。由于本书篇幅限制,人权法分论部分不对国际人权法的内容加以论述。

---

① 南京大学法学院:《人权法学》,科学出版社2005年版。
② 李步云主编:《人权法学》,高等教育出版社2005年版。

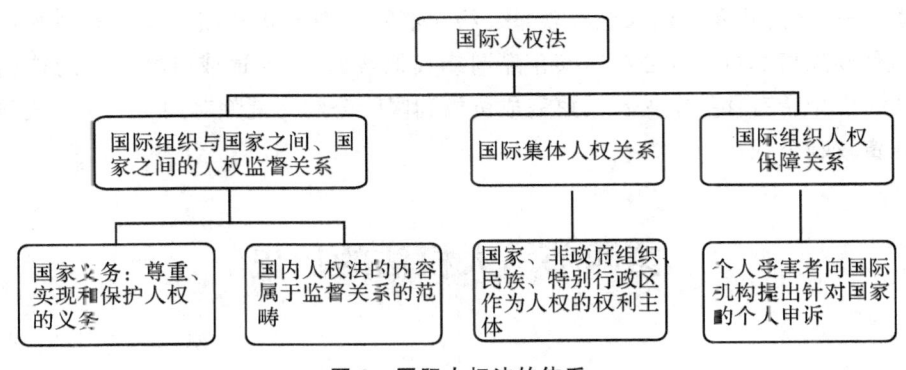

图 2　国际人权法的体系

三、人权法的渊源

（一）国内人权法的渊源

我国没有狭义的或形式意义的人权法，只有广义的或实质意义的人权法，它是指调整人权关系的法律规范的总和。凡是以保障自然权利为基础而制定或认可的规范性文件，都属于人权法。实质意义的人权法包括了形式意义的人权法，还包括其他所有调整人权关系的规范性文件，包括政策性文件。

国内人权法的渊源，主要表现为以《宪法》规定的保障公民基本权利为前提，包括了《民法总则》《婚姻法》《继承法》《物权法》《民事诉讼法》《刑法》《刑事诉讼法》《监狱法》《国家赔偿法》《行政诉讼法》《行政复议法》《行政处罚法》《行政许可法》《选举法》《代表法》《劳动法》《劳动合同法》《教育法》《义务教育法》《职业教育法》《高等教育法》《妇女权益保障法》《未成年人保护法》《残疾人保障法》《失业保险条例》《社会保险费征缴条例》《法律援助条例》等法律、法规。同时，人权法的渊源还包括了国家政策，例如，1993年八届全国人大四次会议通过的《国民经济和社会发展"九五"计划和2010年远景目标纲要》；2003年5月26日，劳动保障部发布《关于城镇灵活就业人员参加基本医疗保险的指导意见》；2006年12月3日，国务院发布《关于完善企业职工基本养老保险制度的决定》；2008年10月25日，国务院办公厅发布《关于将大学生纳入城镇居民基本医疗保险试点范围的指导意见》；2009年3月17日，国务院发布《关于深化医药卫生体制改革的意见》等政策性文件都涉及人权事业发展，应当视为人权法的渊源。

（二）国际人权法的渊源

国际人权法和国内人权法不同。国际人权法有形式意义的人权法，即国际人权法颁布了以人权法命名的法律规范。例如《世界人权宣言》《经济、社会与文化权利国际公约》《公民权利与政治权利国际公约》，这些都属于形式意义的国际人权法。国际人权法的渊源包括：《联合国宪章》和有关的国际人权法的规范性文件，包括：《世界人权宣言》《经济、社会与文化权利国际公约》《公民权利与政治权利国际公约》，以及专门性的国际人权条约——《防止及惩治灭绝种族罪公约》《消除一切形式种族歧视国际公约》《禁止并惩治种族隔离罪行国际公约》《禁止酷刑或其他残忍、不人道或有辱人格的待遇或处罚公约》《保护所有移徙工人及其家庭成员权利国际公约》《消除对妇女一切形式歧视公约》《儿童权利公约》等。

第四节　人权法的历史

一、人权词汇的产生

"人权"这个词，和现代英语的 human rights 意思相当。但是，英文在使用人权（human rights）这个词以前，人权一般采用"人的权利"（rights of man）这个词，或者有时也使用自然权利（natural rights）这个词。其中，"人的权利"（rights of man）中的"Man"单词，在当时的英语是专指成年男子的意思。后来，随着人权理论从有限人权到普遍人权的发展，人权（human rights）这个词被广泛使用，而"人的权利"（rights of man）这一单词不作为人权的名词使用。因此，人权（human rights）这个词义，与"人的权利"（rights of man）这个词义的差别，不仅仅是一个术语问题，而是一个涉及普遍人权与有限人权之间的区别，涉及政治法律制度的价值等重要理论问题。

人权最早由谁提出来的呢？有不同的说法：

第一种观点认为，它是由希腊悲剧作家欧里庇德斯最早提出来的。[①] "最早使用人权字眼的希腊悲剧作家欧里庇德斯认为，根据自然的法则，奴隶和自由民应该是一样的，奴隶之所以成为奴隶，不是因为他们愚笨，而是社会制度和城邦法律所造成的。"[②] 持这种观点的学者，是从欧里庇德斯最早提出奴隶应当与自由民一样，其地位是平等的思想观念中推定出来的，是从人生而平等角度加以认识的。但是，欧里庇德斯的作品没有明确使用"人权"二字。

---

① 欧里庇德斯是希腊人，生于公元前 485 年，公元前 406 年去世，他与埃斯库罗斯和索福克勒斯并称为希腊"三大悲剧大师"。欧里庇德斯是一位具有人权思想观念的作家。他所生活的年代正处于希腊内战，即伯罗奔尼撒战争期间，希腊内外矛盾不断恶化，平民的生活越来越贫困，奴隶的待遇越来越苛刻；女人毫无地位可言，只是作为婚姻对方的财产。对希腊社会的黑暗面，欧里庇德斯在自己的作品中都公开加以谴责，他同情弱者，提倡和平、民主以及平等。

② 张宏生、谷春德：《西方法律思想史》，北京大学出版社 1990 年版，第 4 页。李步云主编的《人权法学》也采用了此观点。李步云主编：《人权法学》，高等教育出版社 2005 年版，第 15 页。再是，徐显明主编的《人权法原理》的前言部分说"'人权'一词最早出现于古希腊悲剧作家福克勒斯的作品中"，但在该书第一章人权的历史与发展部分说"但丁在倡言追求现世幸福过程中，第一次明确提出了'人权'概念"（参见中国政法大学出版社 2008 年版第 6 页）。

持该观点的学者有：张宏生、谷春德、李步云教授等学者。① 其中李步云教授的著作观点是引自张宏生、谷春德两位学者主编的人权著作。而谷春德教授在与郑杭生教授共同主编的《人权史话》中又认为是但丁最早提出人权概念的。

第二种观点认为，人权是由意大利文艺复兴初期伟大的思想先驱者、诗人但丁首次明确提出的。14世纪初，但丁在《论世界帝国》②一书中指出：人类的目的在追求神圣的幸福。而为了造就普天下的幸福，有必要建立一个一统天下的世界帝国。他强调："帝国的基石是人权"，帝国"不能做任何违反人权的事"。③可见，但丁认为"人权"是帝国的基石，是为了实现人类幸福的前提。但丁的全名是"阿利盖利·但丁"（1265—1321年），是意大利人，出生在意大利的佛罗伦萨一个没落的贵族家庭。他被恩格斯誉为"中世纪的最后一位诗人，同时又是新时代的最初一位诗人"④。认为但丁最早使用人权概念的学者包括郑杭生、谷春德教授等学者。⑤

人权概念到底是由谁最先提出来的，仁者见仁，智者见智，在理论界尚无定论。但是，上述两种不同的观点，导致"人权"概念的提出，在时间上相差了1700多年，这样的差别大了一些。欧里庇德斯生于公元前485年，但丁生于公元1265年，二者的出生时间就相差了1750年。根据相关人权史料，借鉴不同学者的观点，笔者认为"人权"概念应当是但丁提出更接近客观事实。理由如下：

1. 人权与自然法及自然权利关系密切。从理论上讲，人权的理论依据是源于自然法及自然权利。多数学者都承认，自然法及自然权利的思想萌芽产生于斯多噶学派。该派的创始人是古希腊哲学家芝诺（约前336—前264年），他于公元前305年左右创立了斯多噶学派。也就是说，该学派的创立时间，是在欧里庇德斯离世之后的100年才创立的。如果承认人权概念是欧里庇德斯最早提出，那么也就必须承认在自然法及自然权利理论萌芽产生之前就存在人权概念了，人权概念与自然法及自然权利无关，这显然是有悖多数学者观点以及史料的，也是说不通的。

2. 不少学者认为，"罗马法复兴以及思想家们继承和改造罗马法上的权利概念对于人权概念的形成有重大作用"。⑥ 也就是说，人权概念是在罗马法复兴之后，启蒙思想家们继承和改造罗马法上的权利概念的基础上产生的。罗马法复兴是指12世纪初西

---

① 张宏生、谷春德主编：《西方法律思想史》，北京大学出版社1990年版，第4页；李步云主编：《人权法学》，高等教育出版社2005年版，第15页。

② 《论世界帝国》是但丁的政治理论代表作，在西方政治思想史上占有重要的地位。在这部书里，但丁系统地阐述了他的政治理想，既建立一统天下的世界帝国。全书共分三卷，分别阐述了三个基本论题：第一，为了世界的福利有必要建立一统天下的世界帝国；第二，罗马人有资格掌握帝国的权力；第三，帝国的权力直接来自上帝，而不是教皇。

③ ［意］但丁：《论世界帝国》，商务印书馆1985年版，第76页。

④ 但丁是第一个采用"文艺复兴"思想的作家。他一生最有价值的著作《神曲》是带有"百科全书"性质的著作。从他以后，"文艺复兴"运动蓬勃开展起来，并且蔓延到欧洲其他国家。因此，他被认为是中世纪的最后一个作家，也是"文艺复兴"新时期的第一个作家。

⑤ 郑杭生、谷春德主编：《人权史话》，北京出版社1991年版，第4页。

⑥ 夏勇：《人权概念起源》，中国政法大学出版社2001年版，第122页。

欧各国先后出现的一个研究和采用罗马法的热潮。公元1135年,在意大利北部发现了《优士丁尼安学说汇纂》,引起了法学家和史学家的浓厚兴趣,从而掀起了罗马法的复兴运动。同时,为论证此观点,该学者认为,"jus"一词在罗马法里兼指权利义务,启蒙思想家们是在利用和改造古代法学概念"jus"一词的基础上,通过凸显个人的主体性来阐发人权概念的。① 从该学者的观点看,人权概念的提出时间,应当是在12世纪之后,与欧里庇德斯最早提出"人权"概念的时间相去甚远,与但丁提出的人权概念时间相近。

3. 多数学者认为,最早体现人权思想的法律文件是1215年的英国《大宪章》。"可以说,近代人权的雏形在中世纪后期的英国宪法里已经出现。"② 也有的学者认为最早体现人权思想的法律文件不是1215年英国的《大宪章》,而是1188年的利昂议会,从国王阿方索九世处获得了一系列权利的确认,这些权利包括生存、名誉、住宅和财产不可侵犯权,以及被告定期受审的权利。③ 不论哪位学者的观点更为正确,但是由此可见,体现人权思想的法律文件是在1188年或1215年之后的事,不可能出现在生活于公元前400多年前的欧里庇德斯的时代。

综上所述,最早使用"人权"名词的,是意大利文艺复兴初期伟大的思想先驱者、诗人但丁。他最初提出"人权"是为了实现人类的幸福。但丁提出的人权名词没有涉及自然法和自然权利,所以不属于近代人权概念范畴,只属于具有人权思想的名词。

4. 人权名词在中国的使用。在我国,"人权"一词的使用,先是经由日本,后是经由西方这两个渠道的传播和引进,才得以确定的伟大名词,且早期国人是用"民权"代替"人权"的。将汉字"人"与"权"合而构成近代具有权利意义概念的是明治维新前期写出《泰西国法论》一书的津田真道④。其首次将与物权相对应的身体方面的权利译为"人权",而把人的与国家权力相对应的自由诸权译为"住民权"、"国民权",后简称"民权"。明治维新之后20年间,日本曾发生过一场以"天赋人权"为争论内容的自下而上的"自由民权运动"。"国人在上上世纪末所接受的人权概念,当时都以'民权'表达之。是时传播人权主义的渠道有两条,主管道是东洋,第二管道才是西洋。至上世纪初年,第二管道渐居上势,遂有西语之意的人权概念登场。"⑤

---

① 夏勇:《人权概念起源》,中国政法大学出版社2001年版,第122页。
② 夏勇:《人权概念起源》,中国政法大学出版社2001年版,第131页。
③ [英]戴维·M.沃克著:《牛津法律大词典》,北京社会与科学发展研究所组织翻译,光明日报出版社1988年版,第426页。注:阿方索九世出生于1171年,是莱昂国王,于1188—1230年在位。他于1188年继承王位,召开了莱昂王国历史上的第一次议会,包括城市居民、手工业者等各等级的人士均有参加。他也给予城市以自治权,以平衡大贵族的力量。1215年,阿方索九世颁布一份准许农奴迁徙(因而得以摆脱主人)的敕令。
④ 津田真道是日本德川幕府末期、明治初期的启蒙思想家,唯物主义者。1862—1865年留学荷兰,在莱登大学学法学、经济学以及哲学等。回日本后,在开成所任教授。曾翻译荷兰学者弗塞林格的《泰西国法论》。他为这本书写的序言《泰西法学要领》,被认为是日本人写的最初的法学通论。晚年,他获得法学博士学位、男爵爵位。曾历任众议院副议长、贵族院议员等职。
⑤ 徐显明主编:《人权研究(第一卷)》,山东人民出版社,2001年版,第1页。

二、人权概念的演变

但丁提出人权名词之后,自然法及自然权利理论开始不断成熟,人权名词开始向人权概念转化。从人权理论发展进程看,人权概念的演变主要包括两个阶段,一是近代人权概念的产生与传播;二是现代人权概念的确认与使用。

1. 近代人权概念的产生与传播。自 14 世纪初,意大利的思想先驱者、诗人但丁在《论世界帝国》一书中提出具有人权思想的"人权"概念后,17 世纪,荷兰法学家格劳秀斯在其著作《战争与和平》中也使用"人权"概念,而且提出自然法的基础不是神的意志而是人的理性,进而让自然权利的思想更加鲜明,从此,人权的历史翻开了新的篇章,标志着近代人权概念的开始产生。

也就是说,从 17 世纪初,格劳秀斯的《战争与和平》开始,至 18 世纪后期卢梭的《社会契约论》出版,在这风云变幻的百年中,由荷兰的格劳秀斯、斯宾诺莎,英国的霍布斯、洛克,法国的伏尔泰、卢梭等启蒙思想家们在承前启后的基础上,凭着各自的智慧和勇气,以著书立说的方式,竭尽全力传播自然法的精神和自然权利的思想,形成"天赋人权"的理论和"社会契约论"学说。此后,经过启蒙学者对人权理论的进一步系统化和不断探求的发展,再经过美国《独立宣言》和《人权法案》、法国《人权宣言》和 1793 年宪法的制定,"天赋人权"以法律形式固定下来,成为资产阶级国家的法律原则。这样,以"天赋人权"为核心内容的人权概念终于产生并得到了广泛传播,它在很长一段时间内被认为是人权的经典理论。①

2. 现代人权概念的确认与使用。现代意义的"人权"概念在世界范围的广泛使用,是第二次世界大战结束以后的事了。人类的二次世界大战,给全人类的教训是深刻的,二次大战造成 7000 多万人死亡,是对人权的最无情的践踏。正是基于这样的残酷现实,第二次世界大战结束后,人类社会才携手并肩组建了联合国,随后才有了《联合国宪章》,才有了《世界人权宣言》。随着《联合国宪章》的制定,"人权"作为世界性的概念开始被广泛使用。特别是 1948 年 12 月 10 日,联合国制定了《世界人权宣言》。此后,现代意义的"人权"概念在世界范围内得到快速传播。其中,美国第 32 届总统罗斯福的夫人埃丽诺(Eleanor Roosevelt,又译为艾莉诺),对现代人权概念的广泛使用和传播起到了重要作用。"人权一词由美国第 32 届总统罗斯福的夫人于 1947 年提议在《世界人权宣言》英文本中使用,后被普遍认可。"②即 1948 年联合国制定《世界人权宣言》后,人权的主体才被明确为包括了人类每一个人。即只要是人,你就是人权的主体,就应当享有人权,正如《世界人权宣言》第 2 条所指出的那样:"人人有资格享受本宣言所载的一切权利和自由,不分种族、肤色、性别、语言、宗教、政治或其他见解、国籍或社会出身、财产、出生或其他身份等任何区别。""并且不得因一人所属的国家或领土的政治的、行政

---

① 关于"天赋人权"的形成过程,见第一章人权的产生与发展部分内容。
② 徐显明主编:《人权研究(第一卷)》,山东人民出版社 2001 年版,第 59 页。

的、托管领土、非自治领土或者处于其他任何主权受限制的情况之下。"

3. 近代人权与现代人权的不同之处。第一,近代人权的主体不具有普遍性。这表现在英语人权词汇上。人权在英语中是指"男子的权利"(rights of man)。只是到了第二次世界大战后,才变成纯粹意味"人的权利"(human rights)。即使不能说第二次世界大战前的有关人权的理论都是人权的主体限定于男子,但是这表明,在过去英语的"人权"一词的主体只限于"男子",或者说是用"男子"一词替代"一般的人"来作为人权的主体,这在观念上和思维上明显存在男子中心的现象。① 第二,近代人权主体在观念上的有限性。比如,卢梭这位以追求人类平等与自由作为毕生奋斗目标,并写下了《论人类不平等起源》等名著的启蒙思想家,他在界定"人"的概念中也反映出其思想观念上的局限性,典型的例子是他对待妇女的态度。他认为妇女生来就是为了取悦男人的,并且把"取悦男人"作为生存的目标。可见,卢梭所说的人是有限的人,他所歌颂的平等是有限的平等。第三,近代人权主体在实践上的限制性。被马克思热情地称赞为世界上"第一个人权宣言"的 1776 年美国的《独立宣言》,在世界人权史上具有划时代意义。但是,它一方面宣布"人人生而平等"是"不言而喻"的真理的同时,另一方面又默认和保留了罪恶累累的奴隶制,对黑人进行种族歧视和隔离。此外,广大的妇女群体也被排除在人权主体之外,真正可以享有人权的主体,仅仅限于"拥有动产和不动产的白人男子纳税人、基督徒,特别是新教徒"。法国的《人权与公民宣言》在人权主体与美国的《独立宣言》一脉相承,它同样只限于"欧洲男性成年,而且必须有一定的收入",而为数众多的人被排除在权利主体之外。

归纳地说,现代意义的人权概念与近代意义的人权概念最重要的区别是,第一,前者为普遍人权概念,后者属于有限人权概念。第二,前者包括了社会权利和集体权利,后者限于自然权利即"天赋人权"。第三,前者是以联合国专门的人权法为表现形式,后者主要是以各国宪法作为表现形式。瑞士学者胜雅律把人权概念的发展划分为两个阶段不无道理,即有限人权概念和普遍人权概念。时间的划分以 1948 年的《世界人权宣言》的诞生为标志。

三、人权对抗"君权"的历史

人权理论的产生是针对"君权神授"专制思想而提出来的,是从反对君权神授作为逻辑起点的。因此,研究人权法的思想史,必须知道君权神授的历史。

(一)什么是"君权神授"

君权神授是神化了的统治权,认为统治者的权力是神授予的,民众必须服从统治者的管理。以至于发展到后来,认为皇帝的权力是神给的,具有天然的合理性,皇帝代表神在人间行使权力,管理人民。从有文字记载的君权神授的思想起源上看,中国和西方

---

① [日]大沼保昭著:《人权国家与文明》,王志安译,三联书店 2003 年版,第 150 页。

国家的君权神授的思想起源,在时间上相差无几,不论是中国,还是西方国家,该思想都源于距今约5000年至4000年前后的时间。但是,从君权神授对后世的影响广度与深度上看,该思想对中国社会的影响更为广泛,更为长久。

(二)有文字记载的"君权神授"思想

君权神授的思想起源与奴隶制度社会的建立是形影相随的。人类社会经历了氏族社会、原始社会后,产生了奴隶制社会、封建制社会、资本主义社会和社会主义社会等不同的形态。当人类进入奴隶制社会后,君权神授的思想就产生了。最早的奴隶制国家,产生于距今约5000年前的非洲东北部。公元前3000年左右,初步统一的古代埃及国家建立了奴隶制国家。这是人类社会最早的奴隶制国家。埃及国王即称法老,自称是神的化身,他们的巨型陵墓金字塔,就是他们权力和地位的象征。此时,君权神授思想没有文字记载。

有文字记载的君权神授思想,是发生在古巴比伦国统治时期,并被写入奴隶制国家的法律。古巴比伦王国的第六代王即汉穆拉比(又译为汉谟拉比)国王①,他制定了世界上至今保留最完整第一部成文法——《汉穆拉比法典》。该法典的序言部分的重要内容就是神化王权,宣称其权力来自神授。汉穆拉比自称是"众王之神"、"巴比伦的太阳",宣扬"君权神授"、"君权至上"的思想。在法典中汉穆拉比称:"我,汉穆拉比,虔诚敬神的君主,为使正义在国中出现,消灭邪恶,使强不凌弱,使我像太阳一样升起在民众之上,给国家带来光明,安努和恩利勒②为了人民的幸福,呼唤了我的名字";"我是汉穆拉比,恩利勒选中的牧人,堆积起丰盛财富的人,为天地的纽带,尼普尔城,把一切都作得尽善尽美的人……";"苏穆拉伊勒的后代,辛穆巴利特的强大的继承人,不朽的王胄,强大的王,巴比伦的太阳,光照苏美尔人与阿卡德人,使四方臣服统一的王,伊什塔尔③钟爱的是我"。④ 由此可见,距今近4000年前左右,君权神授的思想就被写入奴隶社会的成文法。

十分巧合的是,在中国,具有文字记载的君权神授的思想起源于夏朝,距今也有4000余年的历史。《尚书·召诰》说:"有夏服(受)天命。"这是我国最早的关于君权神授思想的记载。殷商奴隶主贵族创造了一种"至上神"的观念,称为"帝"或"上帝",认为它是上天和人间的最高主宰,又是商王朝的宗祖神,因此,老百姓应该服从商王的统治。西周时用"天"代替了"帝"或"上帝",周王并被赋予了"天子"的称呼。周代的铜器

---

① 公元前19世纪,阿摩利人的首领之一苏姆·阿布重新统一两河流域,建立了强大的古巴比伦王国。到公元前18世纪,古巴比伦的第六代王汉穆拉比(约前1792—前1750年在位)完成了两河流域的统一,并制定了《汉穆拉比法典》。
② 安努是美索不达米亚众神之首,恩利勒被认为是世界的神圣主宰。
③ 伊什塔尔是巴比伦的自然与丰收女神(又译作"伊师塔"),同时也是司爱情、生育及战争的女神。
④ 蔡晓荣主编:《外国法制史》,厦门大学出版社2007年版,第19页。

"毛公鼎"铭文记载:"丕显文武,皇天宏厌厥德,配我有周,膺受天命",明确地宣传"君权神授"的思想。①

(三)"君权神授"思想的传播

在国外,君权神授的思想与传播,以西欧封建社会最为典型。中世纪时期,罗马的查士丁尼皇帝竭力歌颂君主的权力,竭力主张君权神授,将世俗君权和宗教神权结合起来,从而使东罗马帝国(拜占庭)逐渐发展成为一个显赫一时的神权君主国,以此推行专制主义的政治体制。也就是说,西欧的封建王权的权威建立,除了以君权神授为思想基础外,还有一个重要因素是,西欧社会在民族大迁徙,日耳曼人迁徙和日耳曼帝国建立等一片社会混乱的状态中出现和发展起来的一种权威。正像有学者描述的:"众雄逐鹿,风云莫测的时代,或者出于无知、残忍、腐败,一些人私欲横流,社会沦为个人意志角逐的战场不能自拔,因为社会缺乏一个自由结合而成的广泛的共同意志,这时候,人们会热烈希望出现一个平息天下的君王。任何一种具有绝对统治权特征之一的制度在这时出现,向社会提出安邦定国之计,社会就会群起支持,热诚拥护,就像逃亡者奔赴教堂寻求避难一样。"恩格斯也说过:"在这种普遍的混乱状态中,王权是进步的因素";"王权在混乱中代表着秩序"。② 可见,西欧的君权神授思想演变成封建王权统治,是由于欧洲长期以来各国之间的战争,导致民众希望有一种权威能够维护社会安定与稳定,维护社会秩序,在这样的基础上君权神授随着王权发展而广泛传播。

在中国,君权神授的思想与传播,却是从一种观念提升为一种理论。这种理论是源于西周的"以德配天"的思想。为了谋求长治久安,周朝初期的统治者继承了夏商以来的神权政治观。同时,为了修补神权政治观念中的缺陷,并确定周王朝新的统治策略,提出了"以德配天"的政治主张。这里的"天"仍是夏朝以来一直尊奉的"上天"。但是,周朝初期的统治者认为,"上天"只把统治人间的"天命"交给那些有"德行"的人,一旦统治者失"德",也就会失去上天的庇护,新的有德行者即可以应运而生,取而代之。例如,天命、天意、天讨、天伐。夏、商奴隶主贵族的王权统治便是在"天"的名义下进行的。周朝的"德行"要求包括三个方面内容:"敬天、敬祖、保民",也就是要求统治者恭行天命,尊崇天地与祖宗的教诲,爱护天下百姓,做有德有道之君。"以德配天"的思想是君权神授的具体运用,不仅解决为什么商汤可以伐桀、武王可以伐纣的理论问题,而且为西周社会的发展确定了基本方向。同时,在这种思想指导下,君权神授变成以"礼法结合"为特征的中国传统法制的理论基础。夏商王朝的禹刑和汤刑就是在神秘的天的氛围笼罩下制定的,并追求"刑不可知,威不可测"神法色彩。

---

① 《尚书》是中国最古老的记言的历史,包括虞、夏、商、周四代,大部分是号令,就是向大众宣布的话,小部分是君臣的相告的话。夏朝(约前2146年—前1675年),始于夏禹,终于桀,共17帝。夏时,开始出现私有制,氏族社会的禅让制度走到了尽头,被世袭制取代。社会由原始社会进化到奴隶制社会。

② 《君权神授》,http://baike.baidu.com/view/63804.htm,访问日期:2010年10月30日。

之后,我国的君权神授的思想,在汉代有了系统的发展,形成了一种理论。董仲舒提出了"天意"、"天志"的概念,并且提出了"天人相与"的理论,认为天和人间是相通的,天是有意志的,是最高的人格神,是自然界和人类社会的最高主宰,天按照自己的面目创造了人,人应按天的意志来行动。汉朝之后,所有取得统治权的帝王都认为其统治权是神授的,都要用自己的德行以适应"天意",以此延续下来,历朝历代的封建统治者都要"敬天",不论谁夺取统治权都认为这是"天意"。

(四)"君权神授"思想与制度的颠覆

从"君权神授"思想的传播看,西方国家的君权神授是在颠沛流离的战乱中得到巩固,而中国的君权神授是通过统治者和学者们的系统研究而得到理论升华。这样也为中国全面颠覆"君权神授"的思想埋下了难易的伏笔。

1. 西方国家"君权神授"思想与制度的颠覆

西方国家的"君权神授"思想,由于没有通过文化传承方式形成根深蒂固的文化传统,因此,欧洲各国家通过外源型的抗争和立法就颠覆了"君权神授"思想的统治地位。而在中国,由于通过系统化的研究和发展,"君权神授"思想形成一种根深蒂固的文化传统,中国人民尽管通过暴风骤雨的改朝换代的革命,推翻了封建专制制度。但是,"君权神授"思想还是潜移默化地长期影响着人们的思想观念,我们不善于接受"自然权利"和"社会契约论"的思想,还是希望由国家自由挑选出"贤君明主"来治理国家而不问挑选的方式是怎样的,这也说明带有"君权神授"色彩的思想继续在延续。

西方的"君权神授"思想,首先受到斯多噶学派的冲击,后是被欧美国家制定保障"天赋人权"的宪法性文件而埋葬。可以说,斯多噶学派的"理性论"对"君权神授"打响了第一枪。斯多噶学派是从人受命运控制开始,延伸到人受"理性"控制。该学派认为,当神可以决定、庇护人的时候,人可以通过祭祀、进贡祈求神的保佑,祈求神给人幸福;然而当神也不产生作用的时候,人所要直接面对的,就是一个冰冷的"命运",谁也认识不了它,谁也改变不了它。从前讨好神的办法,在面对命运的时候完全无效了。因此,认为自然界的生成和运动是有规律的,即使神也无法改变。这个规律就是理性。由此,自然法和自然权利开始受到人们的重视。

这种自然法和自然权利的思想得到广泛传播的时期是文艺复兴时期。文艺复兴时期,一大批启蒙思想家们的不懈努力,使得"天赋人权"的思想战胜了"君权神授"的思想。他们主要包括荷兰的格劳秀斯、斯宾诺莎,英国的霍布斯、洛克,法国的伏尔泰、卢梭等启蒙思想家。正是由于这些思想家们在承前启后、大力传播自然法和自然权利的思想基础上形成第一代人权理论——"天赋人权"理论,将这种理论发展为"社会契约论",并在实践中成功运用,最终将"君权神授"思想彻底埋葬。以美国为例,"天赋人权"在1776年美国的《弗吉尼亚权利宣言》里得到明确的主张。这一宣言在开头写道:"一切人生而平等、自由、独立,并享有某些天赋的权利,这些权利在他们进入社会状态时,是不能用任何契约对他们的后代加以褫夺或剥夺的;这些权利就是享有生命和自由,取得财产和占有财产的手段,以及对幸福和安全的追求和获得。"其他州的《权利法案》用不同的词句所仿效,特别是体现在宾夕法尼亚和马萨诸塞州的《权利法案》里以及1776年的《美国独立宣言》里。《美国独立宣言》宣称人权是不言而喻的,所有人生而平等,他们都从他们的造物主那里被赋予了某些不可让渡的权利,其中包括生命权、自由权和追求幸福的权利。人权还体现在1791年的《人权法案》即美国宪法最早的10条修正案中。

此外,英国、法国同样是吸取了自然法和自然权利思想,以"天赋人权"为思想武器,以"社会契约论"为行动指南,通过制定宪法性文件的方式,将"君权神授"的思想和"王权统治"的制度彻底埋葬。

2. 中国"君权神授"思想与制度的颠覆

(1)具有言论自由的诸子百家。在中国,与自然法和自然权利思想有一定联系的思想,只是短暂存在于先秦的春秋战国时期。春秋战国,这是中国历史上思想文化成就最为辉煌灿烂的时期,也是思想言论最活跃的历史时期。其重要原因是,这时期,奴隶制关系不断崩溃,社会处在向封建制转变的大变革中。这时期处于诸侯分权割据,集权专制的封建国家还没有形成,学者言论自由,思想观点不受限制,所以才有了中国历史上著名的"稷下学宫"而形成的诸子百家思想。①

以民为邦本,这是儒家的基本政治主张,其中也包含了许多具有近代人权思想的理念,即统治者的权力来自被统治者的授予;人民授予统治者权力,旨在要统治者为人民谋求福利等等,这些思想是分别由不同的思想家们提出来的。例如,生活在距今2300多年前的中国古代著名思想家、战国时期儒家代表人物的孟子(前385—前304年),他就明确提出"民为贵,社稷次之,君为轻"的"民贵君轻"思想。这种思想既包含有"民本主义"思想,更包含了人权思想,即是对"民权、主权与统治权"的位阶划分,表明民权高于主权和统治权,符合现代人权的本质要求。再如,比孟子早出生5年的出生于赵国的法家代表人物慎子(约前390年——前315年),他强调说:"故立天子以为天下,非立天下以为天子;立国君以为国,非立国以为君。"其意思为,君主的权力的合法性,只能来自人民的授权,而人民授权的目的是要政从民意,以民为本。而出生于公元前281年的韩国的韩非子,②他说:"而民悦之,使王天下。"意思是,不是任何人都可成为被授权治理国家的对象,只有受人民欢迎者,人民方才予以授权。人民授权的思想,是一种契约论的思想观念在一些诸子百家的言论中得到表现。其中最有名的是,战国时期著名的思

---

① 中国历史上,具有真正意义的百家争鸣场所叫"稷下学宫"。"稷"是齐都临淄一处城门名,"稷下"即齐都临淄城稷门附近。齐国君主在稷下设立学宫,因而称"稷下学宫"。战国中期,诸侯兼并战争加剧,齐国为实现"一匡天下"的理想,于齐都临淄稷门附近建稷下学宫,广招天下贤良博学之士到稷下学宫传道授业、著书论辩。稷下学宫存在的150年间,各派云集、平等共存,百家争鸣、学术自由,求实务治、经世致用,孕育或发扬了儒、道、法、名、阴阳、兵、杂等各家学说,使齐国成为天下学术文化的中心。

② 韩非(约前281—前233年),是战国时期韩国人(今河南省新郑),韩国公子。他是中国古代著名的哲学家、思想家,政论家和散文家,法家思想的集大成者,后世称"韩子"或"韩非子"。

想家,墨家学派的创始人墨子。① 墨子说:"君,臣、萌通约也。"其意思为,君王由臣民约定产生,这是明白无误的中国式的契约论思想。人民是一切合法性权力的来源,人民授权观可谓儒法道墨诸家所共持。②

(2)禁锢思想自由的开始。自秦始皇建立封集权制国家后,相继出现了"焚书坑儒"、"文字狱"等严重禁锢中国人民的思想诉求的专制制度,民众的言论受限制,诸子百家的思想争鸣受制约,言论自由的美景被钳制言论的黑暗所代替。也就是说,从公元前221年至公元1911年,这2100多年间,中国人民在高度集权专制的封建制度统治下,不仅没有人权可言,就连原有的民本主义思想也几乎消失殆尽。直到1911年辛亥革命之后,民主革命的浪潮冲倒了专制堤坝,中国大地上才开始有了人权思想的宣传和传播。人权思想的传播,主要表现在五四时期的新文化运动中。

(3)新文化运动的呐喊。新文化运动时期的启蒙思想家们,运用人权这一先进的思想武器与封建专制这一落后的旧势力之间的思想斗争,对唤醒国人的民权意识,对挣脱国人身上的封建枷锁,都产生了极大的思想推动力。例如,1915年,《新青年》杂志创刊,它鲜明地主张"科学与人权"并重,揭开了本世纪中国思想界人权思潮的第一幕。陈独秀在《青年杂志》发表的《敬告青年》和《法兰西人与近世文明》的文章中分别提出了人权的思想。他在《敬告青年》一文指出:"自人权平等之说兴,奴隶之名,非血气所能忍受。世称近世欧洲历史为'解放历史'——破坏君权,求政治之解放也;否认教权,求宗教之解放也;均产说兴,求经济之解放也;女子参政运动,求男权之解放也。解放云者,脱离夫奴隶之羁绊,以完其自主自由之人格之请也。"他在《法兰西人与近世文明》中写道:"近代文明之特征,最足以变古之道,而使人心社会划然一新者,厥有三事:一曰人权说,一曰生物进化论,一曰社会主义,是也。"③

李大钊在《民彝与政治》一文中指出:"民与君不两立,自由与专制不并存,是故君主生则国民死,专制活则自由亡。"他主张对那些复辟帝制的人要"诛其人,灭其书,灭其丑类,摧拉其根株,无所姑息,不稍优容,永绝其萌,勿使滋蔓"。④ 李大钊在《俄国大革命之影响》一文中指出:"今以俄人庄严璀璨之血,直接以洗涤俄国政界积年之宿秽者,间接以灌润吾国自由之胚苗,使一般官僚耆旧,确认专制之不可复活,民权之不可复抑,共和之不可复毁,帝政之不可复兴。"他述说:"俄国此次革命之成功,未始不受吾国历次革命之影响,今吾更将依俄国革命成功之影响,以厚我共和政治之势力。"⑤

---

① 墨子,约前468—前376年(另一说是前479—前381年),鲁阳人(今河南鲁山),另一说是鲁国人(今滕州市)。我国战国时期著名的思想家、教育家、军事家,墨家学派的创始人。
② 诸子百家的言论转引自郑杭生、谷春德著:《人权史话》,北京出版社1994年版,第39页。
③ 分别登载于《青年杂志》一卷一号和《青年杂志》创刊号上。转引自:郑杭生、谷春德:《人权史话》,北京出版社1994年版,第252~253页。
④ 《李大钊选集》,人民出版社1978年版,第56页。
⑤ 《李大钊选集》,人民出版社1978年版,第82页。

四、中国推翻"君权"的历史

辛亥革命之后,中国人民初步实现了推翻清政府专制统治理想,但是面对封建势力的复辟和外来侵略以及内部战争,中国大地又经历了反对袁世凯的复辟、北伐战争、抗日战争和解放战争后,1949年10月中华人民共和国最终成立,宣告了"君权神授"专制制度的终结。从推翻"君权神授"的角度看,武昌起义的枪声才是打响反封建专制,终结"君权神授"思想统治的第一枪。其历史进程如下:

1911年10月10日,革命党人在武昌打出了一颗对封建制度充满仇恨,对新的社会制度和人权制度充满希望和期待的子弹。它划破了中华大地的天空,点燃了中国民主革命的熊熊烈火,掀起了反封建制度的全国性的浪潮。武昌起义的革命党人的一枪,在中国的历史上铭刻了"辛亥革命"推翻"君权神授"思想的史诗般的辉煌:

第一,击穿了封建专制的根基。起义军占领了武昌城,成立了湖北军政府。全国各地革命党人纷纷起义响应,湖南、江西、山西、云南、贵州、浙江、江苏、广西、安徽、四川、福建、广东等省先后宣布脱离清政府而独立。封建专制的清政府处于风雨飘摇,摇摇欲坠的境地。

第二,催生了中国历史上仅有的资产阶级民主制度。1911年12月29日,民主革命的领袖——孙中山以绝对多数票,被推选为中华民国第一任临时大总统。1912年元旦,孙中山宣誓就职,宣告中华民国成立;3日,中华民国临时政府成立;28日,全国各省的代表会议改组为临时参议院,成为临时政府的最高立法机关。在孙中山的主持下,1912年3月11日,民国临时政府颁布了《中华民国临时约法》。这是中国历史上第一部资产阶级宪法性文件,体现了资产阶级的意志,具有革命性和民主性。这部宪法性文件的目标是,推翻帝制、建立民国,实现资产阶级的民主共和制度。这部宪法性文件的历史意义在于,彻底否定了中国数千年来的封建君主专制,肯定了民主共和制度和民主共和原则,且在全国人民面前树立起"民主"、"共和"的旗帜,让长期浸泡在"君权神授"、"专制压迫"、"绝对服从"的封建专制统治的污水之中的中国人民的心灵得到了"民有民享"、"人权平等"、"民主自由"的清洁性的洗涤。尽管这样的洗涤,很难将历史长期积淀而形成的习惯于服从于"王权"的政治观念彻底地冲洗干净,但是,毕竟拿起了民主制度的清水对封建专制污水进行了清洗,这就是历史性的进步。

第三,将中国历史上最后一位真正的皇帝赶出了皇宫。末代皇帝被赶出皇宫的历史过程,是一个分三阶段的渐进的历史过程。

首先,统治中国200多年的清政府退位,但是保留皇室的尊贵待遇。处于风雨飘摇的清政府,为了进行垂死挣扎,以各种优惠的条件请出被其罢免的袁世凯,任命其为湖广总督、钦差大臣,率领北洋军赴武昌消灭革命党人。袁世凯为了个人的利益,借攻打革命党人掌握兵权的时机,一方面以武力挟持清政府,要求清政府退位,同意皇室成员保留皇室的优惠待遇,另一方面,袁世凯又以设法让清政府退位作为条件,要求孙中山将中华民国临时大总统的位置让给他。民主革命的斗士孙中山先生,一方面,为了尽早实现推翻帝制的目标,另一方面,由于革命党人的军费不足,无法与北洋军抗衡。所以,伟人作出了历史的让步,同意将总统位置让给袁世凯,条件是清政府退位。这样,统治中国200多年的清政府退位了。但是,皇室成员仍然住在皇宫,享受着尊贵的待遇。

其次,将实行独裁统治和恢复帝制的袁世凯送上了不归之路。袁世凯以强权和阴谋获取了民国临时大总统的位置。长期在帝制体制下生存的袁世凯,不能接受民主共和制度的权力制衡原则,不能忍受总统权力受制于国会的做法。他以解散国会的方式撕毁了具有近代民主制度性质的《中华民国宪法(草案)》。此后,袁世凯制定了以个人独裁,用总统制否认责任内阁制,用有名无实的立法院取代了国会制的《中华民国约法》。接着,袁世凯开始上演恢复帝制的丑剧。这些行为是袁世凯人生的必然选择。因为,皇权是袁世凯精神发育的入口,在他的心中播下了帝制的种子。所以,他把皇室的厕所当作其行使权力的办公室了。为了反对袁世凯的倒行逆施行为,民主革命先驱孙中山开展了二次革命。在世界各国和全国人民的反对浪潮中,袁世凯在做着帝王之梦的同时走进了墓地,他仅存在的83天的帝王之梦也就此灰飞烟灭了。

最后,中国最后一位真正的皇帝溥仪被民国军人用枪顶着脑袋赶出了皇宫,形式意义上的中国封建专制终结了,"君权神授"思想的执行者灭亡了。袁世凯死了,北洋军阀内部纷争,曹锟在把黎元洪赶下台后,武装包围国会,以贿赂议员方式选举他当选总统,为了替贿选的总统披上合法的外衣,迫使国会赶制一部宪法,即1923年10月10日公布的《中华民国宪法》。1924年9月,第二次直奉战争爆发。就在这一年的11月5日,国民革命军进入了紫禁城,将中国历史上最后一位皇帝逐出皇宫。1924年10月22日的晚上,冯玉祥部队不费一枪一弹就控制了北京。25日,冯玉祥在北京成立国民军,邀请孙中山北上领导革命。11月5日,国民革命军的一位军人受命前行与原皇室成员交涉,责令皇室成员全部离开代表封建专制的标志性场所——紫禁城。这位军人用手枪对准末代皇帝溥仪说,如果你是公民,你可以离开,如果你说自己还是一位皇帝,我就一枪毙了你。自此,清王朝的皇室成员不仅全部迁出皇宫,而且也不再享受什么优惠待遇,只能以一般公民的身份享有权利、承担义务。中国形式意义上的皇帝退出了历史舞台。担任这项具有历史性意义的军人的举动,受到进步人士和全国人民的高度赞扬,也在反对封建专制的历史上留下了浓重的一笔,让我们记得他的名字,他是冯玉祥将军的部下,他叫鹿钟麟。

辛亥革命的革命党人的一枪,犹如黑夜中的闪电,划破了笼罩在中华天空的封建铁幕,给中国人民带来了人权和民主的曙光,这种曙光正成为亮光或阳光,对此中国人民也还在努力着和期待着。由于中国的封建制度时间长,封建制度发育十分成熟,所以封建的意识残余依然影响着人们的思想和言行。因此,在中国根深蒂固的集权专制残余势力还在影响着人权思想的产生。

新中国成立后,直到1991年,人权制度不能堂而皇之地走上正统的思想殿堂。1991年中国政府颁布了《中国的人权状况》白皮书后,人权制度才开始获得新生。

五、人权法理论在世界范围的运用

（一）近代人权法理论在欧美的实践

近代意义上的"人权法"理论开始用于实践，主要表现于英国会议与国王分权，通过法律规定划定议会权利和国王的权利，其中主要的法律文件是英国1215年的《自由大宪章》、1628年的《权利请愿书》、1689年的《权利法案》等。

13世纪初，英国国王约翰肆意践踏封建法则的残暴统治，引发了一场反抗他的大规模的武装斗争。贵族集团是这场斗争的发起者和领导者。在武力的胁迫下，走投无路的国王约翰最后于1215年6月15日签署了贵族们早已拟好的《自由大宪章》。该宪章共63条，多数条款维护贵族和教士的权利，主要内容有：保障教会选举教职人员的自由；保护贵族和骑士的领地继承权，国王不得违例征收领地继承税；未经由贵族、教士和骑士组成的"王国大会议"的同意，国王不得向直属附庸征派补助金和盾牌钱①；取消国王干涉封建主法庭从事司法审判的权利；未经同级贵族的判决，国王不得任意逮捕或监禁任何自由人或没收他们的财产。

17世纪英国资产阶级革命被称为第一次人权运动。英国国内战争论的要点再次围绕近代意义上的"人权"而展开，主要内容包括：限制国王征税权利，重申了《自由大宪章》中有关保护公民的自由和权利、臣民有向国王请愿的权利、议员有在议会期间自由发言的权利、国王不得干涉议员的自由选举等等。其中重要的法律文件是1628年的《权利请愿书》和1689年的《权利法案》。②

《权利请愿书》全文共有8条：列举了国王滥用权力的行为；重申了过去限制国王征税权利的法律；强调非经议会同意，国王不得强行征税和借债；重申了《自由大宪章》中有关保护公民自由和权利的内容，规定非经同级贵族的依法审判，任何人不得被逮捕、监禁、流放和剥夺财产及受到其他损害，不得根据戒严令任意逮捕自由人等等。《权利请愿书》是议会争取自由和权利的胜利果实。资产阶级革命胜利后，国会对《权利请愿书》重新解释，赋予其新的内涵，并把它认定为英国宪法的渊源之一。

---

① 中世纪时，骑士为上级领主服役的期限一般为40天。一旦战争爆发，超期服役的情况时有发生，骑士服役期限则延长为60天，甚至更多。无疑，骑士服役期限的短暂对中世纪的战争有极大的限制作用。因为这既不利于骑士部队的长期整合训练，也不利于组织长期战役和进行战略设计。后来，出现了以钱代役，即盾牌钱。英国施行盾牌钱较早，12世纪时已广泛采用。法国、德国十二、三世纪时也都推行了盾牌钱制。

② 查理一世上台以后，滥用监禁和征税的权力，强制推行借债政策，导致国内关系紧张。英国国会不惧怕王权的暴政，于1628年向查理一世递交了《权利请愿书》。查理一世为了换取议会拨款，不得不签署了《权利请愿书》。但是，查理接受《权利请愿书》只是权宜之计，并无意真正执行它，当议会批准补助金后，查理一世遂下令解散国会，《权利请愿书》也被抛弃。1688年，英国国会发动了所谓的"光荣革命"，赶走了国王詹姆士二世，邀请詹姆士一世的女儿玛丽和女婿荷兰执政威廉到英国继承王位。1689年10月，国会与国王威廉签署了《权利法案》。

《权利法案》共有13个条款,它规定:未经议会同意,国王不得颁布法律或终止法律的效力,不得征收和支配税收,在和平时期不得招募和维持常备军;臣民有向国王请愿的权利;议员有在议会期间自由发言的权利;议员的选举是自由的,国王不得干涉;不得另设宗教法院或特别法院;不得索求过多的保释金,不得强课过分的罚款,不应滥施残酷的刑罚;应定期召开议会等等。《权利法案》是英国资产阶级革命所取得的最重要的成果,它进一步限制了王权,把国王真正纳入到了议会之中,确立了"议会至上"的原则,在英国建立了人类历史上第一个资产阶级君主立宪政体,规定了英国的国家结构和政权的组织形式及运行机制,并沿用至今。《权利法案》的制定标志着具有近代意义的英国宪法的初步形成。

在《权利法案》通过之前,英国于1641年还制定了《大抗议书》,其中写道:"比一切东西更有力的莫如挖掉这些罪恶的根源,那就是不经议会同意,而妄以国王陛下名义,向人民征税或征收其财产税的专断权力,如今,已由两院断定并以国会的一项法案,宣布这权力是违反法律的。"

法国通过了人权宣言。1789年8月26日通过的法国《人权宣言》(全称为《人权和公民权宣言》),是以启蒙思想家的理论为基础制定的。例如,第1条规定:在权利方面,人生来是而且始终是自由平等的。第2条规定:自由、财产、安全以及反抗压迫是天赋的和不可侵犯的权利,保护这些权利是一切主权之源。这是直接吸收了卢梭的"主权在民"的思想。第16条规定:"凡人权无保障和分权未确立的社会,就没有宪法。"这则是吸收了孟德斯鸠的分权说。总之,欧洲启蒙思想家的理论之花,确实结出了资产阶级国家宪法中的保障人权之果。

(二)近代人权法理论的历史意义

"天赋人权"理论,有历史性和现代性的意义。它作为反"君权神授"、反封建专制的革命理论武器和思想观念的一面旗帜,有着伟大的历史意义。(1)它打破了"君权神授"的神话,向封建特权、僧侣神权发动了猛烈进攻,为埋葬封建专制制度、建立资产阶级民主制度,作出了巨大贡献。(2)它作为一种主导观念或基础观念,为形成现代"公民和政治权利"或"民事和政治权利"的概念,所起到的作用也是十分巨大的。(3)国际性的人权公约是对生命、自由和追求幸福等基本人权观念的继承和发展。例如,《世界人权宣言》第2条至第22条和《公民权利和政治权利国际公约》所列举的种种权利,如生命、自由、人身安全的权利,不受种族歧视或类似歧视的自由,不受奴役的自由,不受体刑以及残忍、非人道处置或处罚的自由,不受随意逮捕、拘留或流放的自由,受公正与公开审判的权利,以及思想、良心与宗教信仰的自由,持有及表达意见的自由,和平集会与结社的自由,直接或通过选举参与国家治理的权利,拥有个人财产及个人财产不受任意剥夺的权利等,都可以看作是生命、自由、平等、财产和追求幸福等基本人权观念的继承和发展。这些也是当今世界上多数国家宪法的基本特征和基本内容。

(三)国际人权法理论的发展

人权概念的划分,最为著名的是"三代人权"说的划分方法,是国际上广为流传的一种分类方法。它是由1979年,时任联合国教科文组织人权与和平处处长的卡雷尔·瓦萨克首次提出的,后被人权学者频繁引用。"三代人权"概念包括第一代人权概念,它是以"天赋人权"为核心内容的人权概念,具体是指公民权利和政治权利;第二代人权概念,它是以社会权利为核心内容的人权概念,具体是指经济、社会和文化权利;第三代人权概念,它是以集体人权为核心内容的人权概念,具体包括民族自决权、发展权、独立权、环境权、和平与安全权和享有人类共同继承的遗产权等。具体内容见人权的分类。

(四)世界人权日

每年的12月10日是"世界人权日"(Human Rights Day)。人权日始于1950年,国际社会在这一天共同纪念《世界人权宣言》倡导的基本自由,向积极促进和捍卫这些权利的人们致敬。

1948年12月10日,联合国大会通过并发表了《世界人权宣言》。这份迄今已被翻译成200多种语言的联合国文件宣布:"所有的人均生而自由,在尊严及权利方面处于平等地位。"《世界人权宣言》是第一份详尽阐释一系列普遍权利和基本自由的国际文件,要求各国政府保证本国公民享有这些权利和自由。《世界人权宣言》指出,正义、平等和尊严是男女老幼人人享有的基本人权。《世界人权宣言》强调:"人人生而自由,在尊严和权利上一律平等。"《世界人权宣言》还说,捍卫"人类家庭所有成员的固有尊严乃是世界自由、正义与和平的基础"。《世界人权宣言》已成为国际人权法的基础。

《世界人权宣言》起草委员会共有八名成员,由来自美国、澳大利亚、智利、中国、法国、黎巴嫩、苏联和英国的代表组成。代表美国参加委员会的是当时的第一夫人埃莉诺·罗斯福(Eleanor Roosevelt)。委员会达成的一致意见认为,《世界人权宣言》必须纳入人人享有权利和自由的观念。经过两年的讨论和起草,《世界人权宣言》的最后文本要求人人有权享有生命、自由和人身安全,人人有权享有言论、表达意见、思想和良心的自由,以及不受酷刑的权利。

《世界人权宣言》虽无法律约束力,但是如今已成为一部国际习惯法。《世界人权宣言》确立的原则得到国际社会的支持,成为法定惯例。《世界人权宣言》促使60多项人权文件诞生,包括1976年的《公民权利和政治权利国际公约》等具有法律约束力的条约。这项公约保护个人和国家的公民权利和政治权利,包括生命权、自由权和自决权。美国等150多个国家签署了这项公约。此外,《世界人权宣言》阐述的原则已被纳入多达90个国家的宪法。《世界人权宣言》已有300种语言的译本。

美国每年发布《各国人权报告》(Country Reports on Human Rights Practices)等各类文件,从他们自己的角度指出为捍卫《世界人权宣言》规定的各项权利取得的成就和人权领域存在的问题。

六、人权法理论在中国的运用

(一)人权理论研究的开始

研究人权理论,首先从承认人权概念开始的。在我国,人权概念的公开使用是上世纪初的事情。中国公开承认并使用人权的概念是在20世纪90年代初,即1991年11月,国家发表《中国的人权状况》白皮书开始的。《中国的人权状况》白皮书阐述了我国政府对人权的理解,以及中国政府为人权事业所做出的努力。此后,中国学者才开始正式研究人权与人权法的有关问题。也就是说,人权法在中国范围内开始研究,是近20多年的事。由于意识形态的原因,中国的人权曾在相当长的一段时间里被视为资产阶级的产物,并被拒之门外。改革开放的进程和依法治国的理念,促进了中国人权事业的发展。其重要的标志是人权研究中心的成立。1991年,中国社会科学院成立人权研究中心,是中国大陆成立最早的人权研究和倡导机构。1991年10月,中国人民大学人权研究与教育中心成立,是中国大学中最早建立的人权机构。1993年,中国人权研究会成立,是中国人权领域最大的全国性学术团体,被列入联合国教科文组织"世界人权研究和培训机构名录"。1997年,北京大学法学院人权与人道法研究中心成立。2002年,复旦大学人权研究中心成立。2004年,广州大学人权研究与教育中心成立。2005年,南开大学人权研究中心成立。2011年12月,中国政法大学人权研究院成立(其前身是2002年6月成立的中国政法大学人权与人道主义法研究所),是我国首批建立的三个国家人权教育与培训基地之一,另外两个基础是"广州大学人权研究与教育中心"和"南开大学人权研究中心"。

(二)人权法教材编写情况

国家发表《中国的人权状况》白皮书之后,学者开始编写人权法教材,部分高校开设人权法课程。目前,适用于高等教育的《人权法》教材主要有以下几种:杨成铭主编的《人权法学》、南京大学法学院编写的《人权法学》、李步云主编的《人权法》、方立新等编著的《人权法导论》、杨春福主编的《人权法学》(第二版)、尹奎杰著的《人权法学》、徐显明主编的《人权法原理》和《国际人权法》、张晓玲主编的《人权法学》、白桂梅主编的《人权法学》(第二版)、王广辉主编的《人权法学》、肖君拥主编的《国际人权法讲义》等。

(三)人权行动计划要求的人权教育

中国的人权教育滞后于人权理论研究。目前,我国只有为数不多的高校开设人权法的课程。针对滞后的人权教育,国家颁布的三期人权行动计划,即《国家人权行动计划(2009—2010年)》《国家人权行动计划(2011—2015年)》和《国家人权行动计划(2016—2020年)》,都要求做好人权教育工作。

关于人权教育工作的目标,归纳三期人权行动计划的目标要求包括:

1.《国家人权行动计划(2009—2010年)》的人权教育主要针对中小学、高校和行政执法机关提出的。其要求:在中小学教育中逐步增加法律和人权方面的教学内容;在高级中学,除了进行一般性的人权观念培育外,要在有关课程中,系统开展有关中国宪法"公民的基本权利与义务"教育和国际人权知识的教育;继续鼓励高等院校开展人权理论研究与教育;有重点地开展针对公职人员的人权教育培训,特别是针对公安、检察院、法院、监狱、城管、行政执法机构等特定执法机构和人员的人权教育培训;有计划地开展面向大众的人权教育活动,普及人权知识,提高全民的人权意识。

2.《国家人权行动计划(2011—2015年)》关于人权教育的要求扩大到全社会及研究机构。其要求:广泛开展各种形式的人权教育和培训,在全社会传播人权理念,普及人权知识。同时要求将人权教育纳入公务员培训计划。强化对公务人员的人权教育培训。鼓励并推动企事业单位普及人权知识,形成尊重和保障人权的企业文化。发挥国家人权教育与培训基地的作用。到2015年,至少新增5个国家人权教育与培训基地。

3.《国家人权行动计划(2016—2020年)》关于人权教育和研究已经作为法治教育的重要内容来落实。其总体要求:加大人权教育与培训力度,提高全社会人权意识;搭建人权研究平台,为人权事业发展提供智力支持。具体要求:(1)把人权教育作为加强国家工作人员学法用法工作重要内容。(2)把人权知识纳入国民教育内容。以灵活多样的形式将人权知识融入中小学教育教学活动中。(3)继续支持高校开展人权通识教育,进一步加强人权方面的学科和方向研究生的招生和培养。(4)支持和鼓励企事业单位加强人权教育、培训,培育人权文化,在境内外投资中将尊重和保障人权作为决策的重要考虑因素。(5)到2020年,再增加5家人权教育与培训基地。(6)开展设立国家人权机构必要性与可行性研究。(7)支持新闻和网络媒体设立人权专题频道或栏目,普及人权知识,传播人权理念。

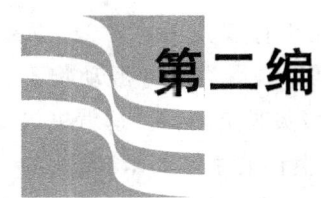

第二编 人权法分论

第三章 生存关系

> 我国西北部和西藏北部地区都有一片生命的禁区,人没有做充分的物质准备和体能准备,进入该地区就意味着死亡。人权法也有一片生命权的禁区,如果可以任意剥夺人的自由权与平等权,那么意味着人将丧失其最高人格利益,丧失了做人的资格,将会沦为他人的奴隶。人权法所保护的这种权利关系就是生存关系。
>
> ——题记

生存关系是人权的基础关系,是以自然权利为基础而形成的社会关系。自然权利是依靠自然法则和人的本性而提出的权利主张,是基于人的出生而享有的权利。人权基础关系是以生命权为基础的人的生命延续关系,它包括了人权中的绝对权利——生命权以及维持生命延续的生存权而形成的社会关系。其权利内容是生命权、健康权、人身安全权、人身自由权和财产权作为主体的权利体系。生存关系主要要求国家以不作为方式即消极方式来确保权利的实现,即国家、政府或他人不能对生命权、健康权、人身安全权和人身自由权进行侵犯或限制。同时,国家或政府还应当保障社会成员享有基本生活水准权。由于篇幅关系,笔者没有对财产权加以论述。

第一节 生存权的概述

人权法是以保护人的生命权、自由权、平等权为重点,以实现人的生存权、发展权、民主权、文化权和集体人权为己任的法律规范。而其中生存权是关系到人的生命存续与否的权利,是人权中十分重要的一项权利。

生存权具有不同的含义。通常意义的生存权是指人活着的权利,而人权法的生存权可以是指生命权和温饱权的总和,也可以是指以生命为基础的人的各种权利的总称,包括政治、经济、文化和社会权利的总和。可以说,后者应当是生存权真正的含义。人活着是人类繁衍的自然规律需要,是人类发展的普遍现象。但是,人类与一般动物不同。人是有思维的、会进行劳动创造的、不同于一般动物的高级灵长类动物。这就决定了人应当有意义地活着。人活着应当体现其价值。这是人的生存的基本要求,是人的社会属性所决定的,也是人权法所追求的。因此,在人权法中,生存权的核心是保障人的生命能够健康地有价值地延续着。这也就要求国家,应当给予人们更加自由和安全的空间,确保公民充分享有参与政治、经济、文化与社会活动的权利。人们在参与社会活动过程中,其生命价值能够得到展示与升华。人仅仅活着是不能展示其价值的,只有参与有意义的社会活动,只有为实现人类的幸福而努力和奋斗过才能体现其价值。

一、生存权的概念与特征

(一)生存权的概念

1.生存权的概念由来。1991年10月,我国国务院新闻办公室发布我国第一份人权白皮书——《中国的人权状况》,明确提出"生存权是中国人民长期争取的首要人权"。之后,"生存权"一词在我国被广泛使用。

生存权作为明确的权利概念,最早是由奥地利的法学家门格尔提出来的。他在1886年写成的《全部劳动权史论》一书中使用了生存权一词。他指出:劳动权、劳动收益权、生存权是构成新一代人的经济基本权的基础。在《全部劳动权史论》一书中,生存权被揭示为:在人的所有欲望中,生存的欲望具有优先地位。生存权是基于特定的物质生活条件而提出来的。① 生存权最早作为法律概念被写入宪法的是1919年的德国《魏玛宪法》。这部宪法第151条规定:"经济生活秩序必须与公平原则及维持人类生活目的相适应。"1948年联合国通过了著名的《世界人权宣言》之后,生存权的概念被各国普遍接受。《世界人权宣言》第3条规定:"人人有权享有生命、自由和人身安全。"

2.生存权的含义。生存权是一个多义的名词。从不同的层次来看,生存权可以分为广义的、中义的和狭义的生存权。

广义的生存权,是指包括生命在内的诸权利总称。中义的生存权,是指解决丰衣足食问题,即解决贫困人口的温饱问题。而狭义的生存权,是指社会弱者的请求权,即那些不能通过自己的劳动获得稳定生活来源而向政府提出物质请求,政府有义务来满足其请求从而保障其生存尊严的权利。②

广义的生存权,是包括生命在内的诸权利总称,其内容复杂,涉及人的生存的方方面面,涵盖了我们通常所说的人权的各个方面,包括公民权利与政治权利和经济、社会与文化权利,例如平等权、受教育权、言论自由、选举权等等。广义的生存权是我国及世

---

① 南京大学法学院编:《人权法学》,科学出版社2005年版,第99页。
② 徐显明:《人权建设三愿》,载徐显明主编:《人权研究》(第二卷),山东人民出版社2002年版。

界各国政府都必须努力争取让每个人都能实现的权利。

中义的生存权,是指生命安全得到保障和基本生活需要得到满足的权利。① 简单地说,生存权是指人的生命权和温饱权的总称。温饱权是指享有吃得饱、穿得暖的权利,即主要解决丰衣足食问题和贫困人口的温饱问题。中义的生存权强调的是物质层面以及人身自由与安全层面上的保障权,没有涉及精神层面和政治层面的权利保障。

从我国多数学者的观点看,我国现行生存权概念多数是在中义的含义上使用的。尽管我国学者们对生存权有不同的表述,但其意思相近,都包含了中义的生存权的含义。例如:生存权包括生命安全权与基本生活条件保障权;②生存权是指公民享有维持其身体必需的健康和生活保障权;③生存权是指相当生活水准权,包括食物权、衣着权、住房权等。④ 当然,也有的学者把生存权与发展权结合起来,认为,生存权是指人的生命得以延续的权利,包括生命权、健康权、劳动权、休息权和获得生活救济的权利等。⑤

笔者认为,中义的生存权是指以生命权为基础,以人身自由与安全为前提,以保障最低生活水准为条件的生命存续的权利。生命权是人权最基本的权利,是以自然人的性命维持和安全利益为内容的人格权。生命权包括人的出生权利、人身不受伤害和杀害的权利或得到保护以免遭伤害和杀害的权利,以及取得维持生命和最低限度的健康保护的物质的权利。人身自由权包括人人享有不受非法拘禁或逮捕、享有住宅自由、通信自由与私人空间的权利。人身安全权包括身体权与健康权的有机结合。社会保障权包括最低生活水准权和生活困难帮助权。

中义的生存权的观点,是我国政府的人权白皮书——《中国的人权状况》的观点。《中国的人权状况》指出:"中国公民所享有的人权范围是广泛的,不仅包括生存权、人身权和政治权利,而且包括经济、文化、社会等各方面的权利。""没有生存权,其他一切人权均无从谈起。这是最简单的道理。《世界人权宣言》确认,人人有权享有生命、自由和人身安全。在旧中国,由于帝国主义的侵略,封建主义和官僚资本主义的压迫,人民的生命毫无保障,因战乱饥寒而死者不计其数。争取生存权利历史地成为中国人民必须首先要解决的人权问题。"⑥可见,我国政府发表的人权白皮书是把生存权与人身权、政治权利相区别的,认为生存权是人权的基础性权利,争取生存权成为中国人民必须首先要解决的人权问题。这里的生存权强调的是中义的生存权是生命权和温饱权的

---

① 王家福、刘海年主编:《中国人权百科全书》,中国大百科全书出版社1998年版,第531页。
② 杨庚:《论生存权和发展权是首要的人权》,载《首都师范大学学报(社会科学版)》1994年第4期。
③ 莫纪宏:《宪法学》,社会科学文献出版社2004年版,第328页。
④ 上官丕亮:《究竟什么是生存权》,http://www.civillaw.com.cn/article/default.asp?id=35842#m6m6,访问日期:2010年10月31日。
⑤ 谢鹏程著:《公民的基本权利》,中国社会科学出版社1999年版,第70页。
⑥ 国务院新闻办公室:《中国的人权状况》,中央文献出版社1991年版,前言部分。

总和。①

同时,《中国的人权状况》还强调了人民的温饱与生存权的关系,指出:"国家的独立虽然使中国人民的生命不再遭受外国侵略者的踩躏,但是,还必须在此基础上使人民享有基本的生活保障,才能真正解决生存权问题。""人民的温饱问题基本解决了,人民的生存权问题也就基本解决了。""虽然中国已经基本解决了温饱问题,但是,经济发展水平还比较低,人民的生活水平与发达国家相比还有较大的差距,人口的压力和人均资源的相对贫乏还制约着社会经济的发展和人民生活的改善。一旦发生动乱或其他灾难,人民的生存权还会受到威胁。"②这里强调的是人民的温饱与生存权的关系。可见十年前,解决温饱问题是我国政府解决生存权的重要内容。

狭义的生存权除了指社会弱者的请求权外,也有的学者把生存权等同于生命权。例如:生存权是指生命权。有的学者认为生命权是有生命的主体依法生存的权利,可称依法生存权或生存权。③

近来,出现一种新的生存权划分方法,把生存权分为低阶的生存权和高阶的生存权。低阶的生存权是指维持生命存在的权利。低阶的生存权是初步的、最基本的生存权,它的内涵很简单,仅仅指活着的权利。高阶的生存权是指维持尽可能高的生存质量的权利。高阶的生存权的内容复杂,涉及人的生存的方方面面,涵盖了我们通常所说的人权的各个方面,包括平等权、受教育权、言论自由、政治权利等等。④按照这种划分法,狭义的、中义的生存权都属于低阶的生存权,只有广义的生存权属于高阶的生存权,它包括了民主权在内的生存权。

(二)生存权的特征

生存权是一项综合性的权利,不仅仅是指一个人的生命不受非法侵犯的权利,而且还指一个人要求社会创造条件以使其生命得以延续的权利。生存权的法律特征包括以下几方面:

1. 生存权是一种最基本的人权。生存权是一个人的最基本的人权。人们要享有公民权利和政治权利,享有经济、社会和文化上的权利,首先必须保障自己的生存权。我国政府人权白皮书明确指出:"没有生存权,其他一切人权均无从谈起。这是最简单的道理。"一个人如果失去了最基本的生存条件,或者一个人的生存长期受到饥饿的威胁,长期处在不安全的环境之中,那么他的其他权利也就只能是空中楼阁而已。法国学者卢梭认为:"人性的首要法则,是要维护自身的生存;人性首要的关怀,是对于其自身所应有的关怀。"⑤可以这么说,生存权得不到保障的国家是不安定、不稳定的国家,2008

---

① 按照民法理论,人身权包括人格权和身份权,其中人格权就包括了生命权、身体权、健康权。因此,《中国的人权状况》白皮书将"生存权与人身权"并列,存在概念重复的问题。
② 摘录自 1991 年中国政府公布的《中国的人权状况》白皮书。
③ 江平:《民法学》,中国政法大学出版社 2000 年版,第 281 页。
④ 《生存权的现代内容》:http://zhidao.baidu.com/question/38435406.html
⑤ [法]卢梭著:《社会契约论》,何兆武译,商务印书馆 1980 年版,第 10 页。

年的海地发生贫困危机就是一个很好的例子。①

2. 生存权是生命权和生命延续权的统一。在生存权中,生命权是前提,生命延续权是条件。一个人享有生存权,首先必须是有生命的主体。人首先要活下来,才可能享有其他权利,才可能追求尊严地活着的权利。一个人一旦丧失了生命,丧失了生命权,那么他的生存权也就不存在了。生命延续权是生命权的延伸,不仅包括了个人的生命不受非法侵犯的权利,还包括一个人要求社会创造条件以使其生命具有活力的权利。其内容包括健康权、生命安全权、人身自由权等内容。就世界范围而言,实现生命延续权的首要问题是解决人民的温饱问题。就我国而言,实现生命延续权的主要矛盾是解决部分贫困人口的温饱问题。根据国家主席习近平2015年9月22日在美国西雅图演讲说:"按照我们自己的标准,中国还有7000多万贫困人口。如果按照世界银行的标准,中国则还有两亿多人生活在贫困线以下。"②新一届中国政府调整了扶贫标准,按照每天1美元标准,即每年2300元的扶贫标准计算,我国还有7000多万贫困人口。如果世界银行按照每天2美元标准计算,我国还有两亿多人生活在贫困线以下。当然还有城市贫困人口以及城市出现的高房价影响生存权的问题存在。如何解决这些问题,还需要继续努力。总之,生存权是人权的基础性权利,如何改善生存状况是实现生存权的重要保证。可以说,生命权是生存权的核心内容,生命延续权——生存权是生命权的价值和尊严的最低要求。

3. 生存权是部分民事权利与部分宪政权利的统一。生存权是具有人身权性质的民事权利,但又不等同于人身权。人身权是指与人身相联系或不可分离的没有直接财产内容的权利,包括人格权和身份权。其中,人格权属于生存权的重要组成部分,特别是人格权中的直接以权利人的人身为客体的权利,是生存权的重要组成部分,包括生命权、身体权、健康权。对这部分人格权的伤害,直接影响权利主体的生存。身份权是指公民因特定身份而产生的民事权利,并非人人都可以享有。身份权主要包括荣誉权、著作权、发明权、专利权、商标权等知识产权中的人身权。因此,身份权中相当部分的内容不属于生存权的内容。生存权还涉及宪政权利,宪政权利是指宪法赋予公民所依法享有的权利。生存权中生命权、身体权、健康权不仅是民事权利,也是宪法予以保障的权利。同时,生存权还包括了个人要求社会创造条件以使其生命更具有活力、更具有价值的权利,这就涉及宪法规定的人身权利不受非法侵犯、涉及享有自由权、工作权、社会保障权等宪法性权利。从更广泛的意义上讲,生存权应当包括参与国家事务的权利,以求在国家事务参与过程中体现自身价值,这就是公民权利与政治权利的重要内容。因此,生存权是民事权利与宪政权利的统一。

---

① 这个美洲大陆最穷的国家80%的人口每天收入不到2美元,每年进口数百万公斤旧衣服。2008年4月,过于饥饿的民众在太子港和南部的莱卡耶市发起了示威游行,进而演变为一场骚乱。世界银行指出,饥饿将导致至少33个国家陷入动荡。参见《没米下锅,数十国家发生饥饿暴动》,2008年4月20日南方新闻网,http://news.QQ.com

② 参见人民日报:《习近平西雅图演讲全文》,http://www.farmer.com.cn/xwpd/szxw/201509/t20150924_1143440.htm。

4.生存权是消极人权和积极人权的统一。消极人权和积极人权是按照国家公权力保护人权的方式或者依照人权实现的方式进行划分的。消极人权是指只要求国家公共权力消极地不作为就能保障实现的一项权利,积极人权是指需要国家公共权力以积极的作为方式或者采取切实有效的措施才能够实现的权利。生存权中的生命权、身体权、自由权属于消极人权,是只要求国家公共权力消极地不作为就能保障实现的一项权利。而生存权中的健康权、工作权、生命安全权属于积极权利,是需要国家公共权力以积极的作为方式或者采取切实有效的措施才能够实现的权利。

二、生存权的构成与目标

(一)生存权的构成

生存权是以生命权为主,以获得生存条件等权利为辅的综合性权利。作为集体人权的生存权是以民族等社会群体的自决权为主,以拥有维持该社会群体的生存和发展条件等权利为辅的综合性权利。因此,不论是作为个人人权,还是作为集体人权,生存权都是一种综合性权利。① 从生存权的基本要件看,生存权主要包含着两个方面的基本要求:

1.享有能够如常人地活着的权利。活着是指人的生命系统的存在,即人体的新陈代谢活动的存在。如常人地活着,是指作为人,能够如常人一样平等地生活在社会上,不能是依靠乞讨为生,更不能是沦为奴隶地活在世上。能够如常人地生存就涉及人的尊严权与平等权的实现问题。尊严权是人作为一个与其他人平等的主体生存的权利。如果一个人与他人不平等地生存着,人的尊严就受到伤害。如果涉及生存权的不平等,就影响了一个人享有能够如常人地生存的权利。在奴隶社会、封建社会等将社会不平等作为一种制度化事实存在的社会,生命权与尊严权的结合只存在于少数人的特权之中,多数的人的生存权就处于没有尊严之中。随着社会进步,在现代和未来社会里,维持体面生活的权利还包含着民主权、环境权、和平权等权利。这也是生存权发展的必然要求。

2.享有获得必要生活资料的权利。获得必要生活资料的权利,也就是享有最低限度的生活保障权与相应的财产权利。享有最低限度的生活保障权与相应的财产权利,是维持一定生活水准的基本要求,包括获得食物、衣物、住房、医疗和必要的社会服务的权利。我们日常所说的生活资料与生产资料,在生存权的范围内得到充分体现,即我们可以把财产权利分为作为生存条件的财产权(生活资料)和作为发展手段的财产权(生产资料)加以区别对待。可见,财产权与生存权、发展权具有内在的联系。在人权法理论中,财产权关系到人的生存,也关系到人的发展,财产权属于生存权和发展权的范围。获得必要生活资料帮助的权利,包含着三种救济方式或救济途径,即他人帮助、社会保

---

① 李步云主编:《人权法学》,高等教育出版社2005年版,第121页。

障和国家救济。这三条救济途径本身也可以理解为个人的三种权利，它们分别规定了他人、社会和国家的相应义务。

（二）生存权的目标

通常意义的生存权是指人活着的权利，而人权法的生存权则是指以生命为基础的人的各种权利的总称。人活着是普遍现象，人有价值和有意义地活着是人权法的追求目标。因此，在人权法中，生存权的核心是保障人的生命能够健康地延续的同时，国家应当给予人们更加安全和自由的空间，确保人在参与经济、政治与社会活动的时候，人的生命价值能够得到展示与升华。这就是广义的生存权的内容，即人们在生命权和温饱权得实现和满足之后，还必须会追求更有质量的生存权，作为生存的新目标。因此，生存权的目标包括以下内容：

1. 享有提高生存质量的权利。每一个人都向往过更好的生活，享有追求更高生活质量的权利。如果说最低生活标准是特定历史条件决定的一个绝对标准，一种有限的要求，那么，追求更高生活质量的发展权则是一个相对的标准，一种无限的追求。随着工业革命和现代科技的发展，人类改造自然的能力有了很大的提高，同时，自然环境和社会秩序遭到破坏的可能性也增大了，因此，在现代和未来社会里，维持体面生活的权利还包含着环境权、健康权、和平权等权利。创造享受好的生活环境，建立健全公共医疗保障、维护良好的国际秩序与营造全人类的和平环境，都是提高生存质量的重要内容。

2. 享有更多发展机会的权利。"发展是硬道理"，这句话不仅适用于国家，也适用于个人。国家应当提供更多的发展机会，让发展权得到有效的实现。每一个人在追求自身合法利益的同时，也积累了社会财富，推进了社会进步。因此，发展权的合理性不仅来自个人发展的需要，也是社会发展的需要，个人的发展促进了社会的进步。另外，正是由于个人之间在智力、体力、创新能力等方面存在的差别，所以为发展的多样性提供了契机，为发展的持续性提供了动力。实现发展权也是提升生存质量的最好的方法。再是，发展权本身也是一项综合性的权利，它包含着工作权、受教育权、知识产权、兼职自由、公职竞争权等权利。

3. 享受更有尊严生活的权利。维护人的尊严是人权法调整对象的重要组成部分。有尊严地活着是保障人权的最低要求。享受更有尊严的生活的权利，是人权保障向高级阶段发展的必然，也是在享有人的尊严基础上提出的更高要求。人的尊严是指以生命尊严为基础的基本人权得到有效保障而形成的人的自信。生命的尊严与基本人权保护是构成人的尊严的两个支点。因此，享受更有尊严的生活的前提是对生命的尊严与敬畏，这是最基本的要求。同时，必须切实有效地保护基本人权。具体说，人们在创造并享受物质财富的同时，还应当享受文化权利，拥有公民权利和政治权利，在实现物质享受和精神上的愉悦的时候，承担作为社会人的责任。国家应当确保人民发展权得以实现，这样才能真正让人民过上富裕、民主、文明、健康、有尊严的生活。2010年，国务院总理在春节团拜会上、在十一届全国人大三次会议上作出了这样的承诺："我们所做的一切,都是要让人民生活得更幸福、更有尊严,让社会更加公正、更加和谐。"全国人民都期待着能够真正享受更有尊严的生活的权利。

三、生存权的内容

生存权的内容与生存权的概念具有紧密联系。生存权有广义、中义与狭义之分。而本章节的生存权是采用中义生存权,即指生命权与温饱权的总和,所以生存权的主要内容包括生命权、人身自由权、人身安全权和基本生活水准权等方面。

生命权是指人的生命受法律保护,不受任何非法剥夺的权利。生命权是每个人固有的自然权利,是最为重要、最为基本的权利。民法意义上的生命权是指自然人的活着的权利,是人体维持生存的基本的物质活动能力,包括健康权和身体权。人权法上的生命权除了健康权和身体权以外,还应当包括人身自由权、人身安全权等内容。

人身自由权是指人人享有人身移动自由,以及不受非法拘禁或逮捕,享有住宅自由、通信自由与私人空间的权利。人身自由权包括:人人享有人身移动的自由;每个人享有非经法定程序不受非法拘禁与逮捕的权利;人人享有住宅自由、通信自由的权利。

人身安全权有广义与狭义之分。广义的人身安全权是包括了人身自由权在内的概念,被称之为"人身自由与安全权",是指公民人身健康受自己支配,而且不受非法搜查、拘禁、逮捕、放逐、剥夺、限制、酷刑、不人道的惩罚、奴役和强加劳动义务以及不法侵害的权利。狭义的人身安全权,是不包括人身自由权在内的概念,是指人人享有身体完整性和健康权不受侵犯的权利。本书是按照狭义的概念使用人身安全权的。

基本生活水准权,也称相当生活水准权,或称最低生活保障权,是指家庭人均收入低于当地政府公告的最低生活标准的社会成员,为保证该家庭成员基本生活所需的得到满足,可以要求国家给予一定现金资助或物质资助的权利。最低生活标准是实现生存权的底线。当家庭人均收入或个人收入低于最低生活标准的,即达到贫困线的生活。国家对生活达到贫困线的社会成员,给予相应补助以保证其基本生活不低于最低生活标准,这是社会保障的底线,也是维护人的尊严的物质保障的底线。

四、我国生存权的现状

我国地大物博,人口众多,各地的经济发展不平衡。长期以来,解决温饱问题是我国政府的首要问题。新中国成立以来,特别是改革开放以来,我国在改善民生方面做了大量工作,取得了可喜成绩,主要表现为生存权得到了明显改善。同时,我们也应当看到生存权所面临的问题。

(一)生存权得到明显改善

经过30多年的改革开放,中国的经济实力得到明显提高,国民收入也显著增加,中国贫困人口总数明显下降。改革开放30多年来,7亿多贫困人口摆脱贫困,农村贫困人口减少到2015年的5575万人,贫困发生率下降到5.7%。联合国《2015年千年发展目标报告》显示,中国极端贫困人口比例从1990年的61%,下降到2002年的30%以下,率先实现比例减半,2014年又下降到4.2%,中国对全球减贫的贡献率超过70%。中国成为世界上减贫人口最多的国家,也是世界上率先完成联合国千年发展目标的国家,为全球减贫事业作出了重大贡献,得到了国际社会的广泛赞誉①。另外,来自世界银行的统计数据表明:1981年中国总贫困率为84%,2005年中国总贫困人口比例约为15%,比1981年下降了69%。与人口数量相似的印度相比,中国政府改善生存权所取得的成绩是显著的。例如,同时期的印度国民的生存情况:1981年的总贫困率为60%,2005年总贫困率为42%,仅比1981年下降了18%。而同为南亚国家的孟加拉国贫困率50%,尼泊尔55%,不丹27%,巴基斯坦23%,斯里兰卡10%。② 同时,中国政府在减贫方面所取得的成就,受到世界各国政府的肯定。2009年,美国总统奥巴马在上海与中国青年对话的演讲中说,"中国使得亿万人民脱贫,而这种成就是人类历史上史无前例的。"③

2010年,我国政府在亚洲政党扶贫专题会议上的报告称:"根据中国政府的扶贫标准,中国农村的贫困人口从1978年的2.5亿下降到2009年的3597万,占农村居民总人口的比重从30.7%下降到3.6%。"④从我国政府的报告可以看出,中国农村贫困人口数量大幅下降,贫困人口数量锐减了2.1亿多人。同时,我国政府同世界宣布:"中国成为全球首先实现千年发展目标中极端贫困人口减半的国家,为世界发展和减贫事业作出了重要贡献。"⑤由于新一届中国政府提高了扶贫标准,这也让中国贫困人口数量增加。2008年年底之前,中国政府确定的贫困线为人均年收入785元。新一届政府确定的贫困线为人均年收入2600元,即相当于每天1美元的标准,这样计算下来,截至2014年年底,我国还有贫困人口7000多万人。同时,新一届中国政府在扶贫工作上加大了力度,提出了精准扶贫的举措。这是指针对不同贫困区域环境、不同贫困农户状况,运用科学有效程序对扶贫对象实施精确识别、精确帮扶、精确管理的治贫方式。根据中国政府要求,到2020年要实现全国人民小康生活,要确保7000多万人全部如期脱贫,这样精准扶贫举措就要做到每年要减贫1200万人,每个月要减贫100万人,任务非常重。

---

① 摘自2016年10月中国政府发表的《中国的减贫行动与人权进步》白皮书。
② 《世界贫困人口统计》,http://tieba.baidu.com/f?kz=717576556,访问日期:2010年11月1日。
③ 《奥巴马上海对话中国青年400多名青年学生参加》,http://news.sohu.com/20091116/n268254189.shtml,访问日期:2010年11月1日。
④ 2010年7月,国务院副总理回良玉代表我国政府在亚洲政党扶贫专题会议上做的开幕词报告。"亚洲政党扶贫专题会议"也称"政党会",英文缩写:ICAPP,是2000年9月成立的亚洲地区多边政党论坛机构,大会原则上每两年一届,迄今已举行过五届。2004年9月,第三届亚洲政党国际会议在北京召开,这是中国共产党首次主办的大型国际性会议,并通过了《2004北京宣言》。
⑤ 2010年7月,国务院副总理回良玉代表我国政府在亚洲政党扶贫专题会议上做的开幕词报告。

（二）生存权面临的问题

我国在减贫事业上取得了可喜成就，但是面临的困难还是很多的。目前中国在保障生存权方面存在以下几个问题：

1. 国内贫困人口统计标准问题。这方面的问题主要是：我国制定的扶贫标准如何与国际扶贫标准相对接的问题，以及国内贫困人口统计数字模糊的问题。

（1）我国制定的扶贫标准如何与国际扶贫标准相对接的问题。目前，我国制定的扶贫标准低于国际标准。例如：2008年底之前，中国政府确定的贫困线为人均年收入785元。该标准按照2005年的美元购买力平价约为人均每天0.57美元，而按照美元兑人民币现行汇率则只有人均每天0.31美元。这与世界银行推荐的人均1.25美元的贫困线相比，差距极为悬殊。2009年，中国将贫困线提高至人均年收入1196元，但是世界银行的报告认为，这一新划定的贫困线依然偏低，建议中国政府新增1546亿元投资，重建扶贫政策体系。① 由于制定的扶贫标准线不同，导致了统计贫困人口的数字不统一。2010年之前，中国城市贫困人口数量是1500万、2200万、2300万，还是3000万，国家统计数据与经济学家们的说都不一致。② 截至2014年年底，中国政府按照每天1美元确定扶贫标准线，这样我国还有7000多万人口需要脱贫。

如果按照国际贫困标准，我国要实现联合国提出的"千年发展目标"中极端贫困人口减半的减贫目标，任务依然相当繁重。③ 由于中国庞大的人口基数，按照国际标准计算得出的中国贫困人口数在国际上仍排名第二，仅次于印度。2005年直接问卷调查数据显示，按当年美元购买力平价，中国仍然有2.54亿人口每天的花费少于国际最新贫困线。④ 目前，如果考虑我国人民币升值，再按美元购买力平价的因素，将世界银行统计的2.54亿贫困人口扣除三分之一的话，我国还有约1.7亿的农村贫困人口。

另一个数据是，根据世界银行贫困人口统计数据显示，2005年，中国总计贫困人口达2.07亿，总贫困人口比例约为15%，其中农村人口7.60亿，贫困率26.11%，人口约

---

① 《世行报告中国贫困线远低于国际标准》，载《中国青年报》2009年4月9日。

② 全国总工会按照各地颁布的最低生活保障标准统计：1999年，家庭人均收入水平低于当地标准的企业职工（含退休职工）是1500万人。2000年，民政部根据各地的贫困线对全国城市贫困人口汇总统计的结果是1382万人。同年，国家统计局根据有关资料分析的数字是1170万。侯利红：《中国城市贫困人口有多少？是2300万还是3000万》，载《第一财经日报》2006年3月14日。还有一种新的说法是"城市现有低保人数2200万人"。参见2010年社会热点透视编写组：《2010年社会热点透视》，中国友谊出版公司2010年版，第235页。

③ 联合国千年发展目标是联合国全体191个成员国一致通过的一项旨在将全球贫困水平在2015年之前降低一半（以1990年的水平为标准）的行动计划。2000年9月，联合国首脑会议上由189个国家签署《联合国千年宣言》，正式做出此项承诺。联合国千年发展目标共有8个方面，涉及减贫内容的是消灭极端贫穷和饥饿。具体内容包括：每日不到1美元维生的人口比例减半，让所有人包括妇女和青年人都享有充分的生产就业和体面工作，挨饿的人口比例减半。

④ 《世行报告中国贫困线远低于国际标准》，载《中国青年报》2009年4月9日。

为1.98亿,城市人口5.44亿,贫困率1.71%,人口约为0.09亿,这个数据是目前最新的数据。因为,世界银行每3年统计一次世界贫困人口,即每日不足1.25美元(38美元每个月)。从1981年开始,分别是1981年、1984年、1987年、1990年、1993年、1996年、1999年、2002年和2005年。2005年的数据是2008年公布的,也就是说2008年的数据要2011年才会公布。①

(2)中国国内贫困人口统计数字模糊。城市贫困问题出现发展态势。与农村贫困人口逐年下降的趋势相比,城市贫困问题反而表现出发展态势。经济学家们估算,以2004年为例,城镇人口贫困发生率为6%～8%,高于同期农村。②

2. 就业难与高房价已经危及生存权。上个世纪90年代以前的城市贫困群体,主要是无劳动能力、无经济来源、无法定赡养人和抚养人的"三无"人员,而新出现的城市贫困群体中,大部分人是有工作能力并且愿意工作,但没有工作机会的人群。也就是说,目前工作权的实现与否,直接影响了生存权的质量。再是,目前影响生存权质量的社会流行"病"有蔓延的趋势,例如"蚁族""蜗居""房奴"等,都反映了城市居民的生存所面临的新问题。

3. 社会公平与贫富悬殊问题。在我国,经济快速发展的同时,经济与社会发展不平衡是制约社会进步的重大问题。首先,城乡发展差距较大。改革开放后城乡收入差距曾一度有所缩小,1983年城乡大居民人均收入比为1.82∶1。但后来逐步拉大,2009年扩大到3.33∶1。从绝对差距来看,1978年农民人均纯收入与城镇居民人均可支配收入相差209.8元,1992年差距突破千元大关,达到1242.6元,2009年差距突破万元,达到12022元。其次,区域发展不平衡,差距明显。30多年来,各地居民收入都有了大幅度增长,但不同地区间收入差距在拉大。2009年,我国东部地区年人均收入为38587元,西部地区为18090元,差距达2万元。从省际差别来看,最高的上海市年人均收入为76976元,最低的贵州省为9187元,两地人均年收入相差67789元。目前,全国4007万贫困人口中,中西部地区所占比重高达94.1%。③ 2009年6月,全国政协委员蔡继明在中国政协十一届常委会会议上说:"中国权威部门的一份报告显示,0.4%的人掌握了70%的财富,财富集中度高于美国。"2010年世界银行公布的调查数据,美国5%的人口掌握了60%的财富,而在中国,1%的家庭掌握了全国41.4%的财富。财富集中程度远大于美国,成为全球两极分化最严重的国家之一。再次,同经济发展相比,社会事业发展相对滞后。医疗服务供给总量相对不足,社会成员对看病难的反映仍然强烈;社会保障体系不够完善,一些基本保障制度有待健全;等等。

4. 中国流动人员生存所面临的问题。2009年中国流动人口已达到2.11亿,平均

---

① 《世界贫困人口统计》,http://tieba.baidu.com/f?kz=717576556,访问日期:2010年11月2日。
② 侯利红:《中国城市贫困人口有多少?是2300万还是3000万》,载《第一财经日报》2006年3月14日。
③ 中央宣传部理论局编:《七个怎么看》,学习出版社、人民出版社2010年版,第3～4页。

年龄约为27.3岁,主要在制造、批发零售和社会服务业领域就业,多集中在低薪或高危行业。这是国家人口计划生育委员会流动人口服务管理司于2010年6月27日发布的《中国流动人口发展状况报告》提供的信息。[1]

根据《中国流动人口发展状况报告》提供的资料,中国流动人口的生存发展面临"一高二低三难"的六大问题:(1)失业率高。高中及以上学历失业比例高,小学及以下学历失业时间长,就业技能培训针对性不强,两者在城市产业升级过程中,难以找到合适的工作。(2)收入较低。由于收入较低,限制其社会保险参保率,约束其在城市的消费。家庭人均收入低于1000元的农业流动人口中,仅有11.6%参加了养老保险。(3)参加社会保险比率低。约有39%的流动人口未参加任何形式的社会保险。在工伤风险较高的建筑行业,只有23.4%的流动人口参加了工伤保险,超过一半流动人口未参加任何形式的医疗保险。(4)入学难。流动儿童入读公立学校比例较低,大龄儿童在流入地完成义务教育存在困难。正在上学的流动人口的儿童中,在流入地入读公立学校的比例仅为69%,学籍管理制度是影响在流入地接受初中教育的主要原因。(4)医疗难。医疗服务供给不足,异地报销困难。患病后去流入地县以上医院就医者不到70%,近一成选择回老家治疗。仅有26.8%已参加医保的流动人口表示可部分报销医疗费,超过六成仍需全部由自己支付。(6)维权难。劳动权益维护能力差,对劳动保障政策知晓程度低,约三成未与用工单位签订劳动合同,劳动时间偏长,平均每周工作58.2小时。[2]

第二节 生命权

生命是需要尊重和敬畏的。生理上的生命是由蛋白质、脂肪和糖类构成的人体新陈代谢的总和。蛋白质、脂肪和糖类是人体健康所必需的三大营养素。人权法上的生命权是由新陈代谢的生命、人身自由、人身平等构成的权利总和,即生命权、人身自由权、人身平等权是构成人权的三大权利基石,其他人权都是在此基础上得到延伸与满足。

---

[1] 《新京报》2010年6月27日。

[2] 国家人口计划生育委员会流动人口服务管理司发布的《中国流动人口发展状况报告》提供的信息。《中国流动人口平均27.3岁 生存发展面临6大问题》,http://finance.ifeng.com/news/20100627/2348859.shtml,访问日期:2010年11月2日。

一、生命权的概念与特征

(一) 生命权的概念

生命权是指人的生命受法律保护,不受任何非法剥夺的权利。① 简单地说,生命权就是人"活的权利"或"生命安全的权利"。生命权是每个人固有的自然权利,是最为重要、最为基本的权利,是所有人权中的权利内核。生命权之所以重要,是因为生命是每一个人享有社会权利承担社会义务的物质载体,拥有生命是人作为社会成员的最基本、最重要的前提条件。只有享有生命权才可能享有其他各项权利,丧失生命权就丧失了其他各项权利。生命是生物体所具有的活动能力的表现。民法意义上的生命权仅指自然人的活着的权利,是人体维持生存的基本的物质活动能力,即维持人体新陈代谢的客观需要,包括健康权、身体权。

反映到人权法上,生命权有着不相同的含义。生命权不仅仅是维持人体新陈代谢的客观需要,还包含了对生命的尊重与维护人的尊严的基本需求。维护人的生命权,保障生命不受非法侵犯与剥夺,确保生命在受到各种威胁时能得到积极的维护,这是人权法所应当坚持的最基本的规范。更重要的是,人权法上的生命权包含了与之形影相随的自由与平等,生命是人身自由权与平等权的物质载体,保障人身自由权与平等权,就是维护人的尊严的社会需要。认识到这一点是十分重要的。因为,只有生命存在而没有人身自由权和平等权为生命的构成的话,人就可能丧失作为人的资格而成为他人的奴隶。因此,人权法的生命权,不仅是维护人的生命活动的延续,重要的是保障人的最高人格利益——拥有自由与平等人格,这是人权法的母体性权利。因此,人权法的生命权具有其独特的含义,是指人基于出生而应当享有的包括生命权在内的自由权、平等权、尊严权等权利的总称。

生命权与生存权有着密切的联系:在汉语中,生存与生命密切相关,生存就是指生命的保存。② 生命权是生存权的重要内容,丧失生命权就丧失了生存权,享有生存权也就必然拥有生命权。二者的侧重点有所不同:生命权侧重于强调人作为生物主体所享有的活动能力的权利,其权利内容是固定的;生存权侧重于人作为社会主体所享有的各项权利,其权利内容是发展的。

生命权与生存权是有区别的。生命权主要是指人的生命自然地存在于世界上而不受非法剥夺的权利,包括自由与平等权。生存权是人们维护相当生活水准的权利。二者的权利性质明显不同,生命权是一项消极权利,强调的是国家消极不作为,不得非法剥夺人的生命,故世界上许多国家的宪法通常将生命权与死刑的废除放在一起规定。

---

① "一般意义上说,生命权是指人的生命不受非法侵害之权利。"朱福惠主编:《宪法》,厦门大学出版社 2008 年版,第 305 页。

② 中国社会科学院语言研究所词典编辑室:《现代汉语词典》,商务印书馆 1996 年修订版,第 1128 页。

生存权在性质上属于积极权利,它要求国家积极作为,有责任采取必要的措施以确保本国公民维持相当的生活水准。①

(二)生命权的特征

人权法的生命权具有一般法律所规定的生命权的特征,同时又具有自身的特点。揭示人权法的生命权的特征,更能够理解生命权的重要性。

1. 生命权是自然赋予的人的根本权利。生命权在人权体系中具有核心权利的地位。生命权是自然赋予的,而不是法律赋予的。人权法认为人的生命权是基于自然状态下应当享有的权利。《公民权利和政治权利国际公约》第6条规定:"人人有固有的生命权。这个权利应受法律保护。不得任意剥夺任何人的生命。"我国原《民法通则》规定,人的生命权是基于出生而开始。新《民法总则》同样规定,自然人的权利基于出生而开始。生命权是自然人的一项根本的人权,它在维护自然人的生命与安全的同时,也成为自然人享有其他人权的前提和基础。享有人权必须是以人的生命生存为前提,一旦人的生命权遭到侵害而丧失生命,则其他人权也不复存在。

2. 生命权是人享有的不可替代和不可逆转的权利。生命权是唯一的,是不可替代的。这是人人皆知的,人的生命具有唯一性和不可替代性。它决定了生命权是唯一的,不可替代的。一个人的生老病死是自然规律,没有一个人可以寻找他人代替其终结生命。生命的最基本特征是新陈代谢,即机体的一切机能活动都以是新陈代谢为基础的。人的机体的新陈代谢一旦停止,生命也就停止。这就是通常所说的人的生命不能死而复生。生命不可逆转性的特征,更加显示出生命权的珍贵性。基于对生命的尊重,医学界的"希波克拉底誓言",成为每一个医学生步入医师所宣的誓言。②

3. 生命权是人的自由与平等权的载体。这是人权法的生命权与民法的生命权的根本区别所在。人的生命权来源于自然权利的自然法则,在我国的民法中得到确认。我国原《民法通则》及新制定的《民法总则》都规定,民事权利是始于出生而终于死亡。民事权利包括了生命权。生命权属于人身权中的人格权范畴,人格权包括了生命权、身体权、健康权、姓名权、名称权、名誉权、肖像权等权利。人格权的内容是法律规定

---

① 上官丕亮:《究竟什么是生存权》,http://www.civillaw.com.cn/article/default.asp?id=35842,访问日期:2010年11月2日。

② "希波克拉底誓言"是确定医生对病人、对社会的责任及医生行为规范的誓言。希波克拉底是公元前5世纪至公元前4世纪著名的希腊医生。这一誓言很可能在希波克拉底之前已经在医生中代代相传,以口头的形式存在。希波克拉底是第一个把这一誓言用文字记录下来的人,后来该誓言被后人用他的名字命名。这一誓言的基本精神被视为医生行为规范,沿用了2000多年。直到今日,在很多国家,很多医生就业时还必须按此誓言宣誓。誓言的主要内容如下:"我要遵守誓约,矢志不渝。对传授我医术的老师,我要像父母一样敬重,并作为终身的职业。对我的儿子、老师的儿子以及我的门徒,我要悉心传授医学知识。我要竭尽全力,采取我认为有利于病人的医疗措施,不能给病人带来痛苦与危害。我不把毒药给任何人,也决不授意别人使用它。我要清清白白地行医和生活。只是为了治病,不为所欲为,不接受贿赂,不勾引异性。对看到或听到不应外传的私生活,我决不泄露。"

的,离开了法律规定,人格权就不复存在。也就是说,民法规定了人的生命是始于出生,终于死亡。但是,民事权利的内容是由法律规定的,离开了法律规定,民事权利就不存在了。这样的潜台词是民事权利由法律授予,法律也可以剥夺民事权利。法律不仅可以赋予你人格,也可以取消你的人格。生命权属于民事权利,法律可以授予,也可以剥夺。人权法的生命权是自然状态下取得的,是不可剥夺的。这是生命权在民法与人权法上的区别之一。再者,民法中的生命权包括身体权与健康权,但是不包括自由与平等权。而人权法的生命权必须承载着自由与平等权,否则生命权就会失去意义,是不完整的。

简言之,人权法的生命权是自然权利的主要内容,而"自然权利是指作为依靠自然法则和人的本性而不是依靠国家的制定法来维持的个人固有权利而提出的主张"。① 也就是说,人权法中的生命权不是法律赋予的,是基于出生行为就应当享有的权利。同时,这种生命权应当包括了自由与平等权,且这两项权利决定了作为人的主体资格的权利,也决定了人的尊严。因此,《世界人权宣言》宣告,人人生而自由;美国《独立宣言》宣称,人人生而平等。因此,人权法中的生命权是指人基于出生而应当享有的包括生命权在内的自由权、平等权、尊严权等权利的总称。

4. 生命权是以人的生命维持和安全利益为内容的人格权。我国《民法通则》第 98 条规定"公民享有生命健康权",这里的生命健康权,实际上是生命权、健康权与身体权的总称。可见,我国的民事立法是将生命权规定为一项独立的人格权而加以保护的,这也是世界上多数国家民事立法体例所认可的。因此,民法上的生命权通常包括了生命权、身体权与健康权。同时,安全利益的保障,也是维护生命的重要内容。人身没有安全保障,生命就更加脆弱。以安全利益为内容的生命权,是人权法所调整的对象,民法的人格权没有包括人身安全与自由权的内容。

二、生命权的法律问题

(一)胎儿人权的问题

这是一个涉及生命权开始的时间界定问题。这个问题涉及生命开始的时间,是确定生命权取得的时间点的关键问题。生命权是始于脱离母体独立存在的活体,还是始于受精怀孕的胚胎,或者是始于怀孕六个月以上的胎儿,这个问题关系到人权主体产生的时间,关系到能否进行堕胎,以及涉及人体转基因工程研究等相关的法律问题。

生命起始的界定存在着争议。生命权始于怀孕的观点,并未被国际人权法所确认。由于不同的国家和地区在文化、宗教、道德观念上的差异,加之社会现实的不同,现在还难以在生命的起始问题上达成一致,胎儿权利保护的不确定性是不可避免的事。不过,

---

① [英]戴维·M.沃克:《牛津法律大词典》,北京社会与科学发展研究所译,光明日报出版社 1988 年版,第 531 页。

这并不排除在一定情形下未出生的胎儿享有法律的保护。

从目前的有关国际公约看,关于生命起始的计算方式没有统一规范。关于生命起始,《公民权利和政治权利国际公约》未作明确规定;《儿童权利宣言》的规定比较模糊:1959年通过的《儿童权利宣言》曾提及儿童"在其出生以前和以后"均需要特殊的保护和照顾,但也回避了生命起点问题。对生命起始,作出明确规定的是区域性人权文件——《美洲人权公约》,该公约第4条第1款规定:"这种权利一般从胚胎时起就受到法律保护。"说明在美洲,胎儿权利从胚胎时起就受到法律保护。

从多数国家的立法情况看,关于胎儿权利保护,大都从"胎儿能够自己生存的时候"开始,这已经成为多数国家在涉及生命权保护的一种法律实践。我国原《民法通则》及新《民法总则》都规定,民事权利始于出生,终于死亡。因此,我国公民的生命权是从出生开始受法律保护的,即胎儿出生后是活体的。而对于未出生前的胎儿权利如何保护,过去我国《民法通则》没有作出规定。新制定的《民法总则》弥补了这项立法不足,第16条规定:涉及遗产继承、接受赠与等胎儿利益的,胎儿视为具有民事权利能力。但是胎儿娩出时为死体的,其民事权利能力自始不存在。这样的规定和我国继承法相衔接。我国《继承法》第28条规定:"遗产分割时,应当保留胎儿的继承份额,胎儿出生时是死体的,保留的份额按照法定继承办理。"可见,胎儿享有附条件的民事权利,享有财产继承权、接受赠与权,即当胎儿出生时是活体的,依法享有财产继承权和接受赠与权。

(二)生育的权利

生育的权利涉及以下几个问题:第一,人出生的权利与国家计划生育的关系。人出生的权利涉及国家计划生育的人口政策问题。也就是说,生命诞生的决定权属于谁?当出生权与国家人口政策产生矛盾或冲突的时候,出生权是父母决定,还是国家政策决定?在不发生冲突时,出生权是父母共同享有,还是只能由母亲享有?如果是在非婚姻关系的情况下怀孕的,出生权又是由谁决定?这些都属于生育权的法律问题。从我国的生育实践看,理论上讲生育权由父母双方共同决定,但是更多的权利是由女方决定的。当生育权与国家政策发生冲突时候,生育权是由父母决定的。国家通过征收社会抚养费,对违反计划生育的父母征收超生子女社会抚养费。之前,国家征收社会抚养费的案例不少。例如,2010年1月,福建省长乐市一居民因计划生育超生,被征收社会抚养费72万元。[①] 2016年1月1日开始,我国计划生育政策有改变,即把原来的"一对夫

[①] 2010年2月22日《福州日报》报道:《福州处罚名人富人超生 长乐一夫妇被罚72万》。案由:长乐金峰镇胪峰社区居民李某夫妇于1995年9月生育一个男孩,后又于2006年10月生育第二个小孩,违反现行生育政策多生育一胎。经立案调查取得确凿证据后,长乐市人口和计划生育局启动对李某夫妇的社会抚养费征收程序,根据《福建省人口与计划生育条例》的有关规定,于2007年8月30日作出征收社会抚养费的决定。李某夫妇不服,曾向福州市人口计生委提起行政复议,并先后向长乐市人民法院和福州市中级人民法院提起行政诉讼。经过2年多的审理,2010年1月4日,福州市中级人民法院依法作出判决,维持长乐市人口和计划生育局作出的征收决定。

妻只能生育一胎"的生育政策,修订为:"国家提倡一对夫妻生育两个子女。"①尽管这样,我国生育权也还存在问题,如果夫妻想生育三个子女的话,相同的问题还是存在的。与此相反,有些国家或地区是鼓励人们生育的。例如,2009年6月9日,韩国总统李明博表示,制订鼓励生育的奖励措施是目前韩国政府最优先考虑的课题。据韩国统计,2008年韩国共有新生儿46.6万名,较2007年减少2.7万名。②我国台湾地区也是鼓励生育的。2010年3月,台湾地区为了鼓励生育,当地政府拨出100万新台币,鼓励人们编写简明扼要且能催促人们生育的口号。台湾地区的妇女生育率非常低,依官方统计,2007年的总生育率仅1.1,低到几乎是世界第一。③

第二,生育权是否能够限制。公民的生育权是一项基本的人权,公民的生育权是与生俱来的,是先于国家和法律发生的权利。作为人的基本权利,生育权与其他由宪法、法律赋予的选举权、结社权等政治权利不同,是任何时候都不能剥夺的,只有在特定情况下可以加以限制。随着社会的发展,国际社会对生育权问题提出了新的观点,就是自由且负责任的行使生育权,强调夫妻和个人对子女、家庭和社会的责任。强调夫妻在行使生育权时,要考虑到将来子女的需要和对社会的责任。从这个意义上讲,公民享有生育的权利,同时应当承担对家庭、子女和社会的责任。

生育权是指公民享有生育子女及获得与此相关的信息和服务的权利,包括以下几部分内容:(1)生育自由权利。即自由而负责地决定生育子女的时间、数量和间隔的权利。公民有生育的权利,也有不生育的自由。公民有权利选择生育与不生育,不生育的人不应当受到歧视。(2)夫妻平等权利。在生育权问题上夫妻之间享有平等的权利。从理论上说,生育是男女双方的共同行为,不可能依靠单方实现。因此,一方不能强迫另一方实现这个权利,这个权利应当是以双方协商为基础的,两个人共同的意愿才能实现。(3)生殖健康权。生殖健康表示人们能够有满意而且安全的性生活,有生育能力,可以自由决定是否生育和何时生育及生育多少。公民有权获得科学知识和信息,有避孕措施的知情权和安全保障权利以及患不孕症公民有获得咨询和治疗的权利。计划生育技术服务人员应当指导实行计划生育的公民选择安全、有效、适宜的避孕措施。

在特定情况下,个人的生育权也可能被法律所限制。例如,2003年5月23日,美国旧金山上诉巡回法庭的法官以6票对5票的投票结果,否决了犯人威廉·格伯在押

---

① 为了调整我国的人口政策,2015年10月党的十八届五中全会作出全面放开二胎的生育政策。2015年12月27日,全国人大常委会对《中华人民共和国人口与计划生育法》进行修订,于2016年1月1日实施。随着国家计划生育政策的改变,原来各省市制定的计划生育法规要进行修订。

② 《韩国总统说鼓励多生育是政府最优先课题》,http://news.xinhuanet.com/world/2009-06/09/content_11515896.htm,访问日期:2010年11月2日。

③ 《联合报:台湾该把生育率提高多少呢?》,http://www.chinanews.com.cn/hb/news/2010/03-08/2157533.shtml,访问日期:2010年11月2日。

期间的生育权。① 相似的案例在我国也有发生,结果是相同的,即:犯罪人的生育权不能得到实现。但是,两个案件的程序处理上却不相同。美国法院是以判决方式否决了犯罪人的请求。我国法院是以不作为方式拒绝犯罪人家属的请求。2001 年 5 月,舟山市某有限公司职工罗某因杀人罪而被判处死刑。公诉期间,罗某的妻子郑某向舟山市中级人民法院提出人工授精的请求。舟山市中级人民法院以法律没有规定为由拒绝其申请,郑某向浙江省高级人民法院上诉要求进行"人工授精"。浙江省高级人民法院认为,其请求事项法律没有规定,也不属于法院的受案范围。同时,考虑如果满足郑某的要求,将导致小孩一出生就没有父亲的后果,这样对小孩的成长不利,决定对郑某的要求不置可否,以沉默的方式加以拒绝。2002 年 1 月 18 日,浙江省高级人民法院对罗某死刑作出终审判决以后,法院让郑某与罗某见了最后一面,郑某要求留下丈夫精子的希望没有实现。②

(三)免于饥饿的权利

人的饥饿是指人体无法获取维持正常新陈代谢的粮食,人体生命、健康处于能量不足的状态。有的学者认为:"真正的问题并非粮食的总供给量是否充足,而在于个人和家庭能否及时地获得食物。当个人免于饥饿的权利被剥夺之后,即使粮食丰收,对他仍是无济于事。""为了理解饥饿,我们必须首先理解人们的权利。"③因此,免于饥饿的权利的实现关系到人的生命权的实现。更为重要的是,我们应当清楚认识到,免除饥饿是一个国家、社会对其每个公民应尽的责任和义务。

就世界范围而言,贫困问题长期困扰着人们,饥饿问题仍然严重。面对饥饿威胁,人们发出这样的声音:"人们在我们眼皮底下饿死,而世界却袖手旁观。"为了呼唤起全世界对贫困与饥饿问题的重视,1992 年 12 月 22 日,第 47 届联合国大会通过一项决议,将每年的 10 月 17 日定为"国际消除贫困日"。尽管国际社会对消除贫困人口作出了积极努力,然而,本世纪以来,世界贫困人口有增无减。据联合国粮食及农业组织统计,截至 2010 年 10 月,世界约有 9.25 亿贫困人口,尽管比 2009 年的贫困人口减少了 9800 万人,但是,贫困人口数仍然高于金融危机爆发前的人数。这是当前世界面临的贫困与饥饿的现实问题。④

目前,世界各国都在发展经济,致力于本国的经济建设。但是,由于经济发展不平

---

① 美国法院认为,在押犯威廉·格伯没有权利以邮寄精子的方式使其妻子怀孕。现年 42 岁的威廉·格伯,因开枪、非法拥有武器和向警官发布死亡威胁而于 1997 年被捕入狱的。他曾要求一名医生前往狱中采集他的精子,并说美国宪法给予了他生儿育女的权利。但监狱官员拒绝了他的请求。法官西尔弗曼说,"我们认为,在监狱中,生育的权利与监禁是完全相违背的",在押期间必须停止各项基本的自由。参见《公民人身权系列案例》,http://xfx.jpkc.gdcc.edu.cn/show.aspx?id=183,访问日期:2010 年 11 月 30 日。
② 2002 年 1 月 21 日《潇湘晨报》。
③ 《饥饿 不平等与社会福利》,http://finance.sina.com.cn,访问日期:2004 年 08 月 22 日。
④ 2010 年 10 月 17 日中国中央电视台新闻频道报道:《创造就业机会,消除贫困人口》。

衡,贫困分布不均是全球性的问题。如果按地区来看,世界最穷的两个地区分别是撒哈拉以南非洲地区和南亚地区。2005年两个地区的赤贫率分别达到了50.91%和40.34%,而两个地区的人口分别是7.63亿和14.76亿人口。中国所处的亚太地区赤贫率为16.78%,略高于中国赤贫率的比例,亚太地区总人口为18.84亿。① 2010年,我国政府在亚洲政党扶贫专题会议上的报告称:"根据中国政府的扶贫标准,中国农村的贫困人口从1978年的2.5亿下降到2009年的3597万,占农村居民总人口的比重从30.7%下降到3.6%。"② 截至2009年,我国有3597万人面临饥饿的威胁。按照联合国的贫困标准(一天一美元收入),中国大约还有1.5亿的贫困人口,这就是中国的国情。如前所述,按照我国政府新的扶贫标准,我国现有7000多万人还处于贫困线下。如果按照世界银行的贫困标准一天两美元收入计算,中国大约还有2亿多的贫困人口,这就是中国的国情。

(四)死亡的权利

人的死亡权利,包括五个方面的法律问题:一是对人的死亡界定;二是个人是否享有自杀的权利;三是能否享有安乐死的权利,即个人能否委托他人结束生命的权利,他人能否接受委托结束他人的生命;四是废除死刑的理论问题;五是"同命不同价"的问题。

1. 对人的死亡界定

对人的死亡界定是一件严肃、慎重的事,不仅涉及人权主体是否存在,还涉及其他民事权利、经济权利的享有问题。从人权角度看,死亡事实发生表明人的生命权消灭,与生命权相伴的人身自由、人身安全权、追求幸福权以及发展权、文化权等权利也就随之消失。从法律适用角度看,死亡事实发生后,许多法律关系发生改变。例如,婚姻关系、监护与被监护关系、继承关系等会发生变化,这些法律关系中也包含了人权的要素。我国不少的法律条款涉及"死亡"一词,刑事诉讼法还涉及死亡与刑事责任的追究问题。《刑事诉讼法》第15条规定,犯罪嫌疑人或被告人死亡的,不追究刑事责任,已经追究的,应当撤销案件。这些都与人权具有密不可分的关系。

目前,医学界对"死亡"的界定通常有三种情况:呼吸死、心脏死和脑死亡。呼吸死也称为肺死亡,即以呼吸停止为确认死亡的标准,是一种最传统、最古老的死亡诊断标

---

① 《世界贫困人口统计》,http://tieba.baidu.com/f? kz=717576556.
② 2010年7月,国务院副总理回良玉代表我国政府在亚洲政党扶贫专题会议上做的开幕词报告。本次会议在我国云南省召开。亚洲政党国际会议(下称"政党会")是亚洲地区多边政党论坛机构,于2000年9月成立。会议以各国执政党为主,吸收合法在野党参加。大会原则上每两年一届,迄今已举行过五届。政党会的领导机构是常委会,迄今举行过12次会议。2004年9月,以扩大亚洲政党交流与合作、促进地区共同繁荣与发展为宗旨的第三届亚洲政党国际会议在北京召开,这是中国共产党历史上首次主办的大型国际性会议。来自35个国家的81个政党、政治组织的350多名代表参加了会议,通过了《2004北京宣言》。在各国政党的共同努力下,第三届亚洲政党国际会议将一个开放、平等、新型的、建设性的区域性政党多边交流与合作机制展示给亚洲,展示给全世界。

准。心脏死是以心脏停止跳动为确认死亡的标准。脑死亡是以人体脑器官功能的丧失作为确认死亡的标准。早期医学上是以呼吸死作为确认死亡的标准。例如,瑞典等一些欧洲国家曾以立法形式确定呼吸死作为死亡标准。后来,随着人工呼吸机的出现,大大影响了呼吸死亡标准的准确性和重要性,从而导致了瑞典等国家修改了以呼吸停止为死亡标准的法律。之后,医学和法学工作者又开始探索出了新的死亡诊断方法即心脏死,即以心脏停止跳动为确认死亡的标准。1967年,南非医生巴纳德进行首例心脏移植手术,以及之后人工心脏的问世,结束了心脏不可置换的历史,同时也结束了心脏死亡作为死亡唯一诊断标志的地位。1968年,美国哈佛大学医学院死亡定义审查特别委员会在一份报告中正式提出了"脑死亡"概念,认为应当以人体脑器官功能的丧失作为确认死亡的标准。①

在我国,脑死亡很长一段时期不被大家认同,很多人甚至将脑死亡与植物人相提并论。现在,脑死亡作为判断人身死亡的标准,已经被多数人所接受,但是没有明确的法律规定。同时,更多的学者认为,心脏死和脑死亡并不矛盾。许多国家和地区已制定或即将制定脑死亡法律法规,并将心脏死和脑死亡并列为死亡标准。据有关资料反映,到2000年底,联合国189个成员国已有80个具有承认脑死亡的标准。② 医学界认为,采用脑死亡界定方式,有利于开展器官移植活动,挽救他人的生命健康。临床医学认为,死亡之后越早提供器官,其器官移植后的成活率就越高,有利于合理使用有限的医疗资源。确立脑死亡概念,有利于合乎法律地终止那些毫无必要的抢救,减少无谓的医疗支出,使有限的医疗资源,能为更多的人谋福利。

2. 个人自杀行为性质的认定

首先,个人有没有享有自杀的权利,法律上是否允许个人自杀,自杀行为是否符合人权法的规定,这些问题都有待进一步研究。从当前的立法看,法律没有禁止个人自杀的规定,即使有禁止性规定,也无法执行。2010年6月24日,中国卫生部疾控局精神卫生处负责人在一次全国性会议上透露,目前,中国城乡人群自杀死亡水平出现变化。在21世纪到来前,中国农村自杀死亡人数高于城市,且女性自杀死亡人数高于男性。如今,农村无论男女自杀死亡人数都已降低,总体水平下降约三成,城市自杀死亡人数却不断增加,其中,男性自杀人数增加更多于女性。③ 前几年,我国的民工多以跳楼、跳高塔等以结束生命权方式来讨要工资,维护自己的财产权。2009年底至2010年上半年,设立于深圳的台湾企业富士康发生了连续十多起自杀案件,引起了全社会的关注。企业员工的生命权、心理健康等问题,引起全社会的关注。其次,引诱他人自杀的行为,是否侵犯人权,应当如何处理,也是值得思考的问题。2010年5月,国家电视台四频道

---

① 李论:《死亡应界定为"脑死亡"》,载《人民法院报》2001年10月17日。
② 《界定死亡》:http://topic.xywy.com/wenzhang/20050223/19130.html,访问日期:2010年11月3日。
③ 《城市男性自杀死亡人数呈不断上升态势》,http://policy.caing.com/2010-06-25/100155354.html,访问日期:2010年11月3日。

新闻报道:台湾地区有一位陶某居民,因2008年的金融危机迫于经济压力,他携带自己的智障儿子跳海自杀。陶某先跳入海中,其子平时会学他的行为,也跳入海中。结果,其子被海水溺死,陶某被浪打回岸上,幸存下来。近日,陶某居民被台湾地区司法机关追究刑事责任,定罪为帮助自杀罪,可能面临十年的刑期。

3."安乐死"能否允许

当个人提出要求"安乐死"的时候,他人是否有权协助实施。这些问题实质上是回答个人能否自由处分其生命权的问题,是关于生命权保护的难以回避的理论问题,需要人权法加以研究与回答。从法律上讲,当生命的存在已不再是幸事,抑或处于"植物人"状态时,司法机关是否可以作出一项同意或者准许生命主体请求结束该生命的决定。安乐死在许多国家引发了很大的争议,例如美国的特丽·夏沃女士"安乐死"案,就引发争议。

特丽·夏沃(以下简称"特丽")在1990年2月25日因医疗事故陷入脑死亡状态,虽然能自主呼吸,但必须依靠进食管维持生命。她的丈夫兼监护人迈克尔·斯基亚沃,于1998年向法院提出要求对妻子实施安乐死的申请。特丽的父母表示反对。由此双方开始了马拉松式的法律诉讼战。特丽的进食管在2001年首次被拔除。按照州法院命令,两天后特丽的进食管被重新插上。专家认为,特丽可以在不使用进食管的情况下生存两周。2003年10月15日,经法院批准,特丽的进食管再次被拔掉。不过,特丽却出现了持续不断的发热症状。当时医生经过诊断认为,她可能在两周内死亡。她的父母随即向佛州州长杰布·布什求援。杰布·布什和佛州议会于当月21日通过并签署了一项法令,准许佛州州长在特定情况下阻止法院的裁决。经过多方的不懈努力,特丽的进食管在6天内被重新插上。美国总统布什还发表讲话,对佛州当局的举动表示支持。不过,佛州最高法院则宣布议会出台的这项新法令违宪。美国教皇保罗二世2004年3月也对特丽事件发表看法,强烈赞成让植物人继续活下去。特丽的父母于是以此为由,要求维持女儿的生命。2005年3月18日,特丽第三次被拔除进食管。其双亲提出上诉。美国总统布什签署了国会通过的法案,要求联邦法院重审此案。但联邦法庭最终拒绝了特丽父母的诉请。美国第11巡回上诉法庭作出裁决,拒绝重新为女植物人特丽插上维持生命的进食管。到2005年3月31日,特丽在"断水断粮"13天后停止了呼吸。[①]

是否允许安乐死,一直是世界各国争议的焦点。目前,以立法方式允许安乐死的国家有荷兰、比利时、美国奥勒岗州等国家和地区。荷兰是世界上第一个给安乐死立法的国家。荷兰议会于2001年11月29日通过安乐死法令,并从2002年4月1日起正式生效。比利时是世界上第二个给安乐死立法的国家。比利时议会众议院于2002年5月16日通过一项法案,允许医生在特殊情况下对病人实行安乐死,从而成为继荷兰之

---

① 参见《美国女植物人命运引全国关注布什为此中断休假》,http://www.sina.com.cn,访问日期:2010年11月3日。

后第二个使安乐死合法化的国家。① 我国立法和司法实践都不赞成安乐死。有些国家立法对安乐死没有具体规定,但是以判决方式决定是否允许安乐死。韩国首尔西部地方法院 2010 年 2 月 21 日作出判决,判定一名植物人患者家属要求中断对患者进行毫无意义的治疗是合理的,医院应撤掉患者的呼吸机和进食管,让其自然死亡。这是韩国法院首次作出"尊严死"(安乐死)裁决,相当于给予治疗无望的患者以死亡的权利。法院表示,"希望此次判决能成为全社会开始讨论尊严死问题的契机"。韩国媒体预计,这一判决将影响更多患者寻求有尊严地死亡的权利。②

4. 废除死刑的理论问题

废除死刑,一直是国际人权组织呼吁解决的法律问题。目前,世界各国对死刑的态度是不相同的,特别是人口众多的国家,废除死刑是一个很难的选择。在推动废除死刑上最有力的是欧洲各国。2002 年 2 月 21 日制定的《欧洲人权公约》第十三议定书更进一步删除战争期间或受战争之威胁时得执行死刑的例外条款,即禁止所有状况下的死刑。这个国际第一个要求全面废除死刑的国际公约,已于 2003 年 7 月 1 日生效。到 2006 年 2 月底为止,欧洲人权公约 46 个缔约国中,已有 43 个国家签署该公约第十三议定书。③ 根据最新资料,至今过半国家都已在法律上或事实上废除死刑。仍然保留死刑的有中国、美国、日本、新加坡等 75 个国家。发达国家中有美国、日本、韩国和新加坡仍然保留死刑。到 2015 年,绝大多数欧洲国家(白俄罗斯和拉脱维亚例外)都废除了死刑。可以这么说,世界范围内超过三分之二以上的国家在相当程度上废除死刑。但是只按人口的数量来衡量的话,就会得出这样的一个悖论:目前仍然存在死刑国家的人口总数占到世界人口总数大约 60%。基本上人口过亿的国家都仍然保留着死刑制度。比如中国、印度、美国、日本等国家。对于人口比较多的国家来说,国家事务管理相对更加复杂,往往需要借助于死刑这样的制度进行管理。随着 21 世纪恐怖主义犯罪等新兴犯罪活动的上升,或许延缓死刑制度废止的势头。④ 同时值得注意的是,保留死刑的国家在死刑适用上都采取谨慎的态度。例如,印度的死刑适用也受到严格限制,且执行死刑的人数呈下降趋势。从 1983 年到 1985 年的 3 年间,印度总共只执行了 35 例死刑,平均每年不到 12 例。印度从 1996 年到 2000 年,5 年间适用死刑总共才 49 例,平均每年不到 10 例。考虑到印度作为世界上第二人口大国,这个数字应当是比较低的。⑤

我国现行刑法制定于 1979 年,并 1997 年修改。1997 年,修改后的刑法在死刑规

---

① 《世界各国安乐死立法现状》,《医药经济报》2007 年 3 月 30 日。
② 《韩国法院首次作出"尊严死"判决》,http://www.xzyzy.com/showtopic-160.aspx,访问日期:2010 年 11 月 3 日。"尊严死"与"安乐死"的区别在于,安乐死是指为了减轻进入临终状态患者的痛苦,通过注射药物等措施使患者安详地结束生命。尊严死是指对没有任何恢复希望的临终患者或植物人停止使用呼吸机、进食管和心肺复苏术等治疗手段,让其自然死亡。
③ 钟姝琴:《从人权视角论死刑存废之争》,载《法学之窗》2009 年第 11 期。
④ 钟姝琴:《从人权视角论死刑存废之争》,载《法学之窗》2009 年第 11 期。
⑤ 百度百科:死刑,http://baike.baidu.com/link?url=tr6WdCAV5b1v24iTEuNjcDtmjwr1xi10-nokEII6TJlSIENj7HO1ieOUavBj5iAWkOFSbhP3PqsKH9XPeiNty44AZj_nC2O5MPhRCeyAt_y。

定方面有了许多的变化,例如,修改了适用死刑的限制性条件。1997年刑法把死刑适用缩小到只适用于"罪行极其严重的犯罪分子"。

当然,在我国刑法的其他条款中,如交通肇事罪、医疗事故罪、重大责任事故罪等,都有对人的生命权的保护的规定。在我国有关立法中规定,对于损害他人的生命权的违法行为,权利人可以请求司法救济,例如可以请求改变危及人的生命的工作和生活环境,可以请求致害人给予经济赔偿等。2011年5月24日,最高人民法院发布2010年年度工作报告称,最高人民法院在审理死刑复核案件时,不是必须判处死刑立即执行的,均判处死刑缓期二年执行。

5. "同命不同价"的问题

"同命不同价"是我国特定的城乡二元结构的产物,是指在同一侵权案件中,由于受害者城乡户籍的不同,导致出现受害者所得到的残疾赔偿金或死亡赔偿金等赔偿数额相差很大的不公平问题。这种"同命不同价"的赔偿制受到民众的质疑。"同命不同价"不仅导致人的生命可以用金钱衡量的悖论,甚至反映了人的生命价值存在区别对待的生命歧视问题。

近年来,一方面由于侵权事故增多,另一方面由于经济发展,我国在处理侵权赔偿案件时,赔偿数额出现明显提高,因此,"同命不同价"的司法判决所产生的生命权歧视问题显得尤其突出。2006年,重庆市发生一起车祸,3名搭乘同一辆三轮车的少女丧生,两个城市女孩各得到了20多万元的赔偿,而另一位农村户口的女孩所获赔偿只有9万元,不及城市女孩的一半。这样的司法判决犹如一颗生命歧视的炸弹,在全国爆炸开了。人们的质疑声、责问声和愤怒声交织在一起,中国人的生命究竟平等不平等？司法判决的依据是:2003年最高人民法院发布的《关于审理人身损害赔偿案件适用法律若干问题的解释》。该解释第29条规定:死亡赔偿金按照受诉法院所在地上一年度城镇居民人均可支配收入或者农村居民人均纯收入标准,按20年计算。以2006年的人均可支配收入为例,城镇居民人均可支配收入为11759元,农村居民可支配收入为3587元。据此计算,城乡居民死亡赔偿金,二者可以相差16万多元。

最高人民法院的司法解释被视为"同命不同价"的生命歧视的法律渊源。这样的司法解释明显违反人权法和宪法的规定。从人权法视角看,人生而平等,生命无贵贱之分,但是司法解释却允许基于不当理由对平等的生命给予区别对待,是典型的制度性的生命歧视。从宪法角度看,司法解释违反宪法和上位法的规定。宪法是国家的根本法,具有最高的法律效力。《宪法》规定:"中华人民共和国公民在法律面前一律平等。"同时,原《民法通则》规定:"公民的民事权利能力一律平等"、"侵害公民身体造成伤害的,应当赔偿医疗费、因误工减少的收入、残废者生活补助费等费用;造成死亡的,并应当支付丧葬费、死者生前扶养的人必要的生活费等费用"。作为最高人民法院的司法解释明显违反了宪法和上位法的规定。《宪法》和有关民事立法都确认公民的民事权利一律平等,明确公民的生命健康权受法律平等保护,从未规定可以因户籍等不同而有所区别。目前,我国的侵权案件中的工伤事故案件、医疗事故案件尤其是交通事故案件占到很大比例,其中不少涉及死亡赔偿问题。"同命不同价"的生命歧视问题,不仅没有被司法审判纠正,而且在多次的审判案件中被司法审判所认可。正是这类令人费解的案件倍受全国人民关注,也引起立法机关的重视,新制定的《侵权责任法》在立法上就对"同命不同价"加以明确否认。该法第17条规定:"因同一侵权行为造成多人死亡的,可以以相同数额确定死亡赔偿金。"

三、生命权的法律保护

生命权是人权的根本性和核心性的权利,是人拥有人权的基础性权利。因此,保护生命权就具有根本性、核心性和基础性的作用。不论是国际人权公约,还是国内宪法、法律,都十分重视对人的生命权的保护。世界各国都将生命权视为人的生存与生活的基本权利,并都通过法律给予重点保护。在民法、经济法和行政法方面,各国法律基本上均规定,由于民事行为、经济行为或者行政行为对人的生命权造成损害的,生命权人可以就此获得赔偿或者获得其他法律上的救济。各国在刑法上基本上均规定了故意杀人罪和过失致人死亡罪的条款,对那些基于故意或者过失而剥夺他人的生命权的犯罪行为人,应承担相应的刑事责任。

(一)生命权的国际人权法保护

国际人权法对生命权的保护,既有原则性规定,也有具体保护措施。原则性规定体现在国际人权公约对生命权的尊重。《世界人权宣言》第3条明确规定:"人人有权享有生命、自由和人身安全。"《公民权利和政治权利国际公约》第6条规定:"人人有固有的生命权。这个权利应受法律保护。不得任意剥夺任何人的生命。"该公约将生命权列为所有人权之首,充分体现对生命权的敬重。国际人权法的具体保护措施体现在制定特别的国际公约,对生命权予以保护。例如,《防止及惩治灭绝种族罪公约》《禁止并惩治种族隔离罪行国际公约》等一系列国际刑事法公约也都对侵害人的生命权的行为规定了责任条款。例如,在国际司法实践中,纽伦堡国际军事法庭对纳粹战犯的审判与处罚、远东国际军事法庭对日本战犯的审判与处罚等都充分地体现了国际社会对人的生命权利的保障。

国际人权组织和人权公约对死刑制度的适用,提出了原则性要求。联合国及其人权委员会在死刑问题上所持的立场,突出表明国家、地区不能为了维护国家利益和社会秩序,而判处和剥夺罪犯的生命,不能把剥夺少数人的生命,作为维护国家利益、社会秩序的手段。同时,《公民权利和政治权利国际公约》第6条第2款、第4款、第5款规定:"在未废除死刑的国家,判处死刑只能是作为对最严重的罪行的惩罚,判处应按照犯罪时有效并且不违反本公约规定和防止及惩治灭绝种族罪公约的法律。这种刑罚,非经合格法庭最后判决,不得执行。""任何被判处死刑的人应有权要求赦免或减刑。对一切判处死刑的案件均得给予大赦、特赦或减刑。""对十八岁以下的人所犯的罪,不得判处死刑;对孕妇不得执行死刑。"

在此基础上国际人权法还对保护健康权作出规定。《世界人权宣言》第25条规定了健康权;《经济、社会与文化权利国际公约》第12条对健康权作了最广泛的承认;《消除对妇女一切形式歧视公约》第 12 条明确规定保障怀孕妇女和母亲的健康权；《儿童权利公约》第 24 条是关于保障儿童健康权的最为广泛的规定，此公约得到了世界各国广泛承认，目前只有两个国家没有批准这项公约。在区域层面上，《欧洲社会宪章》第 11 条、《〈美洲人权公约〉任择议定书》第 10 条和《非洲人权宪章》第 16 条也对健康权作了规定。

（二）生命权的国内人法保护

1. 保护生命权的原则性规定。我国《宪法》明文规定，"中华人民共和国公民的生命权不可侵犯"，从而从根本上确立了法律对生命权的保障。如果只是简单理解宪法的规定，那么容易得出"非我国的公民的生命权不受保护"这样的结论。显然，这样的结论是错误的。因为，宪法是对本国公民适用的，宪法只能强调国家应当保护公民的生命权。非本国公民的自然人的生命权的保护，属于民事权利保护范围，其内容体现在民法规范中，例如，保护自然人的生命权在我国民事立法中有规定。

2. 保护生命权的起始时间。如前所述，关于生命起点的界定仍存在着争议，生命权始于怀孕的观点，并未被国际人权法所确认。《公民权利和政治权利国际公约》未作明确规定。1959 年通过的《儿童权利宣言》也回避了生命起点问题。只是《美洲人权公约》第 4 条第 1 款规定："这种权利一般从胚胎时起就受到法律保护。"我国原《民法通则》规定，公民的民事权利始于出生，终于死亡。新《民法总则》第 13 条规定，自然人从出生时起到死亡时止，享有民事权利能力，依法享有民事权利。因此，我国公民的生命权是在出生后属活体的人才享有，其民事权利才开始受法律保护。关于出生时间的确定，我国新《民法总则》规定：自然人的出生时间和死亡时间，以出生证明、死亡证明记载的时间为准；没有出生证明、死亡证明的以户籍登记或者其他有效身份登记记载的时间为准。有其他证据足以推翻以上记载时间的，以该证据证明的时间为准。根据新《民法总则》的规定，我国的胎儿是附条件享有民事权利的。如何更有效地保护胎儿的生命权是立法工作需要进一步研究的事项。

3. 非法剥夺他人生命权的后果。我国《刑法》第 234 条和第 235 条分别规定了故意杀人罪和过失致人死亡罪。对于故意杀人罪，对行为人最高可以判处死刑，而对于过失致人死亡罪，对行为人最高可以判处 7 年有期徒刑。

4. 死刑适用的限制。我国刑法对实施死刑在适用对象上、犯罪性质上、犯罪主体上、程序上加以限制。这些限制性规定符合国际人权法的规定。国际人权法关于适用死刑的规定："在未废除死刑的国家，判处死刑只能是作为对最严重的罪行的惩罚，判处应按照犯罪时有效并且不违反本公约规定和防止及惩治灭绝种族罪公约的法律。这种刑罚，非经合格法庭最后判决，不得执行。"[①] 其具体规定如下：(1)在适用对象上加以限制。我国刑法规定只对危害国家安全罪和其他严重危害社会的刑事犯罪适用死刑。

---

① 《公民权利和政治权利国际公约》第 6 条第 3 款。

(2)在犯罪性质上加以限制。我国刑法规定,死刑只适用于罪行极其严重的犯罪分子。(3)在犯罪主体上加以限制。对于犯罪时不满18周岁的未成年人以及审判时怀孕的妇女不得适用死刑。这与国际人权法的规定是相同的:"对十八岁以下的人所犯的罪,不得判处死刑;对孕妇不得执行死刑。"①(4)在程序上加以限制。我国刑法对于死刑的辩护程序、复核程序、执行程序都做了限制性的规定。例如,对于可能被判处死刑的犯罪分子,审判时必须有辩护律师到场;除最高人民法院判处死刑的案件之外,其他法院判处的死刑案件,应该报上一级人民法院复核;对正在执行死刑的罪犯,如果发现有异议应立即停止死刑的执行等。另外,我国刑法还规定了死缓制度,即对于罪该处死但又不必立即执行的罪犯,可以判处死刑缓期两年执行,给犯罪分子一定的考验期,以给犯罪分子悔过自新的机会。最后,我国刑事诉讼法还对死刑的执行方法给予了限制,规定执行死刑只能用注射和枪击两种方式。

5. 侵害生命权行为的民事责任。在民法及经济法里,我国均规定了对人的生命权予以侵害的行为的违法责任。例如《消费者权益保护法》《产品质量法》等法律,对产品质量责任作出比较具体的规定。特别是新制定的《侵权责任法》对人身侵权行为作出了明确的规定。例如:因产品存在缺陷造成他人损害的;机动车发生交通事故造成损害的;患者在诊疗活动中受到损害,医疗机构及其医务人员有过错的;从事高度危险作业造成他人损害的;饲养的动物造成他人损害的,责任人员如何承担责任都作出了明确规定。如前所述,《侵权责任法》在立法上对"同命不同价"加以明确否认。第17条规定:"因同一侵权行为造成多人死亡,可以以相同数额确定死亡赔偿金。"但是,立法还留下缺口,是用了可以,没有用应当。

6. 堕胎、安乐死和人类基因工程。目前,我国对堕胎没有禁止,甚至鼓励;对安乐死是不允许的;对人类干细胞进行基因工程研究是禁止的。

第三节 人身自由权

一、自由权的概述

追求自由是人类梦寐以求的理想。多少先烈都是为了实现自由而长眠于大地。"生命诚可贵,爱情价更高;若为自由故,二者皆可抛。"这首歌颂自由的诗句揭示了自由的价值,长久以来被人传颂,诗句的生命必将与人类共存。

自由是一个多义的名词,根据美国自由主义学者柏林的统计,有关自由的定义有200多种。② 自由一词就其本意,是指没有阻碍的状况。"阻碍"是指运动的外界障碍。

---

① 《公民权利和政治权利国际公约》第6条第5款。
② 转引杨成铭主编:《人权法学》,中国方正出版社2005年版,第147页。

有阻碍必然影响运动,这种规律不仅对无生命的物体可以适用,对于动物和人同样可以适用。对人类社会,特别是文明社会来说,对人的阻碍应当是越少越好。

自由权具有广义与狭义之分。广义自由权是指个人享有在不损害他人利益前提下的任意性。这种任意性包括人身自由、思想自由、政治表达自由以及经济自由、文化自由等等①,内容相当广泛。狭义的自由权可以指人身自由,也可以指思想自由包括政治表达自由,或者是宗教自由。人身自由是指人的行为自由,包括人身移动自由、住宅自由和通信自由。进而引申出人身自由权。人身自由权是人的生存所不可或缺的自由权,其内容主要包括人身免于奴役、免于伤害。具体地说,人身自由权包括人身享有不受非法逮捕或拘禁的权利、享有住宅自由权利和通信自由权利。人身自由权是生存关系的重要组成部分,所以笔者将人身自由权放在生存权部分介绍。

思想自由是指源于内心的思维判断,是指个人以自我的、独立的眼光和思维去思考和发现问题,而不受社会的、传统的、宗教的、民族的既成观念、思维方式和基本理念的束缚和影响。思想自由还必须通过一定方式表达出来,因此思想自由的具体表现形式是表达自由权。表达自由权包括言论、出版、集会、结社、游行、示威等方面自由,这部分的自由权属于民主权的重要内容,在民主权部分介绍。再是,自由权还包括了宗教自由,它是指公民可以自由选择其宗教信仰或者选择不信仰任何宗教而不必担心受社会的迫害或歧视的自由。宗教自由也属于民主权的内容之一,笔者将其放在民主权部分。

二、人身自由权的概念

人身自由权是生存权所包括的基本内容之一。作为人一旦丧失人身自由,其人格也就丧失了,也没有尊严可言了,再不是法律意义上的人了。"生命诚可贵,爱情价更高,若为自由故,两者皆可抛。"它真实地揭示了自由对于人的生存来说具有多么重要的意义。

作为人权法的人身自由权,是指人人享有人身移动自由,以及不受非法拘禁或逮捕,享有住宅自由、通信自由与私人空间的权利。可见,人身自由权的含义包括:一是人人享有人身移动的自由;二是指每个人享有非经法定程序不受非法拘禁与逮捕的权利;三是指人人享有住宅自由、通信自由和私人空间的权利。因此,人身自由权包括了不受非法拘禁或逮捕权,享有住宅自由权、通信自由权与私人空间权。其中,个人住宅自由涉及个人的生活安宁,通信自由权涉及个人信息传递,应该也是属于个人的隐私权的重要组成部分。但是,国际人权法的规范性文件,是将住宅自由权与通信自由权排除在隐

---

① 在更广泛的意义上理解自由,它是人类向往的一种生活状态,是人们想无约束地获得利益和幸福的意识和行为。人类的所有追求是利益和幸福。如果人们觉得不自由,那么人们就会渴求和追求自由,自由就会成为人们的利益所在。人类的终极追求是幸福。但是在追求与获得幸福的路上总是会有许多障碍使我们不容易或不能获得幸福,从而使我们想要得到利益和幸福的心愿常常会受到约束。自由就是人们想无约束地获得利益和幸福的意识和行为。

私权以外,作为与隐私权并列的权利对待。① 这也是基于保障人的生存权的需要而作出的制度安排。

在我国,人身自由权中的"自由",与一般意义上的"自由"是不同的,不能混淆。人身自由从最狭窄的意义上理解就是身体活动的自由,②或者是人身移动的自由。③ 在这个层面上理解"自由",对于人身自由的干预就是把某个人强行拘禁于某个场所的结果。这个场所可以是某一个特定的场所,包括指定的房间、宾馆或宅院,也包括监狱、劳动教育场所、精神病院、戒毒所等等。如果是国家机关或司法机关,要限制某个人的人身自由,必须要有程序上的保障,也就是说对某个人要行政拘留或刑事拘留,或者逮捕,都必须有法律依据和经过法定程序才能进行,否则就属于侵犯人身自由权。

考察各国对人身自由的理解,不同的国家有不同的解释。在新加坡,人身自由被解释为"与个人身体有关的自由",对人身自由的限制被限定为个人物理身体的监禁、惩罚和遭受痛苦。在美国的判例中,人身自由被解释为所有与人身有关的自由,包括表达自由、宗教自由、获得平等机会的自由、隐私权以及生育权等。④ 我国人权法的人身自由内容更接近新加坡的法律规定,主要包括不受非法拘禁或逮捕权,同时包括住宅自由、通信自由等内容。但是肯定不包括表达自由、宗教自由。因为它们属于政治自由的范畴,属于政治权利的内容。再是,我国的人身自由是否包括生育权还需要进一步研究。因为关于这方面的内容,我国的立法是空白的。

三、人身自由权的内容

(一)不受非法逮捕或拘禁的权利

1. 不受非法逮捕或拘禁权利的含义

这项权利包括了两方面的内容,一是不受非法逮捕的权利,二是不受非法拘禁的权利。

(1)不受非法逮捕的权利。逮捕是指国家机关为了防止犯罪嫌疑人或者被告人实施妨碍刑事诉讼的行为,逃避侦查、起诉、审判或者发生社会危险性,而依法暂时剥夺其人身自由的一种强制措施。其实质上是国家机关在本国领域内剥夺人身自由的行为。不受非法逮捕权,是指在没有合法的根据或理由,或者在国家机关没有遵守合法程序的情况下,人人享有不得任意被逮捕的权利。

(2)不受非法拘禁的权利。拘禁的本意是对人身的关押或限制。拘禁是逮捕监禁行为的延续,是剥夺人身自由的持续状态。拘禁可以是逮捕的一种延续行为,也可以是

---

① 《世界人权宣言》第12条规定:"任何人的私生活、家庭、住宅和通信不得任意干涉,他的荣誉和名誉不得加以攻击。""人人有权享受法律保护,以免受这种干涉或攻击。"
② 国际人权法教程项目组编:《国际人权法教程》,中国政法大学出版社2002年版,第132页。
③ 徐显明主编:《国际人权法》,法律出版社2004年版,第224页。
④ 韩大元主编:《外国宪法》,中国人民大学出版社2000年版,第345页。

定罪后的羁押或者非法绑架的结果。不受非法拘禁的权利是指在任何情况下，如果没有任何合法的理由与根据，或者在刑事诉讼中，国家机关没有遵守法定的程序，任何人或机关都不得任意被剥夺或者限制人身自由。合法的拘禁必须是由国家机关作出的，任何个人无权对他人实施拘禁。

应当明确，人权意义上的不受非法逮捕和拘禁权，不仅是指在刑事司法的过程中，不受非法剥夺人身自由的权利，还应该包括其他一切形式的剥夺人身自由的行为。例如，非法对精神病、流浪者、吸毒者、被教养者的人身自由的限制与约束。联合国人权委员会还认为成员国对人身自由权的保障，不仅要求政府不得任意实施逮捕或拘禁，而且还必须保障在其他情况下不得任意剥夺人身自由。联合国人权法规范性文件规定，"任意逮捕和拘禁"是指不符合法律程序的逮捕或拘禁，一般是指一个国家的国内法的法律规定。但是，"如果国内法律不健全或者本身不符合国际准则的情况下所发生的逮捕或拘禁，也可能被认为是非法的逮捕或拘禁。"①

2. 不受非法逮捕或拘禁权利的保护

个人享有不受非法逮捕与拘禁的权利，不仅是保护人身自由的需要，更是保护人的生存权的需要，也是保护公民的民主权利和政治权利的需要。错捕滥捕，冤假错案，都会伤害无辜的人，都会侵犯公民的人身权利和民主权利，破坏法律的尊严和权威，损害国家机关的威信。非法的逮捕和拘禁行为，除了给人身自由带来损害以外，也给人的身心健康带来损害，直接影响到人的生存权。因此，个人享有不受非法逮捕与拘禁的权利，一直受到各国人权法的重视与保护。

早期的欧美国内人权法的规范性文件，都非常重视对该项权利的保护。1215年英国的《大宪章》就曾经规定："未经法律，不得将任何自由人监禁。"1789年法国的《人权宣言》第7条规定："除非在法律所规定的情况下并按照法律所指示的手续，不得控告、逮捕或者拘留任何人。"1791年美国的《人权法案》第5条规定："非经正当法律程序，不得被剥夺生命、自由或者财产。"

欧美国家的国内人权法关于保护人身自由权的规定，被国际人权法所吸收。1948年的《世界人权宣言》第9条规定："任何人不得加以任意逮捕、拘禁或放逐。"1966年的《公民权利和政治权利国际公约》第9条规定："人人有权享有人身自由和安全。任何人不得加以任意逮捕或拘禁。除非依照法律所规定的根据和程序，任何人不得被剥夺自由。"

我国《宪法》第37条规定：任何公民，非经人民检察院批准或者决定或者人民法院决定，并由公安机关执行，不受逮捕。《刑事诉讼法》第78条规定：逮捕犯罪嫌疑人、被告人，必须经过人民检察院批准或者人民法院决定，由公安机关执行。第84条规定：公安机关对被拘留的人，应当在拘留后的24小时以内进行讯问。在发现不应当拘留的时候，必须立即释放，发给释放证明。第164条规定：人民检察院对直接受理的案件中被

---

① 南京大学法学院编：《人权法学》，科学出版社2005年版，第115页。

拘留的人,应当在拘留后24小时以内进行讯问。在发现不应当拘留的时候,必须立即释放,发给释放证明。

3. 侵犯权利的赔偿

人身自由有价吗？这是一个涉及非法拘禁、错误逮捕或错误判决的问题。由于国家机关工作人员的错误,造成公民的人身自由受到错误的限制,国家应当承担赔偿责任。这种责任是国家责任。那么,人身自由受到非法侵犯应当如何赔偿呢？过去,我国国家赔偿支付比较少,现在国家赔偿的金额有所提高。2010年7月16日,最高人民法院下发通知,公布了2010年作出国家赔偿决定涉及的侵犯公民人身自由权的赔偿标准,具体数额为每日125.43元。2010年7月16日,国家统计局公布了2009年城镇非私营单位在岗职工年平均工资(即原"全国在岗职工平均工资")数额为32736元,比上年增加了3507元,日平均工资为125.43元,比上年增加13.44元。2016年5月16日,最高人民法院调整了国家赔偿标准,即自2016年5月16日开始执行新规定:国家赔偿决定涉及侵犯公民人身自由权的赔偿金标准为每日242.30元,每日赔偿金额比2010年的规定多了116.87元。其依据是,2016年5月13日国家统计局公布2015年城镇非私营单位在岗职工年平均工资(即原"全国在岗职工年平均工资")数额为63241元,日平均工资为242.30元。国家赔偿法规定:"侵犯公民人身自由的,每日的赔偿金按照国家上年度职工日平均工资计算。"最高人民法院要求,各级人民法院在审理国家赔偿案件时按照上述标准执行。近年来,我国对因为错误判决造成公民人身自由受到侵犯的赔偿案件有"佘祥林杀妻错案"和"赵作海杀人错案",前者错误羁押了11年零3个月,共赔偿70万元人民币;后者错误羁押了11年,共赔偿65万元人民币。而在日本同样发生的一起冤假错案,当事人被错误关押近20年,最终获得了国家给予的7000多万日元的赔偿(相当于500多万人民币)。① 经济赔偿是不能抚平受害人心头的伤痛,但它是国家道歉的一种姿态,是应该赞许的。需要强调的是,涉及侵犯公民人身自由权的赔偿金标准是根据城镇非私营单位在岗职工年平均工资进行调整的,所以这个标准每年会进行调整,例如,2015年的标准是每日219.72元。

4. 权利的限制

享有不受非法逮捕或拘禁的权利,不是一种绝对的权利。为了国家安全或者社会秩序的需要,国家机关对违法者进行符合法律规定的逮捕或者拘禁是必要的,是符合人权让渡理论的,是国际社会所认可的。联合国及其人权委员会的国际人权法文件并没有说国家不可以对一个人进行逮捕或者拘禁,只是说国家对个人不得任意地逮捕或者拘禁。当逮捕或者拘禁是依照法律所确定的根据和程序作出的,其行为是许可的。这里的法律必须是国家立法机关制定或者在普通法国家通过案例所确定的各种规则。如果是行政行为作出的对于人身自由的限制,必须是在有明确的法律规定时,才能实施,

---

① 《惊天冤案20载,不懈努力洗冤屈——来自日本著名冤案的教训》,http://mikesakai.blog.sohu.com/150986747.html,访问日期:2010年11月4日。

才属于合法的行为。再是，实施逮捕的具体方式不得带有歧视性，必须根据案件的具体情况适当确定实施的程序。

(二) 住宅自由权

1. 住宅自由权的含义

它是指住宅依法不受非法侵入和非法限制的权利。可见，住宅自由权也包括两方面内容：一是个人住宅不受非法侵入的权利，二是个人住宅不受非法限制的权利。

(1) 住宅不受非法侵入的权利。它是指未经住宅权人同意，任何个人或单位不能进入其住所，但是符合法律规定的行为除外。这里的"符合法律规定"，既是指实体上的合法性，也是指程序上的合法性。实体上的合法性是指在具有合法的理由与依据前提下而进入他人的住所；程序上的合法性是指必须在有合法的根据与理由的前提下，还应当遵守正当的法定程序而进入他人住所的行为。例如，警察进入他人住宅执行公务，必须具备法定理由，还必须符合法定程序，否则就构成对他人的住宅自由权的侵犯。即使警察奉命搜查一个人的住宅，理由是合法的，但在搜查时没有出示法定的证件，也就构成了对权利人的住宅自由权的侵犯。住宅不受非法侵入的权利，反映了西方传统的保护私有财产权的观念。英国首相威廉·皮特在一次演讲中说："臣民的茅草房，风能进，雨能进，国王不能进。"①

(2) 个人住宅不受非法限制的权利。它是指任何组织或个人没有合法的根据与理由，不得对他人的住所行为加以限制，也不得任意地对他人住宅进行监视，干扰他人的生活。住宅就是住所，俗称"家"，它理应是一个公民最安全、最隐秘、最独立的精神圣殿和城堡。一个人在自己住宅里的一切活动都是自己真实意愿的表现，任何人不得非法加以限制和监视，这是保护个人住宅自由权的重要内容。住宅对个人自由而言是十分重要的，是人的最重要生活空间的中心点。如果限制了个人住宅自由或对住宅加以监视，那么个人也就丧失了最安全、最隐秘、最独立的物质空间和精神空间，无异人赤身裸体地行走于大街上，是对人的尊严的重大伤害。

2. 住宅自由权的性质

个人享有住宅自由权是一项十分重要的基本人权。住宅是公民生活和进行民事活动的主要基地或中心场所，是公民财产权和其他一切权利和自由的象征。如果一个人连在"家"里都没有安全感，那么，人在哪里才能找到安全？因此，侵犯个人住宅自由权，也就侵犯了人的生活空间的中心部分，侵犯了人最独立的精神圣殿，是严重侵犯人权的表现。

住宅自由权是世界各国法律公认的公民的基本权利，被确立为国家、社会及他人不得干涉的人权范围。住宅自由权是一种个人的基本自由权，在人权理论中，它既具有消

---

① 威廉·皮特是18世纪末到19世纪初英国政治家，两度出任英国首相。他是英国历史上最年轻的首相。

极权利的特征,只要他人不进行侵犯就可以得到实现的权利,同时,它又具有积极的一面,具有积极权利的特征,其实现必须依赖于国家的积极履行义务来加以保护。《世界人权宣言》第12条规定"任何人的私生活、家庭、住宅和通信不得任意干涉,他的荣誉和名誉不得加以攻击。""人人有权享受法律保护,以免受这种干涉或攻击。"《公民权利和政治权利国际公约》第17条完全吸收了《世界人权宣言》第12条的规定,未作任何实质性的修改。上述国际人权法的规定,包含着两个方面的权利:其一是隐私权、住宅自由权和通信自由权;其二是名誉权和荣誉权。住宅自由权和通信自由权本来都应该属于隐私权的一部分内容,应该放在隐私权里面来规定,但是《世界人权宣言》以及后来制定的《公民权利和政治权利国际公约》都将住宅自由权、通信自由权与隐私权并列地规定在一起,可见国际人权法对于住宅自由权的重视程度。

3. 住宅自由权的保障与限制

《世界人权宣言》第12条、《公民权利和政治权利国际公约》第17条对住宅自由权的保护作出了明确的规定,应当是世界各国政府遵守的保护人身自由权的基本准则。我国《宪法》第39条规定:"中华人民共和国公民的住宅不受侵犯。禁止非法搜查或者非法侵入公民的住宅。"

住宅自由权的限制体现在住宅自由权不是一项绝对的权利。在符合法律规定的情况下,国家机关进入个人的住宅是合法的。例如:合法的搜查和对犯罪嫌疑人的监视居住。这方面的规定是针对侦破犯罪案件或防止犯罪嫌疑人继续实施违法行为而作出的。国家机关对个人住宅进行搜查,必须出示合法的搜查证。情况紧急的,执法人员可以不出示任何证件,但是在检查以后必须补全手续。对于犯罪嫌疑人的监视居住,同样必须符合程序性要求。

对他人住宅进行搜查,必须持有搜查证的依据是刑事诉讼法的规定。例如:搜查证的制作依据是《刑事诉讼法》第136条、第137条第1款、第138条的规定。进行搜查时,执法人员应当向被搜查人或他的家属出示搜查证,并由被搜查人或他的家属签名或盖章。如果被搜查人或他的家属不在场,或拒绝签名、盖章的,应当在文书上注明。

在现实生活中,对我国公民住宅自由权进行侵犯的主体主要是行政机关。比较典型的案例是发生在2002年8月18日的陕西省延安市公安民警进入他人住宅制止夫妻在家看"黄色录像"的事件。该案件涉及夫妻能否在自家中看"黄色录像"的实体问题,以及民警没有搜查证就进入了他人住宅搜查的程序问题。再是,强制拆迁私人房屋的行为也涉及侵犯住宅自由权的问题。随着我国经济建设的发展,强制拆迁他人住宅的案件时有发生。如果在没有与被拆迁人达成拆迁协议,且强制拆迁程序违法而强制拆迁,就会涉及以下侵犯人权的问题:首先就是强制进入了他人住宅,对他人住宅自由权的侵犯。然后是对他人房屋财产权的侵犯。因此,就我国对人身自由权和对私人财产所有权保护而言,应当尽快修改和完善房屋拆迁条例的规定。在我国,无论是在行政立法方面还是在行政执法和行政救济方面,防范行政机关侵害住宅自由权的法律制度都十分薄弱,必须在制度层面加强对住宅自由权的保护。除了公权力侵犯个人住宅自由权外,私力也存在侵犯住宅自由权的行为。例如:2003年2月间,一对湖北籍夫妻在福州市某小区租房,不料被房东用针孔摄像探头"监视"了近半年。该房东的行为不仅是对他人住宅自由权的侵犯,也是对他人隐私权的侵犯。

(三)通信自由权

1. 通信自由权的含义

它是指个人享有的包括信件、电报、电话在内的通信自由和通信秘密不受侵犯的权利。具体说,个人享有禁止他人擅自截留、隐匿、毁弃或者私拆其信件的权利。未经权利人允许,其他任何人都不能擅自截留、隐匿或者毁弃个人的信件,也不得擅自私拆其信件,更不能将其信件的内容公之于众。这里的信件包括无论是书写、电信文稿,还是电子邮件,都属于信件范畴。通信自由权的内容涉及个人的秘密,涉及个人的隐私。因此,通信自由权与隐私权具有密切的联系。我国《宪法》就规定,公民的通信自由和通信秘密受法律的保护。

2. 通信自由权的性质

从某种意义上说,通信自由权和住宅自由权是属于隐私权的内容。同时,通信自由权又是言论自由权的一个保障。所以,通信自由权是一个事关其他人权保障的重要权利。通信是人们互通音信、保持联系和思想交流而进行社会交往的一种形式,是公民的一项正常社会活动,也是公民的基本权利之一,国家应当依法予以保护。

3. 通信自由权的保障与限制

关于通信自由权的国际人权法保护与住宅自由权的保护一样,都是在《世界人权宣言》第12条和《公民权利和政治权利国际公约》第17条加以规定的——"任何人的私生活、家庭、住宅和通信不得任意干涉,他的荣誉和名誉不得加以攻击。""人人有权享受法律保护,以免受这种干涉或攻击。"同时,世界各国都非常重视对公民的通信自由权的保护。世界各国,或者是在宪法,或者是在基本法,都规定了对公民通信自由权的保护。我国《宪法》规定:"中华人民共和国公民的通信自由和通信秘密受法律的保护。除因国家安全或者追查刑事犯罪的需要,由公安机关或者检察机关依照法律规定的程序对信件进行检查外,任何组织和个人不得以任何理由侵犯公民的通信自由和通信秘密。"依照我国宪法的规定,通信自由权和通信秘密权是并列的,两者应该是一个内容,都属于通信自由权。我国刑法也对公民的通信自由权作了专门的保护。《刑法》在"侵犯公民人身权利、民主权利"一章中,设有关于"侵犯公民通信自由罪"和"邮政工作人员私拆、隐匿、毁弃他人邮件罪"等两个罪名。再是,我国《刑事诉讼法》第116条和第118条对通信自由权的限制作出规定。例如,第116条规定:侦查人员认为需要扣押犯罪嫌疑人的邮件、电报的时候,经公安机关或者人民检察院批准,即可通知邮电部门将有关邮件、电报扣押。第118条规定:对于扣押的物品、文件、邮件、电报或者冻结的存款、汇款,经查确实与案件无关的,应在3日内解除扣押,退还原主或原邮电部门。

关于通信自由权的限制。通信自由权不是一项绝对的权利,公民的通信自由权的行使与保护都是有限制的。我国宪法明确规定,在某些特定的时候与场合,为了某种特定的目的,国家机关对公民的通信自由加以干涉与限制是法律所允许的。对公民的通信自由加以干涉与限制的理由只能是一个,即防止犯罪或追究犯罪嫌疑人责任的需要。例如,对于危害国家安全的犯罪分子,其一切的通信的手段和内容,都应该在国家安全机关的监视之下,防止行为人通过信件和其他通信手段,将我国的秘密传递到境外。或者为了追究刑事犯罪人责任,国家机关也可以对刑事犯罪人的信件和其他通信加以监视或者限制。当然,国家机关基于特定的目的,在对犯罪嫌疑人的通信加以限制和监视的时候,必须按照法律规定的程序进行,否则就是对他人的通信自由权的侵害。

4. 侵犯通信自由权的新问题

目前,侵犯通信自由权涉及的新问题是企业和家长对用户和子女的通信自由权的侵犯问题,以及盗窃 QQ 号的性质认定问题。例如,2007 年 3 月 30 日《科技日报》报道:因中国移动通信集团北京有限公司(以下称北京移动)无故中止对手机用户服务长达 9 天,在用户投诉后,北京移动公司既不作出合理解释,又始终拒绝向用户道歉。北京消费者李女士因而起诉北京移动公司侵犯其通信自由权,要求北京移动公司赔礼道歉和赔偿精神损害抚慰金。本案是国内首例因移动通信运营商无故中止服务而被用户以侵犯通信自由权为由诉诸法院的民事案件,被舆论称为"通信自由权第一案"。[①]2008 年 1 月 16 日,广东省深圳市南山区法院对备受网民关注的国内首宗盗卖 QQ 号案作出一审判决,以侵犯通信自由罪分别判处两名被告人曾智峰、杨医男拘役各 6 个月。[②]

四、人身自由权的保护

从我国颁布的《国家人权行动计划 2009—2010 年》《国家人权行动计划(2012—2015 年)》《国家人权行动计划 2016—2020 年》三份保障人权文件看,我国对人身自由权保护的侧重点是放在强化行政执法和司法中的人权保障方面,主要从人身权利、被羁押者的权利和获得公正审判的权利等方面提出了具体保障要求。以下分别介绍上述人权行动计划的内容。

(一)《国家人权行动计划 2009—2010 年》的主要内容

1. 人身权利的保障

总体要求:"完善预防和救济措施,在执法、司法的各个环节,依法保障人身权利。"

具体要求:

(1)严禁刑讯逼供。依照法定程序收集证据,严禁刑讯逼供和以威胁、引诱、欺骗以及其他非法的方法收集证据。对刑讯逼供或者体罚、虐待、侮辱犯罪嫌疑人的,将根据不同情节和后果,分别给予相应的处理;构成犯罪的,依法追究刑事责任。

(2)严禁执法人员实施非法拘禁行为。收押、换押、延押必须依法进行,防止错误羁

---

① 寇明国:《通信自由权第一案的意义》,http://www.law-lib.com/lw/lw_view.asp?no=11428,访问日期:2010 年 11 月 4 日。

② 《盗窃 QQ 号与侵犯公民通信自由》,http://zhidao.baidu.com/question/51747165.html,访问日期:2010 年 11 月 4 日。

押和超期羁押。完善对受害者的经济赔偿、法律救济、恢复名誉等措施,对造成非法拘禁、错误羁押、超期羁押的责任人进行责任追究和处罚。

(3)严格控制并慎用死刑。慎重判处死刑,完善死刑缓期两年执行制度,在死刑缓期执行期间没有故意犯罪的,不执行死刑并予以减刑。

(4)严格死刑审判程序,完善死刑复核程序。办理死刑案件,应当严格依照刑法和刑事诉讼法的有关规定,坚持罪刑法定、罪刑相适应、适用刑法人人平等和审判公开、程序法定等基本原则;坚持程序公正和实体公正并重原则,切实保障被告人充分行使辩护权等诉讼权利;坚持死刑二审案件开庭审理,确保死刑案件质量。死刑除依法由最高人民法院判决的以外,一律由最高人民法院核准。人民检察院依法加强对死刑案件的监督。

(5)建立和完善执法、司法监督机制。严格实施执法责任制、执法质量考核评议制、错案责任追究制、领导责任追究和引咎辞职制度。依法惩处国家机关工作人员利用职权实施的侵犯公民人身权利的违法行为,依法惩处司法工作人员非法取证、暴力取证等侵害公民人身权利的行为。

2. 被羁押者的权利保障

总体要求:"完善监管立法,采取有效措施,保障被羁押者的权利与人道待遇。"

具体要求:

(1)推动完善被羁押者权利保护与人道待遇方面的法律法规、政策措施。

(2)严格依法执行收监、减刑、假释、暂予监外执行、释放等主要刑罚执行环节。进一步规范执法程序,保证执法程序严密、细致,各执法环节的法律文书和凭证齐备真实、保存完好、档案规范。

(3)完善监所执法责任制、执法公示制、执法工作评议考核和执法过错责任追究制,建立监所执法执纪监督制度和权力制约机制,加大对监所执法活动中违法犯罪行为的查处和责任追究的力度。

(4)采取有效措施,严防对被羁押者实施刑讯逼供或者体罚、虐待、侮辱等行为的发生;所有提讯室实施强制物理隔离;建立并推广提讯前后对被羁押者进行体检的制度。

(5)进一步完善被羁押者的处遇制度。完善被羁押者通信、会见、生活娱乐、离监探亲等规定;完善被羁押者生活卫生管理制度和医疗保障机制,推行生活卫生标准化管理;加强对被羁押者的个别化教育和矫治,推广和深化心理咨询和心理健康教育;加大对监所的资金投入,改善被羁押者的监管环境和条件,保障监所的给养费、公务费、装备购置消耗费、修缮费及其他费用。

(6)完善监管执法公开制度,将被羁押者权利以及监所有关执法标准、程序向被羁押者、家属及社会公开,通过举报箱、举报电话、监所领导接待日、聘请执法监督员等方式,对监所执法活动进行有效监督。

(7)加强人民检察院对监管场所内执法活动的实时检察监督。在监室设置举报箱,方便被羁押者投诉。落实被羁押者约见驻监所检察官制度,被羁押者若认为自己遭受非法待遇,可约见驻监所检察官。

3. 获得公正审判的权利保障

总体要求:"依法保障诉讼当事人特别是受刑事指控者获得公正审判的权利。"

具体要求:

(1)采取有效措施,保证依法、及时、公正审理各类案件。保证案件审理事实清楚,证据确实充分,审判程序合法。

(2)全面公开审判信息。对于公开审判的案件,人民法院在开庭三日以前公布案由、被告人姓名、开庭时间和地点;对于不公开审理的案件,须宣布依法不公开审理的理由。

(3)公开审理时,公开举证、质证、辩论,并公开宣判。公民持有效证件,可以旁听。

(4)有条件的人民法院对于庭审活动和相关重要审判活动进行录音、录像,建立审判工作的声像档案,当事人可以按规定查阅和复制。

(5)鼓励各高级人民法院制定通过出版物、局域网、互联网等方式公布生效裁判文书的具体办法,加大生效裁判文书公开的力度。

(6)切实保障人民陪审员依法参加审判的权利,保证人民陪审员在参加合议庭审判案件时,对事实认定、法律适用独立行使表决权。

(7)推动修改或废止与律师法规定不一致的各类法规、规章、规范性文件,保障律师会见、通信、阅卷和调查取证等方面的权利,保障律师在执业活动中的人身权、辩护权和辩论权。

(8)扩大司法救助的对象和范围。按照有关规定,根据案件具体情况,降低诉讼费用的收取标准,依法增加缓、减、免交诉讼费用的范围和数额,简化程序;推动刑事被害人国家救助制度立法工作,明确刑事被害人国家救助的条件、标准、程序等。

(9)加强法律援助制度建设,落实政府责任。扩大法律援助覆盖面,加大经费保障力度,努力为更多困难群众提供方便、快捷、优质的法律援助。

(10)推进国家赔偿法的修订,完善对赔偿请求人、赔偿种类和范围、赔偿义务机关、赔偿程序、赔偿方式和计算标准等问题的规定,保障公民、法人和其他组织依法取得国家赔偿。

(二)《国家人权行动计划(2012—2015年)》的主要内容

1. 人身权利的保障

总体要求:"在刑事诉讼和执法工作中,依法保障公民的人身权利。"

具体要求:(1)实施刑事诉讼法。调整和细化逮捕、取保候审、监视居住等强制措施的适用条件和管理规定,增加可操作性。(2)依法保障犯罪嫌疑人的各项诉讼权利。依法及时告知犯罪嫌疑人诉讼权利义务,积极为律师在侦查阶段参与刑事诉讼创造条件。(3)强化对刑讯逼供的预防和救济措施。严禁刑讯逼供和以其他非法方法收集证据,不得强迫任何人证实自己有罪。(4)人民检察院在审查逮捕阶段应注重听取犯罪嫌疑人的申辩。有线索或者证据表明侦查活动可能存在刑讯逼供、暴力取证等重大违法行为的,检察人员应当讯问犯罪嫌疑人。犯罪嫌疑人要求讯问的,也应当讯问。(5)在刑事诉讼程序中完善听取律师意见的相关机制。犯罪嫌疑人委托的律师提出不构成犯罪、无逮捕必要、不适宜羁押、侦查活动有违法犯罪情形等书面意见及证据材料的,检察人员应当认真审查。必要时,可以当面听取律师的意见。对律师提出的意见及证据材料,应当在审查逮捕意见书中说明是否采纳的情况和理由。(6)逐步实施对公安机关执法办案场所的规范化改造。严格执行《公安机关执法办案场所设置规范》,将办案区域与其他区域物理隔离,按照办案流程设置办案区各功能室,并安装全程录音录像和视频监控系统,实时、动态监督管理执法办案全过程,防止侵犯公民合法权益。(7)依法扩大缓刑制度和社区矫正的适用范围。适当减少监禁刑的适用,明确适用非监禁刑案件的范围。完善社区矫正法律制度,丰富社区矫正、教育矫正和帮困扶助措施。(8)加大查处国家机关工作人员利用职权实施的非法拘禁等侵犯公民人身权利犯罪的力度。

2. 被羁押人的权利保障

总体要求:"进一步加强对刑事诉讼活动、刑罚执行和监管活动的监督,保障被羁押人的合法权利。"

具体要求:(1)保障被羁押人的权利和人道待遇。完善看守所管理的法律规定。逐步实行被羁押人床位制,推动看守所医疗工作社会化,使被羁押人患病得到及时治疗。(2)防止不必要的羁押。在犯罪嫌疑人、被告人被逮捕后,人民检察院仍然应当对羁押的必要性进行审查。发现不需要继续羁押的,应当建议办案机关释放犯罪嫌疑人、被告人或者变更强制措施。(3)加强对刑事羁押期限的监督。人民检察院应当监督办案机关严格执行换押制度;落实羁押期限即将到期预警和提示告知制度、超期羁押责任追究制度;预防和清理久押不决的案件,及时督促办案机关尽快办结羁押严重超过期限的案件。(4)健全被羁押人权利保障机制。严格落实被羁押人入所体检、定期体表检查、收押权利义务告知、紧急报警等制度。严格执行对犯罪嫌疑人的提讯和还押制度。完善对被羁押人的安全风险评估、心理干预、投诉调查处理以及特邀监督员巡查看守所等制度和工作机制。健全被羁押人员约见派驻检察官、派驻检察官与被羁押人谈话以及检察官信箱等制度,预防并查处监管场所工作人员体罚、虐待、侮辱等侵犯被羁押人权利的行为。(5)完善监管场所被监管人死亡检察制度、看守所在押人员死亡调查处理制度。

3. 获得公正审判的权利保障

总体要求:"在完善诉讼程序的法律规定,保障诉讼当事人获得公正审判的权利。"

具体要求:(1)保障刑事被告人依法获得辩护、法律援助、申请回避等诉讼权利。保障律师在执业活动中的人身权、辩护权和辩论权。(2)进一步完善证人、鉴定人出庭和证人保护制度。(3)完善非法证据排除制度。对采用刑讯逼供等非法方法收集的犯罪嫌疑人、被告人供述和采用暴力、威胁等非法方法收集的证人证言、被害人陈述,应当予以排除,不能作为定案的根据。严格执行办理死刑案件审查判断证据的规定,对死刑案件的证据审查判断采用更严格的标准。(4)执行《最高人民法院关于庭审活动录音录像的若干规定》。建立重大案件讯问犯罪嫌疑人全程录音录像制度。(5)继续推进量刑规范化改革。人民检察院在办理刑事案件过程中,依法向人民法院提出量刑建议。规范量刑裁量权,制定人民法院量刑指导意见和最高人民法院、最高人民检察院、公安部有关规范量刑程序的规定,保障量刑公开、公正。(6)进一步严格死刑审判和复核程序。完善死刑案件审理的程序,实行死刑二审案件全部开庭审理。死刑复核程序中应当讯问被告人,辩护律师提出要求的,应当听取辩护律师的意见。强化最高人民检察院对死刑复核案件的法律监督。最高人民法院通过发布指导性案例进一步明确死刑适用标准。(7)修改民事诉讼法和修改行政诉讼法。进一步完善民事诉讼中的起诉、受理和开庭前准备程序,建立小额诉讼制度、公益诉讼制度,完善保全制度、证据制度、送达制度、裁判文书公开制度和审判监督程序等,保障当事人的诉讼权利。进一步完善行政诉讼案件的受理、审理程序和证据规则,保障受到违法行政行为侵害的个人和组织获得司法救济的权利。

(三)《国家人权行动计划(2016—2020年)》的主要内容

在保障公民权利和政治权利方面,提出总体要求:"深入推进依法行政,加强人权司法保障,扩大公民有序政治参与,切实保障公民权利和政治权利。"

1.人身权利的保障

总体要求:"规范涉及公民人身的执法行为和司法行为。采取措施防范刑讯逼供。规范监管场所,保障各类被限制人身自由人员的权利。"

具体要求:(1)完善行政组织和行政程序法律制度。行政机关不得法外设定权力,没有宪法法律依据不得作出限制公民人身自由的强制措施和处罚。(2)完善执法程序。建立执法全过程记录制度,完善对涉及公民人身权利的行政强制措施实行司法监督的制度。(3)完善对限制人身自由司法措施和侦查手段的司法监督。加强对刑讯逼供和非法取证的源头预防,健全冤假错案的有效防范、及时纠正机制。落实讯问犯罪嫌疑人全程同步录音录像制度,并逐步扩大其适用的案件范围,试行重大案件全程同步录音录像随案移送制度。(4)完善侦查阶段听取律师意见的相关机制。犯罪嫌疑人委托的律师提出不构成犯罪、无逮捕必要、不适宜羁押、侦查活动有违法犯罪情形等书面意见以及相关证据材料的,检察人员应当在审查逮捕意见书中说明是否采纳律师意见的情况和理由。(5)严格执行指定居所监视居住制度。严格把握适用标准、适用期限,规范执行场所、执行方式,健全适用审批制度。(6)强化对公安执法办案活动的刚性约束。改革完善受立案制度、执法质量考评制度和执法过错责任追究制度。加强执法办案场所办案区使用管理,深化公安执法信息化建设。(7)加大力度查处国家机关工作人员利用职权实施非法拘禁等侵犯公民人身权利的犯罪。(8)严格把握死刑适用条件。强化死刑复核程序,进一步规范死刑复核监督程序。(9)制定看守所法,提升被羁押人权利保障的立法层级,完善配套法律法规和规章制度。(10)健全刑事羁押必要性审查制度。发现不需要继续羁押或患有严重疾病不适宜羁押的,应当释放犯罪嫌疑人、被告人或变更强制措施。(11)加强刑事羁押期限监督。预防和清理久押不决案件,严格落实换押制度、超期羁押报告制度及责任追究制度。(12)严格落实监管场所的各项规章制度。完善被羁押人投诉处理机制,畅通被羁押人权利救济渠道。加强监管场所检察信息化建设,实现对监管场所的动态监督。(13)规范强制医疗的执行、治疗、管理和监督,保障被强制医疗人员的权利。(14)落实禁毒法和戒毒条例。依法规范强制隔离戒毒决定、提前解除强制隔离戒毒决定、延长戒毒期限决定的作出。提升戒毒医疗、康复水平,保障戒毒人员合法权利。

2.获得公正审判的权利

总体要求:"尊重司法运行规律,建立以审判为中心的诉讼制度,提高司法公信力。"具体要求:(1)确保法院依法独立行使审判权。完善对领导干部干预司法活动、插手具体案件处理的记录、通报和责任追究制度。明确司法机关内部各层级权限,健全内部监督制约机制,完善对司法机关内部人员过问案件的记录制度和责任追究制度。(2)规范司法解释和案例指导,统一法律适用标准。(3)全面贯彻证据裁判原则。落实直接言词原则,严格落实证人、鉴定人出庭制度。(4)贯彻疑罪从无原则,严格实行非法证据排除规则,进一步明确非法证据的范围和排除程序。(5)加强诉讼过程中律师的知情权、申请权、申诉权等各项权利的制度保障,落实相关法律赋予律师在诉讼中会见、阅卷、收集证据和发问、质证、辩论等方面的执业权利,保障律师依法行使辩护权、代理权。健全完善侦查、起诉、审判各环节重视律师辩护代理意见的工作机制,落实听取律师意见制度。禁止对律师进行歧视性安检,为律师依法履职提供便利。(6)强化诉讼过程中当事人和其他诉讼参与人的知情权、陈述权、辩论辩护权、申请权、申诉权的制度保障,落实刑事诉讼法及相关配套法规制度关于法律援助的规定。(7)完善刑事诉讼中认罪认罚从宽制度。明确被告人自愿认罪、自愿接受处罚、积极退赃退赔案件的诉讼程序、处罚标准和处理方式。(8)继续推进量刑规范化,规范法官的量刑裁量权,完善量刑程序,促进量刑公开、公正。(9)禁止让刑事在押被告人或上诉人穿着具有监管机构标识的服装出庭受审。(10)建全轻微刑事案件快速办理机制,有序推进刑事案件速裁程序改革。(11)制定刑事被害人救助法,建立统一、规范的刑事被害人救助制度。

第四节 人身安全权

人身安全是实现人的生存权的基本保证,人的生活环境不安全必然影响人的生命安全和生存质量。人身安全是指消除一切危害人身安全与人体健康的不良因素,保障社会成员在安全的空间生存,实现健康舒适地生活与工作。从广义上讲人身安全包括生命、健康、身体、行动、住宅等方面的安全。本节的人身安全权主要包括健康权和身体权。因为生命权以及行动、住宅、通信等方面安全与自由的内容,在本章第二节生命权和第三节人身自由权中介绍了。

一、人身安全权的概念与特征

(一)人身安全权的概念

人身安全权的概念有广义与狭义之分。广义的人身安全权包括了人身自由权在内的概念,被称之为"人身自由与安全权",是指公民人身健康受自己支配,不受非法搜查、拘禁、逮捕、放逐、剥夺、限制、酷刑、不人道的惩罚、奴役和科加劳动义务以及不法侵害的权利。① 狭义的人身安全权不包括人身自由权在内的概念,是指人人享有身体完整性和健康权不受侵犯的权利。② 本书是按照狭义的概念使用人身安全权的。

人身安全权是生存权的重要组成,其重要性与生命权和人身自由权的重要性等同,人身安全权是一切自然人从事活动的前提条件,是一个人在社会上得以生存的保障,是一个人参与社会生活的基本条件。从《世界人权宣言》的规定看,人身安全权是一项单独的,与生命权、自由权利并重的权利。《世界人权宣言》第3条明文规定:"人人有权享有生命、自由和人身安全。"③ 人身安全权包括健康权和身体权。健康权是指人人享有要求政府创造条件使其能够保持人体机能正常地发生新陈代谢的权利。或者说,健康权是指公民有权要求政府创造条件,保障其机体生理机能正常运作和功能完善,以维持人体生命活动的利益为内容的权利。身体权是指人的身体完整不受非法侵犯的权利。身体权是指公民维护其身体完全并支配其躯体、器官和其他身体组织的具体人格权。身体完整权是指自然人的躯体、器官和其他身体组织不受任何侵犯的权利。

人身安全权是人所享有的一项十分重要的基本人权。人们只有在人身安全有保障的前提下,才能实现其活动的顺利进行,才能享受其他权利和自由。博登海默说:"安全有助于使人们享有诸如生命、财产、自由和平等等其他价值的状况稳定或尽可能继续下去。"④ 霍布斯说:"人民的安全是至高无上的法律。"⑤ 因此,明确人身安全权的实质和内涵,了解国家在保障人身安全方面的责任和义务,对于公民主张和保障自己的人身安全权有着重大意义。

(二)人身安全权的特征

人身安全权具有以下特征:

---

① 于立深:《我国宪法典公民权利条款评析》,载《长白学刊》2002年第4期。
② 李步云主编:《人权法学》,高等教育出版社2005年版,第126页。
③ 有的国际人权公约把人身安全权与人身自由权不加区地加以规范。例如《公民权利和政治权利公约》第9条和一些国际人权公约把人身安全与人身自由放在一起加以规定,使人身安全权的重要性颇有争议。再如《欧洲人权公约》没有赋予人身安全权以独立的意义。
④ [美]博登海默:《法理学——法律哲学与法律方法》,邓正来译,中国政法大学出版社1999年版,第293页。
⑤ 转引国际人权法教程项目组编写:《国际人权法教程》,中国政法大学出版社2002年版,第132页。

1. 人身安全权是生命安全的保障权。人身安全权是指人人享有身体健康和身体完整不受非法侵犯的权利。生命权除了出生权是基础性权利以外，很重要的是包括了人身不受伤害和杀害的权利。人身得到法律保护，以免遭伤害和杀害的权利，是属于人身安全权利的范围，更是属于生命安全的范畴。人身安全权包括两项内容，即人的身体不受非法侵犯以及人的健康不受非法侵犯。对人身安全权的侵犯是对自然人的生命安全的侵犯。

2. 人身安全权是身体权和健康权的集合。人身安全权是由身体权和健康权组成的一项人权。每个人只有他的身体完整和身体健康机能得到充分的保障，才能更好地生存于社会，才能更好地体现自身价值，为社会作贡献。身体权是指每个人享有其身体完整不受非法侵犯的权利。身体完整不受侵犯是指自然人的躯体、器官和其他身体组织的不受任何侵犯的权利。健康权是指人人享有要求政府创造条件使其能够保持人体机能正常地发生新陈代谢的权利。每个人的身体与机体功能的完善是保持人体机能正常地发生新陈代谢的基础，是维持人体生命活动的重要保障。保障人的身体权和健康权，构成了对人身安全权的保障。

3. 人身安全权与人身自由紧密结合。人身安全与人身自由具有密切联系。有不少的学者认为，人身安全权和人身自由权是连为一体的权利，甚至把它们看作相同的概念。例如有学者认为，人身安全权通常和人身自由紧密联系在一起。"早期思想家在论述人身自由与安全时也常把它们视为一个整体，或权利的两个方面。"①人身自由与安全权是一项古老而又备受现代人推崇的基本人权，也是保障公民的健康不受损害、保证自己不受非法搜查、拘禁、逮捕、放逐及其他非法侵害的一项重要权利。人身安全权与生命权、人身自由权、人格尊严权有密切的联系。同时，人身安全权与其他权利紧密联系。人身安全权是一项基本人权。它不仅是一项独立存在的人权，而且是实现其他权利的基础。例如公民享有民主权利、政治权利和文化权利等，都离不开人身安全权的保障，个人要享有宗教信仰自由、言论自由、集会自由、出版自由、迁徙自由等自由的充分行使，也必须以人身安全权作为保证。

4. 人身安全权是绝对的权利。从《世界人权宣言》的规定看，人身安全权是一项单独的权利，是与生命权、人身自由权并列的权利。同时，它又是与人身自由权不同性质的权利。人身自由权是相对的权利，国家机关在特定情况下，可以对人身自由权加以限制。人身安全权是一项绝对的权利，不论在任何情况下，都不能对人的身体权和健康权加以伤害。例如，我国刑法可以剥夺人的生命，即可以判处死刑，但是没有对身体权的完整性加以破坏的处罚条款。再如，欧洲人权委员会认为，与人身自由权相比，人身安全权是绝对的。《欧洲人权公约》第18条的规定不能受到违反，因为对该项权利的任何限制都是不允许的。② 国际社会都采取一切可能采取的措施来保护人的身体不受非法

---

① 杨成铭：《人权保护区域化的尝试——欧洲人权机构的视角》，中国政法大学出版社2000年版，第111页。

② 南京大学法学院编：《人权法学》，科学出版社2005年版，第108页。

的侵害，无论是在战争时期，还是在和平时期，无论是在发达国家，还是在发展中国家，抑或在贫穷国家。也就是说，无论是在什么时候，也无论是在世界的哪一个角落，国际社会都应该给人的身体权的实现提供充分有力的保障。

二、人身安全权的内容

如前所述，人身安全权包括了身体权和健康权。

（一）身体权

1. 身体权的含义

身体权是指每个人都享有要求国家提供良好的生存环境，使自己的身体完整性不受任何侵犯的权利，即个人要求国家保护其身体权不受侵犯的权利。身体是指一个人的生理组织的整体，即人的躯体。身体是生命的物质载体，没有了身体，生命也就失去了存在的形式。身体具有完整性和完全性的特征，它是由头颅、肢体、器官、其他组织以及附属部分组成。破坏了身体的完整性和完全性，也就破坏了整个身体的构成。

身体权最重要的内容就是如何保护公民身体的完整性。《世界人权宣言》和《公民权利和政治权利国际公约》并没有否定人身安全权的独立性，也没有否认身体权的独立性。身体权是一项独立的人格权。

2. 身体权的人权法保护

从民法理论说，身体权是指公民维护其身体完全并支配其躯体、器官和其他身体组织的具体人格权。其权利主体是每个人，义务主体是不确定的其他任何人，包括国家。从人权法上说，身体权是个人要求国家或国际组织，保护其身体完整与安全的权利。权利主体是每个人，义务主体是国家或国际组织，主要是国家。

保护身体组织的完整是身体权的重要内容。任何公民都享有维护自己身体组织的完整性和完全性的权利。身体权的权利主体以外的任何人，非经权利主体本人的意愿，不得随意破坏其身体组织的完整和完全，如医疗行为，要对身体完整性进行变更，必须经患者本人或其家属同意。值得强调的是，不存在依法律规定对人的身体完整加以破坏的行为。[①] 任何人基于故意或者过失侵害他人身体完整和完全的行为，都要承担相应的法律责任。

在保护身体权方面，民法与人权法是有所区别的。人权法强调的是国家的义务。所以当国家机关工作人员滥用公权力侵犯公民身体权的时候，例如刑讯逼供、施以酷刑等行为，就会激发起民众对行政行为或司法行为的不满，会指责其行为违反人权。而非国家机关工作人员对他人的身体权加以侵犯时，人们会谴责其没有人道，却不会指责其

---

① 有的教材认，非依有效的法律规定，不得对人的身体权的完整和完全加以破坏。也就是说，依有效的法律规定，可以对人的身体权的完整和完全加以破坏。这种观点是错误的，法律规定可以剥夺人的生命权，但没有规定可以破坏人的身体完整性。破坏人身体完整性的刑罚只有在封建社会才有。参见南京大学法学院编：《人权法学》，科学出版社2005年版，第110页。

没有人权。其理由就在于人权法中的保护身体权的义务主体是国家。民法中不侵犯他人身体权的义务主体是不特定的相对人。

身体权是一项基本人权,是人生存的基本保障。联合国及其人权委员会制定有关国际性规范文件以保障身体权的实现。《世界人权宣言》《公民权利和政治权利国际公约》《防止及惩治灭绝种族罪公约》《禁奴公约》以及众多的国际刑事法方面的公约,均规定了对人的身体的完整和健康不得侵犯的条款。任何国家、组织和个人如果没有任何的合法理由,随意对普通人、俘虏以及不同种族的公民实施伤害身体的违法与犯罪行为,都应当承担相应的责任。

就我国而言,很多法律规范都有保护人的身体权利的条款。例如,《刑法》第232条的故意伤害罪、第233条的过失致人重伤罪,以及强奸罪、非法拘禁罪、拐卖妇女儿童罪、侮辱罪、抢劫罪等都规定了行为人基于故意或者过失致人身体伤害的刑事责任,从而为身体权的实现提供了强有力的法律保护。《治安管理处罚条例》在其第22条等诸多法条中也规定了行为人的故意或者过失伤害他人身体的行政责任。再如《产品质量法》《消费者权益保护法》等法规里也都有关于伤害他人身体的责任的条款。相比之下,作为中华人民共和国根本大法的《宪法》以及应该以身体权为主要内容的《民法通则》,在对身体权保护方面的规定是很不够的。《宪法》所规定的公民基本权利,竟然没有关于身体权的具体规定。尽管在法条里有关于公民身体不受侵害的条款,但毕竟不是作为一个的独立法条加以规范,显得不够重视。原《民法通则》所规定和保护的权利应该是人身权和财产权,而身体权作为人身权的一个组成内容,应当受到充分的保护,但是仅在人格权一节中规定了"公民享有生命健康权",而没有包括身体权。值得称赞的是,我国新《民法总则》第110条对保护身体权作出原则性规定:自然人享有生命权、身体权、健康权等民事权利。尽管如此,我国《宪法》和民事立法在对身体权的立法保护方面有待进一步完善。

(二)健康权

1.健康权的含义

从民法学角度来讲,健康权是指公民以其机体生理机能正常运作和功能完善发挥为前提,以维持人体生命活动的利益为内容的人格权。作为健康权客体的健康,是指维持人体生命活动的生理机能的正常运作和功能的完善发挥。① 作为人权法的健康权是指公民可以要求国家提供安全的生存环境,保证其健康不受侵犯的权利。个人享有要求国家提供良好的安全环境,保证个人能够维持人体生命活动的生理机能的正常运作和功能的完善发挥的权利。

值得强调的是,同样是健康权,由于受不同法律保护,判断侵犯权利的标准是不相同的。从人权法角度看,侵犯健康权的行为多为公权力或者政府的不作为,例如刑讯逼

---

① 王利明、杨立新、姚辉:《人格权法》,法律出版社1998年版,第61页。

供或国家在医疗保健方面失职。因此,人权法上的保护健康权的义务主体主要是国家或国际组织。从民法角度看,侵犯健康权的行为主要是来源于个人,即源于个人的侵权行为,大多数是作为。因此,民法上的负有不侵犯他人健康权的义务主体主要是其他不特定的相对人。分清民法的健康权保护与人权法的健康权保护是十分重要的。例如,2010年9月,国家为全国8岁儿童接种免费麻疹疫苗,是国家保障儿童健康权的应尽义务。2009年12月26日通过的《侵权责任法》是防止个人对他人健康权侵犯的法律。

2. 保护健康权的意义

健康权不受侵犯权,是确保个人生存权实现的重要保障。我国《辞海》或《现代汉语词典》对健康作出如下的解释。健康是指人体各器官发育良好、功能正常、体质健壮、精力充沛并且有良好的劳动效能的状态;或者是指人体生理机能正常,没有生理缺陷和疾病;或者是指人体生理机能、发育以及体质等综合发展状况。总的说,健康权是以人的生理机能正常运作和功能的完善发挥作为内容的,而不是以人体的整体构造作为其内容,这一特点使其有别于身体权。健康权是以维护人体的正常生命活动为根本利益,而不是以人的生命安全和生命价值为客体,这一特点使其有别于生命权。健康权保护的是公民身体功能的正常发挥,使其运作、运动自主,而不是保护身体、意志不受外界约束,这一特点使其有别于自由权。①

健康权与身体权一样,是一项基本人权,也是实现其他人权的基础性权利。当人的生理机能正常运作和功能的完善发挥受到破坏的时候,必然影响个人的权利主张。例如,同样会影响言论自由、集会自由、出版自由、迁徙自由等自由权的充分行使。因此,健康权是生存权十分重要的内容。

3. 保障健康权的主要方式

健康权是积极人权,一方面个人要注意饮食与运动,另一方面国家要创造条件,方便公民健身。保障健康权有以下几种方式:

(1) 倡导健身运动,保护身体健康权。身体健康主要是指国家有义务维护公民的身体健康。国家应当采取各种有效措施,方便公民强身健体,精力充沛地进行工作与生活,让公民的健康状况保持完好的状态。国家提倡开展体育活动,提高人民身体素质,就是保障人权的一项重要内容。近日,北京市恢复我国以往的工间体操制度,号召市民及国家机关、企业事业单位人员都做第八套广播体操。通过各种体育活动提高公民的健康水平,这是健康权保障的一项很好的制度。《国家人权行动计划(2012—2015年)》提出:落实《全民健身计划:2011—2015年》的要求,全国各类体育场地达到120万个以上,人均体育场地面积达到1.5平方米以上。设区的市、县(区)、街道(乡镇)、社区(行政村)普遍建有体育场地,配有体育健身设施。50%以上的设区市、县(区)建有全民健身活动中心,50%以上的街道(乡镇)、社区(行政村)建有便捷、实用的体育健身设施。50%以上的农村社区建有体育健身站(点)。

---

① 南京大学法学院编:《人权法学》,科学出版社2005年版,第112页。

(2)健全医疗保障制度,防控疾病发生。在健康状况下降的时候,有请求医疗、接受医治的权利,以使健康状况达到完好的状态或者恢复到原来的状态。这种权利的行使,不受任何人的干涉或者强制。

(3)健全产品责任制度,防止有害食品影响人体健康。由于市场经济的利益驱动,商家不顾公民的身体健康,制造出售有害人身健康的食品,严重损害公民的健康权。例如,"三鹿奶粉事件",就严重损害婴幼儿的健康,有的商人用"地沟油"作为食用油等行为,严重损害了个人的身体健康。

(4)劳动安全保障。近年来,大量的造成身体健康权受侵犯的事件时有发生,我国近一两年连续发生多起矿难事故,严重损害了工人的健康权,甚至造成许多工人的死亡。据初步统计,2009年,我国仅矿业生产安全责任事故就约造成590多人死亡,25人失踪。2011年以来,我国矿业生产安全责任事故有所减少。但是爆炸案、交通事故案时有发生,2016年2月15日晚,吉林四平市梨树县某洗浴中心突然发生爆炸。此次爆炸事故共造成5名女顾客死亡。警方初步调查结果为洗浴中心内部锅炉设施爆炸引发了安全生产事故。2016年7月19日,台湾发生重大车辆火灾事故,造成包括24名大陆旅客在内的26人死亡。同年9月10日,台湾桃园地检署公布了大陆旅行团严重车祸侦查结果:台籍司机苏明成酒后驾车、泼洒汽油、放火自杀,并烧死车内其他乘客和导游。因苏明成已死亡,所涉酒后驾车、放火、杀人等罪嫌不予起诉。①

4.健康权的立法保障

国际社会和世界各国应该大力发展体育运动,增强世界各国人民的身体素质,保证各国人民的身体健康。从权利方面来讲,健康权对于不同的国家的公民都是平等,各国公民都有权通过体育运动来保证自己的身体健康。任何国家不得以任何的理由来限制和禁止别国的公民参加体育运动。《反对体育领域种族隔离国际公约》就是以保障各国各族人民的身体健康权为宗旨的。

国际社会和世界各国要大力发展公共医疗卫生事业,以预防公民的健康受到疾病的困扰,以及当公民的健康受到损害的时候可以得到及时的治疗以恢复健康。保障健康权,很重要的是加强预防措施,提早介入。2010年9月11日起至20日,我国开展以8月龄至4周岁儿童为主要对象的麻疹疫苗强化免疫活动,在此期间,近1亿名儿童接受强化接种。这次接种是免费自愿的,也是我国短时间内接种人数最多的一次活动。据国家卫生部疾病控制局提供的资料,此次强化免疫方案是经过国内外专家多次论证后最终确定的。为做好本次强化免疫,中央财政安排了1.57亿元人民币购置疫苗和注射器,地方各级财政部门提供麻疹疫苗强化免疫工作经费。②

国际社会和世界各国充分运用法律的手段保障公民的健康权。对此,联合国及其

---

① 北京商报,《大陆旅行团台湾严重车祸原因公布》,http://finance.sina.com.cn/stock/t/2016-09-12/doc-ifxvukuq4199126.shtml.

② 《我国近亿儿童今起接受麻疹疫苗强化免疫》,http://www.sina.com.cn,访问日期:2010年11月5日。

人权委员会在《世界人权宣言》《公民权利和政治权利国际公约》《禁奴公约》《保护人人不受酷刑和其他残忍、不人道或有辱人格待遇或处罚宣言》以及一系列的反对战争和侵略、反对使用大规模杀伤性武器的公约和条约中都作了原则性或者具体性的规定。

新中国成立以来,我国也充分重视对人的健康权的保护。从《宪法》到《民法通则》,从《消费者权益保护法》《产品质量法》等经济法规,到《治安管理处罚条例》《医疗事故处理办法》等行政法规,直至《刑法》中的故意伤害罪、医疗事故罪、交通肇事罪以及诸多的危害人体健康的犯罪,都在各个领域的法律制度中较充分地保障了公民的身体健康权。

5. 健康权的实现目标

国家制定的《国家人权行动计划(2009—2010年)》《国家人权行动计划(2012—2015年)》和《国家人权行动计划(2016—2020年)》对健康权的实现制定了近期目标,具体内容包括:

(1)初步建立覆盖全国城乡居民的基本医疗卫生制度框架,完善公共卫生服务体系和医疗服务体系,保障公民健康权利,使中国进入实施全民基本卫生保健国家行列。

(2)预定达到的主要健康指标是:2010年,人口平均预期寿命达到73岁;到2015年,人均期望寿命达到74.5岁,婴儿死亡率控制在14.9‰以内,5岁以下儿童死亡率控制在17.7‰以内,孕产妇死亡率控制在40/10万以内,儿童国家免疫规划疫苗接种率城市和农村分别达到95%以上和90%以上。《国家人权行动计划(2016—2020年)》要求,到2020年实现以下健康指标:人均预期寿命再增加1岁;对婴儿死亡率、5岁以下儿童死亡率分别提出新的控制指标,要求控制在7.5‰和9.5‰以内;孕产妇死亡率降为18/10万;纳入国家免疫规划的疫苗接种率以乡(镇)为单位保持在95%以上。

(3)加快推进基本医疗保障制度建设。到2010年,各级财政对城镇居民医疗保险和新型农村合作医疗的补助标准提高到每人每年120元。到2015年,城镇居民医保和新农合政府补助标准提高到每人每年360元以上。到2011年,城镇职工基本医疗保险、城镇居民基本医疗保险和新型农村合作医疗覆盖城乡全体居民,参保(合)率提高到90%以上。到2015年,医疗保险基本覆盖城乡居民。职工医疗保险、城镇居民医疗保险、新型农村合作医疗(可简称"新农合")参保(合)人数较2010年新增6000万人以上,参保(合)率稳定在95%以上,并逐步提高财政范围内的住院费用报销比例,扩大门诊费用报销范围和比例。在健全医疗保险制度方面,《国家人权行动计划(2016—2020年)》提出新的目标:城乡医保参保率稳定在95%以上。全面实施城乡居民大病保险制度。健全医疗保险稳定可持续筹资和报销比例调整机制。加快推进基本医保全国联网和异地就医结算,实现符合转诊规定的异地就医住院费用直接结算。将生育保险和基本医疗保险合并实施。

(4)健全基本医疗卫生服务体系。从2009年起,三年内重点支持约2000所县级医院(含中医院)建设,使每个县至少有1所县级医院基本达到标准化水平;新建、改造3700所城市社区卫生服务中心和1.1万个社区卫生服务站。全面完成中央规划支持的2.9万所乡镇卫生院建设任务,改建扩建5000所中心乡镇卫生院,每个县1~3所。2015年基层医疗卫生机构门诊量占比56.4%,比上年减少1.0个百分点;医院门诊量占比40.0%,比上年增加0.9个百分点,其中三级医院诊疗量占总诊疗量的19.5%,比上年提高1.1个百分点,说明医院门诊量增速快于基层门诊量,病人依然向高级别医院集中。2012—2015年,我国落实现有人均基本公共卫生服务经费不低于25元标准,到2015年提高至40元以上。为城乡居民免费提供建立健康档案、健康教育、预防接种等多项服务。到2015年,通过转岗培训、在岗培训和规范化培训培养15万名全科医生。另外,根据《国家人权行动计划(2013—2020年)》要求,将要继续提升基层医疗卫生服务能力。要打造30分钟基层医疗服务圈;加强并规范化培养住院医师,每万人口全科医生数达到2名,每千人口执业(助理)医师数达到2.5名。

(5)促进基本公共卫生服务逐步均等化。从2009年开始,逐步在全国统一建立居民健康档案。定期为65岁以上老年人做健康检查,为3岁以下婴幼儿做生长发育检查,为孕产妇做产前检查和产后访视,为高血压、糖尿病、精神疾病、艾滋病、结核病等人群提供防治指导服务。实施结核病等重大疾病防控、国家免疫规划、农村妇女住院分娩等重大公共卫生项目。开展为15岁以下人群补种乙肝疫苗、消除燃煤型氟中毒危害、贫困白内障患者复明、农村改水改厕以及为预防出生缺陷而进行的农村妇女孕前和孕早期补服叶酸等项目。

(6)有效控制传染病流行。《国家人权行动计划(2009—2010年)》提出:加大艾滋病防治力度,加强重点传染病的预防控制,县级以上和乡镇医疗卫生机构传染病网络直报覆盖率分别达到100%和80%以上,报告的完整率和及时率达到90%以上。强化计划免疫,保持无脊髓灰质炎状态,麻疹发病率比2007年下降50%,乙脑、狂犬病、出血热等可预防传染病发病率比2007年下降30%。扩大国家免疫规划疫苗种类,落实农村人口和流动人口的预防接种措施,优先保护新生儿和在校生等重点人群,有效遏制乙肝的高流行状态。切实加强对寄生虫病等地方病的防治,力争所有流行县(市、区)都达到控制传播标准。《国家人权行动计划(2012—2015年)》提出:加强艾滋病、霍乱等重点传染病的预防控制,有效控制艾滋病、病毒性肝炎、结核病的新发感染和病死率。县以上医疗卫生机构传染病疫情网络直报率达到100%。普及慢性病防治知识,慢性病防治核心信息人群知晓率达到50%以上。加强主要慢性病及高风险人群的早期发现和干预管理,35岁以上成人血压和血糖知晓率分别达到75%和50%,高血压管理率和糖尿病规范管理率均不低于40%。在全国30%的癌症高发地区开展对重点癌症的早诊早治。《国家人权行动计划(2016—2020年)》进一步提出加强重大疾病防控的新目标:加快推进国家和省级慢性病综合防控示范区建设,重大慢性病过早死亡率降低10%。肺结核发病率降至58/10万。降低全人群乙肝病毒感染率,控制艾滋病疫情在低流行水平,基本消除血吸虫病危害,消除疟疾、麻风病危害。加强严重精神障碍诊断报告、随访管理服务,严重精神障碍患者管理率达到85%。

(7)制定出台食品安全法,建立健全与食品、药品相关的生产许可、强制检验、市场准入、召回以及进出口检验检疫等制度,并对贯彻实施情况加强检查监督,确保严格执法,保障食品、药品安全。《国家人权行动计划(2016—2020年)》要求:深入贯彻实施食品安全法,全面落实食品安全属地监管责任。加强进口食品安全监管。实施科学监管,建立职业化检查员队伍。健全食品安全信用体系,完善消费者权益保护机制。

(8)在2009年再解决6000万农村人口的饮水安全问题,提前实现联合国确定的"2015年前无法可持续获得安全饮水人口比例减半"的目标。《国家人权行动计划(2016—2020年)》对保障用水安全提出新要求:全国新增供水能力270亿立方米,城镇供水水源地水质全面达标。实施农村饮水安全巩固提升工程,农村自来水普及率达80%以上,农村集中供水率达85%以上。

(9)加强城乡社区体育设施建设,力争到2010年人均体育场地设施面积达到1.4平方米,城市社区和农村村镇的公共体育设施条件明显改善。广泛开展全民健身运动,健全群众体育组织,完善全民健身体系。《国家人权行动计划(2016—2020年)》提出:推动城市社区15分钟健身圈建设,实现基本公共体育服务乡镇常住人口全覆盖和行政村农民体育健身工程全覆盖。到2020年,每周参加1次及以上体育锻炼的人数达到7亿,经常参加体育锻炼的人数达到4.35亿,全国人均体育场地面积达到1.8平方米以上。

6. 健康权的保护成效

根据国家卫生和计划生育委员会(简称"卫计委")2016年7月20日颁布的《2015年我国卫生和计划生育事业发展统计公报》的数据说明,国家重视健康权的保护,贯彻《国家人权行动计划》取得了明显的成效,居民健康水平不断提高。2015年我国居民人均预期寿命达到76.34岁,比2010年提高1.51岁。婴儿死亡率由2014年的8.9‰下降到2015年的8.1‰,孕产妇死亡率由21.7/10万下降到20.1/10万,均提前实现了"十二五"规划和联合国千年发展目标;居民健康水平总体上处于中高收入国家平均水平,部分地区已经达到或接近高收入国家的水平。财政部、人力资源社会保障部、卫计委共同颁发《关于调整城镇居民基本医疗保险和新型农村合作医疗地方财政补助资金考核办法的通知》要求,到2015年,城镇居民基本医疗保险和新型农村合作医疗财政补助标准提高到每人每年360元以上,比2010年的每人每年120元的补助标准,提高了240元。2012年,发改委、水利部、卫计委和环保部共同发布的《全国农村饮水安全工程"十二五"规划》,拟定解决全国2.98亿农村人口(含国有农林场)的饮水安全问题和11.4万所农村学校师生的饮水安全问题,使全国农村集中式供水人口比例提高到80%左右。

三、人身安全权的限制

关于人身安全权的限制,主要包括对身体权和健康权的限制。对身体权的限制内容主要是针对身体利益的支配权。例如,人的器官的捐献和器官的移植是当今医学发展和进步的成果,但是,它也给当今的法学和人权保护提出了一系列新的问题。从民法学上说,身体权是一种支配权,身体权人才可以基于自己的意愿处分自己的身体的组织或者某个器官。如果不经过身体权人的同意,擅自将其身体的组织或某个器官移植给他人,就是对公民身体权或健康权的侵害。身体权是一种支配权,公民有权就自己的身体健康以及健康所带来的利益进行支配,但是这种支配必须要在某些方面加以限制。

为了保护公共秩序，维护社会利益，弘扬传统道德，在某些情况下对于健康权加以限制是十分必要的。对于酗酒、吸烟、吸毒、淫乱等损害公民自己身体健康的行为，应当加以限制、禁止，甚至对行为人进行强制治疗或者强制戒毒。但是，对于这种人以放弃自己的支配的权利的行为，在引导、限制、禁止、强制治疗的时候，我们只能加以说服教育，辅之以一些轻缓而行之有效的措施，绝对不能使用暴力等严重损害行为人身体健康的手段。

另外，身体权是一种支配权，身体权人有权对自己的身体组织和器官进行处分。同时法律在某些情况下对这种支配加以限制，一般情况下对于行为人的自伤行为，如果不违背社会整体的利益，不给他人的生命、身体以及健康造成损害，法律就不追究这种自伤行为的责任；如果行为人是为了整个社会的利益或者是为了挽救他人的生命与身体健康而自己主动损害身体组织或者器官的完整性和完全性，法律就应该鼓励与表扬。例如健康的人为了挽救他人的生命而主动捐献自己的某个器官，或者为了社会的利益而主动献血或者捐献骨髓的行为。而在特定情况下，为了逃避某些社会义务或者自己应负的某种特定义务，行为人如果伤害自己身体的行为，法律就应该对这种自伤行为进行谴责，必要时可以追究自伤者的法律责任。我国《刑法》第434条就规定了"战时自伤罪"，即"战时自伤身体，逃避军事义务的，处三年以下有期徒刑；情节严重的，处三年以上七年以下有期徒刑。"我国《保险法》第131条对于为了骗取保险金而故意造成自己身体伤害的行为，也规定了相应的责任，而且必要时可以追究行为人的刑事责任。

四、侵犯人身安全权的原因

由于自然界的因素造成的对人身安全的伤害，一般不构成对人身安全的侵犯，不属于人权法调整范畴。但是，自然灾害发生后，由于政府疏于管理，或者渎职行为而造成人身安全受到伤害的话，就可以由人权法调整。例如，由于政府或开发商在建造房屋时，偷工减料、粗制滥造，所建造房屋无法抵抗低级的地震而造成人员伤亡的，政府或开发商的行为就是侵犯人权的行为。目前，侵犯人身安全权的原因主要包括社会治安原因和司法行为导致人身安全权受到侵犯。而后者是典型的侵犯人权行为的具体表现。

（一）社会治安原因对人身安全的侵犯

社会治安原因造成对人身安全权进行侵犯的情形很多，常见的例如抢劫或盗窃财产而引发的人身伤害，或者由于情感纠纷而引发的凶杀案件，或者是对异性的性侵犯而产生的身体伤害案件等社会治安案件。再如，对侵犯人身安全后果严重的多是安全生产责任事故、交通事故，以及产品责任事故造成的对人身安全的侵犯。特别是随着市场竞争加剧，利益驱动等因素，导致安全生产责任事故以及产品责任事故而引起的侵犯人身安全的责任事故数量增加。例如，近年来我国矿井安全事故频繁发生、"三鹿奶粉"事件等，不仅造成身体伤害，甚至造成人的死亡。如前所述，仅2009年，我国矿业生产安全责任事故就造成590多人死亡，25人失踪。而"三鹿奶粉"事件造成的儿童或婴儿的身体伤害更是无法计算。

又如，近年来恶性社会治安案件频发，应当引起高度重视。2010年3月23日7时，福建省南平市实验小学校门口发生一起恶性凶杀案，造成8名儿童死亡的恶性事件。此事件的发生引起国际社会的关注，俄罗斯总理普京就中国福建南平凶杀案向时任中国国家副主席习近平表示哀悼。普京在与习近平会晤期间说："对于发生的悲剧，我表示哀悼。我们向死者家属表示非常遗憾和哀悼。"①同时，南平市恶性杀小学生案件之后，我国连续发生了几起恶性杀人案件。这些恶性的杀人案件的发生，不仅造成了无辜生命的终结，而且在社会上产生不良的影响，给人们安全生存的空间蒙上了阴影。

2010至2015年，社会上发生了不少恶性刑事案件，例如，2013年6月7日，福建省厦门市一公交车在行驶过程中突然起火，造成重大人员伤亡。经公安机关认定，这是一起严重刑事案件。2014年3月1日21时许，一伙男子持械冲进昆明火车站广场、售票厅，见人就砍，致31人死亡，141人受伤，其中40人受重伤。2016年8月24日，广西南丹发生一起汽车爆炸案，南丹县公安局经侦大队副大队长陈某当场被炸死。25日嫌犯被抓。

按现有的人权理论，这类个体的民事、刑事侵犯人身安全权的行为，还没有视为严重的侵犯人权事件对待，只当作一般民事或刑事案件看待。但是应当说，社会治安情况不好，国家和政府是有责任的，国家和政府应当引起重视。

（二）司法行为对人身安全的侵犯

从国际人权法的规定看，防止司法行为对人身安全的侵犯是人权法的重要内容。因为关于人身安全权的国际人权法保护的首要任务就是防止司法行为对人身安全的无端侵犯。《公民权利和政治权利国际公约》第9条规定：(1)人人有权享有人身自由和安全。任何人不得加以任意逮捕或拘禁。除非依照法律所确定的根据和程序，任何人不得被剥夺自由。(2)任何被逮捕的人，在被逮捕时应被告知逮捕他的理由，并应被迅速告知对他提出的任何指控。(3)任何因刑事指控被逮捕或拘禁的人，应被迅速带见审判官或其他经法律授权行使司法权力的官员，并有权在合理的时间内受审判或被释放。等候审判的人受监禁不应作为一般规则，但可规定释放时应保证在司法程序的任何其他阶段出席审判，并在必要时报到听候执行判决。(4)任何因逮捕或拘禁被剥夺自由的人，有资格向法庭提起诉讼，以便法庭能不拖延地决定拘禁他是否合法以及如果拘禁不合法时命令予以释放。(5)任何遭受非法逮捕或拘禁的受害者，有得到补偿的权利。

从世界各国看，司法人员在打击犯罪行为过程中，为了尽快侦破案件，往往在公正与效率的平衡方面，更多的选择了效率——快速结案。由于在快速审结案件的思想指导下，导致因而任意逮捕或拘禁的行为有之，刑讯逼供或者威胁、引诱、欺骗等非法方法取证的行为有之。由此产生了冤假错案，且必然发生侵犯人身安全权的问题。为了避

---

① 《普京就福建南平8名学生被杀死案向习近平表示哀悼》，http://news.ifeng.com/society/1/201003/0324_343_1585156.shtml，访问日期：2010年11月5日。

免这类事件的发生,各国法律都作出了相应的规定。例如,美国《宪法》第14条修正案规定:"无论何州,不得指定或施行剥夺合众国公民之特权或特免的法律;亦不得于未经正当法律手续前使任何人丧失其生命、自由或财产。"同时,美国联邦最高法院将第14条修正案作为非法证据排除规则的宪法依据加以创造性的引用。例如,20世纪60年代,美国创立了著名的"米兰达规则",以防止司法人员非法取证和非法证据进入司法程序的规则。①"米兰达规则"主要是体现了保障被告人人权的程序性规则,程序正义的价值在于诉讼双方公平竞争。"米兰达规则"的确立,改变了美国警察办案的做法,在程序上有着非常重要的价值。又如,《德国刑事诉讼法典》第136条规定:(1)"对被指控人决定和确定自己意志的自白,不允许用虐待、疲劳战术、伤害身体、服用药物、折磨、欺诈或者催眠等方法予以侵犯,只允许在刑事诉讼法准许的范围内实施强制。禁止以刑事诉讼法不准许的措施相威胁,禁止以法律没有规定的利益相许诺。"(2)"有损害指控人记忆力、理解力的措施,禁止使用。"(3)"对违反这些禁止所获得的陈述,即使被指控人同意,也不允许使用。"日本《刑事诉讼法》第319条第1款规定:"强制、拷问或胁迫获得的自白,因长期不当拘留后作出的自白及其他非自愿的自白,不能作为证据。"

从我国立法上看,国家立法在防止司法机关工作人员利用职权实施侵犯公民人身权利的行为发生,也作出了具体的规定。

首先,我国《刑法》规定的对关于国家机关工作人员利用职权实施的侵犯公民人身权利的犯罪行为予以处罚,其犯罪案件的罪名包括:(1)非法拘禁案(刑法第238条);(2)非法搜查罪(刑法第245条);(3)刑讯逼供罪(刑法第247条);(4)暴力取证罪(刑法第247条);(5)体罚、虐待被监管人罪(刑法第248条);(6)报复陷害罪(刑法第254条)等。

其次,刑事诉讼法和司法解释对禁止非法取证作出了详细规定。新《刑事诉讼法》第54条规定:"采用刑讯逼供等非法方法收集的犯罪嫌疑人、被告人供述和采用暴力、威胁等非法方法收集的证人证言、被害人陈述,应当予以排除。"采用刑讯逼供、暴力、威胁等非法方法取得的言词证据,属于手段特别严重的情况,即一律无条件地排除、强制性排除,法官没有任何自由裁量权,也没有任何补正的机会。"收集物证、书证不符合法定程序,可能严重影响司法公正的,应当予以补正或者作出合理解释;不能补正或者作出合理解释的,对该证据应当予以排除。"这种违反法定程序收集的实物证据,属于手段不是特别严重的情况,法律规定了法官享有一定的自由裁量权,给予办案机关重新收集证据、重新履行相应的法律程序或作出合理解释的机会。2012年11月5日,最高人民法院审判委员会第1559次会议通过《最高人民法院关于适用〈中华人民共和国刑事诉

---

① 美国司法人员在逮捕嫌疑犯时,必须这样说:"你有权保持沉默。如果你放弃保持沉默的权利,你说的一切会在法庭上用作对你不利的供词。你有权获得律师。如果你希望有律师,但没钱请律师,警方讯问开始前可为你找一位律师。"这就是美国刑事诉讼法中,著名的"米兰达规则",实际上也就是嫌疑人享有"沉默权"的规定。"米兰达规则"包括两个方面的内容:(1)沉默权。这已为世人所共知,并成为保护犯罪嫌疑人基本人权的强有力的工具。(2)获得律师帮助的权利。

讼法〉的解释》,自2013年1月1日起施行。其目的是:为正确理解和适用修改后的刑事诉讼法,结合人民法院审判工作实际,制定本解释。《解释》第八节专门对非法证据排除作了规定。其中第95条规定,"使用肉刑或者变相肉刑,或者采用其他使被告人在肉体上或者精神上遭受剧烈疼痛或者痛苦的方法,迫使被告人违背意愿供述的,应当认定为刑事诉讼法第54条规定的"刑讯逼供等非法方法。从我国刑法、刑事诉讼法的有关规定,以及上述的司法解释看,我国排除非法取证,主要是对于非法取得的言词证据予以严格排除。但是,对非法获得实物证据的排除规定比较松。

尽管国家立法明令禁止非法取证,禁止虐待犯罪嫌疑人或罪犯。但是,在司法实践中,司法工作人员侵犯公民人身安全权的行为时有发生,且呈现上升的趋势。近年来,通过新闻报道和网络曝光的司法机关或玩忽职守,或滥用职权,或故意实施刑讯逼供侵犯人身安全权的案件数量还不是少数。从2003年发生在深圳市的孙志强案件,[①]到2009年发生在云南省晋宁县看守所的一起"躲猫猫"死亡事件。[②] 之后,新闻报道披露了许多诸如"做噩梦死"、"喝水死"、"睡觉死"、"从床上摔下死"等一系列耸人听闻的犯罪嫌疑人死亡事件。这种类似的死亡案件都发生在公安机关看守所,不仅让人们不解,也令人深思。

根据我国《看守所条例》第10条规定,看守所收押人犯,应当进行健康检查。被收押人犯不予收押的情形有三种,其中之一是"患有其他严重疾病,在羁押中可能发生生命危险,或者生活不能自理的"。《看守所条例实施办法》第5条规定,看守所对人犯收押前,应当由医生对人犯进行健康检查,填写"人犯健康检查表"。凡具有《条例》第10条规定情形之一的,不予收押,由送押机关依法作其他处置。《看守所条例实施办法》第10条规定,看守所人犯档案的内容应当包括:收押凭证、"收押人犯登记表"、照片及底片、"人犯健康检查表"、"财物保管登记表"、"换押证"、羁押期间的表现和疾病治疗情况记录、出所凭证等。可见,看守所收押人犯都必须有"人犯健康检查表",说明上述人犯在被关押前都应当是身体健康的。

但是,从新闻报道的情况看,在数起"睡觉死"事件的调查过程中,有关公安机关均未提供非正常死亡人员的"健康检查表"。这说明涉案人员被收押时,根本没有依法为其做健康检查。如果说,刑讯逼供属于有违人权的"硬暴力",那么,不把收押人员健康状况当回事,也可以说是一种无视人的生命行为的"软暴力"。所以对上述各种离奇死

---

① 2003年3月17日,27岁的中国公民孙志刚在广州的大街上行走时,突然被收容了,结果在收容所里被殴打致死。

② 2009年2月,云南24岁男青年李荞明在云南省晋宁县看守所死亡。警方称其与狱友玩"躲猫猫"游戏时头部受伤,经医院抢救无效死亡。这一事件经媒体报道后,众多网民纷纷质疑,难以置信。于是,一场以"躲猫猫"为标志的舆论抨击热潮迅速掀起。后来真相查明:李荞明涉嫌因盗伐林木罪被刑事拘留。羁押期间,同监室在押人员张某等人以各种借口对李荞明多次实施暴力。2月8日下午,看守所人犯又以玩游戏为名,对李荞明进行殴打,致使撞墙倒地昏迷,经送医院抢救无效死亡。事后,晋宁县看守所民警等有关人员被判刑。2010年1月,"躲猫猫"被收入上海译文出版社新编的《汉英大词典》,译为hide—and—seek。

亡事件的问责,不仅要追究暴力因素,而且还应当严格依照相关法律法规的程序履行职责,要检查收押审批程序和相关细节,追究违法人员的行政乃至法律责任。

2016年5、6月间,再次出现公安机关执法过程中滥用职权而引发民众不满的新闻事件,包括"雷洋案""深圳民警侮辱女孩案""陕西民警打屁股案"。① 这些案件都反映出一个共同的问题,那就是公安机关在执法过程中具有行使权力的优越感,他们没有意识他们权力的来源是基于人民的授权,他们的执法应当是为民众服务的,而不是恣意妄为。

除了以上发生在看守所的离奇死亡案件、公安机关滥用职权执法案件外,近年来由于刑讯逼供、非法取证,有些司法部门制造出更为"离奇"的冤假错案,冲击了人们最善良的心灵底线,也击中了我国司法制度的"软肋"与"硬伤"。从2005年3月的"佘祥林错杀妻案",②到2010年5月的"赵作海错杀人案",③一连串的冤假错案,一幕幕的刑讯

---

① "雷洋案":2016年5月7日晚21时左右,雷洋从家里出门去首都机场迎接航班,预计当晚23点30分到达北京的亲属。当晚21时14分,警方以雷洋"涉嫌嫖娼"要将其控制并带回审查,22时55分雷洋死亡。由于雷洋身份特殊,系中国人民大学2005级环境学院的本科及硕士研究生毕业,加上雷洋被警方控制过程有呼叫救命,以及从案发到死亡仅有一个多小时的时间等诸多因素,所以此案引发许多疑点,包括民众对警方所指控雷洋"涉嫌嫖娼"的时间质疑,对警方暴力执法行为的指责。在笔者修改二稿时检察机关已经介入"雷洋案",尽管还没有最终结论,但公安执法人员执法存在问题是肯定的。"深圳民警侮辱女孩案":2016年6月10日网络上有这样的视频:2016年5月21日在深圳市宝安区有两个女孩过马路时被警察盘查身份证。由于没带身份证,两个女孩被警察强制带回派出所。在警车上,警察对女孩的对话,语言都是带有强权与侮辱的,警察说"要拘留我们24小时,把我们和艾滋病强盗那些人关在一起"。视频播出后民众震惊。"陕西民警打屁股案":2016年5月16日,兰州财经大学学生小鹏(化名),他和同学在兰州财经大学公寓旁的饭馆内因上厕所被外面人催促,双方发生产冲突,警方赶到现场处置。他的同学被民警揪住欲带上警车,但同学未上车,遭到民警脚踹。小鹏便用手机拍摄民警粗暴执法,民警见有人拍摄,立即上前制止,要求拿出手机,小鹏拒绝交出手机,也被带到派出所。因拒绝交出所拍视频,他和同学遭"发火"的民警持警棍殴打并轮番扇耳光,两位大学的"屁股被打开花"。

② "佘祥林错杀妻案":佘祥林,又名杨玉欧,湖北省京山县雁门口镇人。1994年1月2日,佘祥林妻子张在玉因患精神病走失失踪,张在玉的家人怀疑张在玉被丈夫杀害。同年4月28日,佘祥林因涉嫌杀人被批捕,被判处死刑,剥夺政治权利终身。后因行政区划变更,佘祥林一案移送荆门市中级人民法院审理,1998年9月22日,佘祥林被判处15年有期徒刑。2005年3月28日,佘妻张在玉突然从山东回到京山县。同年4月13日法院经重新开庭审理,宣判佘祥林无罪。2005年9月2日,佘祥林领取了70余万元国家赔偿。

③ "赵作海错杀人案"。1998年2月,公安机关接报案称:河南省商丘市柘城县老王集乡赵楼村赵振裳失踪4个多月,怀疑被同村的赵作海杀害。1999年5月8日,赵楼村在挖井时发现一具高度腐烂的无头、膝关节以下缺失的无名尸体。公安机关遂把赵作海作为重大嫌疑人并于同年5月9日将其刑拘。1999年5月10日至6月18日,赵作海做了9次有罪供述。2002年12月5日商丘中院作出一审判决,以故意杀人罪判处被告人赵作海死刑,缓期两年执行,剥夺政治权利终身。河南省法院经复核,于2003年2月13日作出裁定,核准商丘中院上述判决。2010年5月9日,因"被害人"赵振裳的突然回家,在监狱已服刑多年的赵作海被宣告无罪释放。河南省高级法院于2010年5月8日作出再审判决,宣告赵作海无罪。2010年5月17日,赵作海领到国家赔偿金和困难补助费65万元。

逼供，都拷问着司法公正，也追问着人身安全权的保护。特别是"赵作海错杀人案"，是在办案人员使用暴力的情况下才连续9次招供"有罪"。释放出来的赵作海还是心有余悸地回答记者的提问：

新京报："你当时在派出所两天，在县公安局一个多月，在哪里挨打了？"

赵作海："都挨打了。在刑警队挨打最厉害。"

新京报："你还记得当时怎么打你吗？"

赵作海："拳打脚踢，从抓走那天就开始打。你看我头上的伤，这是用枪头打的，留下了疤。他们用擀面杖一样的小棍敲我的脑袋，一直敲一直敲，敲得头发晕。他们还在我头上放鞭炮。我被铐在板凳腿上，头晕乎乎的时候，他们就把一个一个的鞭炮放在我头上，点着了，炸我的头。"

新京报："疼吗？"

赵作海："直接放头上咋不疼呢。炸一下炸一下的，让你没法睡觉。他们还用开水兑上啥药给我喝，一喝就不知道了。用脚跺我，我动不了，连站都站不起来。"[1]

"佘祥林错杀妻案"和"赵作海错杀人案"之所以会被纠正，不是因为当事人的申诉而发现是错案，而是因为案件中的被害人的出现才为当事人"昭雪"的。除了今年发生的"佘祥林错杀妻案"和"赵作海错杀人案"外，1998年在云南省还发生了相似的错判杀人罪的"杜培武错案"。这桩错案是因为真正凶手被抓捕才让当事人得到昭雪。[2]

近年来，国家加强司法公正，加大对冤假错案的追究力度，依法纠正了许多冤假错

---

[1] 《赵作海被打得生不如死叫我咋说我咋说》，载《新京报》2010年5月12日。

[2] 杜培武原是昆明市公安局戒毒所的民警，因被怀疑是一起恶性枪杀警察案件的凶手，于1998年4月22日，被昆明市公安局刑侦部门关押审讯。1998年8月2日，昆明市检察院批准逮捕了杜培武。1999年2月，昆明市中级人民法院以故意杀人罪判处杜培武死刑，剥夺政治权利终身。杜培武上诉云南省高级人民法院后，被改判死刑，缓期两年执行。2000年6月，昆明警方破获了一个震惊全国的杀人劫车特大团伙案，意外地洗清了杜培武的冤情。同年7月，杜培武终于被无罪释放。至此，杜培武已整整被关押了26个月。

案,包括"呼格吉勒图案""念斌案"等在全国具有影响的案件。① 此外还有,杨波涛故意杀人案被判死缓后被公诉机关撤销,张光祥抢劫案判处死缓,二审改判无罪;高如举、谢石勇抢劫案死刑,公诉机关撤诉等等。

透过这些冤假错案的背面,我们感觉到保护人身安全权的重要性,感觉到人权法制度建设的任重道远。同时笔者意识到树立人权观念比树立普通的法制观念更重要,意识到完善人权法制,比建设一般法制更为重要。

第四节 基本生活水准权

一、基本生活水准权的概念与特征

(一)基本生活水准权的概念

基本生活水准权,也称相当生活水准权,或称最低生活保障权,是指家庭人均收入低于当地政府公告的最低生活标准的社会成员,为保证该家庭成员基本生活所需得到满足,可以要求国家给予一定现金资助或物质资助的权利。最低生活标准是实现生存权的底线。当家庭人均收入或个人收入低于最低生活标准的,即达到贫困线的生活。国家对生活达到贫困线的社会成员,给予相应补助以保证其基本生活不低于最低生活标准,这是社会保障的底线,也是维护人的尊严的物质保障的底线。从纯物质的角度来看,相当生活水准意味着划定了社会生活的贫困线的生活水准,具体表现为"食物、衣着和住房作为基本必需品"。在实践中,国际人权公约多使用"最低生活水准"的概念。例如,《世界人权宣言》第25条规定:"人人有权享受为维持他本人和家属的健康和福利所需的生活水准。"在我国,相关的规范性文件更多的使用"最低生活保障"的概念。2009年颁布的《国家人权行动计划》开始使用"基本生活水准权利"的概念。

---

① "呼格吉勒图案":2014年12月15日,内蒙古自治区高级人民法院向呼格吉勒图父母送达再审法律文书,撤销原判,判决呼格吉勒图无罪。1996年4月,内蒙古自治区呼和浩特市毛纺厂年仅18周岁的职工呼格吉勒图被公安机关确定为'4·9案'凶手。案发61天后,法院判决呼格吉勒图死刑,并立即执行。纠错原因是"真凶再现"所以法院才重新判决呼格吉勒图无罪。

"念斌案":2006年7月27日夜,福建省平潭县澳前村17号两住户的居民家中多人出现中毒症状,其中有两人经抢救无效死亡。警方经过侦查,确定是人为投入氟乙酸盐鼠药所致,认为其邻居念斌有重大作案嫌疑,所以将其逮捕、提起公诉。后该案历时8年10次开庭审判,4次被判处死刑。但2010年10月,最高人民法院以"事实不清、证据不足"发出不核准死刑的裁定书,并撤销原判发回福建省高级人民法院重审。2011年5月5日,福建省高级人民法院也撤销了福州市中级人民法院对念斌的死刑判决,该案件发回福州市中级人民法院重新审判。2011年9月7日,该案在福州市中级人民法院再次开庭审理,再次对念斌判处死刑,剥夺政治权利终身。2014年8月22日,福建高院作出终审判决:一、撤销福州市中级人民法院(2011)榕刑初字第104号刑事附带民事判决。二、上诉人念斌无罪。三、上诉人念斌不承担民事赔偿责任。

我国实行的是城乡二元结构，城市居民与农村居民享受不同的最低生活保障制度。这就决定了我国公民之间的基本生活水准是有差别的。城市居民的基本生活水准，即城市居民生活最低保障，简称为"城市低保"，是当前我国社会保障体系的重要组成部分，是维护和保障城市困难居民基本生存权的一项根本措施。农村居民基本生活水准，即农村居民最低生活保障，简称为"农村低保"，是近年来开始试行的社会保障制度，是重点维护和保障农村老、弱、病、残及特别生活困难的农村居民基本生存权的一项重要举措。

最低生活保障是我国的一种传统做法，但过去的含义与今日大有不同。在过去，救济对象被分成不同类型，实行差别待遇。20世纪80年代以来，不少地方纷纷探索救济方式的改革。1993年上海市在全国率先建立最低生活保障制度，至1999年在全国范围内铺开。1999年9月，《城市居民生活最低保障条例》经国务院审定并于同年10月1日在全国施行，意味着城市居民最低生活保障制度在全国范围内全面推行，也是我国社会救助工作发展的一个重要标志。

（二）基本生活水准权的特征

基本生活水准权，是一种社会保障制度赋予保障公民最低生活底线的权利。它是指国家对达到贫困线的人口给予相应补助以保证其基本生活不至于陷入贫困生活的做法。其主要特点如下：

1. 保证生存权的最基本生活费补贴。基本生活水准权，即最低生活保障权，是国家对家庭人均收入低于当地法律规定的最低生活标准的人口给予一定现金赞助，用于其生活费用补贴，防止贫困人口陷入生活贫困的窘境。这类的生活费补贴，不能用于创业式投资。

2. 为贫困人口提供的一种救济。最低生活水准权的实现条件是生活低于贫困线以下的才能享有，它是法律对贫困人口提供的生活救济，不同于公民之间的捐赠，也不同于养老金的领取。

3. 具有临时性。曾经享受过最低生活保障的人口或家庭，如果经济状况好转，家庭收入超过了规定的救济标准则不再享受最低生活保障补助金。

（三）基本生活水准权的意义

基本生活水准权是公民享有的一项基本人权，是维持人的生命所需要的最基本的物质保障，是生存权的底线。享有基本生活水准权，就是守护了生存所需要的物质底线；享有基本生活水准权，也就维护了人的生命与尊严的物质保障的底线。

基本生活水准权是人应当享有的权利，是生命权、生存权的派生，是自然权利向社会权利的正义主张。保障基本生活水准权是国家应当履行的义务和职责。因此，保障公民的基本生活水准权，国家必须建立最低生活保障制度。没有最低生活保障制度，基本生活水准权就无法成为实有的权利。

近年来，我国在积极探索建立最低生活保障制度方面作出了一些努力，初步建立了城市最低生活保障制度,启动了农村最低保障制度的运行。全国建立最低生活保障制度,体现了国家对保障人权工作的重视,也为今后全面解决城市和农村的贫困人口的基本生活问题提供了制度保障。同时,这也是建立和完善社会保障体系的重要内容。特别是做好农村最低生活保障工作,对于促进社会发展,逐步缩小城乡差距,维护社会公平,以及构建和谐社会都具有重要意义。

二、基本生活保障线的确定

(一)世界各国确定最低生活保障线的方法

世界各国确定最低生活保障线有以下几种方法:(1)生活需求法:根据当地维持最低生活所需的物品和服务列出清单,根据市场价计算需多少现金,此金额即为最低生活保障金额。(2)国际贫困标准法:经济合作和发展组织提出,以一个国家或地区社会中,收入或平均收入的50%到60%作为贫困线。(3)恩格尔系数法[①]:它是指食品支出总额占个人消费支出总额的比重大小而形成衡量生活水平的指数。国际上常常用恩格尔系数来衡量一个国家和地区人民生活水平的状况。一个家庭或国家的恩格尔系数越小,就说明这个家庭或国家经济越富裕。根据联合国粮农组织提出的标准,恩格尔系数在59%以上为贫困,50%~59%为温饱,40%~50%为小康,30%~40%为富裕,低于30%为最富裕。在社会保障中,恩格尔系数还被用来确定一个地区的社会最低生活保障额度,用家庭食品消费的绝对支出除以恩格尔系数得出所需消费支出,可得出最低生活保障金额。

(二)恩格尔系数在中国

在中国,恩格尔系数是否作为划分生活水平的指数,学术界一直存有争议。持否定意见的学者认为,中国居民生活状况并不符合恩格尔定律,例如1997年福建省城镇居民恩格尔系数在全国各省中最高,达到62%,海南省为59%;而生活水平较低的陕西省城市居民恩格尔系数为47%,宁夏为46%。[②] 再如,一篇名为"恩格尔系数数据在中国的尴尬:中国人生活得很好了吗?"的文章指出,调查显示,北京市的居民在2005年各项消费支出中,食品支出的比例最高,达35.2%,即恩格尔系数为35.2%。如前所述,国际上常用恩格尔系数标准是,恩格尔系数30%~39%为富裕,低于30%为最富裕。如

[①] 恩格尔系数是食品支出总额占个人消费支出总额的比重。19世纪德国统计学家恩格尔根据统计资料,对消费结构的变化得出一个规律:一个家庭收入越少,家庭收入中(或总支出中)用来购买食物的支出所占的比例就越大,随着家庭收入的增加,家庭收入中(或总支出中)用来购买食物的支出比例则会下降。推而广之,一个国家越穷,每个国民的平均收入中(或平均支出中)用于购买食物的支出所占比例就越大,随着国家的富裕,这个比例会下降趋势。其计算公式如下:食物支出金额÷总支出金额×100%=恩格尔系数。除食物支出外,衣着、住房、日用必需品等的支出,也同样在不断增长的家庭收入或总支出中,所占比重上升一段时期后,呈递减趋势。

[②] 《恩格尔系数》,http://baike.baidu.com/view/28093.htm,访问日期:2010年11月5日。

果按以上标准来看,北京市民达到了富裕的生活水平。广州市统计局也发布了相同的调查数据,2005年广州市城镇居民恩格尔系数为37.31%、农村居民恩格尔系数为43.22%。按恩格尔系数来衡量,广州人生活水平已跨过小康达到了富裕水平。①

尽管学者们对恩格尔系数有争议。但总体看,中国城镇居民生活水平的变化还是符合恩格尔规律的。1978年,中国农村家庭的恩格尔系数约68%,城镇家庭约59%,平均计算超过60%。这说明中国是贫困国家,温饱还没有解决。当时,中国没有解决温饱的人口共有2亿4800万人。改革开放以后,随着国民经济的发展和人们整体收入水平的提高,中国农村家庭、城镇家庭的恩格尔系数都不断下降。到2003年,中国农村居民家庭恩格尔系数已经下降到46%,城镇居民家庭约37%,加权平均约40%,就是说已经达到小康状态。可以预测,今后中国农村、城镇居民的恩格尔系数还将不断下降。② 据资料反映,2013年,我国城镇居民的恩格尔系数达到35%,农村居民恩格尔系数为37.7%;2014年城镇居民恩格尔系数为36%,农村居民恩格尔系数为40%。③

(三)我国基本生活水准的确定

根据我国有关规定,城市居民最低生活保障标准,是按照当地维持城市居民基本生活所必需的衣、食、住费用,并适当考虑水电燃煤(燃气)费用以及未成年人的义务教育费用加以确定。④ 农村最低生活保障标准,由县级以上地方人民政府按照能够维持当地农村居民全年基本生活所必需的吃饭、穿衣、用水、用电等费用确定,并报上一级地方人民政府备案后公布执行。⑤

《国家人权行动计划(2012—2015年)》对提高城乡低保和社会救助水平提出了具体要求:"完善城乡低保标准的科学制定机制和动态调整机制,城乡低保标准年均增幅达到10%,农村五保供养标准达到当地农村居民平均生活水平。推行城乡低保分类施保,提高老年人、残疾人、未成年人和重病患者的救助水平。到2015年,全国城乡低保人数占总人口的比例达到6%左右,实现应保尽保。"

由于我国存在城乡二元结构,加上各地经济发展不平衡,所以,我国最低生活水准不可能采取统一的标准,而是各省根据本省的经济发展水平,划分本省的"城市低保"标准与"农村低保"标准。

1.城市低保标准。以2007年的低保资料为例。据资料统计,总体上看,全国城市低保人员已经连续5年稳定在2200多万人。截至2007年9月,城市低保人数为2238

---

① 《恩格尔系数数据在中国的尴尬:中国人生活得很好了吗?》,http://www.315cx.com.cn/shownews.asp?id=33965,访问日期:2010年11月5日。
② 《恩格尔系数》,http://baike.baidu.com/view/28093.htm,访问日期:2010年11月5日。
③ 《中国统计年鉴2014 城乡居民人均收入及恩格尔系数》http://www.doc88.com/p-5354468777261.html。
④ 《城市居民生活最低保障条例》第6条第1款。
⑤ 参见2007年7月11日,国务院颁布的《关于在全国建立农村最低生活保障制度的通知》国发〔2007〕19号文件。

万人。到 2015 年上半年,城市低保 2307.8 万人,比 7 年前增加近 70 万人。全国城市每月每人平均低保标准:2005 年为 155 元,2006 年为 170 元,2007 年为 179 元。2015 年为 439 元,比 2007 年提高了 260 元。在我国,以 2007 年和 2015 年的最低生活保障线为例进行比较,重点城市的低保标准最高的城市为广州市为 330 元;其次为上海市为 320 元;最低的为乌鲁木齐市,为 159 元。2015 年从资料反映,最高的城市为上海市为 710 元,其次为北京市为 320 元,第三名是南京市为 700 元,最低的为南宁市为 250 元。①

2.农村低保标准。以 2007 年的低保标准为例。据资料统计,按照截至 2007 年 9 月全国 31 省区市已经建立的"农村低保"标准看,全国平均低保标准为每人每年 851 元,即每人每月低保标准平均为 71 元。其中,农村低保标准线最高的是上海市,每月每人标准为 233 元,其次为北京和天津,分别为每月 167 元和 166 元。农村低保标准线最低的是西藏自治区,每月仅为 22 元,且 100% 补差,月人均补差 22 元;其次是陕西和宁夏,分别为 36 元和 37 元。到 2015 年,农村低保计 5179.6 万人,农村低保标准线最高的是上海市为 790 元,其次为北京市为 710 元,第三名是南京市为 700 元,最低的为南宁市为 103 元。可见农村低保标准线和城市低保标准线趋向一致。②

三、基本生活水准权的实现

(一)保障基本生活水准权的启动

保障基本生活水准权的启动,主要包括城市最低生活水准权的启动和农村最低生活水准权的启动。

1.城市最低生活水准权的启动。城市居民最低生活保障制度首先在上海开始试行,后在全国推行。1993 年上海市在全国率先建立最低生活保障制度,至 1999 年在全国范围内全面推开。1997 年 9 月 2 日,国务院下发了《关于在全国建立城市居民最低生活保障制度的通知》(国发〔1997〕29 号),要求在全国建立城市居民最低生活保障制度。1999 年 9 月,国务院通过《城市居民生活最低保障条例》,并于同年 10 月 1 日施行。这标志着城市居民最低生活保障制度在全国范围内全面推行,是我国居住在城市的社会成员享有基本生活水准权的法律依据。

2.农村最低生活水准权的启动。我国农村居民的最低生活保障工作开始于 2007

---

① 参见张时飞、唐钧:《城乡的最低生活保障制度基本形成》,http://www.sociology.cass.cn/shxw/shgz/stgz41/P020080115324216259633.pdf,访问日期:2010 年 11 月 5 日。参见《2015 年低保申请条件、发放标准》,大家保险网,http://www.dajiabao.com/zixun/15941.html 访问日期:2016 年 8 月 2 日。

② 参见张时飞、唐钧:《城乡的最低生活保障制度基本形成》,http://www.sociology.cass.cn/shxw/shgz/stgz41/P020080115324216259633.pdf,访问日期:2010 年 11 月 5 日。参见《2015 年低保申请条件、发放标准》,大家保险网,http://www.dajiabao.com/zixun/15941.html 访问日期:2016 年 8 月 2 日。

年。2007年7月,国务院发布《关于在全国建立农村最低生活保障制度的通知》,要求在全国建立农村最低生活保障制度。建立农村最低生活保障制度的目标是:通过在全国范围建立农村最低生活保障制度,将符合条件的农村贫困人口全部纳入保障范围,稳定、持久、有效地解决全国农村贫困人口的温饱问题。各地要从当地农村经济社会发展水平和财力状况的实际出发,合理确定保障标准和对象范围。同年8月,民政部通报:"全国31省区市都已经建立了农村最低生活保障制度,覆盖了2068万人。"①

(二)最低生活水准权的落实

1. 城市最低生活水准权的落实

城市居民最低生活保障制度的保障对象是家庭人均收入低于当地最低生活保障标准的持有非农业户口的城市居民,主要对象是以下三类人员:(1)无生活来源、无劳动能力、无法定赡养人或抚养人的居民;(2)领取失业救济金期间或失业救济期满仍未重新就业,家庭人均收入低于最低生活保障标准的居民;(3)在职人员和下岗人员在领取工资、基本生活费后以及退休人员领取退休金后,其家庭人均收入仍低于最低生活保障标准的居民。

根据《城市居民最低生活保障条例》规定,持有非农业户口的城市居民,凡共同生活的家庭成员人均收入低于当地城市居民最低生活保障标准的,均有资格申请城市居民最低生活保障的救济。申请的条件是持有非农业户口的城市居民。凡共同生活的家庭成员人均收入低于当地城市居民最低生活保障标准的城市居民,可以行使最低生活水准权。这里的收入,是指共同生活的家庭成员的全部货币收入和实物收入。申请享受城市居民最低生活保障待遇的程序性规定:由户主向户籍所在地的街道办事处或者镇人民政府提出书面申请,并出具有关证明材料,填写"城市居民最低生活保障待遇审批表"。经由申请人所在地的街道办事处或者镇人民政府初审,并将有关材料和初审意见报送县级人民政府民政部门审批。管理审批机关为审批城市居民最低生活保障待遇的需要,可以通过入户调查、邻里访问以及信函索证等方式对申请人的家庭经济状况和实际生活水平进行调查核实。对符合条件的申请人予以审批,审批时限一般不超过10天。申请人员经最低生活保障管理审批机关审核批准后,即成为城市居民最低生活保障对象。

享受城市居民最低生活保障待遇的家庭分为全额享受和差额享受两类。对于无生活来源,无劳动能力,又无法定赡养人、扶养人或抚养人的城市居民,按照当地城市居民最低生活保障标准全额享受;对尚有一定收入的城市居民,按照家庭人均收入低于当地城市居民最低生活保障标准的差额享受。对于同一家庭成员有两类户籍的(既有城市户口又有农业户口),一般由城市户口一方到户籍所在地街道办事处或镇人民政府进行申请,另一方户籍所在地街道或镇人民政府提供其农业户口的收入情况,然后根据双方

---

① 《"全民低保"进入攻坚阶段》,载《第一财经日报》2007年8月1日。

总收入计算家庭人均收入。之后,城市户口方家庭成员可按所在地的城市最低生活保障标准差额享受城市居民最低生活保障补助金,农村户口方家庭成员可按农村最低生活保障标准享受农村最低生活保障补助金。但是户口所在地未实施农村最低生活保障制度的除外。

2.农村最低生活水准权的落实

我国农村最低生活保障制度包括"五保户"农村供养制度和新型农村最低生活保障制度。

(1)"五保户"供养制度[①]

在农村,我国政府很早就对"五保"对象的生活进行救助,已经具有50多年的历史。1994年国务院出台《"五保户"农村供养工作条例》,推进我国"五保户"供养工作进入规范化轨道。该条例于2006年3月废止。2006年国家重新出台了《中华人民共和国农村五保户供养工作条例》(简称《五保户供养条例》),自2006年3月1日起施行。根据《五保户供养条例》第2条规定,"本条例所称农村五保供养,是指依照本条例规定,在吃、穿、住、医、葬方面给予村民的生活照顾和物质帮助。"第6条规定:"老年、残疾或者未满16周岁的村民,无劳动能力、无生活来源又无法定赡养、抚养、扶养义务人,或者其法定赡养、抚养、扶养义务人无赡养、抚养、扶养能力的,享受农村五保供养待遇。"

(2)新型农村最低生活保障制度

2007年7月,国务院发出《关于在全国建立农村最低生活保障制度的通知》,制定了农村低保制度。农村低保对象范围,是指家庭人均纯收入低于当地低保标准的贫困居民,根据各地农村低保工作的实际情况,重点保障那些因疾病、残疾、年老体弱、丧失劳动能力和生存条件恶劣等原因造成家庭生活常年困难的农村居民。其内容主要包括:申请条件、管理程序、最低保障待遇、保障资金管理。

申请条件要求:家庭人均纯收入低于当地低保标准的贫困居民,可以提出申请。但是,根据各地农村低保工作的实际情况,重点保障那些因疾病、残疾、年老体弱、丧失劳动能力和生存条件恶劣等原因造成家庭生活常年困难的农村居民。

待遇规定:由于各地经济社会发展不平衡,各地低保标准不一样,申请人享受的待遇也大不相同。根据民政部的统计,截至2006年底,低保对象实际领到的低保金为月人均33.2元;截至2007年第一季度末,则为27.6元。由于2006年下半年以来,一些中西部省份陆续出台了农村低保政策,虽然保障人数有所增加,但按人均计算的补助水平则略有下降。[②]

2016年开始,上海、北京、天津、福建省、广东省、贵州省、江苏省、辽宁省、宁夏、浙

[①] "五保户"供养制度,是指对农村居民中的老年、残疾或者未满16周岁的村民,无劳动能力、无生活来源又无法定赡养、抚养、扶养义务人,或者其法定赡养、抚养、扶养义务人无赡养、抚养、扶养能力的,在吃、穿、住、医、葬方面给予的生活照顾和物质帮助的制度。

[②] 《民政部最低生活保障司解答媒体关心的农村低保问题》,http://www.mca.gov.cn/article/zwgk/jd/200712/20071200005161.shtml,访问日期:2010年11月5日。

江省等10多个省市相继调整最低生活保障标准。十分可喜的是部分城市实现了城镇居与农村居民的低保标准"并轨",例如,上海、苏州、北京三个城市实现了城镇居与农村居民低保标准的统一,其中:上海市2016年城镇居与农村居民低保标准最高,每月为880元,苏州市低保标准次之,每月为810元,而北京市低保标准则排名第三位,每月为800元。①

最低生活保障资金管理要求:农村最低生活保障资金的筹集以地方为主,地方各级人民政府要将农村最低生活保障资金列入财政预算,省级人民政府要加大投入。地方各级人民政府民政部门要根据保障对象人数等提出资金需求,经同级财政部门审核后列入预算。中央财政对财政困难地区给予适当补助。地方各级人民政府及其相关部门要统筹考虑农村各项社会救助制度,合理安排农村最低生活保障资金,提高资金使用效益。同时,鼓励和引导社会力量为农村最低生活保障提供捐赠和资助。农村最低生活保障资金实行专项管理,专账核算,专款专用,严禁挤占挪用。

四、保障基本生活水准权的目标

(一)国内保障基本生活水准权的近期目标

《国家人权行动计划(2009—2010年)》指出,要继续采取有效措施,促进城乡居民特别是中低收入居民收入的逐步增长,完善最低生活保障等制度,努力维护城乡居民获得基本生活水准的权利。具体目标如下:

1.居民年人均收入。《国家人权行动计划(2009—2010年)》要求:努力提高国民收入水平,城镇居民年人均可支配收入达到人民币15781元以上,农村居民年人均纯收入在2008年的4761元的基础上,每年实际增长6%左右。《国家人权行动计划(2012—2015年)》提出:保持城乡居民收入实际增长和经济增长同步。2011—2015年,国内生产总值年均增长7%,城镇居民人均可支配收入和农村居民人均纯收入分别年均增长7%以上。调整收入分配格局。提高居民收入在国民收入分配中的比重,提高劳动报酬在初次分配中的比重,扩大中等收入者比重,增加中低收入者收入。经过努力,截至2015年年底,我国居民人均可支配收入人民币22000元,其中城镇居民年人均可支配收入达到人民币32100元,农村居民年人均纯收入人民币11400元。②另外,根据国务院公布的《〈国家人权行动计划(2012—2015年)〉实施评估报告》指出,2012—2015年,居民人均可支配收入增长速度总体上高于同期国内生产总值增长速度,城镇居民人均可支配收入和农村居民人均纯收入年均增长率分别为7.5%和9.2%,超过7%的计划预期目标。《国家人权行动计划(2016—2020年)》进一步提出:确保城乡居民收入增长

---

① 中国社保网:《2015各地城乡居民最低生活保障标准一览表》,http://www.spicezee.com/fagui/111880.html,访问日期:2015年7月8日。

② 统计局《2015年全国居民人均可支配收入增8.9% 远超GDP增速》,http://finance.ifeng.com/a/20160119/14176413_0.shtml,访问日期:2016年8月3日。

与经济增长同步。到2020年国内生产总值和城乡居民人均收入比2010年翻一番。

2.解决扶贫对象温饱问题。加大扶贫工作力度,尽快稳定解决扶贫对象的温饱问题,并逐步提高其收入水平,实现脱贫致富。《国家人权行动计划(2012—2015年)》要求:落实《中国农村扶贫开发纲要(2011—2020年)》,逐步提高扶贫标准。实施集中连片特殊困难地区扶贫攻坚工程,对2.4万个村整村推进。大力发展贫困山区林业,2015年贫困地区森林覆盖率比2010年底增加1.5个百分点,力争实现贫困农户一户一项增收项目。《国家人权行动计划(2016—2020年)》要求:到2020年,实现特色产业脱贫3000万人,转移就业脱贫1000万人,实施易地扶贫搬迁1000万人,对其余完全或部分丧失劳动能力的贫困人口实行社保政策兜底脱贫2000万人。实现现行标准下的农村贫困人口全部脱贫,贫困县全部摘帽。同时,加大"雨露计划"实施力度,每年完成对100万贫困劳动者的转移技能培训和对1000万劳动者的实用技术培训。《国家人权行动计划(2016—2020年)》要求,到2020年,累计培训农民工4000万人次,基本消除劳动者无技能从业现象。

3.改善住房条件。《国家人权行动计划(2009—2010年)》指出:发展普通商品住房和经济适用住房,改善城市中低收入家庭住房条件;健全廉租房制度,加快解决城市低收入家庭住房困难;严格执行拆迁的许可、资金监管、协议、评估、项目转让审批、住房保障、补偿救济和听证等制度,保障被拆迁人的合法权益。《国家人权行动计划(2012—2015年)》在制定基本住房保障条例和帮助贫困农户解决基本住房安全问题上提出新的目标要求:加快廉租住房、公共租赁住房、经济适用房等保障性住房建设,推进城镇棚户区改造,力争使城镇中等偏下和低收入家庭住房困难问题得到基本解决,新就业职工住房困难得到缓解,外来务工人员居住条件得到明显改善;到2015年,全国保障性住房覆盖面达到20%左右;加快林区、垦区、煤矿等棚户区改造,"十二五"期间改造林业棚户区(危旧房)81.53万户。在帮助贫困农户解决基本住房安全问题方面,国家要继续发挥政府补助资金的引导作用,建立农村危房改造长效机制。2012—2015年,累计帮助500万贫困农户的危房改造。《国家人权行动计划(2016—2020年)》针对保障住房安全提出新目标:改造各类城镇棚户区住房2000万套,加强对贫困地区的支持,推动居住证持有人享有与当地户籍人口同等的住房保障权利。

4.完善最低生活保障制度。修订《城市居民最低生活保障条例》,研究制定《城市低保标准测算与调整办法》《城市低保家庭收入核算办法》和《城市低保分类施保实施办法》。推进《农村最低生活保障条例》的制定工作,规范农村最低保障标准、对象审核、分类分档救助等环节,实现应保尽保,逐步提高保障水平。

(二)国际保障基本生活水准权的目标

1.《联合国千年发展目标》

国际保障基本生活水准权的目标,体现在联合国制定的《联合国千年发展目标》。2000年9月,世界各国领导人就消除贫穷、饥饿、疾病、文盲、环境恶化和对妇女的歧视,商定了一套有时限的目标和指标,即《联合国千年发展目标》,也称为《联合国千年宣言》。189个的联合国成员国在联合国首脑会议上签署了《联合国千年宣言》。这是一份国际性保障基本生活水准权以及消除疾病、文盲、环境恶化和对妇女的歧视的国际性文件,对全球性实现保障基本生活水准权具有重要意义。千年发展目标主要包括:消灭极端贫穷和饥饿;普及小学教育;促进男女平等并赋予妇女权利;降低儿童死亡率;改善产妇保健;与艾滋病、疟疾和其他疾病做斗争;确保环境的可持续能力;全球合作促进发展等8项内容。其中,消除贫穷、饥饿是重要内容,且提出了明确的行动计划和目标,即:在2015年之前将全球贫困水平降低一半,对比的基数是按1990年的生活水平作为标准。

具体地说,联合国千年发展目标的8项具体内容与生存权有关的内容包括:(1)消灭极端贫穷和饥饿。靠每日不到1美元维生的人口比例减半,使所有人包括妇女和青年人都享有充分的生产就业和体面工作,挨饿的人口比例减半,到2020年使至少1亿贫民窟居民的生活有明显改善。(2)降低儿童死亡率。5岁以下儿童的死亡率降低三分之二。(3)改善产妇保健。产妇死亡率降低四分之三。(4)与艾滋病、疟疾以及其他疾病对抗。遏止并开始扭转艾滋病毒、艾滋病的蔓延,遏止并开始扭转疟疾和其他主要疾病的发病率增长。(5)确保环境的可持续能力,将可持续发展原则纳入国家政策和方案;扭转环境资源的流失;无法持续获得安全饮用水的人口比例减半。

此外,其他内容包括:(1)加强全球合作促进发展。进一步发展开放的、遵循规则的、可预测的、非歧视性的贸易和金融体制,包括在国家和国际两级致力于执政为民或宽容执政、发展经济和减轻贫穷。(2)满足最不发达国家的特殊需要。这包括对其出口免征关税、不实行配额;加强重债穷国的减债方案,注销官方双边债务;向致力于减贫的国家提供更为慷慨的官方发展援助等内容。

2.中国发展战略与千年发展目标

消除贫困与饥饿是千年发展目标中的首要目标。中国认识到保持经济持久稳定的增长必须根植于国内需求特别是居民最终消费需求。中国通过提高居民收入特别是农民和城市低收入群体的收入、完善社会保障、改善消费环境等措施,增强消费需求对经济增长的拉动作用,取得了积极成果。在扩大内需、促进经济增长的过程中,中国解决了两亿多人口的温饱问题,提前实现了消除贫困与饥饿的千年发展目标。下面的表格总结了中国2008年前执行千年发展目标取得进展的初步判断。①

---

① 2008年《中国实施千年发展目标进展情况报告》,http://www.un.org/chinese/millenniumgoals/china08/conclusion.html,访问日期:2010年11月6日。

具体目标	目标是否可以实现	国家支持力度
目标一：消除极端贫困和饥饿		
目标1A：每日收入到1美元以下的人口比例减半	已经实现	很好
目标1B：实现充分和有效的就业，使所有人包括妇女和年轻人有体面的工作	有可能	很好
目标1C：挨饿的人口比例减半	已经实现	很好
目标二：到2015年前普及小学教育		
目标2A：到2015年前确保各地儿童能完成全部初等教育课程	已经实现	很好
目标三：促进两性平等和赋予妇女权利		
目标3A：争取到2005年在小学教育和中学教育中消除两性差距，至迟于2015年在各级教育中消除此种差距	很有可能	很好
目标四：降低儿童死亡率		
目标4A：5岁以下儿童的死亡率降低三分之二	已经实现	很好
目标五：改善孕产妇保健		
目标5A：到2015年孕产妇死亡率降低四分之三	很有可能	很好
目标5B：到2015年实现普及生殖健康	有可能	好
目标六：与艾滋病病毒/艾滋病、疟疾和其他疾病做斗争		
目标6A：遏止并开始扭转艾滋病毒/艾滋病的蔓延	很有可能	很好
目标6B：到2010年实现艾滋病治疗的全面普及	有可能	好
目标6C：遏止并开始扭转疟疾和其他主要疾病的发病率增长	很有可能	好
目标七：确保环境的可持续性		
目标7A：将可持续发展原则纳入国家政策和方案，扭转环境资源的流失		
目标7B：降低生物多样性的丧失，到2010年显著减少丧失速度	有可能	好
目标7C：无法持续获得安全饮用和基本环境卫生的人口比例减少	很有可能	很好
目标八：建立全球发展伙伴关系		

第四章 发展关系

> 发展权的核心是人们在创造并享受物质财富的同时，还应当享受文化权利，拥有公民权利和政治权利，在实现物质享受和精神愉悦的时候，承担作为社会人的责任。国家应当确保人民发展权得以实现，让人民过上富裕、民主、文明、健康、有尊严的生活。
>
> ——题记

发展关系是人权存续关系。广义的发展关系是指个人、民族和国家积极、自由和有意义地参与政治、经济、社会和文化的活动，并公平享有社会进步所产生的利益而形成的社会关系。狭义的发展关系是指个人积极、自由和有意义地参与政治、经济、社会和文化的活动，并公平享有社会进步所产生的利益而形成的社会关系。广义的发展关系涉及国家与民族发展权，属于特殊人权关系，即集体人权。[①] 狭义的发展关系的权利是个人发展权。本章的发展关系是狭义发展关系，仅介绍个人发展权。

发展关系主要依靠国家的积极作为来实现的，除包含有国家积极推动经济发展，努力改善和提高全体人民生活质量和水平以外，还包括整个国家和民族在政治、经济、社会、文化、教育、卫生和社会福利等方面的全面发展，并努力实现社会公平与正义。狭义的发展关系主要体现为社会成员享有的发展权，即个人的发展权。个人的发展权是指个人积极、自由和有意义地参与政治、经济、社会和文化的活动，并公平享有社会进步所产生的利益的权利。个人的发展权包括了工作权、受教育权、文化权、社会保障权、环境权等方面的权利。由于篇幅限制，笔者没有对环境权加以论述。

第一节 发展权概述

发展权是以生存权的实现为必要前提，没有生存权就没有发展权。生存权的实现除了生命权、健康权、人身安全权和人身自由权作为基本保障以外，工作权是长久维持生存的经济来源，是保障生存权得以实现的重要权利。从事物发展规律看，工作权是发展权的逻辑起点，没有工作权就意味着丧失了劳动权，丧失了经济收入的来源，也就丧

---

① 特殊人权关系即集体人权关系，参见本书的第六章。

失了发展的机会。劳动是推动人类社会进步与发展的源泉,没有劳动的人类社会,是不可能向前发展的。可见,工作权是发展权的起点。实现工作权的最低要求是维系人的生存,实现工作权的最终目标是促进人类社会的进步与发展。因此,工作权与生存具有密切关系,又是发展权的重要组成部分。在当今,我国生存权得到普遍实现的时候,笔者将工作权作为发展权的重要内容加以论述。

受教育权和文化权都属于发展权的范畴。受教育权是指个人所享有的并由国家保障实现的接受教育和选择教育的权利。其实质是每个人都享有获取知识,充实自我,提升内涵并形成性格的权利。从狭义上讲,受教育是个人根据自身要求和发展规律,有目的、有计划地吸取知识,期望自己人生朝着预期方向发展的活动。具体说,受教育权是公民依法享有的要求国家积极提供均等的受教育条件和机会,通过学习来发展其个性、才智和身心能力,以获得平等的生存和发展机会的基本权利。文化权利是指社会成员人人可以自由参与文化活动,享有创作、分享和保护文化成果的权利。文化,特别是狭义的文化是学习得来的,而不是通过遗传而天生具有的。因此,学习和掌握文化知识,对人的发展具有至关重要的作用。有学者是这样认为文化权利的:"要走向社会和谐、社会公平和社会正义的美好前景,实现公民的经济权利是基础,政治权利是保障,文化权利是升华。"[1]可以这么说,实现受教育权是实现发展权的基础,享有文化权是实现较高层次的发展权,是发展权的重要组成部分。

再是,社会保障权,它既可以是生存权的"安全阀门",也可以是社会稳定发展的"安全阀门"。其中的最低生活保障制度,是保障社会成员获得维持人的基本尊严所需要的基本生活资料,不至于让社会成员的生活陷入窘境和贫困。同时,社会保障的目的是能够为社会成员提供发展的机会,提供享受社会、经济、文化等方面发展带来的利益所必需的物质保障。所以,笔者将社会保障权作为发展权的重要组成部分。

一、发展权的概念与特征

(一)发展权的概念

发展权作为一项不可剥夺的人权,是发展中国家提出来的。20世纪70年代,为了配合建立国际经济新秩序的斗争需要,发展中国家提出了发展权的概念,并将发展权作为一项基本人权。

发展权有广义和狭义之分。广义的发展权是指个人、民族和国家积极、自由和有意义地参与经济、社会、文化、政治的发展并公平享有发展所带来的利益及其成果的权利。[2]狭义的发展权是指个人积极、自由和有意义地参与政治、经济、社会和文化的活动并公平享有社会进步所产生的利益的权利。另外一种狭义的发展权是国家与民族发

---

[1] 花建:《公民文化权利是社会和谐的文化心理平台》,http://culture.people.com.cn/GB/22219/4681266.html,访问日期:2010年11月7日。

[2] 刘海年、王家福主编:《中国人权百科全书》,中国大百科全书出版社1998年版,第112页。

展权,是指国家或民族积极、自由和有意义地参与经济、社会、文化、政治的发展并公平享有发展所带来的利益及其成果的权利。国家与民族发展权是集体人权的重要组成部分,与民族自决权共同支撑起集体人权的权利体系。

广义的和狭义的发展权之间的区别,体现在权利主体的不同。广义发展权的权利主体包括了个人、民族和国家。狭义发展权的权利主体仅指个人。本章内容重点研究个人的经济及社会的发展权,具体是指个人积极地参与经济、社会活动并公平享有经济、社会活动所产生的利益的权利。例如:社会成员享有的工作权、受教育权、文化权、社会保障权等方面的权利。关于个人积极、自由和有意义地参与政治和文化的活动,并公平享有社会文明进步所带来的利益,笔者在文化权利、公民权利和政治权利部分加以论述。

发展权的法律依据来源于联合国的《发展权利宣言》。[①]《宣言》第1条规定:"发展权是一项不可剥夺的人权。由于这种权利,每个人和所有各国人民均有权参与、促进并享受经济、社会文化和政治发展,在这种发展过程中,所有人权和基本自由都能获得充分实现。"就个人发展权来说,发展权的基础性权利是生存权。就国家、民族的发展权来说,发展权的前提是民族自决权。《发展权利宣言》的颁布,标志着发展权在人权法体系中的地位得到确认。但是,发展权被国际社会普遍承认的标志,则是1993年联合国世界人权会议所通过的《维也纳宣言和行动纲领》。该文件重申:"《发展权利宣言》所确立的发展权是一项普遍和不可剥夺的人权,是基本人权不可分割的组成部分。"同时,该文件还宣布:"这些人权和基本自由的普遍性是不容置疑的。"在《发展权利宣言》通过30周年之际,2016年12月,我国政府发布了《发展权:中国的理念、实践与贡献》白皮书,其序言指出:"发展权是人类社会永恒的主题,寄托着生存和希望。发展权是一项不可剥夺的人权,象征着人类尊严和荣耀。"同时认为,发展权的实现是一个历史过程;发展权的保障必须是可持续的。发展权是个人人权与集体人权的统一,应为各国人民共有共享。

(二)发展权的特征

发展权的特征表现在以下几个方面:

1. 发展权的性质属于个人人权与集体人权的统一。每个人的自由发展是一切人的自由发展的条件,没有个人的发展,就没有集体的发展;同时,也只有在集体中,个人才获得全面发展。发展权既是每个人的人权,又是国家、民族和全体人民共同享有的人权,个人发展权只有与集体发展权统一起来,指专实现发展权的最大化。[②] 可见,发展

---

① 有的学者认为《发展权利宣言》是不具有法律约束力的国际性文件。"《发展权利宣言》并不具有国际条约的法律地位,因此,发展权是无法在法律的框架内得到执行的。"参见徐显明主编:《国际人权法学》,法律出版社2004年版,第430页。笔者认为《发展权宣言》的依据是《世界人权宣言》,后者已经成为国际惯例的国际法律文件,《发展权利宣言》也应当具有这样的效力。

② 参见2016年12月中国政府的《发展权:中国的理念、实践与贡献》白皮书。

权既是一项民族或国家享有的人权,也是一项个人人权。正如《发展权利宣言》所言,发展权作为个人权利即指每个人都有参与国家发展进程的权利;享受国家社会、经济、文化发展成果的权利;使人的尊严和价值得到充分发展和实现的权利。国家对个人发展权的实现负有责任。

2. 发展权的主体具有特殊性。首先,发展权的权利主体具有特殊性。个人、民族和国家都可以享有发展权。《发展权利宣言》指出:"发展权利是一项不可剥夺的人权,发展机会均等是国家和组成国家的个人的一项特有权利。"任何个人都享有发展权,"不分种族、肤色、性别、语言、宗教、政治或其他见解、民族本源或社会出身、财产、出生或其他身份等任何区别"。① 具体说:一方面发展权属于集体人权中个人可以享有的权利,另一方面,发展权的主体是民族或国家。联合国的《发展权利宣言》明确肯定发展权既是一项个人权利,也是一项国家或民族的集体权利。集体人权是相对个人人权而言的某一类人所立享有的人权,其权利主体是某一类特殊社会群体,或某一民族与某一国家。但是,在发展权的范畴内,个人是享有发展权的重要主体。1979年第34届联大通过的34/46号决议指出:发展权是一项人权。平等的发展机会是各个国家的天赋权利,也是各国国内个人的天赋权利。

再者,发展权的义务主体也具有特殊性。从权利与义务的关系上看,个人发展权享有权利主体是个人,承担义务主体是国家。作为民族、国家性质的发展权,其权利享有者是民族或国家,承担义务主体是整个国际社会。由此可见,在一国范围,个人发展权的实现主要有赖于国家所尽义务,即国家对个人发展承担首要责任。就国际范围而言,实现国家或民族的发展权则主要有赖于国际社会的共同努力。与此同时,国家作为集体人权的享有者,也享有发展权。国家在人权法体系中是以义务为本位的,承担义务是国家特征。但是,在享有发展权上,国家既是对个人发展权承担义务的主体,又是集体人权的权利主体,包括了发展权的权利主体。这在人权法的权利体系中是比较特殊的。

3. 发展权的内容具有广泛性。国际社会多数成员都承认,发展权作为一项既包括个人权利又包括集体权利的基本人权,不应局限于狭窄的经济范畴内,它除了意味着各国经济的发展和全体人民生活水平的提高与改善外,还意味着整个国家和民族在政治、经济、社会、文化、教育、卫生和社会福利等各个方面的全面发展和社会公正的实现。《发展权利宣言》不仅确认发展权是一项不可剥夺的人权,而且第1条明确规定:"由于这种权利,每个人和所有各国人民均有权参与、促进并享受经济、社会、文化和政治发展,在这种发展中,所有人权和基本自由都能获得充分实现。"同时,早在1976年联合国教科文组织对发展权就有如下认识:"发展是多元的。发展不仅局限于经济增长这唯一的内容;经济、文化、教育、科学与技术无疑都是各具特点的,但它们也是互相补充、互相联系的。只有当它们汇合在一起的时候,才能成为一个以人为核心的发展的保证。"②

---

① 参见联合国通过的《发展权利宣言》序言部分。
② 参见南京大学法学院主编:《人权法学》,科学出版社2004年版,第141页。

我国政府发布的《发展权：中国的理念、实践与贡献》白皮书指出："发展权的保障，既表现在经济、文化、社会、环境权利的实现中，又表现在公民权利与政治权利的获得中。"根据以上国际人权法的规定，以及中国政府发展权的理论，可以这样认为，发展权是一项普遍的、不可剥夺的基本人权，是基本人权的组成部分，是建立在民族自决权基础上的国家、民族、个人享有的经济、政治、文化和社会各方面发展权利的总和。

4.发展权的产生具有复杂性。发展权从提出到被联合国正式确认为一项基本人权，经历了一个艰苦的过程，广大发展中国家为此坚持奋争了十余年，才制定出了《发展权利宣言》，并在1986年获得联合国大会的通过。

目前，发展权问题不仅成为联合国所关心的一项基本人权，而且被作为联合国人权委员会工作中的一项优先事项加以审议。发展权作为新的历史条件下对人权问题的新的理解和要求，极大地丰富了人权概念的内容。发展权的最终目的是实现世界各国的共同发展和共同繁荣。因此，它已经得到国际社会绝大多数成员的广泛赞同和承认。但在如何尽快地和有效地实现发展权问题上，发展中国家和发达国家之间存在着不同的观点。这种分歧是当今国际人权保护领域矛盾和斗争的一个重要内容。[①] 同时，发展权的实现与自由权、平等权具有密切的联系。如果个人是在丧失人身自由，或给予普遍的区别对待的生存环境中发展，那么其发展权是不可能得到实现的。个人只有在切实保障人身自由、政治自由和平等权有效实现的环境中，发展权的实现才有可能。1998年诺贝尔经济学奖得主阿马蒂亚·森在其著作《以自由看待发展》一书中提出："消除使人们几乎不能有选择，而且几乎没有机会来发挥其理性主体的作用的各种类型的不自由，就构成了发展。"[②]

二、发展权的形成

人类的发展与进步是并存的。发展是人类社会永恒的主题，只有发展才有社会的进步，人类社会才能走向更加文明的未来。同时，发展权的内涵是伴随着人类的进步而不断发育成熟的。也就是说，随着对发展权的重视，人们逐渐将发展权的内涵抽象概括为发展权的定义，并形成具有国际法效力的国际性文件，指导人类社会拥有和行使发展权。

从发展权理论的形成看，发展权作为人权法的重要组成部分，是从两个层面开始形成的：一是发展权概念的产生，二是联合国关于发展权宣言的颁布。

(一)发展权的概念提出

发展权的概念率先由谁提出，学者们存在不同观点：一是认为，第一个使用发展权

[①] 《人权 ABC》第二节发展权：http://www.humanrights-china.org/china/rgzs/index.asp，访问日期：2010年11月7日。

[②] 转引自何爱国：《机会平等比结果平等更重要》，http://www.360doc.com/content/08/0612/21/64975_1329005.shtml，访问日期：2010年11月7日。

概念的是塞内加尔法学家可巴·姆巴耶。他于1972年在法国斯特拉斯堡人权国际研究所的一次演讲中讨论了发展权的问题。1977年,在他担任联合国人权委员会主席时,该委员会通过了一个决议专门提到发展权并建议对此课题进行研究。① 二是认为,最早提出发展权利主张的是非洲的阿尔及利亚正义与和平委员会。该委员会于1969年发表的关于"不发达国家发展权利"的报告,该报告首次使用了"发展权利"四个字。② 尽管学者们的观点不太一致,但是,可以明确,作为个人首先提出发展权概念的是塞内加尔法学家可巴·姆巴耶。

发展权概念的提出是一回事,被国际社会认可又是另外一回事。发展权被国际社会普遍接受和认可,是基于1979年的《关于发展权的决议》。这是首次在联合国决议中提出"发展权"概念的决议。它明确发展权是一项人权,"平等发展的机会既是各个国家的特权也是各国国内个人的特权",标志着国际社会对发展权的确定和认可。③

从区域性人权规范性文件看,第一个将发展作为一项集体人权加以规定的国际文件是《非洲人权和民族权宪章》。该宪章第22条第1款规定:"一切民族在适当顾及本身的自由和个性并且平等分享人类共同遗产的条件下,均享有经济、社会和文化的发展权。"第2款又规定:"各国均有义务单独或集体保证发展权利的行使。"但是该宪章并未对发展权作出任何具体的界定。④

(二)发展权国际文件的形成

发展权国际文件的形成是一个渐进的过程。大致上说发展权的确认可以分为三个阶段:20世纪40年代至60年代,发展权的理论处于萌芽状态,相关的国际文件的精神包括了发展权的内容;20世纪60年代至70年代后期,发展权的理念处于形成期,相关国际文件比较明确地提出了发展权的要求;20世纪80年代,发展权的理论成熟时期,以《发展权利宣言》通过为重要标志。

1. 发展权理论的萌芽状态

20世纪40年代至60年代,发展权的理论处于萌芽状态,相关的国际文件的精神包括了发展权的内容。第一,《联合国宪章》抽象地肯定了发展权的地位。1945年通过的《联合国宪章》抽象地肯定了集体人权的地位,其中也包含发展权思想。"促成国际合作,以解决国际间属于经济、社会、文化及人类福利性质之国际问题"是联合国的一大宗

---

① 李步云主编:《人权法学》,高等教育出版社2005年版,第334页。关于塞内加尔法学家可巴·姆巴耶提出发展权概念的时间上有所不同。另一种说法是:第一次明确提出"发展权"概念并尝试给发展权下一个定义的,则是塞内加尔第一任最高法院院长、人权国际协会副主席、联大人权委员会委员凯巴·姆巴耶。1970年他在斯特拉斯堡人权国际协会开幕式上,发表了一篇题为"作为一项人权的发展权"的演讲,指出,发展权是一项人权。杨成铭主编:《人权法学》,中国方正出版社2004年版,第315页。
② 杨成铭主编:《人权法学》,中国方正出版社2004年版,第314～315页。
③ 南京大学法学院编:《人权法学》,科学出版社2004年版,第444页。
④ 李步云主编:《人权法学》,高等教育出版社2005年版,第335页。

旨。联合国应促进"较高之生活程度、全民就业,及经济社会发展",并要求各会员国对非自治领土"在充分尊重关系人民之文化下,保证其政治经济社会及教育之进展"。第二,《世界人权宣言》提出享有社会保障权。社会保障权是发展权的重要内容。1948年的《世界人权宣言》指出,每个人作为社会的一员有权享受社会保障,并有权享受他的个人尊严和人格的自由发展所必需的经济、社会和文化方面各种权利的实现。

2. 发展权理论的形成阶段

20世纪60年代至70年代后期,发展权的理念处于形成期,相关国际文件比较明确地提出了发展权的要求。第一,《经济、社会、文化权利和国际公约》和《社会成员权利和政治权利公约》明确了发展权的内涵。1966年的两大人权公约:《经济、社会、文化权利和社会公约》和《社会成员权利和政治权利公约》,开宗明义宣布"人民有权自由谋求他们的经济、社会和文化的发展"。第二,《德黑兰宣言》首次将人权与发展权相结合。1968年5月13日,在德黑兰召开的国际人权会议通过了《德黑兰宣言》。宣言开始将发展问题与人权相结合:人权的长久进展,有赖于国内和国际的健全有效的经济和社会发展政策,而经济发达国家与发展中国家在经济上的日益悬殊,妨碍了国际社会人权的实现。该宣言第一次将发展权作为一项人权,指出"经济上发达国家与发展中国家日益悬殊,导致妨碍国际社会人权的实现"。同时,该宣言从人权角度论证了发展权的基本概念。第三,《关于发展权的决议》首次在联合国决议中提出"发展权"概念。1979年《关于发展权的决议》首次在联合国决议中提出"发展权"概念,明确发展权是一项人权,"平等发展的机会既是各个国家的特权也是各国国内个人的特权",标志着国际社会对发展权的确定和认可。

3. 发展权理论的成熟时期

20世纪80年代,发展权的理论成熟时期,是以《发展权利宣言》通过为重要标志的。《发展权利宣言》明确提出发展权是人权的组成部分。1986年12月4日,联合国大会第41/128号决议通过了《发展权利宣言》。宣言第1条第1款、第2款规定:"发展权利是一项不可剥夺的人权,由于这种权利,每个人和所有各国人民均有权参与、促进并享受经济、社会、文化和政治发展,在这种发展中,所有人权和基本自由都能获得充分实现。""人的发展权利意味着充分实现民族自决权,包括在关于人权的两项国际公约有关规定的限制下对他们的所有自然资源和财富行使不可剥夺的完全主权。"宣言全面阐释了发展权的主体、内涵、地位、保护方式和实现的基本途径,是指导各国人民及各国政府努力实现发展权的最重要的规范性文件。之后,1993年召开的世界人权大会,讨论了新形势下的国际发展问题,通过了《维也纳宣言和行动纲领》,丰富了发展权思想体系,发展权进一步向系统化发展。

4.《发展权利宣言》制定的背景

《发展权利宣言》是在《世界人权宣言》通过38年以后联合国通过的又一部十分重要的国际人权文献,它的产生标志着发展权作为第三代人权的地位得到确认。《发展权利宣言》的制定是20世纪70年代末提上议事日程的,直到80年代末才获得通过,前后经历了约十年的时间。

1977年,联合国人权委员会在第23届会议上提出发展权问题。会议通过的第4号决议请求联合国秘书长与联合国教育、科学与文化组织和其他有关的专门机构"在国际合作的基础上,将发展权作为一项人权,与其他各项人权,包括和平权,结合起来,对其国际方面加以研究,研究中应考虑到国际经济新秩序及人的基本需求"。在联合国秘书长的研究报告完成以后,1979年1月,联合国人权委员会通过第5号决议重申发展权是一项基本人权,并进一步指出:"发展机会均等,既是国家的权利,也是国内个人的权利。"1979年11月23日,第34届联合国大会通过关于发展权的第34/46号决议,再次重申发展权是一项基本人权。十年间,经过发展权工作组和发展中国家的不断努力,联合国大会终于在1986年第41届会议上以146票赞成,1票反对,8票弃权通过了第41/128号决议《发展权宣言》,明确宣布发展权是一项不可剥夺的人权。①

《发展权利宣言》的产生,反映了第三世界国家捍卫国家独立,要求独立自主地发展本国经济的强烈斗争愿望。第二次世界大战以后,国际形势发生了巨大变化。长期遭受压迫和奴役的广大殖民地人民纷纷挣脱帝国主义和殖民主义的枷锁,陆续走上了独立的发展道路。第三世界的崛起使国际政治舞台上的力量对比发生了有利于第三世界各国人民的变化。然而,由于历史的原因,已经获得政治独立的广大国家仍面临着实现经济独立的艰巨任务。不合理和不公正的国际经济秩序依然束缚着这些国家的发展,许多国家仍然处于贫困和不发达状态。捍卫国家独立,摆脱外来干涉,改变旧的国际经济秩序,独立自主地发展各自的民族经济和提高本国人民的生活水平成为发展中国家共同的强烈愿望。

早在1975年联合国人权委员会第31届会议上,广大第三世界国家就要求把实现《世界人权宣言》和《经济、社会和文化权利国际公约》中所规定的各项经济、社会和文化权利等有关问题的研究列为人权委员会长期的优先议题。1977年,联合国人权委员会第33届会议通过的第4号决议指出:"持续存在的殖民主义,侵略,对国家主权、国家统一和领土完整的威胁,外国占领,种族隔离和各种形式的歧视和统治,以及拒绝承认每一国家对其国家财富和资源行使充分主权的根本权利构成充分实现经济、社会和文化权利的根本障碍。"决议请联合国秘书长与联合国教科文组织及其他有关的专门机构,应当在国际合作的基础上,将发展权作为一项人权,与其他各项人权,包括和平权结合起来,对其国际方面加以研究,研究中应考虑到国际经济新秩序及人的基本需求。联合国秘书长根据此项决议要求提出的报告,在对发展权作了充分的分析后作出结论说:"如同其他人权一样,发展权不应被视为一个静止的概念,而是发展的概念。对发展进程看法的变化及实现经济、社会和文化方面的新国际秩序方面出现的强烈认识给发展权的重要性增加了新的内容。"②

---

① 南京大学法学院编:《人权法学》,科学出版社2004年版,第428~429页。李步云主编:《人权法学》,高等教育出版社2005年版,第334页。

② 《人权ABC》第二节发展权:http://www.humanrights-china.org/china/rgzs/index.asp,访问日期:2010年1月7日。

1979年第34届联大通过的34/46号决议指出：发展权是一项人权。平等的发展机会是各个国家的天赋权利，也是各国国内个人的天赋权利。从此，发展权开始得到国际社会的关注，并成为人权领域里的一项具有重要意义的新议题。此后，历届联合国大会、联合国经社理事会以及人权委员会一直在讨论发展权问题，并通过了一系列确认发展权是一项人权的决议。之后，联合国人权委员会成立了由15人组成的政府专家工作组，以便对发展权的范围和内容进行研究并就草拟发展权国际文书的问题提出具体建议。

三、发展权的理论问题

发展权提出后，国际社会对其性质、归属、价值取向等问题一直存在着争议。近年来，我国学者纷纷参与发展权问题的讨论，发表自己的见解。其中，武汉大学法学院汪习根教授撰写的《法治社会的基本人权——发展权法律制度研究》（中国人民公安大学出版社2002年版）是我国理论界第一部较全面系统地阐述发展权这一基本人权的理论专著。该书以法理学基本原理和人权法哲学为理论指导，运用比较分析、逻辑论证和实证分析的具体方法，来探讨发展权的基本理论及现实法律保障，强有力地批驳了发展权非人权的错误观点。①

发展权争议的理论问题主要包括以下几点：

（一）发展权的性质问题

关于发展权的性质问题，是指发展权是否属于人权范畴，这个问题曾经引起过相当大的争议。争议的一个焦点是：发展权是否具有司法上的可诉性？持实证法学派观点的学者认为，如果某项权利在司法上不具有可诉性，那么，该项权利就不应该被视为权利范畴，也就不被视为人权，该项权利只能社会要求。认为发展权不属于人权范畴的观点将人权与法律权利混为一谈，其观点是错误的。根据人权原理，人权是先于法律而存在的。人权是源于人的自然属性或者人的尊严，并非源于法律。即使人权中的某项权利在司法上不具有可诉性，也不能够影响该权利被国际社会确认为人权。

在发展权理论的形成过程中，有些西方国家声称，发展不是一项权利，而只是一种"机会"，甚至在联合国人权委员会上，还有人声称提倡发展权是一种危险的煽动。它们强调发展进程中至关重要的是个人自由和自由经济的发展。

（二）发展权的主体问题

关于发展权的主体问题，是指发展权是个人权利，还是集体权利的争议。这个争论直到《发展权利宣言》的颁布。《发展权利宣言》不仅确认发展权是一项不可剥夺的人

---

① 黄霞、胡夏冰:《发展权：人权理论新发展》，http://www.jcrb.com/n1/jcrb783/ca364680.htm 中国人权:《人权ABC》第二节发展权:http://www.humanrigts-china.org/china/rgzs/index.asp，访问日期：2010年11月7日。

权,而且明确宣布:"由于这种权利,每个人和所有各国人民均有权参与、促进并享受经济、社会、文化和政治发展,在这种发展中,所有人权和基本自由都能获得充分实现。"这就是说,发展权是社会成员享有政治、经济、社会和文化权利的全面综合。同时,不能片面地将发展权解释为仅仅是个人的权利。发展权也是作为集体人权的重要组成部分,这是自民族自决权后,对人权概念的又一大发展,被不少国家誉为第三代人权。

(三)发展权与其他人权关系

这主要是指国家与个人的关系。相对个人发展权而言,国家是个人发展权的义务主体。根据《发展权利宣言》第2条第3款的规定,发展进程的目标是在全体人民和所有个人积极、自由和有意义地参与发展和在其所带来的利益的公平分配的基础上,不断改善全体人民和所有个人的福利。《发展权利宣言》第8条通过阐述实现发展权的措施,进一步说明了这一点:"各国应该在国家一级采取一切必要的措施实现发展权利,并确保除其他事项以外所有人在获得基本资源、教育、保健服务、粮食、住房、就业、收入公平分配等方面机会均等……"为了实现发展权,国家还应该采取措施确保妇女在发展进程中发挥积极作用。同时,应该进行适当的经济和社会改革以根除所有的社会不公正现象。

(四)发达国家与发展中国家的不同观点

西方发达国家学者认为,发展中国家所倡导的发展权是一项国家和人民所享有的集体人权,这种人权并不符合传统的第一代的人权标准。其理由是:人权的最初概念,就像人们通常理解的那样,是属于个人的权利,个人的权利是与社会或国家有关的一种不可剥夺的权利。在人权的定义范围内,个人利益应该高于社会或国家的利益。当个人权利与社会或国家的利益发生冲突时,个人权利应该高于国家利益。集体权利的主张使得传统意义上的人权概念变得十分混乱,是对传统人权概念的背离。西方学者克劳福德教授认为,发展权容易与国家的权利混淆,指出在某些方面作为人民的权利的发展权与国家或政府的相关权利没有重要区别。[①] 而且,对于集体权利来说,很难确定谁是权利的享有者,谁是义务的履行者。在国际法上,国家固然拥有某些权利,但是,国家拥有的权利并不是人权。因此,作为国家权利的发展权是不可能存在的。

发展中国家认为,发展权应该是发展中国家应该享有的一种获得发展的权利,而且发达国家和国际社会应该对发展中国家的发展承担责任。其理由是:发展权是一种集体人权,是经济、社会和文化权利的集合体,并不是一项个人的人权,而是由众多的个人组成的集体所享有的权利。同时,发展权是通过集体的手段来实现的。因为,国家和民族的命运和前途决定了个人的生存和发展,没有集体的和平与发展,个人的发展就无从谈起。再是,关于发展权的主体或受益者,应该是那些需要国际社会考虑它们的需求的

[①] 李步云主编:《人权法学》,高等教育出版社2005年版,第334页。

被称为"发展中"或"欠发达"的国家。阿尔及利亚民主人民共和国国务部长兼外交部长穆罕默德·贝贾维认为,发展权是一项基本人权,是实现自由、进步、正义和创造的前提条件。发展权是人权的全部,是人权的开始与终结,是人权的目的和方法。简单地说,发展权是一项核心权利。在我们的时代,发展权反映了占五分之四的人口的绝大多数人的要求。①

(五)发展权的权利体系

关于发展权的权利体系,《发展权利宣言》未作明确具体的规定,但是国际社会多数成员国都承认,发展权作为一项既包括个人权利又包括集体权利的基本人权,不应当局限于狭窄的经济范畴内,它除了意味着各国经济的发展和全体人民生活水平的提高与改善外,还意味着整个国家和民族在经济、社会、文化、教育、卫生和社会福利等各个方面的全面发展和社会公正的实现。

从人的全面发展角度看,发展权体系应当包括经济发展权、政治发展权、社会发展权和文化发展权等方面内容,发展权应当是一个完整的不可分割的体系。

经济发展权是人权主体通过劳动或运用资产,创造和获得满足发展需要的物质资料的权利总和。它是发展权的核心,是人民生活水平提高的物质保障,制约着其他发展权的实现。政治发展权是人权主体自主决定政治发展道路、方向和模式以获得政治权利的充分实现的权利的总和。它是经济发展权的必然延伸,也"意味着民族自决权的充分实现"。社会发展权是人权主体通过参考社会活动而享有的基本资源、保健服务、粮食、住房、就业、收入公平分配等方面的均等权利总和。它也是经济发展权的延伸,其范围相当广泛。其中,个人主体享有基本生活保障、医疗保障、个人与家庭生活质量提高、工会权益保障、环境保护,以及老人、儿童、残疾人有特殊物质帮助和物质保障等方面的权利。文化发展权是发展权主体通过吸收、摈弃、离析等方式发展本国、本民族、本地区特有的文化传统的权利。它是精神思想文化发展权、教育发展权和科技发展权的结合,是经济发展权在意识形态、价值取向方面的深化。②

如前所述,本章节着重研究个人发展权问题。民族、国家发展权放在集体人权中论述。再是,关于个人发展权的研究,侧重研究个人经济发展权。关于个人在政治、社会和文化方面的发展权,将分别在文化权、社会成员权和政治权部分得以体现。

个人经济发展权,是指个人通过劳动创造或运用资产,获得满足自身发展需要的物质资料的权利总和。经济发展权是发展权的核心。同理,个人经济发展权是个人发展权的核心,是人民生活水平提高的物质保障,它制约着其他发展权的实现。个人经济发展权也是个人和家庭生活水平提高的物质保障。根据我国第一部《国家人权行动计划》的要求,个人经济发展权主要包括工作权(劳动权)、受教育权、社会保障权利、农民权益

---

① 徐显明主编:《国际人权法学》,法律出版社2004年版,第430页。
② 杨成铭主编:《人权法学》,中国方正出版社2004年版,第442~443页。

的保障、环境权。

四、中国发展权的规划

《国家人权行动计划》对我国近年的发展权作出了规划。主要内容包括：

1. 加快立法步伐。抓紧起草制定与社会保障有关的法律法规的配套规定，建立健全相关制度，加强对社会保险基金的管理、使用和监督，促进社会保险基金法规政策的贯彻落实，确保社会保险基金安全完整。完善城市流浪乞讨人员的救助制度。修订《城市生活无着的流浪乞讨人员救助管理办法》，制定《流浪未成年人救助保护条例》《救助管理站服务标准》《流浪未成年人救助保护机构服务标准》等行政法规和规范性文件。在市（地）级以上城市和重点县区建设一批设施比较完善的流浪未成年人救助保护中心。①

2. 扩大各类社会保险覆盖面。《国家人权行动计划（2009—2010）》提出：到2010年，城镇基本养老保险参保人数超过2.23亿，基本医疗保险参保人数超过4亿，失业保险参保人数超过1.2亿，工伤保险参保人数超过1.4亿，生育保险参保人数超过1亿。参加农村社会养老保险和企业年金的人数逐年增长。《国家人权行动计划（2012—2015）》提出：到2015年，城镇职工和居民参加基本养老保险人数达到3.57亿人；失业保险参保人数达到1.6亿人；工伤保险参保人数达到2.1亿人；生育保险参保人数达到1.5亿人。据资料反映，2014年底全国参加基本养老保险人数为8.42亿人，参加城镇职工基本养老保险人数为3.41亿人（比2010年多1.18亿人）；2014年，参加基本医疗保险人数为5.97亿人（比2010年多了1.97亿），其中参加职工基本医疗保险人数为2.82亿人，参加城镇居民基本医疗保险人数为3.15亿人。② 截至2014年年底，全国参加新型农村合作医疗保险人口数达7.36亿人，参加率为98.9%。③ 以上数据表明《国家人权行动计划（2009—2010年）》和《国家人权行动计划（2012—2015年）》提出的指标要求，基本上得到了实现。《国家人权行动计划（2016—2020年）》对工伤保险提出了新目标："到2020年，基本实现工伤保险法定人群全覆盖。"

3. 提高社会保险统筹层次。基本实现基本养老保险省级统筹，推进医疗、失业和工伤保险市（地）级统筹，完善工伤保险储备金制度。《国家人权行动计划（2016—2020年）》提出：完善社会保险体系，推进城乡社会救助体系建设，支持社会福利和慈善事业发展。具体要求：建立更加便捷的社会保险转移接续机制。实施社会保障卡工程，持卡

---

① 2010年10月28日第11届全国人民代表大会常务委员会第17次会议通过《中华人民共和国社会保险法》。

② 人力资源和社会保障部（简称人社部）：《2014年末全国参加基本养老保险人数为84232万人》，中国新闻网 http://www.chinanews.com/gn/2015/05—28/7307228.shtml，访问日期：2015年05月28日。人社部：《全国参加城镇基本医保人数为59747万人》，中国新闻网 http://www.chinanews.com/gn/2015/05—28/7307262.shtml，访问日期：2015年05月28日。

③ 卫计委：《2014年我国卫生和计划生育事业发展统计公报》，人民网 http://politics.people.com.cn/n/2015/1105/c1001—27782363.html，访问日期：2015年11月05日。

人口覆盖率达到90%。完善统账结合的城镇职工基本养老保险制度,实现职工基础养老金全国统筹,推出税收递延型养老保险。到2020年,符合参保条件的城乡居民参保率达到95%。

4.完善农村"五保"供养制度。制定《农村五保供养服务机构管理办法》《农村五保供养服务标准》和《农村五保供养服务设施建设专项规划》,继续实施"霞光计划",[①]切实保证农村五保对象达到当地村民平均生活水平。

第二节 工作权

一、工作权的概念与特征

（一）工作权的概念

工作权也称为劳动权,或称劳动就业权。工作权是国际人权法使用的概念,劳动权是我国宪法、法律使用的概念。为了保持人权法用语的统一性,本书采用工作权的概念。[②]

简单地说,工作权是指人人享有从事体力或脑力劳动的权利。这是在一般意义上理解工作权。深入分析工作权,其内涵就比较复杂,包括了狭义的工作权和广义的工作权。

狭义的工作权,是指具备了就业资格和就业愿望的人,享有寻求工作和取得工作岗位的权利。或者说,社会成员享有获得一份适当的工作岗位的权利。狭义的工作权包括了具备了就业资格和有就业愿望的人,享有就业权利、免受失业权利、自由选择职业权利、反对歧视性就业的权利等等。

---

① "霞光计划"是指民政部于2007年1月开始启动的"农村五保供养服务设施建设霞光计划",计划在"十一五"时期,在政府投入的基础上,利用发行福利彩票筹集的彩票公益金,修建、改建一批敬老院等农村五保供养服务机构以及散居五保对象的集中居住点,集中解决各地农村五保供养设施滞后的问题。

② 广义理解工作与劳动的概念是没有区别的。工作的概念就是劳动的概念,是指人类创造物质或精神财富的活动。但是,深入分析工作和劳动的概念,二者又是有所区别的。劳动的概念十分宽泛,凡是人类创造物质或精神财富的活动,都可以归结为劳动。工作的概念就有所不同。工作是指具备了就业资格和有就业愿望的人,从事一定社会经济活动,并取得合法劳动报酬或者经营收入的活动或状态。可见,社会成员要进入工作状态必须是具备了就业资格和有就业愿望的前提条件。广义的劳动就没有这些限制。再是,有部分学者把劳动权与工作权加以区别,认为工作权不等同于广义的劳动权,只是等同于狭义的劳动权。因为广义的劳动权包括了团结权、集体协商权、集体行动权、社会保障权等内容,并把广义的劳动权视为一种应然的权利,而不是法定权利。参见南京大学法学院编:《人权法学》,科学出版社2004年版,第210~218页。

广义的工作权,是指与人的劳动有关的一系列权利,即包括获取得到职业岗位的权利和工作中衍生的权利。广义的工作权既包括了狭义的工作权,也包括与工作有关的权利,例如:享有免受奴役、免受强迫劳动、获得合理报酬、男女同工同酬、劳动安全、享受公休等权利。多数的人权法理论是在广义上使用工作权的。有的学者把广义的工作权概括为"工作权和工作中的权利",或者"工作权和与工作相关联权利"。[①]

再者,还有些学者在更广泛的意义上理解工作权,认为工作权还应当包括团结权、集体协商权、集体行动权、社会保障权等。并认为只有包括了这部分权利的工作权,才属于人权部分的工作权,因为"它排除了一切约定权利,而且也不完全等于法定权利。它更多的是一种应然的权利,而不一定是法定权利,也不一定是劳动者实有的权利"。[②]

本章节的工作权,是广义的工作权。同时,笔者考虑到人权法结构的逻辑性,本节的工作权不包括团结权、集体协商权、集体行动权、社会保障权等内容。因为,团结权、集体协商权、集体行动权中的各项权利,有的属于社会成员政治权利,如团结权,它属于集体人权范畴,属于集体协商权;有的属于个人经济发展权范畴,如社会保障权。

综上所述,人权法上的工作权是一个十分广泛的概念,是与人的劳动有关的一系列权利的总称。它不仅包括了享有自由选择职业权利、获得一份适当的工作岗位的权利,还包括了与工作有关的其他权利,甚至包括了团结权、集体协商权、集体行动权中的各项权利。而一般意义上的劳动权是狭义上的劳动权,仅指具备了就业资格和就业愿望的人,享有从事一定社会经济活动,并取得合法劳动报酬或者经营收入的权利。

工作权是一项最基本的经济权利,也是一项最基本的人权。《世界人权宣言》第23条规定:"人人有权工作、自由选择职业、享受公正和合适的工作条件并享受免于失业的保障。""人人有同工同酬的权利,不受任何歧视。"工作权是连接生存权和发展权的枢纽,既是人们保障生存所必须享有的获取物质的权利和必要的经济活动,也是保障发展权得以实现的重要的物质来源,以及实现人的全面发展所必须享有的经济权利。工作权的核心是每一个人在劳动中创造财富的同时,不断地推动着人类社会的文明与进步。基于这样的考虑,作者将工作权放在发展权中加以论述。

工作权是人权法的术语。工作权的概念是在国际人权法范畴上使用的概念。根据《经济、社会和文化权利国际公约》的规定,公约缔约国承认工作权。《经济、社会和文化权利国际公约》第6条规定:本公约缔约各国承认工作权,包括人人应有机会凭其自由选择和接受的工作来谋生的权利,并将采取适当步骤来保障这一权利。

在我国,经常使用的概念是劳动权而不是工作权。《中华人民共和国宪法》第42条规定,"中华人民共和国社会成员有劳动的权利和义务",同时规定,"劳动是一切有劳动能力的社会成员的光荣职责"。随着国家对人权理论的重视和人权理论的普及,工作权作为人权法的概念开始得到推广和使用。2009年4月13日,国务院新闻办公室发表

---

① 徐显明主编:《国际人权法学》,法律出版社2004年版,第300页。
② 南京大学法学院编:《人权法学》,科学出版社2004年版,第210页。

了《国家人权行动计划(2009—2010年)》,其中正式使用了工作权利。同时,人权法的工作权与宪法劳动权是存在区别的,前者只强调权利,后者强调权利与义务并存。

(二)工作权的特征

工作权具有以下几点特征:

1. 工作权涉及人的生存和尊严。工作权,即就业权,这是关系到个人生存与尊严的一项重要权利,古人说:"无恒业者无恒产,无恒产者无恒志。"劳动者只有从事某种职业,找到工作岗位,付出劳动获得经济收入,才能获取生活资料,维持生计并改善生活。再者,劳动者在工作岗位上发挥聪明才智的同时,还可以享受劳动的喜悦,体验为社会创造财富与价值的成就感。劳动者通过自己的劳动,实现有尊严的生活和自己的人生价值,本身就是一项很有意义的事情。可以说,工作权是一个人生存、发展和自我实现的重要前提和基本途径。

2. 工作权的内容具有复杂性。这是由于工作权概念的复杂性所决定的。如前所述,工作权除了包括狭义的工作权和广义的工作权之外,有些学者还认为,工作权还应当包括团结权、集体协商权、集体行动权、社会保障权等。同时,广义的工作权包括了"工作权和工作中的权利"。根据《世界人权宣言》的规定,工作权利包括了享有就业权利、享有免受失业的权利、享有自由选择职业的权利、享有反对歧视性就业的权利等等内容;工作中衍生的权利,包括免受奴役、免受强迫劳动、获得合理报酬、男女同工同酬等权利。由此可见,工作权是一个非常复杂的规范体系,而非单一的法律概念。因此,有的学者指出:"工作权并不是一个精确的法律概念。"①

3. 工作权性质具有财产性与社会性。工作权是连接生存权和发展权的概念。工作权不仅是获取物质保障所必需的权利,也是实现人的全面发展所必需的权利。就绝大多数的人来说,工作是维持其生计的重要手段,没有工作就面临丧失生活来源的可能。个人一旦丧失工作,且得不到其他的救济,生存就成问题。因此,工作权是保障自然人实现其生存权的根本途径,它在经济、社会和文化权利中居于首要地位。没有工作权就必然影响生存权的实现。发展权是个人积极地参与政治、经济、社会和文化的活动并公平享有社会进步所产生的利益的权利。每一个人想要在政治、经济、社会和文化方面得到发展,首先必须是有尊严地活着。有尊严地活着就离不开工作权的有效实现。只有当工作权得到有效实现,并能够得到充分发挥的时候,个人的发展权才可能得到实现。因此,工作权是连接生存权和发展权的概念,是生存的基础性权利,也是发展权的出发点。

4. 工作权的实现具有多样性与合法性。工作权利是一项属于每一个人的单独权利。它包含所有形式的工作,无论是独立工作还是依赖性的领薪工作,其实现形式是多样的。独立工作,可以理解为自己创业,运用资本进行投资来实现工作权利,也可以理

---

① 杨成铭主编:《人权法学》,中国方正出版社2004年版,第272页。

解为进行文学、艺术创作,以为社会提供精神财富的方式来实现工作权等等。依赖性的领薪工作,是指受聘于企业事业机关单位,以领取薪金的方式来实现工作权利。依赖性的领薪工作是实现工作权利的主要方式,包括公务员的录用、公司员工的聘用、劳动合同关系的成立等等。相对而言,以独立工作方式实现工作权利的人数少,以领取薪金的方式来实现工作权利的人数多。无论是独立工作还是依赖性的领薪工作,都有赖于国家经济建设的发展水平。当国家经济健康发展,运用资本进行投资来实现工作权利的独立工作的人就多,产生的就业岗位相应增加。国家经济发展受阻,工作岗位必然减少。2007年美国引发的金融危机,对国家经济建设带来严重破坏,导致美国就业岗位大幅度减少,失业率曾经高达10%以上。再者,值得强调的是,无论是独立工作还是依赖性的领薪工作,都必须是从事合法的劳动,非法劳动是不受法律保护的,不属于工作权范围,不属于劳动就业。例如制造、贩卖毒品,非法生产武器,出售传播淫秽读物等等,都不属于工作权的范畴。

二、工作权的分类与内容

《世界人权宣言》和《经济、社会和文化权利国际公约》对工作权作出了规定,特别是《经济、社会和文化权利国际公约》第6条,对工作权的主要内容作出了比较详细的说明。但是,由于《世界人权宣言》和《经济、社会和文化权利国际公约》都没有为工作权下一个明确的定义,也没有详细列明工作权的范围。因此,学者们在针对《经济、社会和文化权利国际公约》第6条进行论述时出现了不同的理解,这也就直接影响到工作权的分类。

(一)工作权的分类

从目前的学者观点看,工作权的分类有三分法和四分法的区别。国外学者马休·克拉文认为,工作权主要包括三个方面内容:就业渠道、自主择业和免于任意解雇,其中,就业渠道包括了平等就业、就业服务和就业培训等内容。[①] 这种分类不能反映工作权的全部内容,没有被广泛采用。

另一位国外学者德泽维奇认为,工作权的内容涉及以下四个方面:(1)与就业有关的权利,包括免受奴役、免于强迫劳动、择业自由、获得免费就业服务、就业权、就业保护权和免于失业的保障权。(2)由就业派生的权利,诸如享受公平和良好的工作条件的权利和获得公允报酬的权利。(3)非歧视和平等就业。(4)辅助性权利,指个人实施其工作权和工作中的权利所必须享有的那些权利,包括结社自由、集体交涉权、罢工权和社会保障权等等。[②] 我国多数人权学者的观点是采用了这种的工作权分类法。

我国劳动法对劳动权的内容表述为,劳动者的劳动权利主要有:(1)平等就业和选

---

① 朱福惠主编:《宪法学》,厦门大学出版社2008年版,第288页。
② 徐显明主编:《国际人权法学》,法律出版社2004年版,第300页。

择职业的权利;(2)取得劳动报酬的权利;(3)休息休假的权利;(4)获得劳动安全卫生保护的权利;(5)接受职业技能培训的权利;(6)享受社会保险和福利的权利;(7)提请劳动争议处理的权利;(8)法律规定的其他劳动权利。①

根据人权法的工作权的理论,笔者对工作权作如下分类:

1. 就业权利

就业权利是指个人以获得职业为目的,寻求工作岗位的权利。就业权利包括了寻求职业权利、免受失业的权利、自由选择职业的权利、反对歧视性就业的权利等等。就业权利主要包括两大内容:

(1)个人享有寻求职业和自由选择职业的权利。在寻求职业和自由选择职业的过程中,可以依法要求享有公平就业权利,反对歧视性就业。公平就业,又称反就业歧视,是指劳动者享有平等的就业权利和就业机会。其含义有三:第一,劳动者享有平等的就业权利,1958年国际劳工组织《关于雇佣和职业方面歧视的第111号公约》及其第112号建议书旨在创造就业机会平等和促进就业待遇平等,公约要求与基于种族、肤色、性别、宗教、政治见解、民族血统和社会出身的各种排斥和特惠现象做斗争;第二,劳动者享有平等竞争的就业机会;第三,劳动者享有平等的就业待遇。实行公平就业,反对就业歧视,保障劳动者的平等就业权利,是就业促进工作的一项重要任务。

(2)国家承担创造就业机会的义务。就业问题历来是世界各国的普遍性社会问题。由于就业是民生之本,是关系亿万人民群众切身利益的大事,是关系社会发展和稳定的大事,解决好就业问题成了各国政府义不容辞的责任。《欧洲社会宪章》第1条第1款规定,缔约国仅负有努力实现充分就业的义务。与就业权直接相关的权利有就业保护权和免受失业的保障权。我国的《国家人权行动计划(2009—2010)》提出承担创造就业机会的要求是:"大力促进就业和再就业,保障劳动者的合法权益。"近期目标是:落实就业促进法,实现城乡就业统筹,促进就业增长。2009—2010年,新增1800万城镇就业人口,转移1800万农业劳动人口,城镇登记失业率控制在5%以内,重点解决高校毕业生和农民工就业问题。2012年的《国家人权行动计划(2012—2015)》提出"实施更加积极的就业政策,完善工资制度,全面推行劳动合同制度,改善劳动条件,强化劳动安全,保障劳动者的工作权利"的任务要求。在落实就业优先战略上,提出"2012—2015年,年均城镇新增就业900万人,城镇登记失业率控制在5%以内。促进城乡劳动者平等就业,促进农村劳动力有序外出就业和就地就近转移就业"。有数据显示,2012年、2013年、2014年、2015年,城镇新增就业人数分别为1266万人、1310万人、1322万人、1312万人,超过年均新增就业900万人的国家人权行动计划预期目标。城镇登记失业率保持在4.1%以内,低于计划5%的控制目标。② 实现了《国家人权行动计划(2012—2015)》提出的目标要求。《国家人权行动计划(2016—2020)》在保障工作权利方面提出

---

① 陈训敬主编:《社会法学》,厦门大学出版社2009年版,第55页。
② 国务院新闻办公室《〈国家人权行动计划(2012—2015年)〉实施评估报告》。

了新目标："实施更加积极的就业政策,推行劳动者终身职业技能培训制度,进一步完善工资福利制度和安全生产长效机制,加强职业病防治";要实现城镇新增就业5000万人以上的目标。

2. 在岗位的工作权利

也有学者称为狭义的工作权,是指个人进入工作状态成为劳动者的权利,即:凡是具备了就业资格和就业愿望的人,享有从事一定社会经济活动,并取得合法劳动报酬或者经营收入的权利。这是工作权中最重要、最具有实质性内容的权利,是实现个人谋生的物质保障。没有在岗位的工作权利,就没有生活保障。在岗位的工作权利的实现具有多样性,可以进行独立工作,或者是依赖性的领薪工作。其中依赖性的领薪工作是实现工作权利的普遍方式。

在岗位的工作权的实现具有以下特征:(1)劳动者是具有劳动权利能力和劳动行为能力的自然人。(2)劳动者有参加工作的愿望。个人办理失业或求职登记,就是有参加工作的意思表示。(3)必须从事法律所承认的某种社会职业,即从事合法的劳动。从事不合法的劳动,不能视为参加工作。(4)从事劳动所获取的报酬或经营收入,能够用来维持劳动者本人及其所赡养一定的家庭人口的基本生活需要。如果劳动者虽然从事一定社会劳动,但其劳动所得不足以维持其生活需要的,就不能认为劳动者已实现了工作权利。正如《经济、社会和文化权利国际公约》第7条规定:缔约各国承认人人有权享受公正和良好的工作条件,包括公平的工资、同工同酬以及本人和家庭过得去的生活。

(二)工作权实现的标准

工作权利的实现标准是指工作权利是否得到具体落实。它通常以个人在一定期间内参加劳动所取得的劳动报酬或收入是否足以构成其生活主要来源为标准。国际劳工组织统计会议规定,从事规定时间有酬(或收入)工作的和在规定时间内正规从事1/3以上时间工作的,才可视为已经就业。在我国,就业人员劳动报酬达到和超过当地最低工资标准的,为充分就业;劳动时间少于法定工作时间,且劳动报酬低于当地最低工资标准、高于城市居民最低生活保障标准,本人愿意从事更多工作的,为不充分就业。①

工作权利的实现可以分为:第一,正规就业。即就业人员在用人单位从事全时制劳动。多数的就业属于正规就业。第二,非正规就业,又称灵活就业。即就业人员从事非全时制劳动,如弹性就业、阶段性就业等。(1)弹性就业。这是指不限时间、不限收入、不限场所的灵活多样的就业形式。它是相对于全日制就业形式而言的。弹性就业包括非全日制就业、临时就业(如短期就业、季节就业、承包就业、传呼就业)、派遣就业(雇佣型派遣就业和登记型派遣就业)、钟点工等。目前我国城镇已广泛存在着弹性就业现象。(2)阶段性就业。这是指劳动者在职业生涯中,自愿退出社会劳动一个阶段后,再参加社会劳动的一种就业形式。它是与终生就业相对应的。我国目前存在的在职人员

---

① 劳动和社会保障部:《关于落实再就业政策考核指标的几个具体问题的函》。

脱产上学、实际上就是阶段性就业的一种形式。①（3）个体经营劳动。即就业人员从事个体工商业经营活动，广义上还包括农民承包农村土地从事农业生产经营活动。

（三）与工作有关的权利

与工作有关的权利，是指已经参加工作的劳动者在工作过程中应当享有的权利，主要包括拥有公正合适的工作条件、享有同工同酬和公正合理报酬的权利、享受免于失业的保障、享有不受任何歧视的待遇等方面权利。

1.拥有公正合适的工作条件

公正合适的工作条件的具体要求是：工作条件、工作环境必须达到法律规定的标准，包括工作时间、休息时间、带薪休假制度、劳动场所应当符合安全和卫生标准等等。

2.享有公平报酬待遇的权利

公平报酬待遇权是指劳动者按岗位及劳动的数量和质量应当取得合理、适当报酬的权利。即：根据《世界人权宣言》规定，享有"公正合理报酬的权利"；根据《经济、社会和文化权利国际公约》规定，享有"公平的工资、同工同酬以及本人和家庭过得去的生活"的权利。实现享有公平报酬待遇的权利，应当包括同工同酬和公正合理报酬。同工同酬的要求是平等和禁止歧视，公平报酬的要求是合理而适当的报酬。

（1）享有同工同酬权，主要解决平等问题。《经济、社会和文化权利国际公约》规定：工资级别的确定要根据工作条件、技术含量、劳动强度和创造价值等因素，不考虑劳动者的性别，必须取消男女双重工资级别标准。这反映了1951年国际劳工组织《关于男女同工同酬的第100号公约》的男女工人同值工作相同报酬原则的具体要求。《国家人权行动计划（2012—2015年）》提出建立健全企业工资集体协商机制和企业工资支付保障制度。促进农民工与城镇就业人员同工同酬。

（2）享有公平报酬权，主要解决劳动者的生计和劳动力再生产的问题。公平报酬的最基本标准是，从事劳动所获取的报酬或经营收入，能够用来维持劳动者本人及其所赡养一定的家庭人口的基本生活需要。现在，公平报酬权普遍得到量化，即以最低工资标准和工资的保障进行量化。前者是为了保障劳动者及其家属的最低生活需要，足以为劳动者本人及其家属提供体面的生活，禁止雇主任意降低工资。后者是为了保障工人按时拿到全部工资、自主支配其工资、工资不被非法扣除和扣留、实际工资水平不因物价上涨而降低等。确立公平报酬权的另外一个目的，还在于保护劳动者免受剥削。②《国家人权行动计划（2012—2015年）》提出建立完善工资制度的目标任务，要求建立工资正常增长机制，稳步提高最低工资标准，最低工资标准年均增长13%以上，绝大多数地区最低工资标准达到当地城镇从业人员平均工资的40%以上。

3.享受免于失业的保障

与工作有关的权利，还包括了一项很重要的权利，即享受免于失业的保障权。它要

---

① 陈训敬主编：《社会法学》，厦门大学出版社2009年版，第65页。
② 徐显明主编：《国际人权法学》，法律出版社2004年版，第303页。

求保护已经成立的劳动关系,保护劳动者不受雇主非法解雇。国际劳工组织《关于雇主提出的终止雇用公约》(1982年)规定,雇主终止雇用必须以公约规定的理由为根据,还规定了终止雇用前、终止雇用时适用的程序以及不服终止雇用的上诉程序,还有终止雇用的补贴、收入保护和其他方面的规则。据此,在解雇前应有合理的通知期限,禁止立即解雇,等等。禁止任意解雇的权利,承认所有工人在被解雇之前享有提前一个适当期间预先得到通知的权利。为提供免于失业的保障,《国家人权行动计划(2016—2020年)》提出"继续扩大失业保险覆盖面,确保为符合条件的失业人员按时足额发放失业保险金并提供相关的再就业服务。"

(四)工作辅助权

工作辅助权,即工作辅助性权利。它是指劳动者享有实施工作权以及保障工作权得以实现所必须享有的相关权利,包括结社自由权,即有权组织工会和参加他所选择的工会;集体交涉权,即可以就工资、福利及劳动条件等进行集体协议;集体行动权,即享有罢工权等。这是对工作权利以及与工作有关的权利得以实现的必要保障。由于这些权利有的属于政治权利范畴,有的属于集体权利范围,不作为工作权内容加以论述。另外,我国在批准加入《经济、社会和文化权利国际公约》时对享有罢工权提出了保留。

(五)工作权的限制

1. 权利能力的限制。享有工作权利的人必须是具有劳动能力的人,是以从事劳动获取合法劳动报酬的自然人。享有工作权利的人,可以被称为劳动者。因此,享有工作权利,首先受到法定年龄的限制。我国劳动者的法定最低就业年龄是16周岁。文艺、体育和特种工艺单位招用未满16周岁的未成年人,必须依照国家有关规定,履行审批手续,并保障其接受义务教育的权利。对有可能危害未成年人健康、安全或道德的职业或工作,最低就业年龄不应低于18周岁,用人单位不得招满16周岁未满18周岁的未成年人从事过重、有毒、有害的劳动或危险作业。

2. 行业的限制。行业限制主要包括两方面内容:一是国家出于发展经济考虑,对部分行业实行准入制度。例如,目前烟草行业、电力行业、金融行业等带有国家垄断的行业,个人投资准入就受到限制。二是对某些方面的特别规定。例如,国家在禁止就业歧视方面做出了重要改革,取消就业体检乙肝检测。但是对部分职业仍有限制,如从事幼师、运动员、采供血人员等职业的人员,仍然受到体检乙肝检测的限制。

三、工作权的立法渊源

(一)国际人权保障公约

关于工作权的内容,最先体现在国际人权保障公约中,主要体现在《世界人权宣言》《经济、社会和文化权利国际公约》以及《关于促进就业和失业保护的公约》等相关的国际人权保障公约之中。

1.《世界人权宣言》较早地提到工作权和与工作相关的权利。宣言第 23 条规定的工作权包括:人人享有工作权、能够拥有公正合适的工作条件、享有同工同酬和公正合理报酬的权利、享受免于失业的保障、享有不受任何歧视的待遇、享有参加工会的权利。宣言第 24 条规定了人人享有休息和闲暇的权利,包括工作时间的合理限制和定期给薪休假的权利。

2.《经济、社会和文化权利国际公约》发展了《世界人权宣言》中关于工作权的规定。公约分别在第 6 条和第 7 条对工作权作出了更明确的规定。公约第 6 条规定:"缔约各国承认工作权,包括人人应有机会凭其自由选择和接受的工作来谋生的权利,并将采取适当步骤来保障这一权利。"公约第 7 条规定:"缔约各国承认人人有权享受公正和良好的工作条件,包括公平的工资、同工同酬以及本人和家庭过得去的生活;安全和卫生的工作条件;人人在其行业中适当的提级的同等机会,除资历和能力的考虑外,不受其他考虑的限制;休息、闲暇和工作时间的合理限制,定期给薪休假以及公共假日报酬。"

3.《关于促进就业和失业保护的公约》在促进生产性就业、扩大受保护人的范围,包括针对新谋职者的特殊规定、失业津贴以及有关津贴问题的法律、行政和财政保证等方面作出了较为具体的规定。[①]

(二)区域性人权保障公约

区域性人权保障公约涉及工作权内容的主要是:《欧洲社会宪章》《美洲人权公约附加议定书》和《非洲人权和民族权宪章》。

1.《欧洲社会宪章》。《欧洲社会宪章》是继《欧洲人权公约》之后的区域性人权保障公约。[②] 它发展了《世界人权宣言》《经济、社会和文化权利国际公约》关于工作权的规定,是涉及工作权的经典性的区域性人权文件。该宪章规定了工作权、公正的工作条件权、安全和卫生的工作条件权、公平报酬权、组织权、集体交涉权、儿童和青少年受保护权、女工受保护权、职业指导权方和职业培训权。第 5 条和第 6 条还规定了国家在工人的组织权和集体交涉权方面所承担的义务,并且规定:"在利益冲突的情况下,工人和雇主只要遵守由以前所达成的集体协议所派生出来的义务,就享有采取集体行动的权利,包括罢工的权利。"

2.《非洲人权和民族权宪章》[③]。宪章由序言和三个部分共 68 条组成:第一部分规定了人权与民族权及义务的履行,第二部分规定了保护措施,第三部分为一般条款。其

[①] 1988 年 6 月 21 日,国际劳工组织大会第 75 届会议通过《关于促进就业和失业保护的公约》,于 1991 年 10 月 17 日生效。

[②] 《欧洲社会宪章》是欧洲理事会成员国会议于 1961 年 10 月 18 日通过,1965 年 2 月 26 日生效的区域性人权保障公约。欧洲理事会成员国于 1950 年 11 月 4 日签署了《欧洲人权公约》后,为进一步努力保障公民的社会、经济权利,由咨询议会和部长委员会通力合作制定了《欧洲社会宪章》,并于 1961 年 10 月 18 日在都灵举行的欧洲理事会成员国会议上通过。

[③] 《非洲人权和民族权宪章》,又称《班珠尔人权和民族权宪章》,是非洲统一组织于 1981 年 6 月 28 日通过,于 1986 年 10 月 21 日生效的人权保障公约。

中,该宪章第 15 条规定:"人人有权在公平合理和称心如意的条件下工作,并且享受同工同酬的待遇。"

3.《美洲人权公约附加议定书》①。该议定书第 6 条规定了"人人应有工作权利,包括通过从事自愿选择或接受的活动获得体面生活的机会"。第 7 条、第 8 条、第 9 条、第 10 条则分别规定了与工作权相关的"公正满意的工作条件"、"工会权利"、"罢工权利"和"社会保障权利"。

(三)国内法的渊源

在我国,体现工作权的法律渊源,除了《宪法》外,国家还制定了《就业促进法》《劳动法》《劳动合同法》《安全生产法》《职业病防治法》《工会法》等一系列劳动保护、职业培训、社会保障等方面的法律法规,形成了一个比较完整的保障社会成员劳动权的法律体系。

1.《宪法》。《宪法》第 42 条规定,"中华人民共和国社会成员有劳动的权利和义务",同时规定,"劳动是一切有劳动能力的社会成员的光荣职责"。

2.《就业促进法》。该法的立法目的是促进就业,促进经济发展与扩大就业相协调,促进社会和谐稳定。该法要求:国家把扩大就业放在经济社会发展的突出位置,实施积极的就业政策,坚持劳动者自主择业、市场调节就业、政府促进就业的方针,多渠道扩大就业。国家鼓励各类企业在法律、法规规定的范围内,通过兴办产业或者拓展经营,增加就业岗位。国家鼓励发展劳动密集型产业、服务业,扶持中小企业,多渠道、多方式增加就业岗位。国家鼓励、支持、引导非公有制经济发展,扩大就业,增加就业岗位。该法共有九章,主要内容包括:政策支持、公平就业、职业教育和培训、就业援助、监督检查等内容。《就业促进法》于 2007 年 8 月 30 日通过,自 2008 年 1 月 1 日起施行。2012 年 12 月 28 日,十一届全国人大常委会第三十次会议表决通过《劳动合同法》的修订决议,细化了同工同酬的规定。

3.《劳动法》。该法的立法目的是保护劳动者的合法权益,调整劳动关系,建立和维护适应社会主义市场经济的劳动制度,促进经济发展和社会进步。该法第 2 条规定:"在中华人民共和国境内的企业、个体经济组织(以下统称用人单位)和与之形成劳动关系的劳动者,适用本法。国家机关、事业组织、社会团体和与之建立劳动合同关系的劳动者,依照本法执行。"该法共有 13 章,主要内容包括:总则、促进就业、劳动合同和集体合同、工作时间和休息休假、工资、劳动安全卫生、女职工和未成年工特殊保护、职业培训、社会保险和福利、劳动争议、监督检查、法律责任等内容。其中,总则是对劳动者享

---

① 《美洲人权公约补充议定书》,又称《圣萨尔瓦多议定书》,是美洲国家组织大会于 1988 年 11 月 7 日通过。它是《美洲人权公约》制定 19 年之后,又一部重要的人权保障公约。《美洲人权公约》是美洲国家间人权特别会议于 1969 年 11 月 22 日通过,1978 年 7 月 18 日生效的人权保障公约,该公约是继《欧洲人权公约》之后的第二个区域性人权保障公约,也是 1966 年 2 月联合国大会通过两个国际人权公约后达成的第一个区域性人权保护公约。

有的权利作出原则性规定。例如第3条第1款规定:"劳动者享有平等就业和选择职业的权利、取得劳动报酬的权利、休息休假的权利、获得劳动安全卫生保护的权利、接受职业技能培训的权利、享受社会保险和福利的权利、提请劳动争议处理的权利以及法律规定的其他劳动权利。"同时,对反对就业歧视,强调男女平等就业等内容也作出规定。例如第12条规定:"劳动者就业,不因民族、种族、性别、宗教信仰不同而受歧视。"第13条规定:"妇女享有与男子平等的就业权利。在录用职工时,除国家规定的不适合妇女的工种或者岗位外,不得以性别为由拒绝录用妇女或者提高对妇女的录用标准。"《劳动法》于1994年7月5日通过,自1995年1月1日起施行。

4.《劳动合同法》。该法的立法目的是完善劳动合同制度,明确劳动合同双方当事人的权利和义务,保护劳动者的合法权益,构建和发展和谐稳定的劳动关系。该法第2条规定适用范围:"中华人民共和国境内的企业、个体经济组织、民办非企业单位等组织(以下称用人单位)与劳动者建立劳动关系,订立、履行、变更、解除或者终止劳动合同,适用本法。国家机关、事业单位、社会团体和与其建立劳动关系的劳动者,订立、履行、变更、解除或者终止劳动合同,依照本法执行。"该法共8章,主要内容包括:总则、劳动合同的订立、劳动合同的履行和变更、劳动合同的解除和终止、特别规定(集体合同、劳务派遣、非全日制用工)、监督检查、法律责任等内容。该法的制定,对劳动者的权益给予了充分的保护。例如除了用人单位为劳动者提供专项培训费用、劳动合同中约定保守用人单位的商业秘密和与知识产权相关的保密事项以外,用人单位不得与劳动者约定由劳动者承担违约金。也是说劳动者在通常情况下可以任意与用工单位解除劳动合同。《劳动合同法》于2007年6月29日通过,自2008年1月1日起施行。2012年12月28日,全国人大常委会对《劳动合同法》进行修订,细化了同工同酬的规定。

5.其他法律。其他法律包括《安全生产法》《职业病防治法》《工会法》等一系列劳动保护、职业培训、结社自由、社会保障等方面的法律法规,形成了一个比较完整的保障社会成员工作权利的法律体系。为了防止工伤事故和职业病,国家专门制定了劳动安全卫生规程,并建立各种劳动安全卫生制度。劳动安全卫生制度是指国家为了改善劳动条件,保护劳动者在劳动过程中的安全与健康而制定的各种法律规范。

四、工作权实现的困扰与展望

在当前,就业难已经成为世界性的问题。这就意味着工作权的实现遇到种种困难。如前所述,由于世界性的金融危机,导致许多国家失业率不断上升。2010年,美国的失业率再创历史新高,美国劳工部2010年7月1日公布,6月底初次申请失业救济人数比前一周增加13000人,达472000人。美国2010年前5个月的失业率都在9.7%以上。过去4周平均每周初次申请失业救济人数为466500人,创下今年3月以来的新高。① 据新华网伦敦电:2009年12月16日,英国国家统计局公布的数据显示,在2009年8月至10月的3个月里,英国的失业率为7.9%,与2008年同期相比,英国截至10月的3个月里失业率上升了1.9个百分点。该失业率仍为1996年11月以来的最高水平。②

就业难同样困扰着我国政府和失业人员。在我国,就业难主要表现在大学毕业生就业难上。2009年,我国大学毕业生达611万人。2010年,大学毕业生达630万人,是10年前的3倍多,再创历史新高。加上往届未实现就业的,需要就业的毕业生超过700万人,就业形势不容乐观。③ 然而在2011年本书首次出版后的几年,大学毕业生人数是每年增加:2011年大学毕业生有671万人,2012年大学毕业生有680万人,2013年大学毕业生有699万人,2014年大学毕业生达727万人,曾被一些人称为"史上最难就业季"。2015年大学毕业生达749万人,2016年大学毕业生达765万人。高校毕业人数再创历史最高,堪称"史上更难就业季"。我国台湾地区和香港地区的就业情况也不容乐观。在台湾地区,大学生的就业情况不容乐观。以2010年1月为例,台湾岛内失业一年以上的11.5万人中,20～34岁族群就占5.7万人,比例近一半。以教育程度为标准,11.5万名长期失业劳工中,大专以上占4.8万人,超过四成,呈现出学历愈高,失业率愈高的趋势。而在香港,年轻大学生同样面临"毕业即失业"的梦魇。受金融海啸余波影响,2009年的毕业生估计要一年后才有八至九成找到工作。2010年,香港有近2万大学生毕业,就业形式将更加严峻。④ 但是,近年来台湾地区就业情况有明显好转。台湾地区2014年7月失业率4.02%,是自2000年的3.06%以来,近14年来同期最低水平;从年轻族群就业及高学历者就业观察,因初次寻职失业者增加,台湾地区20至24岁者失业率13.54%,大学毕业生及以上程度者失业率5.15%。⑤

如何解决就业问题,让民众的工作权得到实现,这是我国政府近年来关注的社会问题。根据2009年的《国家人权行动计划》要求,国家对工作权的实现,提出"大力促进就业和再就业,保障劳动者的合法权益"的目标,重点做好以下几项工作:

1. 落实就业促进法,实现城乡就业统筹,促进就业增长。2009—2010年,新增1800万城镇就业人口,转移1800万农业劳动人口,城镇登记失业率控制在5%以内,重点解决高校毕业生和农民工就业问题。据有关资料表明,截至2009年7月1日,已有415万高校毕业生落实了去向,与去年同期相比就业人数增加44万人,高校毕业生就

---

① 《美国失业率本周再创新高 已超47万人》,http://www.chinanews.com.cn/cj/2010/07-02/2377075.shtml,访问日期:2010年11月7日。
② 《英国失业率升至7.9%》,http://news.qq.com/a/20091216/003368.htm,访问日期:2010年11月7日。
③ 中共中央宣传部:《2010年七个怎么看》,学习出版社、人民出版社2010年版,第29页。
④ 《意见征集:如何解决大学生就业难问题》,http://news.sina.com.cn/s/2010-03-09/112719824135.shtml,访问日期:2010年11月7日。
⑤ 《台湾地区7业失业率微升至4.02% 为近14年同期最低》,中国台湾网iwan.cn/taiwan/tw_SocialNews/201408/t20140822_7066175.htm 访问日期:2016年8月6日。

业率达到68%,同比基本持平。① 在社会针对高校毕业生的岗位需求出现同比下降的情况下,2009年高校毕业生总数比2008年增加52万,同时,高校毕业生就业的结构性矛盾依然存在,毕业生就业面临前所未有的压力和挑战。2009年,全国普通高校毕业生总数达611万人。在金融危机给中国经济和就业带来不利影响的情况下,中国高校毕业生就业能取得如此成绩实属不易。综合我国就业的数据,2012—2015年,在我国每年大学毕业生人数不断增加的情况下,我国城镇登记失业率保持在4.1%以内,低于计划5%的控制目标。且每年年均新增就业1200多万人,超过年均新增就业900万人的计划预期目标。这是很值得称赞的事情。

抓好经济建设主战场是解决就业的根本。在2008年国际金融危机初显端倪之时,中国政府明确提出要把高校毕业生就业摆在当前就业工作的首位,专门下发《关于加强普通高校毕业生就业工作的通知》,出台鼓励毕业生面向基层就业、入伍服义务兵役等七方面的重大政策。中央政府有关部门密切配合,相继出台了具体措施,有效地促进了高校毕业生的就业。

在国际国内严峻的经济形势下,2008年的中央经济工作会议确定了2009年经济社会发展的指导方针和总体要求,即保增长、扩内需、调结构、重民生。保增长的核心就是保就业,而只有保就业才能真正地扩内需,体现重民生的中央决策。

目前,我国经济发展出现了新常态,即经济增速下了一个台阶,由高速增长转为了中高速增长。经济运行处在合理区间,在不一味追求速度前提下,我们可以腾出手来推进结构性改革,核心问题就是要处理好政府和市场的关系,要用好政府和市场这"两只手",形成"双引擎"。2015年年底的中央经济工作会议提出,2016年经济工作五大任务:去产能、去库存、去杠杆、降成本和补短板。同时,提出了"供给侧结构性改革"的发展新思路,为中国经济发展指明方向。②

长期以来,在我国GDP被视为衡量经济发展快慢的"硬指标",在GDP"指挥棒"的带动下,许多省份把追求GDP增长的数量和速度作为发展的第一要务。现在如果我们的政策措施仅仅是通过搞投资拉GDP,而不是直接有效拉动就业,这个政策方向就值得研究和进一步商榷。搞项目、修铁路,都会增加一些就业,但这种就业是临时性的,而不是长远性的。当然GDP拉动会对就业有所帮助,但是项目结束之后,还是会出现失业。2015年《政府工作报告》开始改变用GDP拉动就业的思维模式,报告中提到,"要加强就业指导和创业教育,落实高校毕业生就业促进计划,鼓励到基层就业。"继续统筹实施好大学生村官、"三支一扶"等各类基层服务项目,健全鼓励高校毕业生到基层工

---

① 《中国高校毕业生就业率已达68% 同比基本持平》,http://news.163.com/09/0708/18/5DNKDPJN000120GU.html,访问日期:2010年11月7日。

② "供给侧结构性改革"是指供给侧结构性改革旨在调整经济结构,使要素实现最优配置,提升经济增长的质量和数量。需求侧有投资、消费、出口三驾马车,供给侧则有劳动力、土地、资本、创新四大要素,是从提高供给质量出发,用改革的办法推进结构调整,矫正要素配置扭曲,扩大有效供给,提高供给结构对需求变化的适应性和灵活性,提高全要素生产率,更好满足广大人民群众的需要,促进经济社会持续健康发展。

作的服务保障机制。高校毕业生到中西部地区和艰苦边远地区县以下基层单位就业的,实行学费补偿和助学贷款代偿政策。激励高校毕业生自主创业。同时,新一届政府提出了"大众创业,万众创新"的口号来鼓励大学生创业。美国当选总统奥巴马在未上台之前就已经提出要创造250万个就业,并没有把GDP增长作为许诺指标,这也是值得我们研究和借鉴的。同时,国家应该帮助农民工进行职业培训,使得他们更好地适应未来服务业发展的需要,一些简单服务业的培训时间并不需要很长。

2. 落实劳动合同法,普遍推行劳动合同制度,大力推广集体合同制度,健全劳动关系三方协调机制,全面落实最低工资制度,促进职工工资水平稳步增长。

3. 扩大职业培训,全国技能劳动者总数达到1.1亿,其中技师和高级技师占技能劳动者总数的5%,高级工占20%。

4. 落实安全生产法,坚持"安全第一、预防为主、综合治理"的方针,加强劳动保护,改善生产条件,亿元国内生产总值生产安全事故死亡率比2005年降低35%,工矿商贸就业人员10万人生产安全事故死亡率比2005年降低25%。《国家人权行动计划(2016—2020年)》提出,到2020年,各类生产安全事故死亡人数累计降幅10%,亿元国内生产总值生产安全事故死亡率累计降幅30%。

5. 落实劳动争议调解仲裁法,公正及时解决劳动争议,促进劳动关系和谐稳定。推广工资支付监控和工资保证金制度,依法追究恶意拖欠工资行为的法律责任。

第三节　受教育权

一、受教育权的概念与特征

(一)受教育权的概念

受教育权是指个人所享有的并由国家保障实现的接受教育和选择教育的权利。受教育权的实质是指每个人都享有获取知识,充实自我,提升内涵并形成性格的权利。有的学者认为,受教育权是公民依法享有的要求国家积极提供均等的受教育条件和机会,通过学习来发展其个性、才智和身心能力,以获得平等的生存和发展机会的基本权利。[①]

教育的含义有广义与狭义之分。广义的教育,泛指一切有目的地影响人的身心发展的社会实践活动。狭义的教育,主要指学校教育,即教育机构根据一定的社会要求和受教育者的发展规律,有目的、有计划、有组织地对受教育者的身心施加影响,期望受教育者发生预期变化的活动。或者说,教育是培养新生一代准备从事社会生活的整个过

---

① 李步云主编:《人权法学》,高等教育出版社2005年版,278页。

程。受教育权中的教育,应当是广义的教育,泛指一切有目的地影响人的身心发展的社会实践活动。但是,重点保障实现的教育是狭义的教育,即教育机构根据一定的社会要求和受教育者的发展规律,有目的、有计划、有组织地对受教育者的身心施加影响,期望受教育者发生预期变化的活动。

受教育权的权利主体是个人,义务主体是国家。个人享有受教育权的目的,是根据自身要求,有目的、有计划地吸取知识,期望自己的人生朝着预期方向发展。国家实施教育的目的,是提高国民素质、促进人的全面发展。

从人权法方面看,受教育权只是20世纪才出现的人权。之后,随着世界范围内人们温饱问题的逐步解决,受教育权越来越受到人们的关注。随着各国经济水平的提高,人们关注的重心也在逐渐上移,起初是义务教育阶段的初等教育和中等教育,随着知识经济时代的到来,高等教育权也走进了人们的视野。如今拥有高层次的知识不仅成为发展的前提,而且正日渐成为生存的前提。这种社会需求激发起人们对高等教育的渴望,催生了各国高等教育的大众化或者普及化的趋势。

教育可以根据不同标准进行分类:根据接受教育者的年龄划分,教育可以分为学前教育和适龄教育;根据国家是否提供免费教育义务划分,教育可以分为义务教育和非义务教育;根据教育的途径划分,教育可以分为家庭教育和学校教育;根据教育的形式结果划分,教育可以分为学历教育和非学历教育;根据教育的目标不同,教育可以分为普通教育和职业教育;根据教育的阶段不同,教育可以划分为高等教育和初级教育;根据是否针对少数民族教育,教育可以分为少数民族教育与非少数民族教育;根据受教育的连续性划分,教育可以分为继续教育和终身教育等等。

(二)受教育权的特征

受教育权具有以下特征:

1. 受教育权属于发展权的重要内容。受教育权和文化权都属于发展权的范畴。从狭义上讲,受教育是个人根据自身要求和发展规律,有目的、有计划地吸取知识,期望自己的人生朝着预期方向发展的活动。受教育权应当属于发展权的范畴。发展权是指个人积极、自由和有意义地参与政治、经济、社会和文化的活动并公平享有社会进步所产生的利益的权利。受教育权是指个人所享有的并由国家保障实现的接受教育和选择教育的权利,其实质是指每个人都享有获取知识,充实自我,提升内涵并形成性格的权利。获取知识,充实自我,提升内涵并形成性格的最终目的是能够适应社会发展,能够公平享有社会进步所产生的利益。同时,个人积极、自由和有意义地参与政治、经济、社会和文化的活动也离不开受教育权的实现。只有受教育权得到充分行使,个人的发展权才能得到充分实现。教育是通过向个人传授一定价值观念、文化规则、生产技能和知识来促进人实现社会化的一种活动。每个人都是通过教育来完成自己的社会化过程的。受教育过程中获得的生存知识和技能则是将来独立谋生的必要准备。所以,无论是人的社会化还是获得独立生存的手段,都离不开教育。人不仅要谋生存,而且要谋发展;不仅要生活,而且要追求优质的生活。要实现这种高于生存的目标,更是离不开教育。可见，教育对个人一生的生存和发展至为关键。因此，笔者将受教育权放在发展权中加以介绍。

2.受教育权从属于文化权利。文化权利是指社会成员人人可以自由参与文化活动，享有创作、分享和保护文化成果的权利。文化权利中的"文化"是广义的文化，包括了狭义文化的内容，即精神财富，同时也包括了物质方面的内容。狭义文化与教育休戚相关。《现代汉语词典》里的"文化"，是指"人类在社会历史发展过程中所创造的物质财富和精神财富的总和，特指精神财富，例如文学、艺术、教育、科学等"。教育就被包含在狭义的文化概念中。同理，受教育权也被包含在文化权利中。由于受教育权是一项十分重要的人权，而且与发展权休戚相关，因此，作者将受教育权单独作为发展权的内容加以介绍。

3.受教育权是权利和义务的统一。《世界人权宣言》第26条、《经济、社会和文化权利国际公约》第13条和第14条、《儿童权利公约》第29条第1款等国际人权公约，以及我国《宪法》都对受教育权作出了规定。国际人权法所规定的受教育权与我国宪法所规定的受教育权，存在权属上的区别。从国际人权法的规定看，受教育权仅仅是个人享有的权利，不包含义务内容。在人权法学界，一般认为受教育权是每一个人与生俱来的权利，是国家和政府必须保证个人实现的权利，也是国家和政府必须履行的义务，并认为受教育权属于文化权利范畴。而我国宪法所规定的受教育权，不仅是个人享有的权利，也是个人应当履行的义务。我国《宪法》第46条规定："中华人民共和国公民有受教育的权利和义务。"由于国内人权法具有实施效力，所以按国内人权法的规定，受教育权是权利和义务的统一。

4.受教育权是提升人类素质的基本权利。受教育权是"提升人的素质的权利"，或者说是"增强个人能力的权利"。受教育权为每个人提供了可能提升自我价值的机会，给予每个人更多的可以充实自己生命的能力，特别是可以对国家权力的行使施加影响的能力。这是每个人都可以享有的公民权利和政治权利的前提。同时，教育权的行使还可以使每个人能够享有其他方面权利所带来的利益。例如，受教育权是实现文化权的基础，没有相应的文化素质，就缺乏鉴赏能力，就不能进行文化创作，也就不利于文化繁荣与发展。教育是人类文明进步的燃料，是法治社会的基础，是国家与民族强盛的保证。受教育又是人的人格提升的最重要的途径，更是提升人类素质的最重要途径。

（三）实现受教育权的意义

实现受教育权是提高国民素质、促进人的全面发展的根本途径。俗话说，"十年育树，百年育人。""百年大计，教育为本。"2010年7月13日，国家主席胡锦涛在全国教育工作会议上的讲话中指出："教育是民族振兴、社会进步的基石，是提高国民素质、促进人的全面发展的根本途径，寄托着亿万家庭对美好生活的期盼。"受教育权的实现，是贯彻国家关于"优先发展教育，建设人力资源强国"的战略部署的需要，是为全面提高国民素质，促进教育事业科学发展，加快社会主义现代化进程的重要保证。就个人而言，随着社会文明的进步，人类生存环境发生了翻天覆地的变化，刀耕火种、茹毛饮血的原始生存状态已经不复存在,取而代之的是工业时代、信息时代,这对每个人生存所具备的条件也随之提高,接受教育,提高素质是每一个人都必须面临着的生存与发展的重要问题之一。

实现受教育权是强国的重要保障。强国必先强教,强国必须优先发展教育、提高教育现代化水平。优先发展教育对全面实现小康社会目标、建设富强民主文明和谐的社会主义现代化国家具有决定性意义。国家强盛没有良好的教育是不行的。国家强盛必须是以国民素质的提高为前提。提高国民素质的基本条件是发展教育事业,培养高素质的人才。近年来,我国教育事业得到发展。进入本世纪,城乡免费义务教育全面实现,职业教育快速发展,高等教育进入大众化阶段,农村教育得到加强,教育公平迈出重大步伐。教育的发展极大地提高了全民族的素质,推进了科技创新、文化繁荣,为经济发展、社会进步和民生改善作出了不可替代的重大贡献。我国实现了从人口大国向人力资源大国的转变。

实现受教育权是个人享受其他文化权利的前提和基础。特别是在人权法体系中,保障受教育权的有效实现具有重要作用。接受教育是文明社会所必须具备的基本素质,也是塑造个性,发展自我的需要,是文明社会所有人都应当享有的权利,是现代人应当享有的一项基本人权。受教育权关系到人的生存与发展,对人的生存、发展,以及享受生活、维护权利都具有十分重要的意义。

二、受教育权与人权关系

(一)受教育权是提升人的价值的重要保障

受教育是人实现自我价值的最重要的途径。人的价值根据人的需要体现出不同层次的需要。根据美国人本主义心理学家马斯洛的理论,人的需要层次由低往高排列依次为:生理需要;安全需要;归属感的需要,即爱的需要,如感情、亲情、爱情、友情等;受人尊重的需要,例如名誉、社会地位;自我价值实现的需要,例如事业、理想等五个方面的需要。其中,高层次的人的需要与受教育权有着密切关系。个人要实现高层次的自我价值的需要,就必须接受教育,必须通过获取知识来完善自己。拥有丰富的知识,能够创作许多文化作品的人,必然受人尊重,同时也会增加个人的幸福感。而追求幸福是人权法实施的最根本的目的所在。

受教育权是"提升人的价值的权利",这种权利为人展示了更多的可以发挥才能的能力,尤其是对提升国家整体素质具有重要影响的个人权利。同时,对于个人而言,受教育权的实现还是享有其他权利的基础。也就是说,只有受教育权的有效实现,才能更好地享受其他权利带来的利益,例如只有具备阅读能力,才能博览全书,享受文化权利带来的利益。从更广泛的意义讲,受教育权包括教育自由和学术自由的诸多方面,是当代人权法不可或缺的组成部分。例如,社会成员享受多种公民权利和政治权利,如言论自由、表达自由、集会和结社自由、投票权和被选举权或平等地获得公共服务的权利,至少有赖于最低限度的教育,其中包括一定的识字率。同理,许多经济、社会和文化权利,如选择工作的权利、同工同酬的权利、组织工会的权利、参与文化生活的权利、享受科学进步带来的利益等等,也都需要具备一定的文化素质,才能更好地行使权利。据相关资料表明,在人类进入21世纪时,有近10亿人不能读书和写出自己的名字。这个数字涵盖了全球人口的1/6。可怕的是,这个数字正不断地增长。① 这种现象如果得不到遏制,那么人的生存与发展就遇到问题,人类追求幸福的理想与愿望就会打折扣。

(二)受教育权的目的在于保障人权

受教育的目的是鼓励人的个性和尊严的充分发展,目标是增进对人权和基本自由的尊重。《经济、社会和文化权利国际公约》的缔约国"同意教育应鼓励人的个性和尊严的充分发展,并应增进对人权和基本自由的尊重"。在此基础上,相关的国际人权公约中对受教育权的目标和任务作出具体的规定。例如,1989年11月获通过的《儿童权利公约》第29条第1款规定,教育儿童的目的在于:(1)最充分地发展儿童的个性、才智和身心能力;(2)培养对人权和基本自由以及《联合国宪章》所载各项原则的尊重;(3)培养对儿童的父母,儿童自身的文化认同、语言和价值观,儿童所居住国家的民族价值观,其原籍国以及不同于其本国的文明的尊重;(4)培养儿童本着各国人民、族裔、民族和宗教群体以及原为土著居民的人之间谅解、和平、宽容、男女平等和友好的精神,在自由社会里过有责任感的生活;(5)培养对自然环境的尊重。

三、受教育权的性质

(一)受教育权是权利还是义务

《世界人权宣言》第26条、《经济、社会和文化权利国际公约》第13条和第14条、《儿童权利公约》第29条第1款等国际人权公约,以及我国《宪法》都对受教育权作出了规定。但是,上述国际人权文件以及我国宪法,都没有对受教育权作出统一的受教育权的定义,因此,学术界对受教育权的内容各持己见,没有完全达成共识。可喜的是,经济、社会和文化权利委员会于1998年就受教育权的内容基本达成一致意见,认为受教育权主要包括:"第一,任何人的受教育权不能被剥夺;第二,所有人,包括成人,享有通过这种或那种方式获得基本(初等)教育的权利,初等教育是强制的和免费的,任何人不得剥夺儿童接受初等教育的权利,国家有责任保护此项权利不被第三人侵犯;第三,选择教育的自由不受国家和第三人的干涉;第四,少数者享有在公共教育体系之外选择其教学所使用的语言的权利。"②据此,可以认为受教育权的内容至少包括接受教育的权利、选择教育的自由等。国际人权法对受教育权作出了最基本要求,主要包含以下内容:免费和义务的小学教育;所有的人都可参与的中学教育;在能力的基础上,所有的人

---

① 方立新、夏立安著:《人权法导论》,浙江大学出版社2007年版,第151页。
② 徐显明主编:《国际人权法》,法律出版社2004年版,第301页。

均可参与的高等教育;对未完成小学教育的人提供基础教育;通过国际合作消除文盲和无知。

国际人权法所规定的受教育权与我国宪法所规定的受教育权,还存在权属上的区别。从国际人权法的规定看,受教育权仅仅是个人享有的权利,不包含义务内容。而我国宪法所规定的受教育权,不仅是个人享有的权利,也是个人应当履行的义务。我国《宪法》第46条规定:"中华人民共和国公民有受教育的权利和义务。"

(二)受教育权性质的争议

关于受教育权的性质在学术界有不同的观点和学说:

1. 生存权说。认为受教育权具有生存权的意义。日本学者一般认为,受教育权具有生存权的性质,是实现生存权的基本权利。日本学者大须贺明认为:"宪法第26条所保障的受教育权的基本特质是社会权,其为生存权性质侧面上的基本权利之一。"① 日本学者中村睦男对受教育权的生存权性质作了进一步的解释。他提出:"现代社会是知识社会、信息社会。教育或由教育所获得的东西与以前人民为生存所考虑的财产处于同样的位置,教育对生存来说就是粮食。尤其是对孩子,为了形成独立的人格,将来好好地生活,教育是必不可少的。"②

2. 自由权说。该学说认为,受教育权本质上是一种公民为了现实政治权利和自由而必须实现的权利。因为受教育的目的是让国民能够有效行使政治权利,提高其参政能力,所以国民必须具备最低限度的文化水平,而公共教育是实现此目的的最佳途径。持这一观点的学者有英国学者道格拉斯·赫德逊,他认为,"适当的教育是公民更理性地行使政治权利与自由的前提","受过良好的教育的人民也许是保持民主结构与理念的前提条件"。③ 日本学者中村睦男同时认为,受教育权是为了使国民现在和将来具有一定的政治能力,使之能稳固民主主义政治。④

3. 社会权说。与自由权相比,将受教育权看作具有社会权性质的权利,要求国家不只是消极不干预受教育权的行使,还要求国家积极的干预,为受教育权的实现提供必要的物质条件,使依靠自身无法享受教育利益的人都能接受教育,使其能维持人的尊严,过体面的物质和文化生活。

4. 综合权利说。这一学说认为从人权的代际划分的角度看,受教育权体现了所有三代人权的特点。首先,受教育权是属于"第二代权利",它是个人形成或发展其个性的基本手段之一。这就意味着国家应该通过立法和其他方法确保人人不受歧视和消除现存的在获得和享有教育方面的不平等的具体义务。其次,受教育权也属于"第一代人

---

① [日]大须贺明著:《生存权论》,林浩译,法律出版社2001年版,第179页。
② 龚向和:《受教育权论》,中国人民公安大学出版社2004年版,第21页。
③ Douglas Hodgson, *The Human Right to Education*, Dartmouth Publishing Company Limited,1998, p.18.
④ 朱福惠主编:《宪法学》,厦门大学出版社2008年,第297页。

权"的范畴,在一系列的人权公约中都可找到尊重父母为其子女选择教育的自由免受国家的不当干预。再次,受教育权也与"第三代人权"有关,例如,教育权和发展权都致力于充分尊重和保障所有人权。受教育权的综合性体现了自由权与社会权的统一:既要求国家承担不得侵犯公民受教育自由的消极义务,也要求国家平等地对待公民的受教育权,并通过经济的发展不断提高公民实现受教育权的程度。

5. 发展权利说。受教育权的实质是指每个人都享有获取知识,充实自我,提升内涵并形成性格的权利。获取知识,充实自我,提升内涵并形成性格的最终目的是能够适应社会发展,能够公平享有社会进步所产生的利益。个人积极、自由和有意义地参与政治、经济、社会和文化的活动也离不开受教育权的实现。只有受教育权得到充分行使,个人的发展权才能得到充分实现。人不仅要谋生存,而且要谋发展,要追求优质的生活。要实现这种高于生存的发展目标,更是离不开教育。笔者认为教育权属于发展权范畴。

四、受教育权的内容

近年来,随着人权法学的兴起,受教育权受到更广泛的重视。相关的人权法学教材、论著以及宪法学者都对受教育权开展了比较深入的研究。特别是在受教育权的内容与体系上,人权法学和宪法学的学者提出了各种不同的观点。例如,有的学者把受教育权分为学习机会权、学习条件权和学习成功权。学习机会权包括入学升学机会权、受教育的选择权和学生身份权(学籍权);学习条件权包括教育条件建设请求权、教育条件利用权、获得教育资助权;学习成功权包括了获得公正评价权、获得学业证书学位证书权。① 也有的学者认为,受教育权除了享有接受教育的权利外,还享有平等开放和平等利用教育设施的权利,同时,还具有两项自由,即享有选择教育的自由和学术自由。② 根据国际人权公约的有关规定,笔者认为,受教育权主要包括义务受教育权、平等受教育权、继续受教育权和选择受教育权等四个方面的内容。

(一)义务受教育权

义务教育一词,在中国是"舶来品",是通过日本转引进的。③ 义务受教育权,是指依照法律规定,所有适龄儿童或少年只要达到法定年龄,都可以免费享有国家提供的一定期限的学校教育的权利。义务教育是指是国家依照法律的规定对适龄儿童和青少年实施的一定期限的法定教育的制度,是国家统一实施的所有适龄儿童、少年必须接受的教育,是国家必须予以保障的公益性事业。义务教育又称强制教育和免费义务教育。

---

① 李步云主编:《人权法学》,高等教育出版社2005年版,第246~278页。
② 方立新、夏立安编著:《人权法导论》,浙江大学出版社2007年版,第153~157页。
③ 义务教育英文表述为 compdsory education 或 compulsoly schooling,意为"强制教育",日本称为"义务教育"。有的学者将义务教育称为强迫教育。笔者认为称强迫教育是不妥的,强迫只有强制性没有规范性的内涵,而法定性既具有强制性,又具有规范性,因此称之为法定性比较妥当。

这里的"义务"主要是指国家提供免费教育的义务,同时也包含社会有义务提供上学条件,学校和父母无条件接受和保送适龄儿童或少年完成一定期限的受教育的义务。也就是说,保送和接受学生入学接受教育和实施义务教育法是家庭、学校和社会的义务,作为接受教育的适龄儿童或少年在义务教育阶段,只享有上学与升学的权利,享有获取知识的权利。因此,义务受教育权享有权利的主体是所有适龄儿童或少年,其权利请求权的代理人是其监护人,通常情况下是父母。提供义务教育的主体是国家和社会,通常称之为国家实施义务教育。

我国义务教育法规定的义务教育年限为9年,这一规定符合我国的国情,是适当的。我国的香港特别行政区和台湾地区的义务教育是9年,澳门特别行政区是10年。世界上义务教育年限最长的是11年,它们是英国和俄罗斯,最短的年限是缅甸,4年。义务教育年限在10年至6年之间的国家分别是,法国是10年,日本、韩国、德国、瑞典及美国部分的州是9年,荷兰和意大利是8年,西班牙是6年。当然也有的国家没有实行义务教育,即义务教育年限为零年,例如马尔代夫。①

义务受教育权的特点是法定性的权利、免费性的权利和普及性的权利。

1.法定性的权利。法定性的权利又称为强制性的权利,也就是说,初等教育完成之前,义务教育属于强迫性质的教育。从享有权利的主体来说,适龄儿童、少年接受义务教育是法定性的权利,是国家、社会给予后一代人的价值回馈。同时,也是国家、社会、学校和家庭必须承担的法定义务。凡是适龄儿童、少年都可以主张此项权利。从承担义务的主体方面来说,保证适龄儿童、少年完成义务教育是国家、社会、学校和家长的责任。我国宪法和法律都规定了国家承担义务教育的责任。《义务教育法》第7条规定:义务教育实行国务院领导,省、自治区、直辖市人民政府统筹规划实施,县级人民政府为主管理的体制。同时,法律也规定了学校和家长实施义务教育的责任。谁违反了这个义务,谁就要承担相应的法律责任。例如家长不送学生上学,家长要承担责任;学校不接受适龄儿童、少年上学,学校要承担责任;学校不提供相应的条件,也要承担相应的法律责任。

2.免费性的权利。也称之为公益性的受教育权利,公益性是与免费联系在一起的。免费性的受教育权利,是指依法律规定,适龄儿童或少年在一定期限内,享有免缴学费和杂费的上学就读的权利。《义务教育法》第2条规定,国家实行九年义务教育制度。义务教育是国家统一实施的所有适龄儿童、少年必须接受的教育,是国家必须予以保障的公益性事业。实施义务教育,不收学费、杂费。但是,我国的免费性的受教育权的实施是比较晚的,而且是不完全的。即对农村而言,从2007年开始,我国农村的适龄儿童或少年,可以全部免除学费、杂费上学就读;对城市而言,从2008年秋季开始,我国城市的适龄儿童或少年可以全部免除学费、杂费上学就读。同时,尽管国家要求各地实施义

---

① 维基百科《义务教育》,http://zh.wikipedia.org/zh-cn/%E4%B9%89%E5%8A%A1%E6%95%99%E8%82%B2,访问日期:2010年11月8日。

务教育时,不能收取费用,但是,各地在义务教育阶段变相收取费用的现象时有发生。由于教育与经济发展是密切联系的,要免除义务教育阶段的全部杂费,必然涉及很大的财政支出问题。现在,国家就是要下决心解决这个问题。国家建立义务教育经费保障机制,保证义务教育制度的实施。

3.普遍性的权利。义务教育的普遍性的权利,包括了两个方面的内容:(1)义务教育普遍地适用于适龄儿童和少年。例如,《义务教育法》第4条规定,凡具有中华人民共和国国籍的适龄儿童、少年,不分性别、民族、种族、家庭财产状况、宗教信仰等,依法享有平等接受义务教育的权利,并履行接受义务教育的义务。(2)义务教育统一地适用于各地区。义务教育自始至终强调在全国范围内实行统一的义务教育,这个统一包括要制定统一的义务教育阶段的教科书标准、教学标准、经费标准、教育设施标准、学生公用经费的标准等等。这些具有普遍性的规定,是以不同的形式反映到相关法律中。

(二)平等受教育权

平等受教育权,是指社会成员只要具备一定的条件,就享有请求国家、社会和学校平等对待、提供平等受教育机会的权利。例如,在我国上高中、大学等的权利,这些权利不是每个公民必然享有的,社会成员享受此类受教育权需要具备一定的能力条件,并支付一定的费用。社会成员具备一定能力,可以平等进入高中或大学接受学校教育的权利,就是平等受教育权。

平等受教育权与义务受教育权是不同的:第一,主体不同。前者的权利主体一般是指完成了义务教育阶段的人,后者的权利主体是特定的,是特指适龄儿童或少年。第二,收费不同。前者是需要收取费用,后者则免收费用。第三,条件不同。前者的权利实现是有条件的,必须具备一定的能力;后者的权利实现是无条件的,只要是适龄儿童或少年就可以享有这项权利。第四,性质不同。前者是相对的权利,社会成员不享有绝对的进入高中、大学学习的权利,可能被高中、大学等拒之门外。因此,这一阶段的受教育权表现为一种相对的权利,实际上是一种平等享受教育的机会。后者是绝对的权利,只要是适龄儿童或少年,不分能力高低,都可以享有的权利。

平等受教育权是针对国家教育资源有限的情况所确定的一项权利。在各国都重视受教育权的前提下,平等受教育权与国家教育资源成正比,当国家教育资源充足,并更多地投入教育事业中,那么享有平等受教育权的人就多,反之就少。从各国历史来看,国家教育资源总是在不断地发展,当国家教育资源增加后,公民所享受到的权利也在不断地增加,例如,近年来,我国享受大学教育的人数和比例均在不断增加就是具体表现。

各国宪法都对平等受教育权作出规定。例如:日本、法国等国宪法体现了平等受教育权的立法精神。日本宪法规定的"任何公民,均有依法律之规定,按其能力受到教育之权利",法国宪法规定的"对于教育、职业训练,及一般文化,有均等享受之机会",这些规定体现的不是社会成员享有绝对的受教育的权利,而是保护社会成员享有的平等受教育的权利。我国《教育法》第9条第2款规定:"公民不分民族、种族、性别、职业、财产状况、宗教信仰等,依法享有平等的受教育机会。"这是我国法律对平等受教育权的规定。这条规定适也用于义务受教育权和其他受教育权。

当前,我国的平等受教育权所遇到的问题是,高中及高中以上阶段招生制度方面存在问题。例如:高考招生的"城市取向"和地区性歧视;重点学校的较高收费;学校内设立快班与慢班、普通班与尖子班;花钱买分数的"缴费生",以及不公正的保送生等制度。近年来,频繁出现的"高考移民"问题就反映了高考招生的地区性歧视政策所产生的不良后果,这些无疑都侵犯了社会成员享有的平等受教育权,从而加剧和扩大了原本就已存在的受教育机会不平等的社会矛盾。"高考移民"是部分考生为了达到上大学或者上好大学的目的,利用一切可能的手段和途径,向录取分数线比较低、录取率比较高的省份流动。"高考移民"的产生既有教育体制的内部原因,也有教育体制的外部原因。从教育体制内部来看,主要是我国考虑高等教育资源配置和基础教育发展不均衡等问题而采取的不同地区录取分数线不相同的招生制度而产生的现象。从教育体制外部情况来看,主要是个别省份的户籍、学籍制度管理不严,给有些人有可乘之机。2005 年一位从湖北省转到海南省高考并摘得海南省理科状元桂冠的考生李洋被限制报考一类院校的事件,是近些年发生在我国的众多高考移民事件中的突出一例。2008 年 4 月 18 日,多名因被认定为"高考移民"而被取消在陕西高考报名资格的学生,为争取在陕西参加高考的资格,将西安市招办等部门诉至西安市灞桥区人民法院。消息传来,这一桩被称为"高考移民第一案"的诉讼案件一审结束,原告败诉。不过庆幸的是,在教育部的协调下,这些学生将回原籍河南考试。可以这么说,"高考移民"是高考制度设计的不科学、不公平所产生的矛盾和问题在高考制度中的一种集中反映或者说集中体现。为了避免"高考移民"现象,国家提出自 2012 年起,异地高考逐步开放,受教育权得到更加充分的落实。2012 年 8 月 30 日,国务院办公厅转发教育部等部门《关于做好进城务工人员随迁子女接受义务教育后在当地参加升学考试工作意见》,要求各地原则上应于 2012 年底前出台异地高考的相关具体方案。截至 2012 年年底,全国近 25 个省份不同程度地放开异地高考,公布省份有:北京、上海、广东、天津、重庆、黑龙江、吉林、辽宁、江苏、浙江、安徽、江西、福建、广西、湖南、山东、新疆、河北、陕西、河南、云南、湖北、甘肃、贵州、四川。未公布省份有:西藏、海南、内蒙古、山西、青海和宁夏。① 由于异地高考没有全部开放,2015 年 6 月,仍然有河北多名官员送子女到内蒙古自治区高考被取消高考资格。同时,我国开始推行使用全国统一命题试卷。2015 年起增加使用全国统一命题试卷的省份。截至 2016 年,高考保留自主命题的省市有北京、上海、天津、江苏和浙江两省三市;同时有福建、四川、广东、湖北、陕西、安徽、湖南和重庆 7 省 1 市高考的全部科目使用全国卷。其他省是部分采用全国卷。此外,我国实行各省高考名额分配制度,人口多的省份名额多,人口少的省份名额少,这样造成相同的学校不同的录取分数,也存在招生不公平问题。同时,招生录取名额指标的调整也容易引发社会矛盾。2016 年 5

---

① 《25 个省份不同程度公布异地高考方案》中国网 http://politics.people.com.cn/n/2013/0101/c70731-20067624.html.

月,南京市市民近千人聚集在江苏省教育厅门口,高喊"反对减招,教育公平"的口号,反对国家准备在2016年从江苏省调出3.8万个高等院校招生计划名额,让中西部考生的高招名额的调整。① 可见,高招名额分配制度本身包含着教育不公平的因素。

为了从根本上解决一考定终身的弊端,我国将探索招生和考试相对分离、学生考试多次选择、学校依法自主招生、专业机构组织实施、政府宏观管理、社会参与监督的运行机制。逐步推行普通高校基于统一高考和高中学业水平考试成绩的综合评价多元录取机制。探索全国统考减少科目、不分文理科、外语等科目社会化考试一年多考。试行普通高校、高职院校、成人高校之间学分转换,拓宽终身学习通道。

(三)继续受教育权

继续受教育权有狭义与广义之分,狭义的继续受教育权是指已经脱离正规教育、已参加工作和负有成人责任的人享有所接受各种各样教育的权利。这是对成年人或专业技术人员进行知识更新、补充、拓展和能力提高的一种高层次的追加教育。其含义包括:(1)继续教育是一种非学历的成人的教育;(2)受教育者在学历上和专业技术上已达到了一定的层次和水平;(3)继续教育的内容是新知识、新技术、新理论、新方法、新信息、新技能;(4)学习的目的是为了更新补充知识,扩大视野,改善知识结构,提高创新能力,以适应科技发展、社会进步和本职工作的需要。

广义的继续受教育权,也可以称为终身受教育权,也可以称为终生受教育权。终身教育是指人们在一生中汲取知识和所受到的各种培养的总和。终身受教育权是指社会成员在实现义务教育和平等教育之后所享有的获取知识、接受教育的权利。受教育权伴随社会成员的一生,终身受教育权伴随着终生学习制度。学习是个人一生中不断的需求,也是国家和社会发展的需要。国际社会从上世纪60年代开始重视终身教育事业。上世纪60年代中期开始,在联合国教科文组织及其他有关国际机构的大力提倡、推广和普及下,终身教育已经作为一个极其重要的教育概念在全世界广泛传播。许多国家在制定本国的教育方针、政策或是构建国民教育体系的框架时,均以终身教育的理念为依据,以终身教育提出的各项基本原则为基点,并以实现这些原则为主要目标。有些西方国家还制定具体的制度促进人们实施终身教育,例如:瑞士日内瓦州的培训支票制度。日内瓦州议会通过立法的形式规定,州政府每年为公民和在日内瓦州内纳税的人提供750瑞士法郎(约合人民4000多元)的培训支票,培训支票三年内有效,持票人拿着支票可以到任何一个有资质的学校或培训机构学习或接受培训。州政府通过这种措施保障每个公民的终身受教育权。② 目前世界各国宪法规定的受教育权大多是终生的受教育权,我国宪法规定的"国家提供各种形式的教育"也体现的是终生受教育的权利。

---

① 凤凰原创《直击南京抗议现场:招生名额的博弈》凤凰网 http://finance.ifeng.com/a/20160514/14384395_0.shtml,访问日期:2016年05月14日。
② 徐继敏:《受教育权研究》,载《河北法学》2004年第2期。

过去，我国比较重视义务受教育权和平等受教育权，即对受教育权的理解通常限制于中小学和大学教育，而不包括成人教育等。近年，我国开始提出了终生学习的问题，人们逐步认识到终生受教育权是受教育权的内容。我国取消了上大学的年龄限制，中年甚至老年均可进入普通大学享受平等受教育，就是终身受教育权被引起重视的体现。

继续受教育权是公民在一生中不同阶段有根据自己的情况要求国家和各类组织提供教育服务的权利。例如，公务员有获得各种培训的权利、企事业组织职工有获得本组织提供培训机会的权利等。除了一些普遍性的终生受教育权外，很多国家还规定了特殊情况下社会成员的受教育权，如再就业培训、失业强制培训、转岗培训等一系列权利。

（四）选择受教育权

选择受教育权是指社会成员享有选择教育方式的权利。受教育的权利是唯一一项国际法中规定了相应义务的人权，也就是说，初等教育完成之前一直是强迫性质的教育。同时，国际法完全保护父母根据自己的宗教、道德或哲学信念为子女选择相应的教育种类的自由。此外，某些条约明确规定了个人享有进入私立教育机构接受教育的自由。例如，在义务教育阶段，父母可以选择让孩子进入公立或私立学校上学。经济、社会和文化权利不仅要求国家提供特定的服务，而且通常还涉及个人是否或采用何种方式利用这些服务的自由。

五、受教育权的实现

（一）立法的基本情况

早期的人权法案、宪法没有承认受教育权。受教育权获得人权法案或宪法性文件承认的时间，比其他人权内容获得承认的时间要晚。例如，美国1787年宪法及其1791年的《人权法案》中并没有受教育权的规定。1789年法国的《人权宣言》也未曾提及受教育权。[①]从早期的立法看，受教育权的内容不是制定于宪法之中，而是制定于一般法律之中。而且，当时立法强调的是父母送子女上学的义务，受教育还没有从权利角度加以认识。例如：1717年普鲁士的《普鲁士义务教育令》、1870年英国的《初等教育法》、1881年法国的《初等教育法》、1886年日本的《小学校令》等都规定实行义务教育，都规定父母有送子女入学接受义务教育的义务，如果父母不履行义务，就要受到相应的惩罚。这些法律强制对象为接受义务教育儿童的父母。

最早将受教育权写入宪法的是德国。1849年的《德意志帝国宪法》在"德意志人民的基本权利"一章中，即从第152条至第158条，共有7个条款规定了与教育有关的权利，其目的就是力争使有关的不同行为主体之间的利益达到平衡。特别是，教育被确认

---

① 美国早期的宪法及人权法案之所以没有规定受教育权，有学者认为："这主要是因为教育不是联邦而是各州的事务。"参见朱福惠主编：《宪法学》，厦门大学出版社2008年版，第295页。

为国家的责任,它要独立于教会之外,并且穷人享有接受免费教育的权利。它还规定了科学自由和教学自由以及每个人都有权选择职业并接受相关的培训。① 之后,第一次世界大战后,各种条约的缔结和 1924 年《日内瓦宣言》的公布标志着国际社会对受教育权的普遍承认。20 世纪 30 年代,苏联将受教育权作为公民享有的基本权利纳入国内宪法。1936 年苏联宪法首次将受教育权明确写进宪法,该宪法第 121 条规定"苏联公民有受教育的权利"。②

第二次世界大战后,受教育权又得到了多个世界性和区域性公约的承认。这些文书既反映了自由主义的人权观,也反映了社会主义的人权观。对于受教育权,《世界人权宣言》第 26 条规定:人人有权接受免费义务初等教育,高等教育对一切人平等开放,父母有权为子女选择所应有的教育种类。1966 年联合国大会通过的《经济、社会和文化权利国际公约》也再一次明确了公民有受教育的权利。

目前,受教育权是人权法和宪法赋予个人的一项基本权利。受教育权被多数国家写入宪法。上世纪 80 年代末,荷兰学者作出统计,在 142 个国家的宪法中,有 73 个确立了公民的受教育权,占总数的 51.4%。③ 例如,日本宪法第 26 条规定:"任何国民,均有依法律之规定,按其能力而受到教育之权利。"法国 1958 年宪法规定:"国家保障幼年及成年男女,对于教育、职业训练,早一般文化,有均等享受之机会。设置各级免费超宗教之教育机构,为国家义务。"如今,时光过去了 20 年有余,各国宪法有关受教育权的条款,只会增加不会减少。

(二)国际人权公约的受教育权的规定

国际人权公约文件主要包括《世界人权宣言》《经济、社会和文化权利国际公约》和《儿童权利宣言》中有关受教育权的规定。

1.《世界人权宣言》的规定。该宣言第 26 条规定:(1)人人都有受教育的权利,教育应当免费,至少在初级和基本阶段应如此。初级教育应属义务性质。技术和职业教育应普遍设立。高等教育应根据成绩而对一切人平等开放。(2)教育的目的在于充分发展人的个性并加强对人权和基本自由的尊重。教育应促进各国、各种族或各宗教集团的了解、容忍和友谊,并应促进联合国维护和平的各项活动。(3)父母对其子女所应受的教育的种类,有优先选择的权利。

2.《经济、社会和文化权利国际公约》的规定。该公约第 13 条规定:本公约缔约各国承认,人人有受教育的权利。它们同意,教育应当鼓励个人的个性和尊严的充分发展,加强对人权和基本自由的尊重,并应使所有的人能有效地参加自由社会,促进各民族之间和各种族、人种或宗教团体之间的了解、容忍和友谊,促进联合国维护和平的各

---

① 方立新、夏立安:《人权法导论》,浙江大学出版社 2007 年版,第 152 页。
② 朱福惠主编:《宪法学》,厦门大学出版社 2008 年,第 295 页。
③ [荷]亨利·范·马尔赛文等著:《成文宪法的比较研究》,陈云生译,华夏出版社 1987 年版,第 135~136 页。

项活动。并规定,为了充分实现这一权利起见:初等教育应属义务性质并一律免费;各种形式的中等教育,包括中等技术和职业教育,应以一切适当方法,普遍设立,并对一切人开放,特别要逐渐做到免费;高等教育应根据能力,以一切适当方法,对一切人开放,特别要逐渐做到免费;对那些未受到或未完成初等教育的人的基础教育,应尽可能加以鼓励或推进;各级学校的制度,应积极加以发展;适当的奖学金制度,应予设置;教员的物质条件,应不断加以改善。第14条规定,本公约缔约各国承诺,尊重父母和法定监护人的下列自由:为他们的孩子选择非公立的但系符合于国家所可能规定或批准的最低教育标准的学校,并保证他们的孩子能按照他们自己的信仰接受宗教和道德教育。

3.《儿童权利宣言》的规定。该宣言原则七规定:儿童有受教育之权,其所受之教育至少在初级阶段应是免费的和义务性的。儿童所受的教育应能增进其一般文化知识,并使其能在机会平等的基础上发展其各种才能、个人判断力和道德的与社会的责任感,而成为有用的社会一分子。儿童的最大利益应成为对儿童的教育和指导负有责任的人的指导原则;儿童的父母首先负有责任。儿童应有游戏和娱乐的充分机会,应使游戏和娱乐达到与教育相同的目的;社会和公众事务当局应尽力设法使儿童得享此种权利。

(三)国内法的受教育权的法律渊源

国内法的受教育权的法律渊源主要是《宪法》《教育法》和《义务教育法》等法律。

关于受教育权的规定,《宪法》第19条规定:国家发展社会主义的教育事业,提高全国人民的科学文化水平。国家举办各种学校,普及初等义务教育,发展中等教育、职业教育和高等教育,并且发展学前教育。国家发展各种教育设施,扫除文盲,对工人、农民、国家工作人员和其他劳动者进行政治、文化、科学、技术、业务的教育,鼓励自学成才。国家鼓励集体经济组织、国家企业事业组织和其他社会力量依照法律规定举办各种教育事业。第24条规定:国家通过普及理想教育、道德教育、文化教育、纪律和法制教育,通过在城乡不同范围的群众中制定和执行各种守则、公约,加强社会主义精神文明的建设。国家提倡爱祖国、爱人民、爱劳动、爱科学、爱社会主义的公德,在人民中进行爱国主义、集体主义和国际主义、共产主义的教育,进行辩证唯物主义和历史唯物主义的教育,反对资本主义的、封建主义的和其他的腐朽思想。第46条规定:中华人民共和国公民有受教育的权利和义务。国家培养青年、少年、儿童在品德、智力、体质等方面全面发展。

此外还有《教育法》和《义务教育法》的规定。1995年3月18日第八届全国人民代表大会第三次会议通过《教育法》,自1995年9月1日起施行。《教育法》的立法目的是"为了发展教育事业,提高全民族的素质,促进社会主义物质文明和精神文明建设,根据宪法,制定本法。"之后,2009年8月27日,全国人大常委会作出《关于修改部分法律的决定》,第一次对《教育法》进行修正。2015年12月27日全国人大常委会作出《关于修改〈中华人民共和国教育法〉的决定》对《教育法》进行第二次修正。《教育法》共有10章84条,其内容包括总则、教育基本制度、学校及其他教育机构、教师和其他教育工作者、受教育者、教育与社会、教育投入与条件保障、教育对外交流与合作、法律责任等内容。

该法第42条规定,受教育者享有下列权利:(1)参加教育教学计划安排的各种活动,使用教学设施、设备、图书资料;(2)按照国家规定获得奖学金、贷学金、助学金;(3)在学业成绩和品行上获得公平评价,完成规定的学业后获得相应的学业证书、学位证书;(4)对学校给予的处分不服向有关部门提出申诉,对学校、教师侵犯其人身权、财产权等合法权益,提出申诉或者依法提起诉讼;(5)法律、法规规定的其他权利。同时,也规定了受教育者的义务。第43条规定:受教育者应当履行下列义务:(1)遵守法律、法规;(2)遵守学生行为规范,尊敬师长,养成良好的思想品德和行为习惯;(3)努力学习,完成规定的学习任务;(4)遵守所在学校或者其他教育机构的管理制度。

1986年4月12日第六届全国人民代表大会第四次会议通过的《义务教育法》,于2006年6月29日第十届全国人民代表大会常务委员会第22次会议修订通过,自2006年9月1日起施行。其立法目的是"为了保障适龄儿童、少年接受义务教育的权利,保证义务教育的实施,提高全民族素质,根据宪法和教育法,制定本法。"该法共有8章63条,其内容包括总则、学生、学校、教师、教育教学、经费保障、法律责任等内容。该法第11条规定:凡年满6周岁的儿童,其父母或者其他法定监护人应当送其入学接受并完成义务教育;条件不具备的地区的儿童,可以推迟到7周岁。适龄儿童、少年因身体状况需要延缓入学或者休学的,其父母或者其他法定监护人应当提出申请,由当地乡镇人民政府或者县级人民政府教育行政部门批准。

(四)国内受教育权实现的近期目标

2009年的《国家人权行动计划》对实现受教育权利制定了近期目标。其中,总体目标是优先发展义务教育、农村教育,大力发展职业教育,提高高等教育质量,进一步推进校外教育,保障公民平等受教育权利。具体内容包括:

(1)制定到2020年的《国家中长期教育改革和发展规划纲要》,明确教育改革与发展的目标、任务、主要措施,提高公民总体受教育水平。《国家人权行动计划(2016—2020年)》在保障受教育权方面提出:实施《国家教育事业发展第十三个五年规划》,全面提升教育质量,促进教育公平。到2020年,劳动年龄人口平均受教育年限达到10.8年。

(2)全面普及九年义务教育。小学净入学率保持在99%以上,初中毛入学率达到98%以上,初中三年保留率达到95%。《国家人权行动计划(2012—2015年)》提出:学前三年毛入园率达到65%以上,学前一年毛入学率达到85%以上。小学净入学率保持在99%以上,初中毛入学率达99%,九年义务教育巩固率达到93%;到2015年,高中阶段教育毛入学率达到87%。继续扫除青壮年文盲,青壮年文盲率下降到4%以下。流动人口中的儿童基本能接受九年义务教育,大中城市和经济发达地区适龄儿童基本能接受学前3年教育,农村儿童学前1年受教育率有较大提高。此外,《国家人权行动计划(2016—2020年)》提出"普及学前三年教育"和"普及高中阶段教育"的新目标,即:"扩大普惠性学前教育资源,学前三年毛入园率提高到85%",以及"到2020年,全国高中阶段教育毛入学率达到90%"的新目标。

(3) 积极推进义务教育均衡发展。将义务教育的重点放在办好每一所学校和关注每一个孩子的健康成长上,积极回应联合国教科文组织大力倡导的"全纳教育"①理念,关注每一个孩子身心的健康成长,把提高农村学校教育质量和改造城镇薄弱学校放在重要的位置。

(4) 加快发展农村教育事业。落实农村中小学教师工资和办学经费保障机制,实施中西部农村初中校舍改造工程和新农村卫生校园建设工程,基本建成农村学校远程教育网络。实施农村义务教育阶段学校教师特设岗位计划、农村学校教育硕士师资培养计划、大学生志愿服务西部计划。

(5) 加快发展职业教育。建设2000个专业门类齐全、装备水平较高、优质资源共享的职业教育重点专业实训基地,扶持建设一批县级职业教育中心、中等职业学校和100所示范性高等职业院校。

(6) 中央政府投入专项资金实施"高等学校本科教学质量与教学改革工程"。继续实施"211工程"("211工程"是中国政府在21世纪,重点建设100所左右的高等学校和一批重点学科的建设工程)和"985工程"("985工程"是指教育部1998年5月开始启动的建设若干所世界一流大学和一批具有世界先进水平的知名大学的建设的工程),加快推进高水平大学的建设。

(7) 加快校外教育发展。2009—2010年,中央政府将筹集彩票公益金30亿元,用于支持校外活动场所的建设和运营,力争到2010年实现全国每个县(区)都有一所校外活动场所的目标,保障未成年人享受校外教育的权利。

(8) 进一步建立健全家庭经济困难学生资助体系。加大财政投入,落实各项助学政策,扩大受助学生覆盖面,提高资助水平。

第四节　文化权

文化权利是人人享有的一项基本权利。社会成员公平地占有并享用文化资源,享有完善的公共文化服务是社会文明与进步的重要标志之一。文化权利与经济权利、政治权利是人权法中的三大权利的支柱,三者的关系是,经济权利是基础,政治权利是保证,文化权利是目标。但是,"令人遗憾的是,许多研究公约的学者,往往会'故意'漏掉文化权利"。② 也就是说,人们在研究人权或人权法的时候,常常把文化权利的内容遗

---

① "全纳教育"是一种新的教育理念和教育过程。它是容纳所有学生,反对排斥与歧视,促进积极参与,注重集体合作,满足不同需求的教育理念和教育过程的体现。

② 这里"公约"是指《经济、社会、文化权利国际公约》。参见万鄂湘、毛俊响:《文化权利内涵刍议》,载《法学杂志》2009年第8期。

忘,或者根本没有论述文化权利。① 多数人权学者用受教育权代替了文化权。而宪法学者根据我国宪法的规定,认为受教育即是个人的权利也是个人的义务。

一、文化权的概念与特征

(一)文化权的概念

文化权,也称文化权利,是指社会成员人人可以自由参与文化活动,享有创作、分享和保护文化成果的权利。文化权的主体是指"人人",即人人享有文化权利。文化权的内容包括四个方面:自由参与文化活动、进行文化创作、分享文化成果、保护文化成果。《世界人权宣言》第27条和《经济、社会、文化权利国际公约》第15条第1款,确立了文化权的一般国际法渊源,从而成为解释文化权内涵的权威标准。

《世界人权宣言》第27条规定:"(一)人人有权自由参加社会的文化生活,享受艺术,并分享科学进步及其产生的福利。(二)人人以由于他所创作的任何科学、文学或美术作品而产生的精神的和物质的利益,有享受保护的权利。"《经济、社会和文化权利国际公约》对文化权的内容作出了初步的概括。该公约第15条第1款规定:"本公约缔约各国承认人人有权:(甲)参加文化生活;(乙)享受科学进步及其应用所产生的利益;(丙)对其本人的任何科学、文学或艺术作品所产生的精神上和物质上的利益,享受被保护之利。"

这里的文化权的主体,是狭义的文化权主体,即强调个人拥有文化权利。《世界人权宣言》第27条和《经济、社会和文化权利国际公约》第15条第1款的主体都是使用了"人人",说明文化权的主体主要是以个人为主。同时,文化权的主体又不仅限制于个人,也包括了国家、民族等群体,国家也可以是文化权的主体。本章所说的文化权主体是指个人主体。国家、民族或群体作为广义的文化主体,可以在集体人权中加以体现。

文化权利中的"文化",是广义的文化。② 广义的文化是包括了精神和物质两方面内容的文化概念。狭义的文化,仅指精神方面的文化。

狭义的文化,也被称作"小文化"。狭义的"文化"只是专注于精神创造及其结果,而排除了物质创造及其结果。1871年,英国文化学泰斗泰勒在《原始文化》一书中提出,文化"乃是包括知识、信仰、艺术、道德、法律、习俗和任何人作为一名社会成员而获得的

---

① 目前《人权法学》教材或者人权法的专著,都没有涉及文化权利的内容,多数的《人权法学》教材只介绍了受教育权作为文化权的内容。

② 文化是一个非常广泛的概念,给它下一个严格和精确的定义是一件非常困难的事情。自20世纪初以来,不少哲学家、社会学家、人类学家、历史学家和语言学家一直努力,试图从各自学科的角度来界定文化的概念。然而,迄今为止仍没有获得一个公认的、令人满意的定义。据统计,有关"文化"的各种不同的定义至少有200多种。人们对"文化"一词的理解差异之大,足以说明界定"文化"概念的难度。同理,也说明要对文化权下准确的概念也是具有相当难度的。

能力和习惯在内的复杂整体",①这是狭义"文化"早期的经典界说。在汉语言系统中,"文化"的本义是"以文教化",亦属于"小文化"范畴。例如:《现代汉语词典》关于"文化"的释义,即"人类在社会历史发展过程中所创造的物质财富和精神财富的总和,特指精神财富,例如文学、艺术、教育、科学等"。②其当属狭义文化。再如,在上世纪40年代初,毛泽东在论及新民主主义文化时说:"一定的文化是一定社会的政治和经济在观念形态上的反映。"这里的"文化",也属狭义文化。一般而言,凡涉及精神创造领域的文化现象,均属狭义文化。狭义的文化是精神方面的创造和无形资产的开发,是文化的精髓,也是享有文化权的重要内容。

广义的文化包括了狭义文化的同时,还包括通过智力开发而创造的物质文明。按照目前广义的文化概念,文化是人类社会所创造的一切,包括器物文化、制度文化、精神文化。其中器物文化属于物质文明范畴,它改变了人类的生活。例如,电灯、电话、电报的发明创造,是将文化中的智力成果制作成物质成果,它给人类带来了光明、带来了便捷;又如汽车、火车、飞机的发明创造,同样是智力文明转换为物质文明,也给人类出行带来极大的便利,促进了人与人之间的交流与交往;再如,电视、电脑与互联网的开发利用,都是人们在享受物质文明的同时,打开了通往世界的天窗。这就是《世界人权宣言》第27条所说的"人人对于他所创作的任何科学、文学或美术作品而产生的精神的和物质的利益",以及《经济、社会和文化权利国际公约》第15条第1款所规定的"享受科学进步及其应用所产生的利益,享有保护的权利"。其中的"物质利益"和"所产生的利益"就是物质文明的成果。广义的物质方面的文化内容,是精神文化的具体体现,是有形资产,在文化权中从属于精神文化,是精神文化内容的具体运用。

广义的文化还包括国家文化或民族文化。例如,中华文化是源远流长的文化。人类历史上的四大文明古国,只有中国文化作为文化主体保留至今。③ 在中华文化中,中华民族文化的精神有三种说法:一是凝结于《周易大传》的两句名言之中,这就是"天行健,君子以自强不息"、"地势坤,君子以厚德载物"。即认为"自强不息,厚德载物"是中国传统文化的基本精神。二是凝结于孔子的《论语》的"中庸"观念。过去广泛流传"中

---

① [英]爱德华·泰勒(1832—1917),主要从事人类早期历史研究,著作主要有《人类早期历史研究》(1865年)、《原始文化》(1871年)、《人类学》(1881年)。1871年泰勒当选英国皇家学会会员,1880年任牛津大学博物馆馆长,1896年牛津大学建立人类学教研室,英国第一位人类学教授,1917年逝世,享年85岁。他是人类学的鼻祖,是现代第一个定义文化的学者,他认为,文化是复杂的整体,它包括知识、信仰、艺术、道德、法律、风俗以及其他作为社会一分子所习得的任何才能与习惯,是人类为使自己适应其环境和改善其生活方式的努力的总成绩。

② 中国社会科学院语言研究所:《现代汉语词典》,商务出版社1983年版,第1204页。

③ "四大文明古国"指古代文明的发源地中国、古印度、古埃及和古巴比伦。这一说法,最早是由梁启超先生于1900年的《二十世纪太平洋歌》中首次使用这个定义。梁启超的说法来源于当时世界学术界公认的"四大文明发源地"。但遗憾的是,除中国之外,其他三个文明古国的文化已在地球上消失了,只留下一些历史痕迹。

庸"观念是中华文化的精髓。① 在《论语》中，孔子把"中庸"看成是一个最高的道德标准，也是他解决一切问题的最高智慧。但是，文化学者张岱年先生提出不同看法，认为"中庸"观念实际上不能起推动文化发展的作用，"不能把'中庸'看作中国传统文化的基本精神"。② 三是德育是我国优良传统。有学者认为，中国传统文化的基本精神还表现为以德育代替宗教的优良传统。笔者认为，自强不息、厚德载物、中庸和德育是中华传统文化的重要组成部分，是五千年中华文化的积淀。但是，中华传统文化正面临商品经济体制负面内容的挑战，例如物欲膨胀、唯利是图、信用沦丧等正在蚕食着我国传统文化的机体。我们不能不承认，近百年来，中国传统文化遭到了轻视或废弃。例如，"国家有难，匹夫有责"可以是中华文化中的社会责任感表现。现在，这种社会责任感似乎少了许多，人们关心的是自己家庭建设，是经济收入，是房子、车子等等。再是，在传统文化深入人心的时代，人民过着夜不闭户、路不拾遗的生活。如今，人们为了预防财产被盗而将自己锁在一道道铁栏内，人与人之间的信任感丧失。特别是社会活动中频频发生的恶性事件威胁着人们的正常生活。例如，北京市大兴区的李某，因为家庭纠纷而残杀自己亲人的"灭门案"震惊全国。2009年11月23日，北京市大兴区发生一起震惊全国的灭门惨案，一家六口亲人被害，被杀害的人包括了凶手的父母及妻子、妹妹和孩子，其中最小的孩子年龄不到2岁。这不仅反映了社会治安问题，也反映了我国文化教育存在的问题。笔者认为，强调文化权利，宣传和发展中华文化，应当是文化教育的一项重要内容。同时，还应当加强文化制度建设，加强法治教育和完善权利保障制度，才能从根本上提高人的素质和素养。

（二）文化权的特征

文化权的特征是文化权的本质反映，是揭示文化权的内在特点。文化权的特征主要表现在以下几方面：

1. 文化权的主体是个体权利，也是集体权利。如前所述，文化权利是个体的权利，《世界人权宣言》第27条和《经济、社会和文化权利国际公约》第15条第1款规定的文化权利主体都是使用了"人人"，即人人享有文化权利，这反映了文化权利的普遍性。凡是社会成员都享有文化权利。同时，从广义上理解文化内涵，文化权也可以是集体的权利。因为，文化本身是大众的、民族的、国家的。群体作为文化权的主体，是从广义文化角度出发的。它是指个人或群体在一定时期内形成的思想、理念、行为、风俗、习惯、代表人物，以及由这个群体整体意识所辐射出来的一切活动。这里的群体可以是国家，例如中国文化、印度文化、罗马文化；也可以是民族，例如伊斯兰文化、苏格兰文化、汉文化

---

① 中庸其含义大致有三：执中守正就是恪守中道，坚持原则，不偏不倚，无过无不及。折中致和就是执两用中而不同。因时制宜就是与时俱进，通权达变、随机应变。所以综合起来，中庸，就是恪守中道，坚持原则，不偏不倚，无过无不及。在处理矛盾时善于执两用中，折中致和，追求中正、中和、稳定、和谐。并且随时以处中，因时制宜，与时俱进。

② 张岱年：《文化传统与民族精神》，载《学术月刊》1986年第12期。

等；也可以是地域性群体，例如亚洲文化、欧洲文化、美洲文化等；还可以是行业或企业，例如汽车文化、酒文化或某企业文化等。再是，文化权作为集体权利，与文化权利诞生的历史背景有关。文化权的产生与国际人权法中的发展权的产生有着密切联系，它是与二战后"非殖民化运动"的文化自觉和民族自治原则联系在一起的。1986年，第41届联合国大会通过了《发展权利宣言》。其中，文化权利是作为民族自决权的一个组成部分提出来的。文化权的一些内容，例如文化认同权、国际文化合作权等文化权的实现，都必须以集体为主体，不能以个人为主体。

2.文化权的客体具有多样性和丰富性。由于文化内涵的多样性和丰富性，决定了文化权内涵的多样性和丰富性。文化是一个综合性、多层次的概念，很难仅从一个侧面或一个角度去界定文化的含义。如前所述，广义理解文化的话，文化既指整个社会的生活方式或物质、精神价值的总和，又指不断发展的艺术和科学创作的实践过程。同时，它又表现为具体的物质或精神文明成果或产品。文化内涵的多元性决定了文化权利内涵的丰富性。挪威人权学者A.艾德认为，如果将文化看作是人类累积的物质遗产，那么文化权就应是个人获得这一累积文化资本的平等权和文化发展权。如果将文化视为艺术和科学创造的过程，那么文化权就会被认为是文化创造者和文化专家的权利。如果将文化视为特定社会群体的物质和精神活动及其成果的总和，那么文化权就包括参加文化生活权、分享科学进步及其产生的福利权，对其本人的任何科学、文学或艺术作品所产生的精神上和物质上的利益享受保护权以及进行科学研究和创造性活动的所不可或缺的自由、少数人的文化认同权。① 我国研究文化权的学者认为，如果文化是具体的物质或精神文明成果或产品的话，那么文化权利就是指个人获得这一累积文化资本的平等权利，如参观博物馆、利用图书馆、欣赏音乐会等；如果文化是艺术和科学创作的实践过程的话，那么文化权利就是指个人不受限制地自由创造自己的文化作品的权利；如果文化是指特定社会的生活方式或物质、精神成果的总和的话，文化权利则指保持有自己文化特性、坚持文化认同的权利。② 文化不仅包括科学、技术、法律、教育、文学、艺术等物质形态与非物质形态，也包括习俗、道德、价值观念、思想观念等价值形态。可见，文化不仅包括精神方面的内容，也包括了物质方面的内容。

3.文化权的本质具有思想性和理论性。任何一种文化都包含有一种思想和理论，表现为一种生存的方式和方法。文化权的主体是大众的、普遍的、外在的。文化权的价值却是内在的、独特的，它体现在文化的思想性和理论性上。思想是客观存在反映在人的意识中经过思维活动而产生的结果。理论是指人们关于事物知识的理解和论述。思想和理论是文化的核心、灵魂，没有思想和理论的文化是不存在的。从文化积累过程看，文化的发展必然是与思想、理论联系在一起的，不论是科学发明或科学发现，还是文学创作或艺术造型，都是科学家、文学家、艺术家们的思想结晶、理论阐述和构思表现。

---

① ［挪］A.艾德等：《经济、社会和文化的权利》，黄列译，中国社会科学出版社2003年版，第21~22页。

② 万鄂湘、毛俊响：《文化权利内涵刍议》，载《法学杂志》2009年第8期。

没有思想肯定是没有创造发明,没有创作灵感,也就没有标志着人类文明、进步的科学技术产品,没有光辉灿烂的文学与艺术作品。

文化权是人人享有参与文化活动的权利。如果说,当人们参与的文化活动是没有思想的,甚至是落后的或腐朽的文化,其结果必然导致人的思想坠落和精神颓废。拥有参与这样的文化活动的权利,不能给人带来获益,相反会给人带来危害。可以说,文化权的内核必须是思想和理论的结晶,是思想观念和价值观念的体现。英国学者迈克·克朗在《文化地理学》中将文化视为一整套思想观念和价值观念是很有道理的。① 没有思想和理论作为内核的文化权是没有价值的文化权。没有思想的文化活动是没有内涵的文化活动,是必然走向没落的活动。1952 年,美国人类学家克鲁伯和克拉克洪在考察了 100 多个文化概念后,着眼于从精神内涵上来定义文化:"文化存在于各种外显的和内蕴的模式之中,借助符号的运用得以学习和传播,并构成人类群体的特殊成就。这个成就包括他们制造物品的具体式样或由传统或由历史衍生或由选择得到的思想观念和价值组成的基本核心,其中尤以价值为最重要。"这也就为以后的文化研究者开辟了新的视野。②

4. 文化权是一种提升民族素质的权利。文化是学习得来的,而不是通过遗传而天生具有的。"要走向社会和谐、社会公平和社会正义的美好前景,实现公民的经济权利是基础,政治权利是保障,文化权利是升华。"③许多国家的实践证明:公民的经济、社会和文化权利,是同等重要和相互联系的。如果公民的文化权利缺失了,就会成为愚昧、灾难、疾病、经济落后和社会动荡的根源之一。世界银行《知识与发展》的报告指出:在 45 个发展中国家,当母亲们缺乏任何教育时,婴儿死亡率为 14%,当她们掌握中学程度的知识和文化时,婴儿死亡率降为 6.8%,其他流行性疾病也相应减少。所以,重视和实现公民文化权利,已成为全人类的共同呼声。④ 与公民的经济权利、政治权利相比较,实现公民的文化权利是更高的要求,又反过来促进了公民经济权利、政治权利的实现。随着中国的改革开放不断深入,涉及体制性、制度性的一些深层次问题日趋尖锐,这些问题归根结底要靠深化改革来解决。而所有改革措施的实施和社会的和谐进步,都是在文化心理的平台上进行的,是以提高人的科学素养、民主法治意识和伦理水平,提升全体公民的综合素质为基本条件的。

5. 文化权的基础性权利是受教育的权利。文化权是指人人享有自由参与文化活动,享有创作、占有、分享和保护文化成果的权利。人人享有自由参与文化活动是文化建设的前提,只有社会成员积极参与文化活动,文化事业才能发展与繁荣,社会的文化

---

① [英] 迈克·克朗著:《文化地理学》,杨淑华等译,南京大学出版社 2005 年版,序言。
② 赵宴群:《文化权利:一般认识与实现条件》,载《思想理论教育》2008 年第 9 期。
③ 花建:《公民文化权利是社会和谐的文化心理平台》,http://culture.people.com.cn/GB/22219/4681266.html,访问日期:2010 年 11 月 8 日。
④ 花建:《公民文化权利是社会和谐的文化心理平台》,http://culture.people.com.cn/GB/22219/4681266.html,访问日期:2010 年 11 月 8 日。

成果才会丰富。参与文化活动的前提是必须具备基本的文化素质,才能有效地参与文化活动,切实保护文化成果。文化素质的培养是从受教育权开始的。没有受教育权的保障,人的文化素养是不可能形成的。因为,享有文化权的基础性权利是受教育权利,人的文化是学习得来的,不是通过遗传而天生俱有的,普及文化知识教育就是实现文化权的最基本要求。当今社会,文化权利应当是一种普遍的权利。普遍是相对于特权而言的。过去,知识曾经一度是特权,对于古人来说,能够识字、阅读和书写文字是很不容易的事情。时至如今,国际社会所提倡的文化权利,是不分种族、阶级、国籍、肤色、年龄、职位、身份的,它是由一切人享有的权利。因而,国际公约倡导各国政府具有普及教育的义务。再是,享有创作和保护文化成果的权利,也必须以拥有文化为前提。没有相应的文化水平是无法创作作品的。这里的创作包括了对自然科学的发明、创造,也包括了对社会科学的文学创作和艺术创作等,同时,还包括了对政治、经济、社会等学科的理论研究和思想探讨,等等。缺乏文化教育的人,不仅在参与文化活动权方面受到限制,而且在保护文化权利方面必然受到种种制约。

二、文化权的意义

实现文化权是人类走向幸福与文明的重要标志。人类社会要走向文明,要实现幸福,经济权利是基础,政治权利是保障,文化权利是升华。

1. 行使文化权是人们追求幸福的重要方式。文化是人们获得幸福的重要工具。人们通过行使文化权,参与到文化事业的建设中,实现人与人之间的文化交流和吸收,使人们在创造美好的生活条件的社会实践中,感受和理解到个人、集体乃至人类发展的宏伟目标,提升自我价值,增加自豪感。同时,通过自己的创造,既可以为社会提供更丰富的文化内容,也可以享受他人的文化成果,包括先进的思想文化成果,这样就让人们的理想和公平、正义的文明事业得到实现而让每个人的人格得到满足。

2. 实现文化权是文明社会的基本要求。文化是文明的载体,离开文化载体,文明也不存在。文明是指人类所创造的财富的总和,特指精神财富,如文学、艺术、教育、科学等,也指社会发展到较高阶段表现出来的状态。社会文明离不开文化的载体,进步的文学、繁荣的艺术、普遍的教育、先进的科技都是社会文明的重要表现。人们有效享受文学、艺术、教育、科学等方面成果,有效实现文化权是人类走向文明社会的重要标志。

3. 实现文化权是国家发展和民族振兴的重要条件。推进社会进步必须首先提高公民的素质。如果没有公民文化素质的提高作为社会基础,任何意义重大的社会变革的措施,都不可能获得广泛支持和理解,也不可能获得成功。许多国家的实践证明:公民的经济、社会和文化权利,是同等重要和相互联系的。如果公民的文化权利缺失了,就会成为愚昧、灾难、疾病、经济落后和社会动荡的根源之一。2010年3月5日,十一届全国人民代表大会第三次会议上,温家宝总理所作的政府工作报告在谈到2010年"文化建设"时指出,"国家发展、民族振兴,不仅需要强大的经济力量,更需要强大的文化力量"。"文化是一个民族的精神和灵魂,是一个民族真正有力量的决定性因素,可以深刻影响一个国家发展的进程,改变一个民族的命运。没有先进文化的发展,没有全民族文明素质的提高,就不可能真正实现现代化。"

享有文化权利最为根本的环节就在于,通过不断满足广大人民群众的文化需求,为公民的文化素养的提高创造必要的保障条件,充分实现其应有的文化权利。只有当人的文化权利得到充分的尊重和实现,文化建设的兴趣、热情和创造力才能得到最大限度的发挥。因此,公民文化权利的实现不仅是现代政府对公民社会的重要承诺,是促进社会全面进步,创造更加美好生活的不可或缺的主要内容,也是提高国民整体素质的重要组成部分。

三、文化权的内容

文化权的内容包括四个方面的权利,即自由参与文化活动的权利,进行文化创作的权利,分享文化成果的权利权,保护文化成果的权利。

(一)享有自由参与文化活动的权利

有的表述为享有参与文化活动的权利。因为,关于"参与文化活动权利"的表述,《世界人权宣言》和《经济、社会、文化权利国际公约》是有所不同的。《世界人权宣言》第27条规定:"人人有权自由参加社会的文化生活……"《经济、社会和文化权利国际公约》第15条第1款表述为"人人有权参加文化生活"。尽管二者表述略有不同,但是其含义是相同的。权利就是一种具有可以选择性行使的行为方式,包含了可以行使,也可以不行使的自由内涵。但是,笔者从《世界人权宣言》是人权法的母本性文件的角度考虑,采用《世界人权宣言》的表述。

享有自由参与文化活动的权利,包括了以下内容:

1.体现了文化自由权。文化自由权包括三个方面内容:(1)指个人有参与或不参与文化生活的自由,这是一种积极的自由选择权;(2)指个人参与文化生活的权利应当得到充分保护,在参与文化活动过程中不得受到来自外力主要是公权力的不合法或不合理的干预,特别是在社会科学领域的研究和思想领域的表达方面,应当给予更多的自由;(3)文化自由是一个广泛的概念,它不仅包括通常意义上的科研自由、文学创作自由,还与言论自由、宗教自由、结社自由、接受信息自由和使用自己选择的语言的权利等密切相关。因为,这些自由都是促进文化自由所不可缺少的条件。

2.体现了文化权利主体的普遍性。要求人人都要参与到文化活动中,这对促进国家发展教育事业也是有利的。

3.强调人人参与文化活动的价值。如果人人仅仅是被动地消费文化成果,那么对文化事业的发展是不利的。因为文化对于人的发展的根本价值,不但体现在完成的文化成果中,而且体现在主动的参与过程中。

4.这里的参与是指开展各种各样的社会文化活动。除了包括收看电视节目、参观博物馆、利用图书馆、欣赏音乐会、参加文体活动等,还包括正在建设的城市社区信息苑、数字化图书馆、外来工文化之家等文化活动项目。这样才能让公民在各得其所的文化参与中,获得自我肯定的体验和快乐,使他们不但是文化成果的购买者和消费者,而且是文化活动的实践者和体验者。

如果仅仅是享受文化成果,那还停留在基本的甚至是被动的层面上。与此同时,还要通过开展各种各样、不同层次的社会文化活动,使广大人民群众能够得到充分的文化参与的权利。自娱自乐的文化广场的普遍形成、业余的民间文艺社团的大量产生,就表明现代社会文化参与的广泛的群众基础。要实现公民的文化权利,就必须要最大限度地提供老少咸宜、各得其所的参与文化活动的条件与氛围。

(二)享有文化创作的权利

享有文化创作的权利是让社会成员能够运用自己的智慧创造精神财富。这里的文化活动,是指广义的文化,即指人类在社会历史发展过程中所创造的物质财富和精神财富的总和,但是主要指精神财富,例如文学、艺术、教育、科学、政治、法律等等。文化创作属于知识产权范畴,其成果属于无形资产。知识产权是指权利人对其所创作的智力劳动成果所享有的专有权利。智力成果包括了著作权、商标权、发明专利权、工业设计等内容。文化创作是点燃人类社会文明之火的燃料,是推动人类文明进步的精神动力。特别是在信息化不断扩展和知识经济不断延伸的年代,随着文化知识的普及、科学技术的进步和民主制度的完善,文化自由权得到行使的空间越来越大,也有越来越多的社会成员拥有了文化创造的物质条件和时间,也就焕发出文化创造的巨大热情。在这里,可以对享有文化创作权与进行文化创作活动加以区分。文化创作权利是一项每个社会成员都可以享有的权利。文化创作活动却是具体行使了这项权利。现实中,真正进行文化创作的社会成员是少数的,这些成员必须具备相应的文化素质和刻苦钻研精神。取得文化创作活动成果的社会成员就拥有了知识产权,包括署名权、专利权等。讲到文化创造权利的实现问题,还有一个重要内容,就是必须要尊重和保护知识产权,打击盗版和侵权行为,否则,文化创造的热情会受到打击,文化创造的权利也会受损害。

(三)分享文化成果的权利

即每个人享有享受艺术和科学进步及其应用所带来的利益的权利。关于"分享文化成果的权利权",《世界人权宣言》和《经济、社会和文化权利国际公约》的表述也有不同。《世界人权宣言》第27条规定:"人人有权享受艺术,并分享科学进步及其产生的福利。"《经济、社会和文化权利国际公约》第15条第1款规定:"人人有权享受科学进步及其应用所产生的利益。"相比较而言,《世界人权宣言》的表述更为全面,包括文学艺术内容。如果仅把"文化成果"理解为"科学进步及其应用所带来的利益",就容易把文化成果局限于物质利益,即具体的科学技术产品,这就会背离了"文化"作为精神财富象征的实质,还可能导致社会成员重视物质享受,轻视精神产品的熏陶。

《世界人权宣言》和《经济、社会和文化权利国际公约》的规定为最广泛地普及科学进步及其应用,促使每一个人都能从中获益提供了可能。受制于现实因素,并不是每个人都能参与到促进科学进步及其应用的伟大事业中来,但是,他们却能够享受由此带来的社会福利。因此,《世界人权宣言》第27条规定和《经济、社会和文化权利国际公约》

第 15 条第 1 款(乙)的规定体现了对社会公共福利和道德价值的追求。

社会成员要充分实现分享文化成果的权利,一方面政府要加大投入,即对公益性文化事业增加投入。我国政府近年来比较重视公益事业的投入。党的十七大报告明确指出:"坚持把发展公益性文化事业作为保障人民基本文化权益的主要途径。"2010 年,在第十一届全国人大第三次会议上,温家宝总理作了政府工作报告,其中涉及文化产业的具体内容,提出:文化产业将继续把公益性文化事业和文化体制改革作为发展重点。近年来,我国公益性文化事业有了很大的发展,全国文化产业的增加值在 2005 年的贡献值接近 5000 亿元人民币。但是从中心城区到周边乡镇,各类社会群体对文化成果的享受程度,还有很大差距,亟待提高社会共享的普遍性。① 另一方面,要转变观念,将文化成果最大限度地变成公益事业,让广大社会成员享有。当文化成果的供应只是作为一种商品或作为经济产量、产值,也就仅仅具有少数人拥有获取经济利益的意义。今后,应当如何把这些文化成果让最大多数人享受,成为公共生活质量的一个组成部分,这种文化权利才有了普遍的社会人文价值。近年来,全国许多城市都在推进文化产品社会化进程中做了大量工作,例如开放公园、博物馆、革命历史展览馆等,让市民免费游览参观。

(四)保护文化成果的权利

公民的文化成果受到保护的权利,即文化权利的受保护性。它不仅仅包括公民对自己的文化创造成果申请保护的权利,而且包括人类社会对前人的文化遗产和自然文化遗产的保护的权利。我国公民对自己的文化创造成果申请保护的权利,包括了对知识产权的保护。知识产权是指人类智力劳动产生的智力劳动成果所有权。它是依照各国法律赋予符合条件的著作者、发明者或成果拥有者在一定期限内享有的独占权利,一般认为它包括版权和工业产权。版权是指著作权人对其文学作品享有的署名、发表、使用以及许可他人使用和获得报酬等的权利;工业产权则是包括发明专利、实用新型专利、外观设计专利、商标、服务标记、厂商名称、货源名称或原产地名称等的独占权利。我国的知识产权保护特别是专利制度在改革开放中不断发展,取得了一定的成就:初步建立并不断完善了专利法律法规体系。知识产权工作得到了国家的高度重视,1998 年国务院机构改革,在大量压缩编制、精简机构的情况下,将中国专利局更名为国家知识

---

① 花建:《公民文化权利是社会和谐的文化心理平台》,http://culture.people.com.cn/GB/222159/4681266.html,访问日期:2010 年 11 月 8 日。依据第三次全国经济普查资料,2013 年我国文化产业增加值为 21351 亿元,与 GDP 的比值为 3.63%。统计局《最新统计数据:我国文化产业增加值超 2 万亿》,中国经济网,访问日期:http://www.ce.cn/culture/gd/201501/23/t20150123_4417470.shtml,访问日期:2015 年 1 月 23 日。2014 年我国文化产业实现增加值 23940 亿元,比 2013 年增长 12.1%。到了 2015 年,我国文化产业实现增加值 25829 亿元,比 2013 年增长 21.0%(未扣除价格因素影响,下同);年平均增长 10.0%,比同期 GDP 现价增速高 2.3 个百分点。文化产业增加值占 GDP 的比重为 3.82%,比 2013 年增加 0.19 个百分点。《2015 年我国文化产业实现增加值 25829 亿元》,http://www.38dy.cn/a/news/25064.html,访问日期:2016 年 5 月 4 日。

产权局,并作为国务院直属机构,列入政府行政序列。形成了司法和行政执法两条途径、协调动作的专利保护机制。同时,国家重视对前人的文化遗产保护,包括了文化遗产、非文化遗产和自然遗产的保护。目前,我国经过多年的努力,已经将许多文化遗产列入世界文化遗产保护名录之中。例如,我国的文化遗产保护被列入中国世界文化遗产名录的有:明清故宫、颐和园、天坛、长城、周口店"北京人"遗址、承德避暑山庄及周围寺庙、平遥古城、曲阜孔庙孔林孔府、敦煌莫高窟、秦始皇陵、苏州古典园林、武当山古建筑群、拉萨布达拉宫、丽江古城、开平碉楼及村落、福建永定土楼、五台山、杭州西湖文化景观、元上都遗址、红河哈尼梯田文化景观、丝绸之路、长安—天山廊道的路网、大运河、土司遗址等。我国的自然遗产保护被列入中国世界文化遗产名录的有:九寨沟风景名胜区、黄龙风景名胜区、武陵源风景名胜区、三江并流、四川大熊猫栖息地、中国南方喀斯特、三清山国家公园、澄江化石遗址、新疆天山等。我国的自然与文化遗产保护被列入中国世界文化遗产名录的有:武夷山风景名胜区,峨眉山—乐山大佛风景名胜区、泰山、黄山等自然风景区。非物质性文化遗产保护也受到国家的重视。2006年6月,中国第一批国家级非物质文化遗产名录在中国政府网公布。国家公布的非物质性文化遗产的名单包括了春节、中秋节、端午节等中国传统节日,也收录了白蛇传、梁祝等传说以及孟姜女、西施等民间故事;不仅有吴桥杂技、少林功夫、苏绣等海内外熟知的绝活儿,也有格萨尔、蒙古族长调、侗族大歌等少数民族世代口授心传的遗产。倡导对前人文化遗产的尊重,不但为后人积累了宝贵的文化资源,打下了传承和创新的基础,也是对今人文化创造热情的保护。如果没有形成对知识产权的保护机制,不能有效地保护文化创造的成果,就必然会打击人们进行文化创意和创新的积极性。

四、文化权的实现与目标

(一)实现文化权存在的问题

文化权利的核心是公平性。文化公平是指人人都拥有平等享受文化资源的机会和权利,每个人所特有的文化需求都能得到满足,这种机会和权利不受性别、种族、身份、阶层等因素的影响。随着经济社会的发展,信息、知识和文化日益成为社会生产发展的核心要素,平等享有文化权利成为人的全面发展的关键要素,也是积累人力资本与社会资本的重要途径。公民文化权利的实现,既有赖于物质财富的积累,更有赖于制度的先进性。2015年中国人均GDP为7990美元,位列世界各国第76位(比2014年7627美元提升了7位)。但是,能够调动来保障公民文化权利的人均资源,如政府投资、基础设施、个人财富等,还远远少于发达国家的人均水平,如果我们突出了制度和机制的创新,缩小了各种社会群体在实现公民文化权利方面的差距,就有可能更有效地利用各种资源,后来居上,从而达到公民文化权利的较高水平。

我国文化权利存在的问题。改革开放以来,我国政府在推进文化公平方面做了一定努力,我国文化公平有了一定进展,如广播人口覆盖率从1989年的73%上升到2005

年的94.5%,电视人口覆盖率从1989年的77.9%提高到2005年的95.8%。[①]但是,与我国人民群众日益增长的文化需求相比,我国的文化服务与文化公平还是一个亟待解决的问题。当前,我国文化公平形势不容乐观,主要存在如下问题。

1.我国公民的文化权利实现度还比较低。主要体现在休闲与文化支出占居民最终消费支出的构成比重偏低。2005年,我国城镇居民用于娱乐文化用品与娱乐文化服务的支出占消费性支出的比重仅为6.62%,而1991—2002年,韩国、日本、加拿大、美国、荷兰、英国、澳大利亚等国的居民最终消费支出构成中,休闲与文化支出的年均比重分别为7.68%、9.65%、10.87%、9.62%、11.04%、12.70%和12.26%。我国公共文化基础设施较为缺乏,无法保证公民平等、便捷地享有文化资源,如纽约有图书馆204座、博物馆150座,东京有图书馆194座、博物馆160座,而北京2005年仅有公共图书馆25座、博物馆34座;上海仅有公共图书馆28座、博物馆25座。

《国家人权行动计划(2012—2015年)》和《国家人权行动计划(2016—2020年)》分别提出:要实施《国家"十二五"时期文化改革发展规划纲要》和《国家"十三五"时期文化改革发展规划纲要》。提出到2020年实现的总体目标是:要实施完善公共文化服务体系、文化产业体系、文化市场体系,提升公民基本文化权利的保障水平。具体要求做好以下工作:(1)健全公共文化设施和服务网络建设。要求加强文化馆、博物馆、图书馆、美术馆、科技馆、纪念馆、工人文化宫、青少年宫等公共文化设施建设,向社会免费开放。(2)广播电视村村通工程覆盖20户以下已通电自然村。全国广播电视人口综合覆盖率达到99%。文化信息资源共享工程数字资源总量达到530百万兆字节,入户率达到50%。(3)农村流动银幕达到5万块,每个行政村每月放映一场数字电影。(4)到2015年,实现人均年拥有图书5.8册,期刊3.1册,千人拥有日报达到100份,万人拥有出版物发行网点1.3个,国民综合阅读率达到80%;全国互联网普及率超过45%,互联网固定宽带接入端口超过3.7亿个,城市家庭带宽接入能力基本达到20兆位/秒以上,农村家庭带宽接入能力基本达到4兆位/秒以上,实现2亿家庭光纤到户覆盖。(5)到2020年,城镇地区实现光网覆盖,提供1000兆比特每秒以上接入服务能力,大中城市家庭用户带宽实现100兆比特每秒以上灵活选择;98%的行政村实现光纤通达,有条件地区提供100兆比特每秒以上接入服务能力,半数以上农村家庭用户带宽实现50兆比特每秒以上灵活选择。

从发展趋势看,国家重视图书馆建设,据资料显示,2014年我国共有公共图书馆3117个,每万人就拥有共有公共图书馆建筑面积90平方米,每人均公共图书藏书0.58册。[②]

2.文化发展中存在地域间、城乡间、阶层间的不均衡发展,出现了地区间的"鸿沟"、城乡"二元结构"与阶层间的"差序结构"。表现为中西部文化发展明显滞后于东部地

[①] 国家统计局编:《中国统计年鉴2006》,中国统计出版社2006年版,第345页。
[②] 《截至2014年底我国共有公共图书馆3117个》,中央政府门户网站,http://bj.bendibao.com/news/2015515/187940.shtm,访问日期:2015年5月15日。

区,农村文化发展滞后于城市,贫困阶层的文化边缘化等等。从地区文化差异的角度来看,我国西部地区与东部地区、发达地区与不发达地区存在较大的文化差异。如2005年,东部地区城镇居民家庭人均教育及文化娱乐服务支出为1438.92元,而西部地区仅为960.92元,仅占东部地区的2/3左右。又如,2005年北京市城镇居民家庭人均文化娱乐服务支出为584.43元,而新疆仅为102.33元,仅占北京的17.51%左右。从阶层文化差异的角度来看,我国存在着不同阶层文化享受的明显差异,贫富阶层之间的文化不公平程度较高。如2005年,城镇居民家庭中最低收入户用于文娱用品的支出仅为43.28元,而最高收入户为874.88元,最高收入户为最低收入户的20倍。

3. 公共财政对公共文化事业投入不足。目前,我国对公共文化领域的财政投入过低,先看2005年的数据,2005年国家财政支出33930.28亿元,其中,文体广播事业费为703.40亿元,仅占2.07%,中央文体广播事业支出仅为72.53亿元。而各地文体广播事业费占地区财政总支出的比重则普遍仅为2.51%左右。如果把预算外收入计算在内,文体广播事业费占财政总支出的比重则更低。再看2015年的数据:2015年全国财政支出175768亿元,文化体育与传媒支出3067亿元,占1.744%(与2005年比较显下降趋势)。2015年用于教育支出26205亿元,占14.9%;用于医疗卫生与计划生育支出11916亿元,占6.78%,三项支出占财政支出的23.42%。①

4. 基层(特别是农村)公共文化服务功能比较薄弱。当前,我国农村居民的文化需求日益增长,农民居民家庭文教娱乐支出比重占家庭总支出的比重由1989年的5.7%上升到2005年的11.6%。但是,文化服务特别是公共文化服务还不能适应农村居民文化需求急剧增长的要求。目前我国各级文化单位,尤其是基层文化单位提供公共文化服务的能力尚有很大欠缺,许多地方的文化馆、图书馆、文化站运转困难。特别是中西部地区文化事业经费投入明显偏少,农村文化基础设施落后,公共文化资源总量偏少、质量不高的问题仍很突出。为农服务的文化机构运转存在较大困难,公共文化机构运转乏力。

5. 公民参与文化生活的缺位与不均衡并存。公民文化参与存在文化背景、受教育程度、社会地位、地域等差别,弱势群体如贫困户、农民工的文化权利不能得到充分保障。目前,我国绝大多数农民工的文化生活依然单调乏味,相当数量的农民工很少参加文化活动,农民工文化权利的实现度较低。政府针对农民工的公共文化服务十分薄弱,一些地方将农民工排斥在公共文化服务体系之外,形成了针对农民工的事实上的文化障碍与文化排斥,积累了许多文化资本的欠账。

6. 公共文化服务体系不健全,公共文化服务的各种资源分布不均衡,文化资源增长缓慢,甚至呈萎缩之势。总体上看,我国对公共文化建设不够重视,1990年,我国共有公共图书馆2527个,2006年共有2778个,17年间仅增加了251个。用最新数量反

---

① 财政部:《2015年全国财政支出175768亿元增长15.8%》,人民网,http://news.ifeng.com/a/20160129/47292544_0.shtml,访问日期:2016年01月29日。

映,2014年我国共有公共图书馆3117个,24年间增加了590个。1990年,我国共有文化馆2955个,2006年减少到2834个,17年间减少了121个。

7. 公民参与文化活动与文化创造比例较低,艺术表演团体发展滞后。1978年我国共有艺术表演团体3150个,1990年减少到2805个,2006年共有2366个,艺术表演团体数量从1990—2006年的17年间仅增加了61个。①

(二)实现文化权的近期目标

2009年颁布的《国家人权行动计划》,对文化权利的实现作出了近期规划,要求采取有力措施,发展繁荣文化事业,保障公民的基本文化权益。其主要内容如下:

1. 建设公共文化服务体系。基本建成覆盖城乡的公共文化服务设施网络,实现大城市和中心城市有大剧院、公共图书馆、博物馆、美术馆、电影院、群众艺术馆,县(市)有文化馆、图书馆、电影院,行政村有文化活动室,社区有文化中心。在中西部地区新建、改扩建2.67万个综合文化站。每年建设农家书屋7万家左右,到2010年底,全国共建设农家书屋23.7万余家。国家财政投入11.15亿元,建成覆盖城乡的数字文化服务体系。

2. 实现全国文化信息资源共享工程"十一五"建设目标。到2010年底,实现县县建有支中心、村村建有基层服务点,完成100TB数字资源建设任务。

3. 全面推进广播影视数字化。构建全国地面数字电视覆盖网、卫星直播及移动多媒体广播系统,推进"三网融合",构建海量内容资源管理系统和内容集成分发交换平台,建立电影数字节目集成等平台,推进农村流动数字放映进程。

4. 实施重大文化产业项目带动战略。加快文化产业基地和区域性特色文化产业群建设,培育文化产业骨干企业和战略投资者,鼓励非公有资本进入政策许可的文化产业领域,鼓励民营文艺表演团体发展,依法发展文艺经纪代理、无形资产评估鉴定、信息咨询等中介服务机构。

5. 鼓励支持文化创造和普及。设立文化发展专项资金和优秀剧节目创作演出专项资金,扶持传统剧种新剧目的创作、人才培养及公益演出,扶持公益性、示范性文化艺术活动。鼓励国有文艺表演团体深入基层演出,2009—2010年,国家财政投入1亿元,为剧团等基层文化机构配备流动舞台车300辆左右,开展流动文化服务,使文化下乡活动小型化、经常化。国家安排资金34亿元,运用卫星直播技术,到2010年底实现71.66万个20户以上已通电自然村通广播电视,基本实现全国农村电影数字化放映,一村一月放映一场。

6. 继续推动博物馆和爱国主义教育基地向公众免费开放,研究建立有关公益性文化事业保障的法律制度。

---

① 李军鹏:《论文化权利与文化公平》,摘自《中国公共文化发展服务报告(2007)》,由社会科学文献出版社授权中国网发布。

7. 加大知识产权保护力度。依法惩处各种侵权行为，维护知识产权人的合法权益。初步建成服务公众的专利检索与服务平台。

第五节 社会保障权

社会保障是指国家和社会通过立法对国民收入进行分配和再分配，对社会成员特别是生活有特殊困难的人们的基本生活权利给予保障的社会安全制度。社会保障的表现形式是济贫扶弱，解决社会成员生活困难或燃眉之急。社会保障的本质是维护社会公平进而促进社会稳定发展。社会保障的实质是国家和政府实现确保公民享有基本生活保障的承诺。社会保障由社会保险、社会救济、社会福利、优抚安置等组成。其中，社会保险是社会保障的核心内容。

一、社会保障权的概念与特征

（一）社会保障权的概念

社会保障制度是20世纪人类文明最伟大的成就之一。社会保障权的概念最早产生于美国。20世纪30年代美国颁布《社会保障法》以后，社会保障权的概念为各国所接纳和采用。社会保障权是法律赋予社会成员因年老、疾病、伤残、生育、失业等原因，丧失劳动能力或生活暂时发生困难情况下，可以请求国家或社会给予物质帮助或服务救助，以满足其基本生活需求的权利。

在我国，社会保障权的概念是从"社会保险"概念，发展到"社会保障"概念之后，再形成的权利概念。我国的"社会保障"概念，产生于1985年9月的《中共中央关于制定国民经济和社会发展第七个五年计划的建议》。该建议第一次在正式文件中清晰而明确地提出了"社会保障"概念。此前，我国一直采用"劳保"这一称谓。"劳保"是"劳动保险"的简称，源于1951年颁布的《中华人民共和国劳动保险条例》。该条例的"劳保"包括养老、伤残、遗属、疾病津贴、医疗、工伤和职业病、生育待遇等保障项目。

社会保障权的主体是社会成员；社会保障的客体是指国家向社会成员提供的社会保障利益，包括货币形式、实物形式和服务形式的利益；社会保障权的内容主要包括社会保险权、社会救济权、社会福利权和社会优抚权四个方面；社会保障的义务主体是国家应当承担保障个人和家庭在遭受工伤、职业病、失业、疾病和老年时期维持一定的固定收入并获得其他各种帮助的义务。

社会成员享有社会保障权利，或者说行使社会保障权是有条件的，必须是社会成员因年老、疾病、伤残、生育、失业等原因，导致丧失劳动能力或生活暂时发生困难的情形出现，社会成员才有权要求国家或社会给予资助。国家给予资助的目的，是满足社会成员的基本生活需求，不是给予社会成员优厚的生活待遇。这是社会保障与社会福利国家给予国民待遇之间的区别所在。当然，随着国家经济的不断发展，社会保障水平必然随之提高,国家将给予国民更多的社会保障,原来的社会保障型国家就会朝着社会福利型国家方向发展。① 有学者认为,"从财政支出项看,美国和西方国家普遍约75%的财政收入用于养老、教育、医疗等社会保障,25%用于行政、军费和政府投资;中国则相反,大约75%用于政府投资和行政经费,社会保障仅占约25%。"② 从我国相关数据看,该学者的观点是有依据的。2015年全国财政支出175768亿元,用于文化体育与传媒支出3067亿元,占1.744%,用于教育支出26205亿元,占14.9%,用于医疗卫生与计划生育支出11916亿元,占6.78%,用于社会保障和就业支出19001亿元,占10.81%;四项支出占财政支出的34.23%,其中用于社会保障和就业支出仅占10.81%。③ 社会保障是需要公共支出的。社会保障支出历来是各国政府的重要支出,是政府开支大项。据国际货币基金组织(IMF)的《2000年政府财政统计年报》介绍,列在大多数国家当年财政支出第一或第二位的,就是社会保障支出。④

法律虽然承认了每一个社会成员的社会保障权,但是,成为该项权利的实际享有者的人,一般只是特殊社会成员群体,包括社会弱势群体和参加社会保险的劳动者。其他社会成员都只是社会保障权的潜在性权利主体。根据我国法律法规的规定,只有法律规定的年老、疾病、失业、伤残、生育等法律事实出现后,或者具备某种特定身份如军人、军烈属、"五保户"等时,权利人才能开始享受社会保障权。例如,根据1999年1月22日国务院颁布的《失业保险条例》第14条规定,"具备下列条件的失业人员,可以领取失业保险金:(1)按照规定参加失业保险,所在单位和本人已按照规定履行缴费义务满1年的;(2)非因本人意愿中断就业的;(3)已办理失业登记,并有求职要求的"。这一法律规定说明,符合实质和形式条件要求的社会成员,可以依照法律规定享有社会保障权。

社会保障权具有明显的人权属性。社会保障权是一项基本人权。社会保障权所体

---

① 世界上社会保障制度比较完善的有:美国、日本、新加坡、智利。但是,经历了2007年至今尚未消除的金融危机,西方发达国家也正在面临新一轮的社会保障体制改革,其福利型的优厚待遇,在一定程度上影响了国家劳动力市场需求情况,例如:美国经历了此次的金融危机,失业率大幅度上升,直接影响到美国经济的发展。再是,传统的社会保障比较好的欧洲国家,例如瑞典、英国,也没有一项制度是尽善尽美的,都存在一定的弊病。以英国为例:在英国,曾提倡过"全民低保"。但是,这项制度从来就没有真正地实现过。其中,相当的非缴费型给付都是针对一定的目标群体进行的。1999年建立的"最低收入保障"规定,如果存款在8000英镑以上就不能获得低保,2001年这一标准提高到12000英镑,2005年又提高到16000英镑。即使在北欧三国,许多非缴费型补贴也是家计调查式的。我国实行社会主义市场经济的时间不长,推行社会保障制度的时间更短,如何做好社会保障制度性建设,仍然需要在借鉴国外经验的基础上,走出一条自己的道路。见《福利国家》:http://baike.baidu.com/view/699873.html?wtp=tt,访问日期:2010年11月8日。
② 中华元智库创办人张庭宾:《中国3年内爆发金融大危机已经无可避免》商业见地网 http://www.bwchinese.com/article/1075076_2.html.
③ 财政部:《2015年全国财政支出175768亿元增长15.8%》,人民网,http://news.ifeng.com/a/20160129/47292544_0.shtml,访问日期:2016年1月29日。
④ 《世界上已有130多个国家以税收形式筹集社会保障经费》,http://www.xj12366.net/news.asp?id=215349,访问日期:2010年11月8日。

现的保障内容是人权中自然属性权利的内容，是基于对人的生存与发展的要求而实施的保障。社会保障权的行使是基于社会成员因年老、疾病、伤残、生育、失业等原因，丧失劳动能力或生活暂时发生困难，可以请求国家和社会给予物质帮助或服务救助，以满足其基本生活需求。《世界人权宣言》第25条规定："人人有权享受为维持他本人和家属的健康和福利所需的生活水准，包括食物、衣着、住房、医疗和必要的社会服务；在遭到失业、疾病、残废、守寡、衰老或在其他不能控制的情况下丧失谋生能力时，有权享受保障。"之后，《经济、社会与文化权利国际公约》第9条规定："本公约缔约各国承认人人有权享受社会保障，包括社会保险。"

人权理论关于自然权利向社会权利转化，社会契约起到重要作用。人们在让渡自然权利的同时，可以要求国家或政府依法保障社会成员享有生存权、发展权、公民权和政治权等方面的权利。而社会保障权是社会成员享有生存权的"安全阀"和享有发展权的"稳定器"或"防震器"，是一项十分重要的权利。

（二）社会保障权的特征

社会保障权是社会成员依法享有的基本人权，具有下列主要特征：[1]

1. 社会保障权是人权法的重要权利

社会成员享有请求国家给予物质帮助的请求权，既不属于民事平等关系，也不属于行政隶属关系，而是基于人权关系通过宪政关系而得以体现的，本质上属于人权关系。这种人权关系经过人权法的调整，就会形成人权法律关系，即形成社会保障人权法律关系。这种社会保障关系与家庭保障关系不同。家庭保障关系是基于平等主体之间的血缘关系或姻亲关系为前提而形成的抚养、扶养、赡养关系，这种关系属于民事关系。行政保障管理关系是基于权利主体与义务主体之间存在管理与被管理的隶属关系而形成的公职人员退休待遇的领取和生活保障关系。

社会保障法律关系的权利主体是社会成员，义务主体是国家和社会，客体是国家和社会向社会成员提供的社会保障利益，包括货币形式、实物形式和服务形式的利益，内容主要体现在社会保险权、社会救济权、社会福利权、社会优抚权四个方面。具体而言，即国家和社会应当完善和落实基本养老和基本医疗、失业、工伤、生育保险制度和社会救助制度，提高社会保障水平。也就是说，在社会保障制度中，享有权利的主体是个人，承担义务的主体是国家和社会。国家和社会应当承担保障个人和家庭在遭受工伤、职业病、失业、疾病和老年时期维持一定的固定收入并获得其他各种补助的义务。值得注意的是，这里强调享有权利的主体是个人，这里的个人因发生请求事项不同有所不同，例如，养老保险是能适用于达到退休年龄的人，失业保险只能适用于因国家和社会原因而不能就业的人，生育保险只能适用于妊娠的妇女等。承担义务的主体是国家。国家不断完善和提高社会保障水平，给予国民更多的社会保障权利，那么，这个国家就会朝

---

[1] 参阅唐政秋：《社会保障权探微》，载《行政与法》2005年第4期。

着福利国家发展。

2. 社会保障权是对生存权和发展权的保障

社会保障权作用的"双重属性"生存权是人权的一项重要内容,为每个社会成员所平等享有。社会保障权从本质上来讲就是为使社会成员免遭社会风险带来的痛苦,是作为社会成员生存权的一种重要物质保证而存在的。生存权的下限是最低限度的生活,而这正是社会保障权的权利内容,社会保障权利是生存权实现的救济方式,它体现的是有直接经济内容的生存权。当社会成员生活发生困难时,有权要求国家和社会提供满足其基本生活需要的条件,以保障其生存。

社会保障权的根本目的不是保障生存权,而是保障社会成员发展权的实现。人类社会的活动都是具有社会意义的活动,仅仅为了生存而生存,为了活着而活着,不是现代人类社会追求的目标。社会成员生存的目的应当是积极、自由和有意义地参与经济、社会、文化、政治的发展并公平享有发展所带来的利益及其成果。也就是说,生存只是物质基础,人类社会存在的最终目的是要推动人类社会不断向前发展。

社会保障不仅能够保障生存权,而且能够保障发展权的实现。因为,人类离不开经济活动,特别是在市场经济条件下,社会成员需要维护自身生存和人格尊严,就必须有一定的物质作为保障,没有物质保障的生存是没有尊严可言的。随着市场经济的形成和工业化、城市化的推进,年老、失业、工伤、病残、死亡等生存风险有可能降临到任何社会成员身上,而社会成员不能像生活在自然经济的社会那样,单纯依靠家庭来提供保障,这样的保障无力抵御上述风险给社会成员带来的生存压力。因此,借助政府和社会的力量,以保证人的生命的延续和再生产,便成为市场经济正常运行的必要条件和社会稳定发展的必然要求。

3. 社会保障权是一种附条件的权利

附条件是指社会成员实际享受国家和社会提供的社会保障,需要满足一定的条件。即因年老、疾病、伤残、生育、失业等原因,导致丧失劳动能力或生活暂时发生困难的情形发生时,社会保障机制才会开始运行。丧失劳动能力必然导致其收入减少,直接影响社会成员的生存。生活暂时发生困难是指疾病、失业、伤残、生育等行为发生,导致社会成员经济来源减少,生活进入贫困状态。按英国学者西勒姆·朗特里对贫困的解释是,"如果一个家庭总收入不足维持家庭人口基本生存活动要求,那么,这个家庭基本上陷于了贫困之中"。①

根据我国法律、法规的规定,只有法律规定的年老、疾病、失业、伤残、生育等法律事实出现后,或者具备某种特定身份如军人、军烈属、"五保户"等特殊身份时,权利人才能开始享受社会保障权。

4. 社会保障权是具有非对等性的受益权

社会保障权作为受益权,是积极的基本权利。法律只是规定社会成员享有社会保

---

① 汤敏:《我国社会救助若干问题探讨》,吉林大学优秀硕士论文,论文分类号 D922。

障权，并未要求社会成员承担与此对等的义务。即：社会成员所享受的社会保障待遇与社会成员对国家和社会的实际贡献之间不是等价交换的关系，即使某个社会成员对国家没有贡献或者贡献甚微，也可以享有社会保障权。例如，在社会救济中，只要社会成员在国家规定的贫困线和最低生活标准下，就可以获得救济。虽然一些社会保险项目，如医疗保险、失业保险等要求社会成员承担一定的缴费义务，但是，其所获得的保险待遇与所缴纳的保险费是不对等的。而国家作为社会保障权责任主体，负有积极履行关于保障社会成员不会因为特殊困难与危险的产生而无法进行正常的社会生活的义务。同时，实施社会保障的责任主体还包括"社会"，即区别于政治国家的市民社会。在我国是指城市的企事业单位和农村的集体经济组织等。

当然，从广义上讲，作为一国公民才能享有本国的社会保障。因此，宪法规定的公民应当遵守的义务，每个公民都应当自觉遵守。我国宪法规定的社会成员的基本义务包括：遵守宪法和法律、维护祖国统一和安全、纳税、服兵役、爱护和保护公共财产、遵守公共秩序、尊重社会公德等等。

5. 社会保障权具有严格的法定性

首先，社会保障权作为现代社会的人权和社会成员的基本权利，由国家的宪法和其他法律直接予以明确规定，国家和社会有责任保障其实现。任何组织和个人都不得非法限制和取消社会成员的社会保障权。其次，社会保障权不同于私法上的权利，与公法上的权利也有不同，带有明显的国家干预的痕迹。社会保障权是国家为了保障社会成员的基本生活需要而强行规定的，从社会保障项目的确立、社会保障资金的筹集和缴纳到社会保障的享受主体范围，以及社会保障资金的发放都有明确的法律规定，不取决于当事人的意思自治，也不允许任何单位和个人任意更改。

二、社会保障权的立法

（一）国际人权保障公约的社会保障立法

社会保障权是人权法中的重要内容，它最早体现在1941年的《大西洋宪章》之中。随后，经历了《联合国宣言》《世界人权宣言》和国际人权公约的广泛宣传，社会保障权的人权法地位得到认可。特别是1952年国际劳工组织制定并通过的《社会保障最低标准公约》为各国制定社会保障制度提供了依据。国际人权保障公约涉及社会保障权的文件包括：

1. 包含有社会保障内容的国际人权保障文件。1941年的《大西洋宪章》[①]和1942年的《联合国宣言》都体现了人类享有"言论、信仰、不虞匮乏、免于恐惧"的"四大自由"

---

① 《大西洋宪章》又称《罗斯福丘吉尔联合宣言》，是在1941年由美国总统罗斯福与英国首相丘吉尔共同签署的联合宣言。苏联与德国之间的战争爆发后，第二次世界大战范围扩大，美、英迫切需要进一步协调反法西斯的战略。两国首脑于1941年8月在大西洋北部纽芬兰阿金夏海湾的奥古斯塔号军舰上举行大西洋会议，同年8月13日签署了《大西洋宪章》，14日正式公布。

的精神,其中"不虞匮乏"的含义,自然包括社会保障的内容。"匮乏"是指缺乏生存必需的东西或生活的舒适的或缺乏生活的资源和手段的完全一贫如洗的生活。

2. 1948年的《世界人权宣言》。该宣言第22条规定:"每个人,作为社会的一员,有权享受社会保障。"第25条规定:"人人有权享受为维持他本人和家属的健康和福利所需的生活水准,包括食物、衣着、住房、医疗和必要的社会服务;在遭到失业、疾病、残废、守寡、衰老或在其他不能控制的情况下丧失谋生能力时,有权享受社会保障。"

3. 1966年的《经济、社会与文化权利国际公约》。该公约第9条规定:"本公约缔约各国承认人人有权享受社会保障,包括社会保险。"第10条、第11条、第12条,对家庭的保护,母亲和儿童的特殊保护,"人人有权为他自己和家庭获得相当的生活水准——并能不断改进生活条件","确认人人免于饥饿的基本权利"等相关社会保障内容都作了规定。

4. 有关国际人权组织制定的人权文件。国际有关的人权组织根据保障人权的需要,制定了相关的社会保障性质的人权文件。例如,国际劳工组织制定了有关失业保险的公约和建议书。主要有:1934年《失业补贴公约》和《建议书》,1952年《社会保障(最低标准)公约》,1988年《促进就业和失业保护公约》和《建议书》等。

(二)世界主要国家的立法

从时间顺序上看,社会保障权的立法源于德国。但是,现代社会保障制度建立的标志是1935年美国颁布的《社会保障法》。因为,这是世界上第一部社会保障法。以下主要介绍德国和美国的社会保障立法。

1. 社会保障的立法起源。社会保障的立法源于德国。19世纪德国的三大保险立法开创了社会保障的立法先河,即:1883年制定的《劳工疾病保险法》、1884年制定的《劳工伤害保险法》和1889年制定的《残废和老年保险法》。这三部法律成为社会保障的立法典范。19世纪末20世纪初,有24个国家制定社会保险法律。其中,英国于1897年颁布的《劳工赔偿法令》确立了雇主对劳工工伤事故的赔偿适用无过错责任原则的理论,有重要进步意义。[①]

2. 具有里程碑意义的社会保障权立法。1935年8月14日,美国国会通过的《社会保障法》,是具有里程碑意义的社会保障权立法。该法既把老年保险和失业保险作为最重要内容加以规范,又把社会保险、福利、救济等社会保障内容统归于社会保障法律体系之中,很明显地突出了社会保障的地位。同时,《社会保障法》首创的"社会保障"一词在世界范围得到广泛使用。[②] 更为重要的是,在第二次世界大战以后,社会保障制度成为各国重视建立的一项基本制度,社会保障权成为一项重要人权。

---

① 李步云主编:《人权法学》,高等教育出版社2005年版,第245页。
② 尽管德国的社会保障立法比较早,但是当时的德国称之为劳动保险法或社会保险法,简称社会法。直到现在,德国仍把社会保障法称为社会法。

(三)我国社会保障制度的建立与完善

社会保障权的实现与社会保障制度的建立密不可分。我国的社会保障制度的建立与完善,具有自己的特点。第一个特点是,社会保障制度的建立与新中国成长同步进行,但是完善过程却十分艰难。例如,1951年国家就制定《劳动保险条例》,而在60年后的2010年10月,我国的《社会保险法》才最终得以审议通过。第二个特点是,我国的社会保障制度的完善与社会主义市场经济体制的建立与完善同步进行,是随着市场经济体制的完善而不断完善的。第三个特点是,社会保障制度的建立,是通过大量的试点意见、行政命令、行政文件、通知等方式展开的。有学者认为,我国社会保障制度的建立与完善,主要可以分为三个阶段:一是以劳动保险为主的社会保障形成阶段(1949—1978年),二是以社会保险为重点的社会保障改革探索阶段(1979—2002年),三是以统筹城乡为目标的全面发展和制度创新阶段(2003—2009年)。① 关于我国的社会保障立法,笔者按照改革开放前的立法与改革开放后的立法加以划分:

1. 改革开放前的立法是以劳动保险为主的社会保障体制的形成阶段

这一阶段的立法主要包括:

(1)《劳动保险条例》的制定。1951年制定的《劳动保险条例》是新中国成立初期为数不多的立法项目之一。当时的社会保障主要包括:劳动保险、公费医疗和劳动保险医疗、女工生育和女工保护等制度。这些保障制度是我国社会保障制度体系的基础。因此,当时称之为"劳动保险",简称"劳保"的名词,在相当的一段历史时期中使用。"劳保"制度在我国上世纪70年代前是影响深远的社会保障制度。

(2)第一部《宪法》的颁布。1954年9月24日,第一届全国人民代表大会通过的《中华人民共和国宪法》规定,劳动者在年老、疾病或者丧失劳动能力的时候,有获得物质帮助的权利。国家举办社会保险、社会救济和群众卫生事业,并逐步扩大这些设施,以保证劳动者享受这些权利。这是在中国第一部宪法中正式写入社会保险条款。在以后通过的宪法中都有此内容的条款。

(3)关于国家工作人员的社会保障。1955年12月29日,国务院发布《国家机关工作人员退休处理暂行办法》《国家机关工作人员退职处理暂行办法》《国家机关工作人员病假期间生活待遇试行办法》和《国务院关于处理国家机关工作人员退职、退休时计算工作年限的暂行规定》,这四个暂行办法使国家机关工作人员在退休、退职、病假及工作年限计算等问题的处理上有所依据。

2. 改革开放后的立法是以社会保险为重点和以统筹城乡为目标的社会保障的立法

这一时期正处于我国改革探索时期,大部分的社会保障制度是通过政策性文件出台的。这一阶段的改革创新与立法完善的主要内容包括:

---

① 郑功成认为,以1986年的三个法律文件作为分期标志,1986年之前我国社会保障制度为国家—单位制,1986年之后由国家—单位制向国家—社会制转型。郑功成等著:《中国社会保障制度变迁与评估》,中国人民大学出版社2002年版。

(1)在医疗保险方面的改革探索。1998年12月14日,国务院发布《关于建立城镇职工基本医疗保险制度的决定》,决定在全国范围内进行城镇职工医疗保险制度改革。基本医疗保险费由用人单位和职工共同缴纳,并建立基本医疗保险统筹基金和个人账户。之后,开始了深化城镇就业人员及相关人员的医疗保险改革。这方面改革主要包括以下内容:

第一,城镇灵活就业人员和混合所有制企业职工享受医疗保险的改革。国家颁布了两个重要的改革文件:一是,2003年5月26日,劳动保障部发布《关于城镇灵活就业人员的参加基本医疗保险的指导意见》,对灵活就业人员参保方式、激励措施和待遇水平、医疗保险管理服务工作等方面作出了明确规定。二是,2004年5月28日,劳动保障部办公厅发布《关于推进混合所有制企业和非公有制经济组织从业人员参加医疗保险的意见》,将医疗保险覆盖面扩大到混合所有制企业和非公有制经济组织从业人员,进一步完善了医疗保险制度。

第二,扩大城镇居民医疗保险覆盖面的改革。2007年7月10日,国务院发布《关于开展城镇居民基本医疗保险试点的指导意见》,提出2007年在有条件的省份选择2～3个城市启动试点,2008年扩大试点,争取2009年试点城市达到80%以上,2010年在全国推开,逐步覆盖全体城镇非从业居民的目标。同时,2008年10月25日,国务院办公厅发布《关于将大学生纳入城镇居民基本医疗保险试点范围的指导意见》,保障大学生的就医权益,提高大学生的健康水平,按照属地原则参加学校所在地城镇居民基本医疗保险,大学生按照当地规定缴费并享受相应待遇,待遇水平不低于当地城镇居民。

第三,实现人人享有医疗保险的改革目标。2009年3月17日,中共中央、国务院发布《关于深化医药卫生体制改革的意见》,明确了人人享有基本医疗保障的目标和多层次的医疗保障体系构架,为医疗保障体系改革指明了方向,是指导当前和今后一个时期推进和发展医疗保障事业的纲领性文件。同年3月18日,国务院发布《关于印发医药卫生体制改革近期重点实施方案(2009—2011年)》,决定2009—2011年重点抓好五项改革:一是加快推进基本医疗保障制度建设,二是初步建立国家基本药物制度,三是健全基层医疗卫生服务体系,四是促进基本公共卫生服务逐步均等化,五是推进公立医院改革试点。同年4月8日,人力资源和社会保障部、财政部联合发布《关于全面开展城镇居民基本医疗保险工作的通知》,对全面开展城镇居民基本医疗保险工作进行部署。

《国家人权行动计划(2012—2015年)》提出:到2015年,医疗保险基本覆盖城乡居民。职工医疗保险、城镇居民医疗保险、新型农村合作医疗参保(合)人数较2010年新增6000万人以上。城乡基本医疗保险参保(合)人数达到13.2亿人。提高对城镇居民基本医疗保险和新农合财政补助标准。职工医保、城镇居民医保和新农合在政策范围内住院医疗费用支付比例均达到75%左右。城镇居民医保和新农合门诊统筹覆盖所有统筹地区,支付比例提高到50%以上。到2015年,城镇居民医保和新农合政府补助标准提高到每人每年360元以上,新农合参合率稳定在95%以上。《国家人权行动计划(2012—2015年)》首次提出:健全覆盖城乡居民的社会养老保障体系。政府将为60

岁以上农村居民和城镇非就业居民提供基础养老金,每年为农村60岁以上只有一个子女或者两个女孩的父母发放奖励扶助金,初步实现全国老年人人人享有基本养老保障。《国家人权行动计划(2016—2020年)》提出:到2020年,养老服务设施覆盖90%以上城镇社区和60%以上农村社区。根据国家统计局《2014年国民经济和社会发展统计公报》,中国60岁及60以上人口达到2.12亿,占人口总数的15.5%,这个数字相当于德国、法国、英国的总人口数。

经过多年努力,我国医疗改革的探索取得可喜成效,据资料显示:第一,全国参加医疗保险人数增加。2014年底,全国参加基本医疗保险人数为5.97亿人,其中参加职工基本医疗保险人数为2.82亿人,参加城镇居民基本医疗保险人数为3.15亿人。2014年底,全国参加新农合保险人数达7.36亿人,参加率为98.9%。参加基本医疗保险人数与参加新农合保险人数之和其总数多达13.33亿人,达到了2012年的国家人权行动计划提出的"城乡基本医疗保险参保(合)人数达到13.2亿人"的指标要求。第二,统一医疗保险体制,拟将医保纳入社会保险体系统一管理。2014年,城镇居民社会养老保险制度与新型农村社会养老保险制度合并实施,建立起全国统一的城乡居民基本养老保险制度。① 2003年与2007年,我国针对农村人口、城镇非就业人口分别建立了新农合和城镇居民医保制度,对于健全全民基本医保体系、满足群众基本医疗保障需求发挥了重要作用。但是近年来,城乡分割的医疗保险体制弊端逐步显现,重复参保、重复投入、待遇不够公平等问题日益突出,不仅增加政府的管理成本和负担,而且不利于社会公平和人员流动。此后,国务院印发文件,决定整合城镇居民基本医疗保险和新农合两项制度,建立统一的城乡居民基本医疗保险制度,实现覆盖范围、筹资政策、保障待遇、医保目录、定点管理和基金管理的"六统一"的城乡居民基本医疗保险。目前已经有17个省市实现医疗保险城乡统筹②同时,国家再次开始新一轮的医疗改革。我国新制定的《中华人民共和国国民经济和社会发展第十三个五年规划纲要》,简称"十三五"规划(2016—2020年),在改革医疗保险制度方面,主要推进以下工作:(1)健全医疗保险筹资机制和报销比例调整机制。加强个人缴费与待遇水平之间的联系,做到多缴多得。研究完善个人账户余额继承政策。(2)实现职工基础养老金全国统筹。积极稳妥推进职工基础养老金全国统筹,增强调剂基金余缺的能力。(3)丰富社会保险基金收入来源渠道。逐步提高国有资本收益上缴公共财政比例,2020年提高到30%,更多用于保障和改善民生。划转部分国有资本充实社保基金。(4)加快发展补充养老保险。鼓励职工参加个人储蓄性养老保险,推动建立多层次的养老保险体系。

(2)工伤保险方面的改革与探索。1996年8月12日,劳动部发布《企业职工工伤保险试行办法》,该办法是自1951年《劳动保险条例》公布以来第一个专门的企业职工工伤保险规章。办法共分10章63条,分别对工伤范围及其认定、劳动鉴定和工伤评

---

① 国务院公布的《〈国家人权行动计划(2012—2015年)〉实施评估报告》
② 《17省区市实现医保"并轨" 城乡居民待遇普遍提高》,http://www.chinanews.com/gn/2016/08—05/7962291.shtml2016年08月05日05:20 来源:光明日报。

残、工伤保险待遇、工伤保险基金、工伤预防和职业康复、管理与监督检查、企业和职工责任、争论处理等问题作了规定。2003年4月27日,国务院颁布了《工伤保险条例》,对工伤保险基金的构成、缴纳、管理,工伤认定的范围、程序,劳动能力鉴定的标准及工伤保险待遇、监督管理、法律责任等提出了具体要求,为相关问题的处理提供了法律依据。这是我国第一部工伤保险法规,于2004年1月1日正式实施。2009年7月24日,国务院法制办公室公布《工伤保险条例(修订草案)》,向社会公开征求意见。2010年12月20日,国务院公布《关于修改〈工伤保险条例〉的决定》,扩大了工伤适用的范围,例如规定:"中华人民共和国境内的企业、事业单位、社会团体、民办非企业单位、基金会、律师事务所、会计师事务所等组织的职工和个体工商户的雇工,均有依照本条例的规定享受工伤保险待遇的权利。"在上下班途中,受到非本人主要责任的交通事故或者城市轨道交通、客运轮渡、火车事故伤害的'适用工伤条例等。

(3)失业保险方面的改革与探索。① 1999年1月22日,国务院发布《失业保险条例》。该条例规定,将失业保险覆盖范围扩大到城镇企业事业单位及其职工,失业保险缴费率提高到3%,由单位和个人分别负担2%和1%。2000年10月26日,劳动保障部颁布《失业保险金申领发放办法》,明确了失业保险金申领、发放,失业保险关系转迁等问题。2006年1月11日,劳动保障部、财政部联合发布《关于适当扩大失业保险基金支出范围试点有关问题的通知》,决定自2006年1月起,在北京、上海、江苏、浙江、福建、山东、广东7个省市开展适当扩大失业保险基金支出范围试点工作。2009年7月31日,人力资源和社会保障部、财政部联合发布《关于延长东部7省(市)扩大失业保险基金支出范围试点政策有关问题的通知》,明确了延长试点政策意见和江苏、浙江、福建、山东、广东5省可以参照北京、上海两市的做法等内容。为了减轻个人负担,国务院规定从2016年5月1日起,失业保险总费率在2015年已降低1个百分点基础上可以阶段性降至1%~1.5%,其中个人费率不超过0.5%,降低费率的期限暂按两年执行,具体方案由各省(区、市)确定。②

(4)企业职工养老保险的改革。2006年12月3日,国务院发布《关于完善企业职工基本养老保险制度的决定》,在确保基本养老金按时足额发放、扩大基本养老保险覆盖范围、逐步做实个人账户、改革基本养老金计发办法、建立基本养老金正常调整机制等方面作出了明确规定。其中,个人账户规模由本人缴费工资的11%调整为8%。2007年1月18日,劳动保障部、财政部联合发布《关于推进企业职工基本养老保险省级统筹有关问题的通知》,以确保企业离退休人员基本养老金按时足额发放为中心,在不断规范和完善省级调剂金制度的基础上,积极推进省级统筹工作的开展,并明确了省级统筹的标准。从2016年5月1日起,企业职工基本养老保险单位缴费比例超过

---

① 国际劳工组织制定的有关失业保险的公约和建议书主要有:1934年《失业补贴公约》和《建议书》,1952年《社会保障(最低标准)公约》,1988年《促进就业和失业保护公约》和《建议书》。

② 人社部:《将阶段性降低养老保险、失业保险》人力资源社会保障部网站,http://news.qq.com/a/20160420/013878.htm,访问日期:2016年4月20日。

20%的省(区、市),将单位缴费比例降至20%;单位缴费比例为20%且2015年底企业职工基本养老保险基金累计结余可支付月数高于9个月的省(区、市),可以阶段性将单位缴费比例降低至19%,降低费率的期限暂按两年执行,具体方案由各省(区、市)确定。①

3. 劳动立法和社会保险费征缴方面的立法

1994年7月5日,第八届全国人民代表大会常务委员会第八次会议通过《中华人民共和国劳动法》。该法第9章对劳动者的社会保险和福利专门作了规定。1999年制定了《社会保险费征缴暂行条例》。该条例第2条规定:基本养老保险费、基本医疗保险费、失业保险费(以下统称社会保险费)的征收、缴纳,适用本条例。

4. 《社会保险法》列入立法议程并获通过

2007年11月28日,国务院常务会议讨论通过了《社会保险法(草案)》,并提请全国人大常委会审议。同年12月26日,第十届全国人大常委会第31次会议对《社会保险法(草案)》进行了第一次审议。2008年12月23日,第十一届全国人大常委会第六次会议对《社会保险法(草案)》进行了第二次审议。同年12月28日,根据全国人大常委会委员长会议决定,全国人大常委会办公厅公布了《社会保险法(草案)》,向社会公开征求意见。2010年10月28日第十一届全国人民代表大会常务委员会第17次会议通过《社会保险法》。该保险法共12章98条,内容涉及总则、基本养老保险、基本医疗保险、工伤保险、失业保险、生育保险、社会保险费征缴、社会保险基金、社会保险经办、社会保险监督、法律责任等方面。《社会保险法》的立法目的,是规范社会保险关系,维护公民参加社会保险和享受社会保险待遇的合法权益,使公民共享发展成果,促进社会和谐稳定。《社会保险法》第2条规定了适用范围,主要包括五个方面内容:"国家建立基本养老保险、基本医疗保险、工伤保险、失业保险、生育保险等社会保险制度,保障公民在年老、疾病、工伤、失业、生育等情况下依法从国家和社会获得物质帮助的权利。"社会保险法草案从2007年底提请全国人大常委会进行初次审议,至今已历时三年,其间共经全国人大常委会审议四次。但是,从《社会保险法》1994年列入国家立法规划算起,社会保险立法已经经历了16年。

三、社会保障权的内容

社会保障权是一系列物质权利和获得救助权利的集合。在我国,社会保障权是一个总的、概括性的权利,是由一系列权利组成的。按照不同标准,社会保障权可以进行不同分类。其中,最主要的划分方式是依照社会保障的内容。依照社会保障的内容,社会保障权可以划分为:社会保险权、社会救助权、社会福利权和优抚保障权等权利。同时,每项权利之中又包含了从属性权利,如社会保险权包括了养老保险权、医疗保险权、

---

① 国际劳工组织制定的有关失业保险的公约和建议书主要有:1934年《失业补贴公约》和《建议书》、1952年《社会保障(最低标准)公约》、1988年《促进就业和失业保护公约》和《建议书》。

工伤保险权、失业保险权和生育保险权。

（一）社会保险权

社会保险权是指社会成员在遇到年老、疾病、工伤、失业、生育等风险时，可以要求国家给予基本生活需要和健康保障的经济帮助和服务的权利。社会保险权的实现，必须依靠社会保险制度的实施。社会保险是指由国家、企业和个人共同筹集资金，确保社会成员在遇到年老、疾病、工伤、失业、生育等风险时，获得基本生活需要和健康保障的一种社会保障制度。

社会保险是整个社会保障制度的核心，作为社会成员，只要按照法律规定，缴纳了必要的费用，当影响社会成员基本生活或生命安全的情况发生时，就可以请求国家或社会给予社会保障。按照个人可以享有社会保险权的内容划分，社会保险权内容包括了养老保险权、疾病保险权、失业保险权、工伤保险权和生育保险权等。这样划分，符合我国新颁布的《社会保险法》的规定，《社会保险法》所规定的社会保险包括：基本养老保险、基本医疗保险、工伤保险、失业保险和生育保险。同时，按照我国劳动法规定的社会保险项目也分为养老保险、失业保险、医疗保险、工伤保险和生育保险。因此，我国社会保险权也就包括了养老保险权、医疗保险权、工伤保险权、失业保险权和生育保险权。关于社会保险权的具体内容后述。

（二）社会救助权

1. 社会救助权的概念。也称为社会救济权，是指生活在贫困线以下的低收入者或者遭受灾害的生活困难者，可以请求国家和社会提供无偿物质帮助和服务照顾的权利。[①] 社会成员行使社会救助权的目的是维持其基本生活需求，保障其最低生活水平。国家和社会履行救助义务的目的是保障社会成员的生存权，帮助社会脆弱群体摆脱生存危机，维护社会底线的公平需求、满足社会成员最低生活需要，进而维护社会秩序的稳定。

社会救助权的实现有赖于社会救助制度的建立。社会救助也称为公共救助，或公共扶助，是从英文"Social assistance"翻译而来的，是指国家和社会对生活在贫困线以下的低收入者或者遭受灾害的生活困难者提供无偿物质帮助的一种社会保障制度。《中国社会工作百科全书》将社会救助界定为："国家和社会对无法定义务抚养人、无劳动能力、无生活来源的老年人、残疾人、未成年人，或因天灾人祸造成生活困难、不能完全保

---

① 救济是一种消极的救贫济穷措施，基于一种同情和慈善的心理，对贫困者行善施舍，多表现为暂时性的救济措施；而救助则更多反映了一种积极的救困助贫措施，是一种作为政府的责任而采取的长期性的救助。有的学者认为，社会救助包括社会接济和社会扶助两种方式，接济是一种消极的救贫济穷措施，多表现为暂时性的救济措施；而扶助则更多反映了一种积极的救困助贫措施，是一种作为政府的责任而采取的长期性的救济。陈训敬主编：《社会法学》，厦门大学出版社2009年版，第172页。

障基本生活的城镇无业居民和农村村民给予的接济的帮助。"该制度的实施,对于调整资源配置,实现社会公平,维护社会稳定有非常重要的作用。同时,社会救助体现了浓厚的人道主义思想,是社会保障的最后一道防护线和安全网。

社会救助在欧美国家强调为政府责任。美国《社会百科全书》表述为"社会救助是社会保障制度的补充,当个人或家庭生计断绝急需救助时,乃给予生活上的扶助,是在整个社会保障体系中,最富有弹性而不受拘束的一种计划"。经济合作与发展组织(OECD)通过对24国社会救助制度的研究,认为:发达社会通常为他们缺少足够收入的社会成员提供有保障的最低资源,这种形式的保护经常被称为安全网。①

2.社会救助权的特点。(1)享有权利的主体是特定的。只有遭受自然灾害、失去劳动能力或者其他低收入的公民才享有社会救助权。同时,不问致贫原因,只看受助者是否真正贫困。(2)行使权利的内容是多样的。依据救助权行使的实际内容来划分,可以请求生活救助、住房救助、医疗救助、教育救助、法律援助等;依据救助权实现的方法来划分,可以请求资金救助、实物救助和服务救助等等。(3)权利的实现具有根本性的意义。权利的主体是遭受自然灾害、失去劳动能力或者其他低收入的公民,这些公民的生活已经面临窘境,甚至面临威胁生命的可能。因此,该权利的实现与否,关系到公民生存权是否得到保障的重要问题。特别是在我国强调生存权是首要人权的前提下,社会救助权的实现更具有重要意义。另一方面,实现公民的社会救助权也体现了国家的职责和社会责任。生存权是现代社会公民的基本权利,获取社会救助是公民的一项基本人权。当生存权得不到保障时,其他人权也就成为空话。(4)国家和社会责任的限制性。国家仅仅是使受助者的生活相当于或略高于最低生活需求,以避免产生依赖心理或者不劳而获的思想,只要受助者的收入超过最低生活标准,救助行动就相应中断。(5)权利行使的方式是不同性。有的社会救助权的行使必须由公民申请,例如,特困户救助权的实现必须由困难公民自己提出申请。有的救助权的实现不需要申请即可以实现,例如灾难救助款项的支付,是根据公民受灾情况由政府主动拨付的。

3.社会救助的种类。民政部门主要负责最低生活保障、灾害救助、城乡医疗救助、五保户供养,还有城市的流浪、乞讨人员的救助,教育救助、司法援助、住房救助等由国家的相关部门负责。②尽管,我国的《社会救助法》尚未出台,但是,我国的社会救助制度已经初步形成体系,按其内容和功能划分,可以分为三个方面九种类型。主要包括:(1)最低生活保障方面救助。主要包括城市居民最低生活保障制度、农村居民最低生活保障制度、农村五保户供养制度等。(2)灾害救助。主要是自然灾害应急救助制度。(3)专项救助。主要包括城乡医疗救助制度、城市生活无着的流浪乞讨人员救助制度、教育救助制度、住房救助制度和司法救助制度。

---

① 邓德猛:《中国未来社会救助体系的走势及对策》http://huayuan.mca.gov.cn/article/jhgh/201001/20100100054950.shtml,访问日期:2010年11月8日。
② 王治坤:《"民政工作与和谐社会建设"系列访谈》,http://politics.people.com.cn/GB/8198/70195/70218/4967179.html,访问日期:2010年11月8日。

4. 社会救助的立法。从制度建设层面看,我国社会救助的法制建设比较落后。社会救助的立法还限于法规和规章,完整而体系健全的《社会救助法》尚未出台(全国人大十届常委会已经将其列入十一五立法规划),不能满足现实生活的需要。长期以来,社会救助主要体现在宪法条文上。我国《宪法》第45条规定:"中华人民共和国公民在年老、疾病和丧失劳动能力的情况下,有从国家获得物质帮助的权利。"

近年来,我国自然灾难频繁发生,1998年的长江洪水、2003年的"非典"、2008年的汶川地震、2010年的各省水灾等,这些自然灾难给公民的生产、生活造成很严重的不良后果,部分公民的基本生活失去保障。社会救助就成为今后国家重视并保证实施的工作。正是由于近年的许多自然灾难频繁发生,告诫人们应当未雨绸缪,积极采用措施预防自然灾难带来的危害,同时也要采取应急措施,救助受灾的公民。因此,国家颁布了《自然灾害救助条例》。该条例的立法目的明确写着为了规范自然灾害救助工作,保障受灾人员的基本生活。该条例国务院于2010年6月30日通过,并于2010年9月1日起施行。条例共七章35条,主要包括:总则、救助准备、应急救助、灾后救助、救助款物管理、法律责任等内容。

社会救助的原则是以人为本、政府主导、分级管理、社会互助和灾民自救的原则。国务院民政部门负责全国的自然灾害救助工作,承担国家减灾委员会的具体工作。县级以上地方人民政府民政部门负责本行政区域的自然灾害救助工作。

社会救助的资金来源于国家财政和地方财政,列入国家总预算支出,部分资金来源于社会捐助,不需要个人履行缴费义务。社会成员无须缴纳费用,符合条件者即可获得社会救助。县级以上人民政府应当将自然灾害救助工作纳入国民经济和社会发展规划,建立健全与自然灾害救助需求相适应的资金、物资保障机制,将人民政府安排的自然灾害救助资金和自然灾害救助工作经费纳入财政预算。

5. 贫富差距与贫困人口的现状。随着改革开放的深入,个人财富的收入方面存在政策、区域、原始积累和个人能力等方面的差异,导致贫富悬殊加大。据相关资料统计,目前我国贫富悬殊差距的系数接近了国际两极分化的系数范围。国际上通常把基尼系数作为衡量收入差距的重要指标,一般认为,当基尼系数处于0.4~0.5,表示收入差距过大,超过0.5则意味着出现两极分化。据有关方面测算,目前我国基尼系数约为0.47。尽管我国存在城乡二元结构的因素,可能影响系数的准确度,但是这表明我国目前收入差距过大是不争的事实。①

经过长期的努力,我国在减少贫困人口数量上取得了可喜成绩。但是任务十分艰巨,扶贫和脱贫工作有许多事情要做。2010年7月,国务院副总理回良玉在亚洲政党扶贫专题会议上表示,中国将成为全球首个实现千年发展目标中极端贫困人口减半的国家。农村的贫困人口已从1978年的2.5亿下降到2009年的3597万,为世界发展和减贫事业作出了重要贡献。由于当年我国确定的扶贫标准比较低,所以贫困人口大幅

---

① 中央宣传部理论局:《2010年七个怎么看》,学习出版社、人民出版社2010年版,第90页。

下降。根据新的每天1美元的扶贫标准统计,目前我国还有7000多万人口需要扶贫,按照世界银行规定的每天2美元扶贫标准计算,我国还有两亿多人需要扶贫。保护这些公民的生存权和发展权成为构建和谐社会最首要、最基本的任务。

(三)社会福利权与优抚保障权

社会福利权有广义与狭义之分。广义的社会福利权是指社会成员享有提高生活水平和享受社会服务保障的权利。狭义的社会福利权是指弱势群体享有国家和社会给予特殊照顾和服务待遇的权利。例如,对生活能力较弱的儿童、老人、残疾人等弱势群体的社会照顾和社会服务。这里的社会福利权是在狭义层面使用的。社会福利权的内容不仅包括生活、教育、医疗方面的福利待遇,也包括交通、文娱、体育等方面的待遇。社会福利是一种服务政策和服务措施,其目的在于保障弱势群体的生存权与发展权的实现,使之得到更多的生活享受。同时,社会福利也是一种国家和社会责任,是在社会保障基础上保护和延续生命权的一种社会功能。

优抚保障权涉及优抚安置制度。优抚安置是指国家对从事特殊工作者及其家属,如军人及其亲属予以优待、抚恤、安置的一项社会保障制度。在我国,优抚安置的对象主要是烈军属、复员退伍军人、残疾军人及其家属;优抚安置的内容主要包括提供抚恤金、优待金、补助金,举办军人疗养院、光荣院,安置复员退伍军人等内容。

四、社会保障权的实现

社会保障权的实现主要介绍社会保险权的实现。按照《社会保险法》的排列顺序,分别介绍养老保险权、医疗保险权、工伤保险权、失业保险权和生育保险权。

(一)养老保险权

养老保险权是指劳动者在达到国家规定的解除劳动义务的劳动年龄界限或条件,或因年老丧失劳动能力退出劳动岗位后,可以依据法律规定,要求国家和社会给予基本生活保障费用的权利。养老保险权是基于养老保险制度的建立而得以实现的,没有养老保险制度的建立,也就无法保障养老保险权的实现。养老保险制度是社会保障制度的重要组成部分,是社会保险五大险种中最重要的险种之一。

新中国成立以来,我国实行城镇户籍制度与农村户籍制度。不同的户籍制度决定了不同的养老保险制度。也就是说,我国公民养老保险权的享受上是有区别的。从现行的养老制度看,我国实行的是城镇居民与农村居民不同的养老保险制度,即:城镇居民享有的养老保险权与农村居民享有的养老保险权是不相同的。我国城镇居民的基本养老保险制度,实行社会统筹与个人账户相结合的养老保险模式,基本养老保险覆盖城镇各类企业的职工。城镇所有企业及其职工必须履行缴纳基本养老保险费的义务。目前,企业的缴费比例为工资总额的20%左右,个人缴费比例为本人工资的8%。企业缴纳的基本养老保险费一部分用于建立统筹基金,一部分划入个人账户;个人缴纳的基本养老保险费计入个人账户。① 城镇居民的基本养老金由基础养老金和个人账户养老金组成,基础养老金由社会统筹基金支付,月基础养老金为职工社会平均工资的20%,月个人账户养老金为个人账户基金积累额的1/120。个人账户养老金可以继承。如前所述,国家对企业职工基本养老保险单位缴费作出调整,从2016年5月1日起,企业职工基本养老保险单位缴费比例超过20%的省(区、市),将单位缴费比例降至20%;单位缴费比例为20%且2015年底企业职工基本养老保险基金累计结余可支付月数高于9个月的省(区、市),可以阶段性将单位缴费比例降低至19%,降低费率的期限暂按两年执行,具体方案由各省(区、市)确定。

  长期以来,我国农村居民没有养老保险制度,只能靠储蓄或养儿防老的传统模式。1991年,我国部分农村地区开始进行养老保险制度试点。该制度以"个人交费为主、集体补助为辅、政府给予政策扶持"为基本原则,实行基金积累的个人账户模式。投保人从本县(市)迁往外地时,若迁入地尚未建立农村社会养老保险制度,可将其个人交纳的全部本息退给本人。投保人招工、提干、考学等农转非,可将保险关系(含资金)转入新的保险轨道,或将个人交纳的全部本息退还本人。从2009年起,我国开展新型农村社会养老保险试点工作。新型农村社会养老保险,称为"新农保",是指采取个人缴费、集体补助和政府补贴相结合的新型农村养老保险。过去的农村社会养老保险制度称为"老农保",它主要是农民自己缴费,实际上是自我储蓄的模式。"新农保"最大的特点是有三个筹资渠道:个人缴费、集体补助和政府补贴。特别是中央财政对地方进行补助,这个补助又是直接补贴到农民的账户上。"新农保"在支付结构上分两部分:基础养老金和个人账户养老金,基础养老金由国家财政全部保证支付,这意味着将来,我国60岁农民都将享受到国家普惠式的养老金。目前,"新农保"仍处试点阶段,根据规划,将于2020年前实现所有农民都享有"新农保"。"新农保"和"老农保"的区别主要表现为:一是个人缴费、集体补助和政府补贴相结合的养老保险模式与自我储蓄的养老模式的区别。二是"老农保"主要是建立农民的账户,"新农保"在支付结构上的设计是两部分:一部分是基础养老金,一部分是个人账户的养老金。而基础养老金是由国家财政全部保证支付。

  虽然,我国新出台的《社会保险法》规定了基本养老保险制度,但是,由于我国的户籍制度没有发生变化,该项养老保险制度只是在原来的"社会统筹与个人账户相结合的养老保险模式"的基础上,作了一些微调,增加了政府补贴的内容,没有从根本上解决城镇居民与农村居民在享受养老保险待遇上统一的问题。《社会保险法》第11条规定:"基本养老保险实行社会统筹与个人账户相结合。""基本养老保险基金由用人单位和个人缴费以及政府补贴等组成。"第13条第2款规定,"基本养老保险基金出现支付不足

---

  ① 1986年《国务院关于发布改革劳动制度四个规定的通知》把企业职工养老保险范围扩大到劳动合同制工人,其费用来源是企业和个人缴费,企业缴费率15%(包括医疗、丧葬、抚恤等),个人交纳标准工资的3%以下,并开始在县、市级实行统筹。1991年全国96%的市县实行了养老保险统筹,标志着社会保障制度改革进入了实质性阶段。

时,政府给予补贴。"《社会保险法》第 20 条规定:"国家建立和完善新型农村社会养老保险制度。""新型农村社会养老保险实行个人缴费、集体补助和政府补贴相结合。"第 21 条规定:"新型农村社会养老保险待遇由基础养老金和个人账户养老金组成。""参加新型农村社会养老保险的农村居民,符合国家规定条件的,按月领取新型农村社会养老保险待遇。"

《社会保险法》在完善现行养老保险制度方面作出了一些新规定:一是,对统一城镇居民与农村居民养老保险制度提出了目标要求。第 22 条规定:"国家建立和完善城镇居民社会养老保险制度。""省、自治区、直辖市人民政府根据实际情况,可以将城镇居民社会养老保险和新型农村社会养老保险合并实施。"二是,增加关于职工及无雇工的个体工商户、未在用人单位参加基本养老保险的非全日制从业人员以及其他灵活就业人员参加社会保险方面的新规定。第 10 条规定:"职工应当参加基本养老保险,由用人单位和职工共同缴纳基本养老保险费。""无雇工的个体工商户、未在用人单位参加基本养老保险的非全日制从业人员以及其他灵活就业人员可以参加基本养老保险,由个人缴纳基本养老保险费。"三是,在享有领取基本养老金权利上作出了明确规定。第 16 条规定:"参加基本养老保险的个人,达到法定退休年龄时累计缴费满 15 年的,按月领取基本养老金。""参加基本养老保险的个人,达到法定退休年龄时累计缴费不足 15 年的,可以缴费至满 15 年,按月领取基本养老金;也可以转入新型农村社会养老保险或者城镇居民社会养老保险,按照国务院规定享受相应的养老保险待遇。"2014 年 2 月 21 日,国务院公布《关于建立统一的城乡居民基本养老保险制度的意见》(国发〔2014〕8 号文件)要求,2020 年前,全面建成公平、统一、规范的城乡居民养老保险制度,与社会救助、社会福利等其他社会保障政策相配套,充分发挥家庭养老等传统保障方式的积极作用,更好保障参保城乡居民的老年基本生活。参保对象是指年满 16 周岁(不含在校学生),非国家机关和事业单位工作人员及不属于职工基本养老保险制度覆盖范围的城乡居民,可以在户籍地参加城乡居民养老保险。实行个人缴费、集体补助和政府补贴相结合的办法缴纳费用并实行。实行个人缴费是参加城乡居民养老保险的人员应当按规定缴纳养老保险费。缴费标准目前设为每年 100 元、200 元、300 元、400 元、500 元、600 元、700 元、800 元、900 元、1000 元、1500 元、2000 元 12 个档次,省(区、市)人民政府可以根据实际情况增设缴费档次,最高缴费档次标准原则上不超过当地灵活就业人员参加职工基本养老保险的年缴费额,并报人力资源社会保障部备案。集体补助是指有条件的村集体经济组织应当对参保人缴费给予补助,补助标准由村民委员会召开村民会议民主确定。政府补贴是指地方人民政府应当对参保人缴费给予补贴,对选择最低档次标准缴费的,补贴标准不低于每人每年 30 元;对选择较高档次标准缴费的,适当增加补贴金额;对选择 500 元及以上档次标准缴费的,补贴标准不低于每人每年 60 元,具体标准和办法由省(区、市)人民政府确定。

总之,经过几年努力,截至 2014 年年底,职工基本医疗保险、城镇居民基本医疗保险和新农合参保人数超过 13.3 亿人,比 2010 年新增 6000 多万人,提前完成人权行动计划预期目标。①

在公务员养老保险方面，《社会保险法》采用授权性条款，第10条规定："公务员和参照公务员法管理的工作人员养老保险的办法由国务院规定。"目前，我国公务人员的养老保险是通过退休制度得以实现的。② 我国的公务员退休制度既是国家公务员制度的重要组成部分，也是社会保障制度的重要组成部分。它包括退休条件、退休待遇、退休安置、退休后的管理等重要内容。公务员退休包括提前退休和正常退休。提前退休是指公务员达到一般退休年龄以前，符合规定的提前退休条件时，可以自愿申请退出工作岗位，享受退休待遇。正常退休是指公务员符合法定的男60岁和女55岁的法定年龄，就必须退出公务员岗位。为了适应我国人口老龄化和劳动年龄的人口不断减少的客观现实，我国将采取渐进式延迟退休年龄政策，在明确目标的前提下，采取小步慢提，渐进实施的方式，每年延迟几个月，用较长的时间将退休年龄逐步延迟至目标年龄。例如，1963年出生的男公务员或男职工，延长半年退休，即到60.5岁退休。1965年出生的男公务员或男职工，延长一年退休，即到61岁退休。这样直到1981年之后出生的男公务员或男职工，延长到65岁退休。目前机关事业单位县处级女干部和具有高级职称的女性专业技术人员退休年龄将延长到60岁。③

公务员退休的待遇是指公务员退休后依法应享受的权利，主要是指经济待遇，即退休者应享受的退休金和其他生活福利补贴。退休金是公务员退休后享受的主要经济待遇。我国《公务员法》第77条第1款规定："国家建立公务员保险制度，保障公务员在退休、患病、工伤、生育、失业等情况下获得帮助和补偿。"第70条规定："公务员工资、福利、保险、退休金以及录用、培训、奖励、辞退等所需经费，应当列入财政预算，予以保障。"可见，公务员退休所需经费，由国家财政予以保障。国家在制定财政预算时，应当将公务员的退休待遇所需经费列入其中。国家机关对于公务员的退休待遇预算资金，应专款专用，不得挪用。

（二）医疗保险权

医疗保险权是指法律赋予社会成员因疾病丧失劳动能力或影响收入的情况下，可以请求国家或社会给予物质帮助或服务救助，以满足其基本健康需求的权利。医疗保险权是建立在医疗保险制度基础上所享有的权利。医疗保险制度是指一个国家或地区按照保险原则为解决居民防病、治病问题而筹集、分配和使用医疗保险基金的制度，是

---

① 国务院公布的《〈国家人权行动计划（2012—2015年）〉实施评估报告》

② 我国《公务员法》第12章规定了公务员退休制度的待遇。该法于2005年4月27日第十届全国人民代表大会常务委员会第15次会议通过。新的《社会保险法》第10条规定："公务员和参照公务员法管理的工作人员养老保险的办法由国务院规定。"是否意味着公务员养老制度有新的改革。

③ 2015年2月16日，中央组织部、人力资源和社会保障部（简称人社部）联合下发《关于机关事业单位县处级女干部和具有高级职称的女性专业技术人员退休年龄问题的通知》，称党政机关、人民团体和事业单位中的正、副处级女干部，具有高级职称的女性专业技术人员，将年满60周岁退休。通知表示，处级女干部退休年龄延迟，是为了充分发挥女领导干部和女性专业技术人员的作用。

构成社会保险制度的一种比较进步的制度。医疗保险制度是目前世界上应用相当普遍的一种卫生费用管理模式。

长期以来,我国的医疗保险制度主要分为三种:一是适用于企业职工的劳动保险医疗制度,二是适用于机关事业单位工作人员的公费医疗制度,三是适用于农村居民的合作医疗制度。因此,我国公民享有的医疗保险权利,同样存在因身份上的差异而导致享受权利上的差异的问题。《社会保险法》基本上采用了现行医疗保险模式。《社会保险法》第26条规定:"职工基本医疗保险、新型农村合作医疗和城镇居民基本医疗保险的待遇标准按照国家规定执行。"

1. 职工基本医疗保险。《社会保险法》第23条规定:"职工应当参加职工基本医疗保险,由用人单位和职工按照国家规定共同缴纳基本医疗保险费。"企业职工享有的医疗保险权,是劳动保险医疗制度赋予的权利。企业职工享有劳动保险医疗制度,是根据1951年2月26日政务院公布的《劳动保险条例》而建立起来的。该条例主要适用于国营企业和部分集体企业的职工。当时的劳动保险医疗费用分担方式是:在1953年以前全部由企业负担,1953年改为根据行业性质分别按工资总额的5%～7%提取。1969年之后,财政部发布规定,要求中央国营企业的奖励基金、福利费和医药卫生费实行合并提取办法,统一按照企业工资总额的11%提取,提取后的职工福利基金直接计入成本。

值得强调的是,1998年前的职工基本医疗保险仅包括国有企业的劳动医疗保险,不包括机关事业单位的公费医疗制度。公费医疗制度和企业的劳动医疗保险制度是不同系列的医疗保险制度。① 公费医疗制度的实施范围包括各级国家机关、党派、人民团体以及文化、教育、科研、卫生、体育等事业单位的工作人员和革命残废军人等。公费医疗的经费来源于国家与各级政府的财政预算拨款,由各级卫生行政部门或财政部门统一管理和使用,从单位"公费医疗经费"项目中开支,实行专款专用。享受公费医疗人员的门诊费、住院所需的诊疗费、手术费、住院费或住院时医师处方的药费,均由公费医疗经费拨付;但是,住院的膳食、就医路费由患病者本人负担,如确有困难的,得由机关给予补助,在行政经费内报销。1998年后,我国开始对机关事业单位的公费医疗制度和国有企业的劳动保险医疗制度进行改革,颁布了《关于建立城镇职工基本医疗保险制度的决定》,开始在全国建立城镇职工基本医疗保险制度,即现行的职工基本医疗保险。北京市政府发文:自2012年1月1日起,全市属公务员、事业单位等约22万人取消公费医疗,并入职工医保。公务员医疗保障改革引发公众关注。截至2016年5月,内地31个省区市中,至少有24个省市已取消公费医疗,全部参加医疗保险。山东、广东、江西、江苏、湖北、贵州、陕西省份正在逐步取消公费医疗。

现行的职工基本医疗保险制度实行社会统筹与个人账户相结合的模式。职工基本

---

① 公费医疗制度是根据1952年6月政务院发布的《关于全国各级人民政府、党派、团体及所属单位的国家机关工作人员实行公费医疗预防制度指示》建立起来的。

医疗保险基金原则上实行地市级统筹。基本医疗保险覆盖城镇所有用人单位及其职工;所有企业、国家行政机关、事业单位和其他单位及其职工必须履行缴纳基本医疗保险费的义务。目前,用人单位的缴费比例为工资总额的6%左右,个人缴费比例为本人工资的2%。因为职工基本医疗保险基金原则上实行地市级统筹,所以由于各地经济发展不平衡,不同的行政辖区在确定缴纳基本医疗保险费标准上存在差异。以北京市为例,其规定要求:用人单位和职工应当按时足额缴纳基本医疗保险费。不按时足额缴纳的,不计个人账户,基本医疗保险统筹基金不予支付其医疗费用。用人单位按全部职工缴费工资基数之和的9%缴纳基本医疗保险费。职工按本人上一年月平均工资的2%缴纳基本医疗保险费。职工本人月平均工资低于上一年本行政区职工月平均工资60%的,以上一年本市职工月平均工资的60%为缴费工资基数,缴纳基本医疗保险费。职工本人上一年月平均工资高于上一年本行政区职工月平均工资300%以上的部分,不作为缴费工资基数,不缴纳基本医疗保险费。无法确定职工本人上一年月平均工资的,以上一年本行政区职工月平均工资为缴费工资基数,缴纳基本医疗保险费。本规定实行前已退休的人员不再缴纳基本医疗保险费。

  2. 新型农村合作医疗。《社会保险法》第24条规定:"国家建立和完善新型农村合作医疗制度。""新型农村合作医疗的管理办法,由国务院规定。"农村居民享有的医疗保险权,是通过合作医疗制度得到保障的。合作医疗制度主要适用于农村地区,与劳动保险医疗和公费医疗是不同的。它不是由国家立法强制建立的,也没有国家财政给予资金支持,而是在农村地区,通过集体和个人集资筹集医疗经费,为农村居民提供医疗保健服务的一种互助共济制度。①农村合作医疗以量入为出作为原则,群众看病只需缴纳少量费用,大部分可从合作医疗基金中报销。因此,该制度受到了农民群众的普遍欢迎,成为农村集体福利事业的一项重要内容。但是,自70年代末以来,由于农村实行了经济体制改革,普遍采取了家庭联产承包责任制,使农村合作医疗制度失去了原有的经济基础,导致农村合作医疗制度在全国各地几乎消亡。

  随着经济体制改革的深入发展,农村居民看病难的问题成为急需解决的问题。因此,新型农村合作医疗保险制度应运而生。新型农村合作医疗保险是指由政府组织、引导、支持,农民自愿参加,个人、集体和政府多方筹资,以大病统筹为主的农民医疗互助共济制度。该制度采取个人缴费、集体扶持和政府资助的方式筹集资金。新型农村合作医疗制度从2003年起在全国部分县(市)试点,到2010年逐步实现基本覆盖全国农村居民。2002年10月,国务院《关于进一步加强农村卫生工作的决定》明确指出:要求"逐步建立以大病统筹为主的新型农村合作医疗制度","到2010年,新型农村合作医疗制度要基本覆盖农村居民"。根据新型农村合作医疗制度的规定,凡户籍在该农村管辖区的,出生90天以后的农村居民及没有参加城镇职工基本医疗保险的城镇居民均可参

---

① 合作医疗制度出现在20世纪50年代末期,普遍推行于60年代中期。1965年,国家强调要把卫生工作重点放到农村的理念,要求各级政府加强农村基层卫生保健工作,推动了农村合作医疗制度的发展。

加新型农村合作医疗制度,该农村居民参加新型农村合作医疗没有年龄上限的限制。另外,已参加城镇职工基本医疗保险和参加学生平安保险的人员不必再参加新型农村合作医疗。

2009年,卫生部为了确保"新农合"补助资金及时足额到位,对东部省份和中西部地区的参合农民补助标准提出要求:中央财政对中西部地区参合农民按40元标准补助,对东部省份按照中西部地区的一定比例给予补助。中西部地区地方各级财政对新农合补助资金未达到40元的,卫生行政部门要积极协调相关部门保证补助资金及时足额到位,使地方财政补助标准不低于40元,农民个人缴费应增加到不低于20元。东部地区的人均筹资水平应不低于中西部地区。各省(区、市)要确保新农合筹资水平达到每人每年100元以上。①

新型农村合作医疗保险是我国政府历史上第一次为解决农民的基本医疗卫生问题进行大规模的投入。根据卫生部统计数据显示,2009年新农合筹资总额达944.35亿元。其中,中央财政补助资金269.62亿元,地方财政补助资金471.98亿元,农民个人缴费194.17亿元(含相关部门为救助对象参合缴费9.17亿元),利息收入及其他8.58亿元。全国实际人均筹资水平为113.37元,比2008年提高了17.12元。新农合基金支出总额为922.92亿元,基金使用率为97.73%。其中,住院补偿支出762.47亿元,门诊补偿支出121.81亿元,特殊病种大额门诊补偿支出11.90亿元。部分地区出现超支情况。2009年全国参合农民受益7.59亿人次。其中,住院补偿0.62亿人次,门诊补偿6.7亿人次,特殊病种大额门诊补偿0.05亿人次。统筹基金最高支付限额提高到当地农民人均纯收入的6倍左右,初步统计政策范围内住院费用报销比例已达到55%。全国三分之一的地区开展了门诊统筹工作。②

3.城镇居民基本医疗保险。《社会保险法》第25条规定:"国家建立和完善城镇居民基本医疗保险制度。""城镇居民基本医疗保险实行个人缴费和政府补贴相结合。""享受最低生活保障的人、丧失劳动能力的残疾人、低收入家庭60周岁以上的老年人和未成年人等所需个人缴费部分,由政府给予补贴。"同时,第23条规定:"无雇工的个体工商户、未在用人单位参加职工基本医疗保险的非全日制从业人员以及其他灵活就业人员可以参加职工基本医疗保险,由个人按照国家规定缴纳基本医疗保险费。"

我国个人缴纳基本医疗保险费的主要规定包括:第一,各统筹地区要确定一个适合

---

① 《卫生部办公厅关于做好2009年下半年新型农村合作医疗工作的通知》,http://www.moh.gov.cn,访问日期:2010年11月8日。

② 《2009年全国新农合实际人均筹资113元 参合农民7.59亿人次受益》http://www.moh.gov.cn,访问日期:2010年11月8日。截至2015年,农民个人缴费标准按照全国平均个人缴费标准计算达到每人每年120元左右。2014年的全国平均个人缴费标准90元。同时,根据国家卫计委要求,2015年各级财政对新农合的人均补助标准在2014年的基础上提高60元,达到380元,达到《国家人权行动计划(2012—2015年)》提出的政府补助达到360元的指标要求。2015年《中华人民共和国国家卫生和计划生育委员会关于做好2015年新型农村合作医疗工作的通知》(国卫基层发〔2015〕4号)文件。

当地职工负担水平的个人基本医疗保险缴费率,一般为工资收入的2%,有条件的地区也可以适当提高个人缴费的比例。第二,由个人以本人工资收入为基数,按规定的当地的个人缴费率缴纳基本医疗保险费。个人缴费基数,应该指出不是按本人基本工资或标准工资为基数,而是按国家统计局规定的工资收入统计口径为基数,即以全部工资性收入,包括各类奖金、劳务收入和实物收入等所有工资性收入为基数,乘以规定的个人缴费率,即为本人应缴纳的基本医疗保险费。第三,个人缴费一般不需个人到社会保险经办机构缴纳,而是由单位从工资收入中代扣代缴。第四,失业人员应当缴纳的基本医疗保险费从失业保险基金中支付,个人不缴纳基本医疗保险费(《社会保险法》第48条第2款)。

4.统一城乡镇居民医保补助标准。财政部、人力资源社会保障部、卫生部共同颁发《关于调整城镇居民基本医疗保险和新型农村合作医疗地方财政补助资金考核办法的通知》要求,到2015年,城镇居民基本医疗保险和新型农村合作医疗财政补助标准提高到每人每年360元以上,比2010年的每人每年120元的补助标准,提高了240元。

(三)工伤保险权

工伤保险权是指劳动者在工作中或在规定的特殊情况下,遭受意外伤害或患职业病导致暂时或永久丧失劳动能力以及死亡时,劳动者或其遗属可以从国家和社会获得物质帮助的权利。工伤保险制度是社会保险制度的重要组成部分,是劳动者或其遗属在法定事由发生的情况下,从国家和社会获得物质帮助的一种社会保险制度。

工伤保险权的特点:(1)行使权利的主体是特定的。必须是在生产劳动过程中的劳动者或其遗嘱主张工伤保险权。(2)行使权利的目的是特殊的。特殊性表现在工伤保险是基于赔偿责任而行使的。工伤保险是基于对工伤职工的赔偿责任而设立的一种社会保险制度,其他社会保险是基于对职工生活困难的帮助和补偿责任而设立的。(3)行使权利的标的数额较大。工伤即职业伤害,其所造成的直接后果是伤害到职工生命健康,并由此造成职工及家庭成员的精神痛苦和经济损失。也就是说,工伤造成劳动者的生命权、健康权、生存权和劳动权受到影响、损害甚至被剥夺了生命权的严重后果。工伤保险待遇具有赔偿的性质,且待遇相对优厚,标准较高。例如,据2010年7月20日,中国中央电视台新闻频道报道:国家安全生产监督管理总局召开全国安全生产视频会议上透露,从2011年1月1日起,安全生产事故中一次性死亡补偿金标准,按上一年度全国城镇居民人均可支配收入的20倍计算。新标准实行后,在生产安全事故中死亡的职工家属最高能获得60万元补偿金。2009年,城镇居民人均可支配收入是17300元,伤亡补偿金不低于34.6万元。(4)责任适用无过错责任原则。无论工伤事故的责任归于用人单位还是职工个人或第三者,用人单位均应承担保险责任。(5)行使权利无须承担缴费义务。工伤保险不同于养老保险等险种,劳动者不缴纳保险费,全部费用由用人单位负担。工伤保险的投保人为用人单位。《社会保险法》第33条规定:"职工应当参加工伤保险,由用人单位缴纳工伤保险费,职工不缴纳工伤保险费。"

关于工伤保险权的实现。根据《社会保险法》第33条规定,由用人单位缴纳工伤保险费,职工不缴纳工伤保险费。而用人单位缴费费率实行行业差别费率。《社会保险法》第34条规定:"国家根据不同行业的工伤风险程度确定行业的差别费率,并根据使用工伤保险基金、工伤发生率等情况在每个行业内确定费率档次。行业差别费率和行业内费率档次由国务院社会保险行政部门制定,报国务院批准后公布施行。""社会保险经办机构根据用人单位使用工伤保险基金、工伤发生率和所属行业费率档次等情况,确定用人单位缴费费率。"第35条规定:"用人单位应当按照本单位职工工资总额,根据社会保险经办机构确定的费率缴纳工伤保险费。"此外,《社会保险法》第38条和第39条分别规定了因工伤发生的费用,按照国家规定从工伤保险基金中支付,或者按照国家规定由用人单位支付。同时,《社会保险法》对用人单位未依法缴纳工伤保险费而出现需要保险费支付的情形作出规定。第41条规定:"职工所在用人单位未依法缴纳工伤保险费,发生工伤事故的,由用人单位支付工伤保险待遇。用人单位不支付的,从工伤保险基金中先行支付。""从工伤保险基金中先行支付的工伤保险待遇应当由用人单位偿还。用人单位不偿还的,社会保险经办机构可以依照本法第63条的规定追偿。"

《社会保险法》实施前,工伤保险权的实现是依据《工伤保险条例》的规定。该条例第10条规定,用人单位缴纳工伤保险费的数额为本单位职工工资总额乘以单位缴费费率之积。其中,"工资总额"是指每一个企业、每一个有雇工的个体工商户直接支付给本单位全部职工的劳动报酬的总额。"缴费费率"是指统筹地区的社会保险经办机构按照《工伤保险条例》第8条规定的行业差别费率以及行业内的费率档次所确定的每一个企业、每一个有雇工的个体工商户应当缴纳的实际费率。之前,全国工伤保险的费率大致为每一个企业、每一个有雇工的个体工商户工资总额的1%。现在,全国工伤保险的费率是单位每个月为个人缴纳0.5%,个人自己不用缴;工伤保险根据单位被划分的行业范围来确定它的工伤费率,在0.5%~2%之间。

依据现行的工伤保险规定,职工因工死亡,其直系亲属按照下列规定从工伤保险基金领取丧葬补助金、供养亲属抚恤金和一次性因工死亡补助金:(1)丧葬补助金为6个月的统筹地区上年度职工月平均工资。(2)供养亲属抚恤金按照职工本人工资的一定比例发给由因工死亡职工生前提供主要生活来源、无劳动能力的亲属。其标准为:配偶每月40%,其他亲属每人每月30%,孤寡老人或者孤儿每人每月在上述标准的基础上增加10%。核定的各供养亲属的抚恤金之和不应高于因工死亡职工生前的工资。供养亲属的具体范围由国务院劳动保障行政部门规定。(3)一次性工伤补助金标准为48个月至60个月的统筹地区上年度职工月平均工资。具体标准由统筹地区的人民政府根据当地经济、社会发展状况规定,报省、自治区、直辖市人民政府备案。(4)伤残职工在停工留薪期内因工伤导致死亡的,其直系亲属享受本条第1款规定的待遇。

(四)失业保险权

失业保险权是指非因本人意愿中断就业失去工资收入的劳动者,可以要求国家和社会提供一定时期的物质帮助及再就业服务的权利。失业保险权是建立在国家失业保险制度基础上劳动者所能够实现的权利。只有国家实行了失业保险制度,个人才可能实际享有失业保险权利。失业保险制度是国家通过立法强制实施的，由社会集中建立失业保险基金，对非因本人意愿中断就业失去工资收入的劳动者提供一定时期的物质帮助及再就业服务的一项社会保险制度。它是社会保障体系的重要组成部分，是社会保险的重要项目之一。

失业保险权的主要特点：(1)普遍性。具有劳动能力，非因本人意愿中断就业失去工资收入的劳动者，都可以享有失业保险权利。因而，享有权利的主体覆盖范围包括劳动力队伍中的大部分成员。(2)强制性。它是指通过国家制定法律、法规来强制实施得以实现的权利。即失业保险制度覆盖范围内的单位及其职工必须按照规定参加失业保险并履行缴费义务。(3)义务性。失业保险制度覆盖范围内的单位和职工必须履行缴费义务。不履行缴费义务的单位和个人都应当承担相应的法律责任。

关于失业保险权的保障，《社会保险法》作出以下规定：(1)用人单位和职工共同缴纳失业保险费。第44条规定："职工应当参加失业保险，由用人单位和职工按照国家规定共同缴纳失业保险费。"关于缴纳失业保险费的国家规定是《失业保险条例》。根据《失业保险条例》第6条规定："城镇企业事业单位按照本单位工资总额的2％缴纳失业保险费。城镇企业事业单位职工按照本人工资的1％缴纳失业保险费。城镇企业事业单位招用的农民合同制工人本人不缴纳失业保险费。"(2)规定了领取失业保险金的条件和标准。《社会保险法》第45条规定了失业人员符合条件的，可以从失业保险基金中领取失业保险金。该条件包括：①失业前用人单位和本人已经缴纳失业保险费满1年的；②非因本人意愿中断就业的；③已经进行失业登记，并有求职要求的。同时规定了支付标准。《社会保险法》第47条规定："失业保险金的标准，由省、自治区、直辖市人民政府确定，不得低于城市居民最低生活保障标准。"(3)规定了领取失业保险金的期限。第46条规定："失业人员失业前用人单位和本人累计缴费满1年不足5年的，领取失业保险金的期限最长为12个月；累计缴费满5年不足10年的，领取失业保险金的期限最长为18个月；累计缴费10年以上的，领取失业保险金的期限最长为24个月。重新就业后，再次失业的，缴费时间重新计算，领取失业保险金的期限与前次失业应当领取而尚未领取的失业保险金的期限合并计算，最长不超过24个月。"(4)其他方面的规定。这主要包括失业人员办理失业登记的程序性要求(第50条)；失业人员在领取失业保险金期间有法定情形出现的，停止领取失业保险金，并同时停止享受其他失业保险待遇(第51条)；职工跨统筹地区就业的，失业保险关系随本人转移，缴费年限累计计算(第52条)等内容。

(五)生育保险权

生育保险权是指怀孕和分娩的妇女劳动者暂时中断劳动时，可以要求国家和社会提供医疗服务、生育津贴和产假的权利。生育保险是国家通过社会保险立法，对生育职工给予经济、物质等方面帮助的一项社会保险。生育保险制度的宗旨，在于通过向生育女职工提供生育津贴、产假以及医疗服务等方面的待遇，保障她们因生育而暂时丧失劳动能力时的基本经济收入和医疗保健，帮助生育女职工恢复劳动能力，重返工作岗位，从而体现国家和社会对妇女在这一特殊时期给予的支持和爱护。

生育保险权的特点：(1)行使权利的主体是特定的。怀孕和分娩的妇女劳动者或者职工未就业配偶按照国家规定享受生育医疗费用待遇。(2)行使权利的条件是特殊的。必须有怀孕和分娩的事实发生。(3)行使权利是无条件的。即个人不缴纳生育保险费，而是由用人单位按月缴纳生育保险费。《社会保险法》第53条规定："职工应当参加生育保险，由用人单位按照国家规定缴纳生育保险费，职工不缴纳生育保险费。"第54条规定："用人单位已经缴纳生育保险费的，其职工享受生育保险待遇；职工未就业配偶按照国家规定享受生育医疗费用待遇。所需资金从生育保险基金中支付。"(4)产假时间是法定的。女职工生育享受98天产假，其中产前可以休假15天；难产的，增加产假15天；生育多胞胎的，每多生育1个婴儿，增加产假15天。女职工怀孕未满4个月流产的，享受15天产假；怀孕满4个月流产的，享受42天产假。哺乳时间和在本单位内哺乳往返途中的时间，算作劳动时间。女职工怀孕流产的，其所在单位应当根据医务部门的证明，给予一定时间的产假。

关于生育保险权的保障，《社会保险法》做了以下主要规定：(1)生育保险为强制性保险且费用由用人单位负责。第53条规定："职工应当参加生育保险，由用人单位按照国家规定缴纳生育保险费，职工不缴纳生育保险费。"(2)明确了生育保险的待遇和支付范围。第54条第2款规定："生育保险待遇包括生育医疗费用和生育津贴。"第55条规定，生育医疗费用包括下列各项：①生育的医疗费用；②计划生育的医疗费用；③法律、法规规定的其他项目费用。第56条规定，职工有下列情形之一的，可以按照国家规定享受生育津贴：①女职工生育享受产假；②享受计划生育手术休假；③法律、法规规定的其他情形。

2012年4月28日国务院公布《女职工劳动保护特别规定》，自公布之日起施行，共16条，同时，1988年7月21日国务院发布的《女职工劳动保护规定》予以废止。《女职工劳动保护特别规定》，删除了"女职工违反计划生育规定的，其劳动保护应当按有关计划生育规定办理，不适用本规定"的条文，意味着职业女性有未婚生育、超生等违反计划生育相关法律法规的情形，也不剥夺其享受产假的权利。但是在国家机关、事业单位及国有企业等单位工作的职业女性除外。其中第4条规定：用人单位应当遵守女职工禁忌从事的劳动范围的规定。用人单位应当将本单位属于女职工禁忌从事的劳动范围的岗位书面告知女职工。第5条规定：用人单位不得因女职工怀孕、生育、哺乳而降低其工资、予以辞退、与其解除劳动或者聘用合同。第7条规定：女职工的法定产假时间。

此外，2009年《国家人权行动计划》对社会保险权的实现提出近期目标：(1)扩大各类社会保险覆盖面。到2010年，城镇基本养老保险参保人数超过2.23亿，基本医疗保险参保人数超过4亿，失业保险参保人数超过1.2亿，工伤保险参保人数超过1.4亿，生育保险参保人数超过1亿。参加农村社会养老保险和企业年金的人数逐年增长。(2)提高社会保险统筹层次。基本实现基本养老保险省级统筹，推进医疗、失业和工伤保险市(地)级统筹，完善工伤保险储备金制度。(3)完善农村"五保"供养制度。制定《农村五保供养服务机构管理办法》《农村五保供养服务标准》和《农村五保供养服务设施建设专项规划》,继续实施"霞光计划",切实保证农村五保对象达到当地村民平均生活水平。(4)完善城市流浪乞讨人员的救助制度。修订《城市生活无着的流浪乞讨人员救助管理办法》,制定《流浪未成年人救助保护条例》《救助管理站服务标准》《流浪未成年人救助保护机构服务标准》等行政法规和规范性文件。在市(地)级以上城市和重点县区建设一批设施比较完善的流浪未成年人救助保护中心。

第五章　民主关系

　　　　民主关系是人权法调整对象的核心内容。从人权法而言，民主权利和自由是人民通过让渡自然权利之后应当享有的权利。同时，民主关系的有效运行，需要遵循容忍与合作的价值观念。用圣雄甘地的话说："不宽容本身就是一种暴力，是妨碍真正民主精神发展的障碍。"用人权法的理论说，不保护民主关系，就必然侵犯人权。

——题记

　　民主关系是人权让渡关系，是指社会成员让渡了自然权利中的部分自由权而换取得到的参与国家政权管理的社会权利。可以说，民主关系是基于人权让渡关系而形成的社会关系。在人权法中，民主关系也可以称之为公民的授权与限权关系。自然权利的任意行使必然导致社会无序。如何做到既保障自然权利的有效行使，又能确保社会秩序的有序运行，这是近代西方人权思想启蒙学者所思考的问题。他们以自然法则理论和社会契约理论为基础，揭示了人权法中的自然权利与社会权利之间的转换关系而产生了人权让渡关系，即形成了近现代民主关系。民主关系属于人权关系的重要组成部分，其中民主权是公民限制公权力的重要保障。民主权内容比较明确，主要包括了平等权、表达自由权与政治参与权。表达自由权和人身自由共同组成了自由权。表达自由权包括思想、言论、结社、集会、出版、游行示威、罢工等方面表达自由权利。政治参与权包括选举权与被选举权、罢免权、监督权等权利。

　　民主关系不仅揭示了自然权利与社会权利之间的权利价值交换关系，而且包含了国家和政府对公民和人权做出的承诺。依据民主权，社会成员选举产生了管理国家的政府和制定社会规范的立法机关，这也就决定了政府的权力和立法机关的权力都是来源于民主权和人权。因此，不论是政府还是立法机关，都不能违反公民的授权，必须遵守人权承诺，不辱使命、廉洁奉公、勤勉尽职、保障人权。否则，社会成员可以行使民主权，更换或罢免不称职的政府组成人员和立法机关组成人员。

　　我国宪法明确规定："中华人民共和国的一切权力属于人民。""人民行使国家权力的机关是全国人民代表大会和地方各级人民代表大会。""人民依照法律规定，通过各种途径和形式，管理国家事务，管理经济和文化事业，管理社会事务。"[①]"把我国建设成为

---

① 我国《宪法》第 2 条规定。

富强、民主、文明的社会主义国家。""国家尊重和保障人权。"①这些都是写在宪法规范之中的承诺,是国家对人权的承诺。这就是民主,就是民主权。之后,我国提出了社会主义核心价值观,包括了民主、文明、自由、平等、公正、法治等价值观的内容。②

第一节 民主权概述

民主权是人权法的核心内容。依据人权法理论,民主权是社会成员转让部分自然权利而换取得到的参与国家政权管理的社会权利。当社会成员转让部分自然权利而换取得到参与国家管理的社会权利之后,社会成员就成为公民,就享有公民权和民主权。可见,享有民主权的前提是自然人身份要转变为公民身份。民主权的主体是公民,只有本国公民才能享有民主权。民主权包含了自然权利与社会权利之间的权利价值转换关系。民主权是转让部分自然权利后应当拥有的社会权利,是享有自然权利的必然延伸。这也意味着:公民只有充分享有民主权,才能保障其他人权的实现,才能有效地维护人的尊严。民主权的内容主要包括公民权、平等权、表达自由权与政治权等内容。

可以这么说,民主权是指公民在享有表达自由权的基础上,享有参与国家政权管理的社会权利。民主权是人权的核心内容,是民主法治的最重基石。民主法治的核心是保障人民当家作主,保证主权在民得以实现。人权制度与民主法治是具有密切联系又具有区别的制度。人权制度是民主法治的基础,民主法治是人权制度的具体实施和保障。也可以说,人权是民主权的理论基础,民主权是人权的具体运用。公民能否充分行使民主权,是衡量一个国家民主、法治、人权状况的重要标志,是检验民主法治完善与否的有效尺度。因此,学习和掌握民主权的理论知识,是学习人权法必须掌握的最重要知识,对掌握人权法的理论和深入理解宪法理论都具有十分重要的意义。

一、民主权的概念与特征

(一)民主权的概念

民主权,也称为民主权利,是指公民在政治上享有的自由发表意见和参与国家政权管理的社会权利。民主权的本意是"人民当家作主"或者是"主权在民"的权利概括。人民当家作主或者主权在民,都表明了人民是国家的主人,或者国家权力属于人民。民主权强调了人民有权对国家政治、经济与文化等事业的建设发表意见,有权参与国家政权管理。

---

① 我国《宪法》序言和第33条第3款的规定。
② 2012年11月,国家明确提出"三个倡导",即"倡导富强、民主、文明、和谐,倡导自由、平等、公正、法治,倡导爱国、敬业、诚信、友善,积极培育社会主义核心价值观",这是对社会主义核心价值观的最新概括。

这里的"民主"是现代意义上的"民主"。现代"民主"与中国古代的"民主"一词的意义是根本不同的。早在我国古籍文献中就已经出现过"民主"一词，如《尚书》就有"天惟时求民主"之说。但这里的"民主"含义，是指"民之主"、"为民求主"、"为民做主"。① 我国古代的"民主"含义是"统治者为民做主"，体现了中国封建社会的"君权神授"、"君为民主"的神权与君权的思想，是与现代民主制度背道而驰的。

现代意义的"民主"是指民主制度，是人权的制度化和权利法定化的具体表现，是人权法中的自然权利向社会权利转换的连接点，其核心就是民主权利，就是人民当家作主的权利，是公民在政治上享有的自由发表意见，参与国家政权管理的社会权利。现代意义上的"民主"是指多数人执政的政体，以此区别一人执政的君主制和少数人执政的贵族制。② 在我国，将民主理解为民主制度或人民统治，是近代宪政制度产生后的事情。其中，孙中山的民权思想最具代表性。现代意义的"民主"是我们所要学习和理解的民主权利中的"民主"。

现代意义的民主应当包括以下含义：民主是由全体公民直接或通过他们以自由选举的方式选出代表全体公民行使权力的政府，民主是保护人类自由的一系列原则和行为方式，是人的自由的体制化表现。民主是以多数决定、同时尊重个人与少数人的权利为原则。所有民主国家都在尊重多数人意愿的同时，极力保护个人与少数群体的基本权利。民主国家不能让中央政府具有至高无上的权力，中央政府权力分散到地方或不同的部门，或者通过接受公民的监督方式行使。政府必须最大限度地对人民敞开和对他们的要求做出积极反应。公民对不满意的政府人选可以进行更换，可以挑选自己满意的公民当任公职人员。

(二)民主权的特征

民主权具有以下几点特征：

---

① 李步云主编：《人权法学》，高等教育出版社2005年版，第190页。
② 君主制与君主立宪制是不相同的。君主制指国家最高权在实际上或名义上掌握在君主个人手中，君主终身任职并且实行世袭的政权组织形式。君主立宪制可分为二元制君主立宪制和议会制君主立宪制。二元制君主立宪制从政府结构来讲君主交出了立法权但保留部分行政权，首相只是辅助君主治理国家，宪法和其他法律由议会制定，从体制上看，二元制君主立宪制是议会制定宪法和法律限制君主，君主在制定的宪法和法律的范围内治理国家。议会制君主立宪制君主交出所有的权力(有些国家的纪年由君主指定)，首相是国家的主要行政领导人。从体制上来看，议会制君主立宪的宪法和法律不是限制君主而是用来限制首相，首相只能在宪法和法律内治理国家。其缺点在于国家内仍存在着特权阶级，优点是不用战争就可实现宪政。现在世界上大都为议会制君主立宪制，英国"光荣革命"前实行的是君主制。现在实行议会制君主立宪制。贵族制是指奴隶制和封建制国家由少数贵族上层代表为统治者的政体形式。它分为两种：一种是存在于奴隶制国家的贵族共和制，另一种是存在于封建制国家的贵族君主制。贵族共和制最典型的国家是公元前5世纪—公元1世纪的罗马共和国。国家最高官员是执政官。由公民大会从贵族中选出2人，任期1年；其他高级官员大部分也是选举的。亚里士多德在对古希腊诸城邦各种政体的比较研究时指出，凡少数人不止一人而又不是多数人为统治者的政体，称为"贵族政体"。

1. 民主权是公民享有的权利。民主权的权利主体是某国公民。民主权只能由一国的公民享有，也就是说享有民主权的前提是拥有某国的国籍，否则就无法享有民主权。而拥有某国国籍，就意味着必须让渡部分自然权利而换取参与国家政权管理的权利。因此，具有某国国籍是享有公民权的重要前提条件。而一般人权的权利主体是自然人，自然人基于出生就可以享有人权，但是不一定享有公民权。自然人在某国出生，不一定享有出生地国的国籍，也就不是该国的公民。例如，美国籍的夫妻在中国生育子女，其子女是不能享有中国公民待遇的，只能享有美国公民待遇。如果想加入中国国籍必须办理有关手续。

2. 民主权是人权法的核心性权利。民主权不仅体现了公民放弃部分自由权所换取得到的应当拥有的社会权利，而且强调了作为人，只有充分享有民主权，才能保障其他人权得到实现。如果说生存权是人权的基础性权利，民主权就是人权的核心性权利。从人权法的角度看，人们除了维护自己的生存权以外，重要的是如何实现民主权。民主权的本质是人民如何构建一个适合社会成员生存与发展的政体和国体。总结人类发展史，人们对人类社会的贡献是多方面的，在科技、教育、文学、卫生、体育等方面都可以对人类做出贡献。但是，在社会制度的变革与创新，在维护与保障人权理论的创新与突破，其难度不会小于自然科学的研究与探索。人们要最大限度地实现和保障人权，很重要的是如何行使民主权，如何运用民主权构建公正、高效、廉明的政体和国体。只有好的政体和国体，人权才能得到充分保护，人的自我价值才能得到最有效的实现。可以这么说，如果说维护和体现人的尊严是人权的终极目标，那么实现民主权就是维护人的尊严的最本质的内容。

3. 民主权是制度化的抗争权。抗争权是自然法派生的权利，是人权的重要组成部分，是人权法的重要权利。抗争权是人们放弃或转让其所享有的自然权利中的部分自由权而保留的不可转让的权利，是指人依照自然属性和社会属性所享有的，面对不尊重人权或严重侵害人权的现实进行反抗和斗争的权利。抗争权利不仅自始至终伴随着人权，而且是人们实现人权的最有力的武器。可以这么说，没有抗争的权利也就没有今天的人权和人权理论的发展。民主权是制度化的抗争性权利，主要体现在民主权包括了表达自由权和政治参与权。表达自由权主要包括思想、言论、结社、集会、出版、游行示威、罢工等方面的自由权利。政治参与权包括选举权与被选举权、罢免权、监督权等。这些权利就是制度化的抗争性权利。也可以说，公民权中的政治权利是每一个社会成员放弃其原来享有的部分的自然权利而保留的一项不可转让的权利。拥有这项权利，就可以授权给予部分的人组成政府管理国家，可以参与管理国家事务。如果国家或政府存在不尊重人权或严重侵害人权的现实，那么社会成员作为人权主体就有权进行抗争或反抗，以求更换政府组成人员，保证自己的权利得以实现。

二、民主权的意义

依人权法规定，享有民主权具有重要的意义。其意义可以从人权与民主权之间的关系加以认识。人权是指作为人应当享有的自然权利与可以享有的以维护人的尊严为目的的社会权利的总和。民主权是公民在政治上享有的自由发表意见,参与国家政权管理的权利。二者之间既有不同,又有联系。

(一)人权与民主权的区别

人权与民主权的区别主要体现在,权利的主体、内容和性质等方面的不同。

1. 权利主体不同。可以简单地理解:人权的权利主体是自然人,民主权的权利主体是公民。自然人是人权法的最重要主体。人权的基础是自然人基于出生而应当享有的权利。因而,自然人是人权法最主要的主体。但是,除了自然人作为最重要主体外,人权的主体又比较复杂,还包括了作为国际人权法中的集体人权主体。例如,国家、非政府组织等等,也是人权主体。民主权的权利主体是公民。民主权的权利主体是单一的,是某国的公民。民主权只能由一国的公民享有。享有民主权的前提是拥有某国的国籍,否则就无法享有民主权利。

2. 权利内容不同。人权的内容包罗万象,总体上可以分为生存权、发展权、民主权、文化权与集体人权等种类,其中生存权涉及人格权与身份权,还涉及人身自由与安全权等权利。发展权包括劳动权、受教育权、环境权等内容。总之,人权涉及政治、经济、社会、文化等方方面面的权利。民主权属于人权的重要组成部分,内容比较明确,主要是指政治平等权、政治自由权与政治参与权。政治自由权主要包括思想、言论、结社、集会、出版、游行示威、罢工等方面的自由权利。政治参与权包括选举权与被选举权、罢免权、监督权等。

3. 权利性质不同。人权具有自然权利的属性,自然权利是作为人在自然状态下应当享有的权利,包括生命权、健康权、人身自由权、人身安全权与人的尊严权等等。这些权利是自然状态下就应当享有的权利,是固有的、不可转让的权利。民主权不具有自然权利的属性,只具有社会权利的属性。民主权是国家法律认可并由国家强制力保障实施的公民享有的政治表达自由权,以及参与国家政权管理的社会权利。

(二)人权与民主权的联系

可以这么说,人权是民主权的源泉,民主权是人权的保障。民主权是人权的核心,人权是民主权的基石。

1. 人权是民主权的源泉。这表明民主权来源于人权。人权具有自然属性,该属性决定了人们仅凭其作为人就享有生命权、人身自由权、人身安全权和人的尊严权。自然权利属于自然人所有的可以任意行使的权利。同时,自然权利的任意行使必然导致社会无序。因此,近代欧洲人权思想启蒙家们,以自然法则和社会契约论为理论基础,揭示了人权自然权利与社会权利之间的转换关系。人权启蒙思想家认为,民主权是人们让渡了自然权利中的部分自由权而换取得到的参与国家政权管理的社会权利。人们让渡的自由权包括在法律规定范围内行使自由,以及行使自由不得损害他人的利益。保留了政治自由权与政治参与权,即表达自由权和参与选举权。这就是社会契约论的核心内容。所以,人权思想家们把民主权看成是人的自然权利在社会领域的延伸,是作为人固有的、神圣不可剥夺的权利。人权是民主权的源泉,保护人权必须保护民主权,行使民主权就是人权得到实现的重要标志。

2.民主权是人权的保障。民主权是人民取得政权之后,选举部分公民代表社会成员管理国家政权,并通过法律形式制定或认可公民享有自由发表意见,参与国家政权管理的社会权利。民主权是具有社会属性的权利,是由国家强制力保证实施的权利。在人权法领域,社会权利将人权制度化、法制化,是以法制形式将应然权利变成法定权利的立法过程。行使民主权就是人权的法定权利得以实现的具体表现。民主权得到充分行使,人权才能得到有效保障。如果民主权不能得到充分行使,保障人权也就只是保障人的物质需求而没有保障人的政治文化与精神文化的需求,是不符人权的基本要求的。

3.民主权是人权的核心内容。首先,民主权是构建良性政体的保障。民主权的实质,就是作为人转让其所享有的自然权利中的部分自由权而换取得到的参与国家管理的社会权利。人的价值不是体现在生命存续的长短上,而是体现在为人类作出的贡献多少。如前所述,民主权的本质,是人民如何构建一个适合社会成员生存与发展的政体和国体。只有好的政体和国体,人权才能得到充分保护,人的自我价值才能得到最有效的实现。其次,民主权能够充分体现民意。民主制度是反映民意的制度,是通过法定程序接受民众选择的制度。而推动和实施民主制度必须依靠公民享有的民主权来得以实现。民主权是由政治自由和政治权利组成的权利体系。政治自由让每一个公民可以表达自己的真实意思,能够将民意上传。政治权利让每一个公民可以通过投票选举的方式,委托某位公民行使管理国家的权力。同时,可以行使监督权与罢免权来纠正错误的管理国家的行为,或更换滥用管理职权的公民。

三、民主权的内容

民主权的主要内容包括,基于公民身份所享有的公民权、平等权、表达自由权和政治权的总和。公民权是社会成员基于拥有某国国籍而享有的基本权利,是公民在享有表达自由权的基础上,享有参与国家政权管理的社会权利。公民权的内容大多都制定在本国宪法中。平等权是指每个人在生命价值和尊严上享有绝对的平等,依法享有和承担法律规定的权利与义务。表达自由权有广义与狭义之分。广义的表达自由权是指公民享有传递思想观念和具体事务请求的自由权利,包括了言论、出版、结社、集会、游行示威、罢工等自由的传递方式。狭义的表达自由仅指政治表达自由权利,它是指公民以言论、出版、结社、集会、游行示威、罢工等自由方式,对政治上的诉求表达了自己的意愿。政治权是指公民依法享有参与国家政治生活、管理国家以及在政治上表达个人见解和意见的权利。

第二节 公民权

公民是拥有某国国籍,依法行使民主权的权利主体。公民权是实现民主权的前提,民主权是公民权的核心权利。了解与掌握公民权是学习人权法所必须掌握的重要知识点。

一、公民权的概念

公民权，也称为公民权利，在我国宪法学又称之为公民基本权利。公民权有广义与狭义之分。广义的公民权是指一国公民所拥有的、为该国法律所保障的合法权利。其权利的内容包括公民所享有的政治、经济、社会和文化等多方面的权利。我国宪法学的公民权是在广义上使用的。宪法学者认为："公民权利是法律承认并保障的公民为自身利益而从事某种行为的可能性。""公民权利是对自身利益的一种主张、追求和维护，包括自身的经济、政治和文化利益的主张、追求和维护。"①

狭义的公民权，存在不同的理解：第一，公民权是指由法律认可保护的个人或团体的自由权。这种公民权也称为公民自由权。②第二，公民权是指公民所享有的参与国家事务的政治权利。③这种公民权也称为公民的政治权利。第三，公民权是指社会成员取得公民资格所享有的平等权、自由权与政治权利的总和。或者说，公民权是指个人基于公民资格所享有的民主权的总和。公民作为自然人身份应当享有生命权、健康权、人身自由权、人身安全权以及劳动权、受教育权和文化权等权利。其中，生命权、健康权、人身自由权和人身安全权在生存权部分已经介绍；劳动权、受教育权和文化权等权利在发展权部分已经介绍。可见，生存权与发展权也是公民应当享有与可以享有的权利。

人权法学是在狭义范围上使用公民权的，且本书是从第三种含义来解释公民权的，即：公民权是指社会成员取得公民资格所享有的平等权、自由权与政治权利的总和。其中人身自由权在生存权部分论述，这里的自由权仅指表达自由权。国际人权公约以及我国政府颁布的《国家人权行动纲要》都将政治权利单独作为一项权利加以规定。因此，从定义上说，公民权是指社会成员取得公民资格所享有的平等权、表达自由权与政治权利的总和。本章第三、四、五节的内容分别对平等权、表达自由权与政治权利加以论述。人身平等是指作为人的主体地位是平等的，相互间没有管理和被管理、命令和被命令、领导和被领导的关系，任何一方都不能支配另一方，而应平等相待，互不干涉。表达自由权主要是指言论自由，包括言论、出版、结社、集会等自由。其中，核心内容是政治方面的言论自由。政治权利是指公民依法享有参与国家政治生活、管理国家以及在政治上表达个人见解和意见的权利。

---

① 朱福惠主编：《宪法学》，厦门大学出版社 2008 年版，第 267 页。
② [英]戴维·M. 沃克：《牛津法律大辞典》，光明日报出版社 1988 年版，第 164 页。
③ 郭道晖：《公民权与公民社会》，载《法学研究》2006 年第 1 期。我国宪法中，公民泛指有中国国籍的人，实际上是指国民，包含着作为私法关系的自然人和公法（宪法）关系的公民的双重身份。所以，我国现行宪法第二章所罗列的"公民的基本权利"，不限于属于政治权利范畴的、有特定含义的公民权，不只包括参与政权管理的公权利（第 34 条、第 35 条和第 1 条），也包括个人的私权利（第 36 条至第 40、第 42 条至第 50 条）。参见郭道晖：《公民权与公民社会》，载《法学研究》，2006 年第 1 期。

近年来，随着人权法学在我国的兴起，学者们对公民权进行了深入研究，提出了新的观点。有的学者认为，公民是具有政治人或自然人双重身份集合的主体。政治人是指公民参与国家事务管理时所具有的国籍身份的人；自然人是指公民作为自然人身份所享有的生命、自由权、财产、平等和安全等权利的人。① 从政治人的角度理解公民权，公民权仅指公民所享有的政治权利。从自然人的角度理解公民权，它除了包括政治权利外，还包括了生命权、财产权、人身自由权、平等权和人身安全权等内容。而生命权、人身自由权与人身安全权等内容，也是生存权的重要组成部分。也就是说，从广义上理解公民权，它与生存权的内容有着交叉，生存权中的人身自由权、人身安全权也应当是公民所享有的权利。由于人权法的体例不同于宪法体例，人身自由权、人身安全权已经在生存权部分加以介绍，在公民权利部分就不介绍。同时，广义的公民权与自然人的个人权利也存在相吻合，生命权、财产权、人身自由权等都属于自然人的个人权利。同时，公民权与自然人的个人权利也存在区别。其主要区别表现为公民权更多地属于公共利益方面的权利，而不仅仅是自然人个人利益方面的权利。实质上公民权与自然人的个人权利所涉及的权利性质略有不同。公民权具有可以要求国家做什么的权利，而自然人的个人权利是指可以在法律的范围内做什么的权利。

二、公民权的特征

从人权法的角度理解公民权，它是指具有某国国籍的自然人依法所享有的参与管理国家政权的权利，以及享有的人身平等、自由和安全的权利。与宪法学的公民权比较，人权法的公民权的特征主要表现为公民权具有国籍性、法定性、平等性和核心性。②

（一）公民权具有国籍性权利③

从国家管理的角度看，国籍是指一个人属于某一个国家的国民或公民的法律资格，表明一个人同一个特定国家间的固定的法律联系，是国家行使属人管辖权和外交保护权的法律依据。从个人享有权利的角度看，国籍是一个人依法享有公民权利的重要标志。因而，国籍的取得与公民权的取得就成为必然的联系。我国《宪法》第33条规定："凡具有中华人民共和国国籍的人都是中华人民共和国公民。"

目前，世界上关于国籍取得的形式主要有出生国籍与继有国籍两大类。

1．因出生取得国籍。因出生取得国籍的方式有三种：(1)采用血统主义原则。即以

---

① 郭道晖：《公民权与公民社会》，载《法学研究》2006年第1期。
② 与宪法学的观点不同，人权法学认为，公民权具有国籍性、法定性、平等性和核心性的特征。宪法学的观点是，公民权的特征是广泛性、平等性、普遍性。
③ 在人权法学中，只有在公民权和政治权利部分涉及主体的身份即公民的概念，在人权法的其他部分的主体是没有限制的。因此，在人权法中公民权的主体比较特殊，是以拥有国籍为前提条件的。我国宪法中，公民泛指有中国国籍的人，实际上是指国民，包含着作为私法关系的自然人和公法（宪法）关系的公民的双重身份。

一个人出生时父母的国籍为依据确定其国籍。凡是本国人所生子女,为本国公民,享有公民权利,不论其出生于何地。目前,实行血统主义的国家主要有中国、日本、韩国、印度尼西亚、伊朗等国家。[①] (2)采用出生地主义原则。以一个人的出生地所属的国家为准,而不论其父母是该国人还是外国人,只要在本国出生就拥有本国国籍。西方国家多采取出生地主义取得国籍。例如美国、加拿大和我国香港特别行政区都是采取出生地主义。(3)采用血统主义与出生地主义相结合的原则确定其国籍。我国的《国籍法》采用血统主义和出生地主义相结合的原则,即我国对出生国籍采用以血统主义为主、出生地主义为辅的结合原则,不承认中国公民具有双重国籍。[②]

  2.继有取得国籍。它是指本人自愿并经过办理法定手续而取得的国籍。根据我国《国籍法》第7条规定,外国人或无国籍人申请加入中国国籍须具备两个前提:一是申请人愿意遵守中国宪法和法律,二是出于本人自愿。同时必备条件如下:(1)申请人是中国人的近亲属;(2)申请人定居在中国;(3)有其他正当理由。若本人未满18周岁,可由监护人或其他法定代理人代为办理申请手续。在国内,可以向当地市、县公安局申请;在国外,可向中国外交代表机关或领事机关申请。上述机关负责受理申请并审查申请人是否符合法律规定,然后由中国公安部审批。公安部批准并由有关公安机关发给证书后,申请人取得中国国籍,同时丧失外国国籍。

  在国际公法上,国籍是自然人对某国负有忠诚义务的根据,也是国籍国对其行使外交保护的根据。目前,国际法上国籍的制度,存在无国籍和双重国籍的情况。一个人没有国籍时,称为国籍的消极冲突;一个人同时具有两个或两个以上国籍时,称为国籍的积极冲突。

  对无国籍的人,各国都规定无国籍的人不享有本国公民权中的政治权利。但是,可以享有其他方面的人权保障。对于双重国籍的人,各国法律规定了不同的确认方式。

---

  ① 血统主义原则分为单系血统原则和双系血统原则,单系血统原则是指国籍主要随父系,例如韩国、印度尼西亚和伊朗属于单系,随父系。中国和日本属于两系,随父母皆可以。
  ② 我国的《国籍法》规定:(1)父母双方或一方为中国公民,本人出生在中国的,具有中国国籍。(2)父母双方或一方为中国公民,本人出生在外国的,具有中国国籍;但如果父母双方或一方为中国公民并定居在外国,本人出生时即具有外国国籍的,则不具有中国国籍。(3)父母无国籍,或者国籍不明,定居在中国,本人出生在中国的,具有中国国籍。

如何确定当事人国籍国的问题，依据不同国家的国籍冲突法加以解决。① 我国政府处理双重国籍问题的基本原则是：(1)坚持一人一个国籍，不承认双重国籍；(2)尊重当事人本人的意愿；(3)选择了中国国籍的华侨，应当遵守所在国的法律、风俗习惯，同当地人民友好相处，不参加当地的政治活动，但是他们的正当权益应当受到尊重和保护。

（二）公民权具有法定性权利

公民权具有法定性，包含了以下含义：(1)公民权内容的法定性。它是通过法律形式表现出来的。不论是广义的公民权，还是狭义的公民权，其权利内容都是由宪法或法律明文规定的，属于法定权利。个人享有公民权的内容，会因为各国物质条件和文明程度的不同而存在差异。也就是说，各国的公民权的内容多与少，会受到本国经济、政治的影响。同时，还会受到思想观念、文化传统和本国领导人的开明程度不同的影响。一般地说，公民权的内容越丰富且得到有效实施的国家，说明该国的人权制度比较完善。反之，人权制度建设和实施就受到质疑。(2)公民权取得的法定性。公民权取得的法定性是指公民权的取得是以国籍的取得为前提，只有取得了国籍才享有公民权。如前所述，取得国籍包括了两种方式，即出生取得国籍和继有取得国籍。其中，出生取得国籍包括采用血统主义原则，或采出生地主义原则，或采用血统主义与出生地主义相结合的原则。继有取得国籍必须办理法定手续，只要符合法定条件就可以依法申请成为某国公民。因此，公民权的取得与国籍的取得紧密联系，公民权的取得具有法定性。

认识公民权的法定性，必须处理好公民权与人权的关系。人权是公民权的基础，没有人权也就没有公民权。公民权是人权保障，是国家以法定的形式确认和保障人权的重要方式。一国公民所拥有的、为该国法律所保障的合法权利是公民权，其中参与管理国家事务的权利应当是自然权利的延伸，是公民放弃部分自然权而获取得到的权利。公民享有的自由权(包括人身自由权)和人身安全权是依人的自然属性应当享有的基本权利。公民享有的政治权利是人权的必然延伸，应当得到充分保障。

（三）公民权具有平等性权利

公民权具有平等性的特征，这也是人权最基本的特征。公民权的平等性表现为：公

---

① 对于国籍的积极冲突，各国区分不同情况，采用下列方法解决：(1)如果当事人有两个或两个以上国籍，其中有一个是内国国籍，则一般以内国国籍优先，即以内国法为当事人的本国法。因为每个主权国家均有权决定谁是它的公民，而没有义务屈从于另一国的相抵触规定。(2)两个或两个以上国籍，均为外国国籍时，各国的实践不一致，主要有以下解决方法：①当事人住所或惯常居所所在地的国籍优先。②按国籍取得的先后来确定。一种做法是取得在先的国籍优先，理由是既得权应受到尊重；另一种做法是取得在后的国籍优先，理由是当事人有选择国籍的自由。但在生来取得的情况下，多国国籍可能同时取得，无先后之分。③以与当事人有最密切联系的国家为国籍国。确定哪一国国籍与当事人有最密切联系时，主要应考虑：当事人在哪一国出生，在哪一国拥有住所或惯常居所，在哪一国行使政治权利，在哪一国从事业务活动等。有时还要考察当事人的主观态度，如他的日常行为与内心态度倾向于哪一国。这一方式较为合理，但是适用上不如前两种方法容易确定。

民平等地享有权利,不受任何差别对待,有权要求国家同等地给予权利保护。公民权的平等性直接体现在平等权上。平等权是人权的重要组成部分。而不平等的人权是一种区别对待的、歧视性的待遇,是人权法所反对的重要内容。根据我国宪法的规定,公民权的平等性,不仅是公民享有的一项权利,也是一项基本原则,是权利主体参与社会生活的前提和基本条件。公民的平等权有以下含义:(1)所有公民平等地享有宪法和法律规定的权利;(2)所有公民都平等地履行宪法和法律规定的义务;(3)国家机关在适用法律时,对于所有公民的保护或者惩罚都是平等的,不得因人而异;(4)任何组织或者个人都不得有超越宪法和法律的特权。

公民权不是绝对平等的,平等是相对的。特别是在国际范围内研究公民权,显然各国的公民权是不相同的。这主要表现为不同国家之间公民权的内容和对公民的保护存在差异性。首先,不同国家的宪法赋予公民权的内容具有差异性。例如,我国宪法就没有赋予公民有罢工权和迁徙权。而这两项权利在多数国家宪法中都有规定。而在同一个国家,公民权在一定历史时期也存在不平等问题。我国在修改选举法前,城市公民与农村公民拥有的选举权的比例是不相同的。未修改前的《选举法》第14条规定:"省、自治区的人民代表大会代表的名额,由本级人民代表大会常务委员会按照农村每一代表所代表的人口数四倍于城市每一代表所代表的人口数的原则分配。"可见修改前的选举权直接规定了"直辖市、市、市辖区的农村每一代表所代表的人口数,应多于市区每一代表所代表人口数的四倍。"其次,各国对本国公民给予的特殊保护是不同的。当公民的人身或财产权利遇到自然的或者人为的侵害时,各国政府首先是对本国公民的人身或财产给予保护。例如,2010年6月发生在吉尔吉斯斯坦南部的因种族冲突而引发的暴力行为,不仅危及本国公民的人身安全,而且危及外国公民的人身安全。中国政府于同年6月14日至6月17日共派出9架次航班包机接回在吉尔吉斯斯坦南部几个城市经商和生活的中国人。① 截至2010年6月17日,共计1321名在吉中国公民已搭乘中国政府撤侨包机返回国内,九架包机完成40年来最大规模的撤侨行动。② 这就体现出不同国家公民的人权主要受到本国政府的保护。这种保护也符合国家权利是通过本国公民让渡自然权利并授予国家权利的人权理论的要求。专家学者称之为"民本外交"。

---

① 中新网2010年6月14日电综合报道,吉尔吉斯斯坦南部的种族暴力不断升级,目前已有超过100人丧生,1200多人受伤。政府官员估计死亡人数仍会上升。有多达7.5万当地乌兹别克族人逃离该国。中国驻吉尔吉斯斯坦大使馆目前已启动应急机制应对该国南部骚乱,使馆工作人员将前往骚乱地区处理善后工作,并积极联系包机,送同胞回国。大使馆领事介绍说,奥什市发生骚乱后,大使馆迅即启动应急机制,并与当地警方联系,希望他们保护在南部几个城市经商和生活的中国人和中资公司。大使馆正在密切留意局势的进展,尽全力保护当地华人的生命和财产安全。国内将在14日派出包机前往奥什,接回在奥什和卡拉苏的华人和华商。《吉尔吉斯骚乱逾百人丧生 中国包机接回华人华商》,http://news.qq.com/a/20100614/000687.htm?qq=0&ADUIN=657921437&ADSESSION=1276484420&ADTAG=CLIENT.QQ.2653_.0,访问日期:2010年11月10日。
② 《南航九架包机完成40年来最大规模撤侨行动》,http://www.cnstock.com/index/gdxw/201006/606579.htm,访问日期:2010年11月10日。

（四）公民权具有核心性权利

公民权具有核心性，是指公民权是人权核心性的权利。如果说生命权是人权的基础性或母体性的权利，那么，公民权是人权法权利体系的核心内容。人权是作为人所应当享有的有机组成的权利体系，包含着生存权、发展权、集体人权等不同层次、不同形态的权利。其中具有基础性、母体性的权利，例如生命权和财产权；具有追求幸福的终极性的权利，例如发展权和文化权；具有参与管理国家事务的权利，例如公民权利和政治权利等。这些权利构成了人权的基本内容。其中，公民权处于人权的核心地位。因为人们通过放弃部分自由权利而取得公民权，并根据公民权授权给部分的人组成政府，管理国家，保障人权。所以公民权在人权法的权利体系中处于核心地位。公民权是制约公权力的重要依据，是防止公权力滥用的重要保障。人权只有在不受侵犯的前提下才能得到有效的保障。而往往最容易对人权实施侵犯的正是公权力。同时，在公权力体系中，只有公民权才能对公权力进行制约与监督。只有公民权得到有效行使，才能最大限度地实现人权和保障人权。

三、公民权的内容

公民权的内容可以从广义与狭义两个方面理解。广义的公民权就是人权所包含的内容。公民是指具有一个国家的国籍，根据该国的法律规范享有权利和承担义务的自然人。可见，公民也属于自然人范畴。自然人所享有的人权，公民也应当享有。同时，公民基于所拥有的国籍，还享有表达自由与政治权利，并要承担国籍国规定的义务。狭义的公民权仅指作为公民身份的主体所享有的权利，即平等权、表达自由权和政治权利。因此，公民权的内容也可以从两个层面加以理解，从我国宪法所规定的公民基本权利看，公民权是在广义的层面使用的。而本章的公民权是在狭义的层面解读的。

（一）我国宪法规定的公民基本权利

根据我国《宪法》规定，凡具有中华人民共和国国籍的人都是中华人民共和国公民，并规定："国家尊重和保障人权。"我国公民享有以下方面的基本权利：

1. 公民的人身自由不受侵犯。任何公民，非经人民检察院批准或者决定或者人民法院决定，并由公安机关执行，不受逮捕。禁止非法拘禁和以其他方法非法剥夺或者限制公民的人身自由，禁止非法搜查公民的身体。（第37条）

2. 公民的住宅不受侵犯。禁止非法搜查或者非法侵入公民的住宅。（第39条）

3. 公民的通信自由和通信秘密受法律的保护。除因国家安全或者追查刑事犯罪的需要，由公安机关或者检察机关依照法律规定的程序对通信进行检查外，任何组织或者个人不得以任何理由侵犯公民的通信自由和通信秘密。（第40条）

4. 公民的人格尊严不受侵犯。禁止用任何方法对公民进行侮辱、诽谤和诬告陷害。（第38条）

5. 公民在法律面前一律平等。任何公民享有宪法和法律规定的权利，同时必须履行宪法和法律规定的义务。(第33条)妇女在政治的、经济的、文化的、社会的和家庭的生活等各方面享有同男子平等的权利。国家保护妇女的权利和利益,实行男女同工同酬,培养和选拔妇女干部。(第48条)

6. 公民有选举权和被选举权。年满18周岁的公民都有选举权和被选举权,不分民族、种族、性别、职业、家庭出身、宗教信仰、教育程度、财产状况、居住期限,但是依照法律被剥夺政治权利的人除外。(第34条)

7. 公民有表达自由和宗教信仰自由。公民有表达自由主要包括享有言论、出版、集会、结社、游行、示威的自由。(第35条)公民有宗教信仰自由。任何国家机关、社会团体和个人不得强制公民信仰宗教或者不信仰宗教,不得歧视信仰宗教的公民和不信仰宗教的公民。国家保护正常的宗教活动。任何人不得利用宗教进行破坏社会秩序、损害公民身体健康、妨碍国家教育制度的活动。宗教团体和宗教事务不受外国势力的支配。(第36条)

8. 公民有劳动的权利和休息权。公民有劳动的权利。国家通过各种途径,创造劳动就业条件,加强劳动保护,改善劳动条件,并在发展生产的基础上,提高劳动报酬和福利待遇。劳动是一切有劳动能力的公民的光荣职责。国有企业和城乡集体经济组织的劳动者都应当以国家主人翁的态度对待自己的劳动。(第42条)劳动者有休息的权利。国家发展劳动者休息和休养的设施,规定职工的工作时间和休假制度。(第43条)

9. 公民有受教育的权利和义务。国家培养青年、少年、儿童在品德、智力、体质等方面全面发展。(第46条)

10. 公民享有文化权利与自由。公民有进行科学研究、文学艺术创作和其他文化活动的自由。国家对于从事教育、科学、技术、文学、艺术和其他文化事业的公民的有益于人民的创造性工作,给以鼓励和帮助。(第47条)

11. 公民享有社会保障权。公民在年老、疾病或者丧失劳动能力的情况下,有从国家和社会获得物质帮助的权利。国家发展为公民享受这些权利所需要的社会保险、社会救济和医疗卫生事业。国家和社会保障残废军人的生活,抚恤烈士家属,优待军人家属。国家和社会帮助安排盲、聋、哑和其他有残疾的公民的劳动、生活和教育。(第45条)国家依照法律规定实行企业事业组织职工和国家机关工作人员的退休制度。退休人员的生活受到国家和社会的保障。(第46条)

12. 有提出批评和建议的权利。公民对于任何国家机关和国家工作人员,有提出批评和建议的权利;对于任何国家机关和国家工作人员的违法失职行为,有向有关国家机关提出申诉、控告或者检举的权利,但是不得捏造或者歪曲事实进行诬告陷害。对于公民的申诉、控告或者检举,有关国家机关必须查清事实,负责处理。任何人不得压制和打击报复。由于国家机关和国家工作人员侵犯公民权利而受到损失的人,有依照法律规定取得赔偿的权利。(第41条)

同时,我国宪法也规定了公民应当遵守的义务和行使权利的限制。义务内容主要包括:公民有劳动的义务(第42条);公民有受教育的义务(第46条);实行计划生育的义务(第45条);公民有维护国家统一和全国各民族团结的义务(第52条);公民有维护祖国的安全、荣誉和利益的义务(第 45 条);公民有依照法律服兵役的义务(第 55 条);公民有依照法律纳税的义务(第 56 条)等七个方面。行使权利的限制是指公民在行使自由和权利的时候,不得损害国家的、社会的、集体的利益和其他公民的合法的自由和权利(第 51 条)。

(二)狭义的公民权

狭义的公民权是指除了自然人所拥有的权利以外的公民权,即除了生存权、人身自由权以外的公民权,主要包括平等权、表达自由权和政治权利。

1.平等权。平等权是指每个人在生命价值和尊严上享有绝对平等的基础上,依法享有和承担法律规定的权利。在狭义的公民权范畴上理解平等权,主要强调政治上的平等权。政治上的平等权体现在我国《宪法》的第 33 条、第 34 条和第 48 条的规定上。其内容分别是"公民在法律面前一律平等"、"公民平等享有选举权和被选举权"、"妇女在政治的、经济的、文化的、社会的和家庭的生活等各方面享有同男子平等的权利"等。

2.表达自由权。广义的表达自由权是指公民享有传递思想观念和具体事务请求的自由权利,包括了言论、出版、结社、集会、游行示威、罢工等自由的传递方式。狭义的表达自由仅指政治表达自由权利,它是指公民以言论、出版、结社、集会、游行示威、罢工等自由方式,对政治上的诉求表达了自己的意愿。表达自由权体现在我国《宪法》第 35 条、第 36 条和第 41 条的规定上。其内容分别是"公民有言论等方面自由"、"公民有宗教信仰自由"、"公民有提出批评和建议的权利"等。

3.政治权。政治权是指公民依法享有参与国家政治生活、管理国家以及在政治上表达个人见解和意见的权利。政治权体现在我国《宪法》第 34 条和第 41 条的规定上。其内容分别是"公民享有选举权和被选举权"、"公民有提出批评和建议的权利"等。根据 2009 年《国家人权行动计划》的规定,公民的政治权利还包括参与权、知情权。

第三节 平等权

从人权理论上讲,平等权是自然人应当享有的权利,是生存权的重要组成部分,应当放在生存权部分加以介绍。国际人权法也是这样规定的:"人人生而平等。"考虑到人类的社会现实,平等权主要是基于本国公民之间的比较而形成的权利。所以,笔者把平等权放在民主权利部分介绍,即希望平等权首先能在一国范围内有效实施就令人满意了。当然,不排除在全人类实现平等的可能,那是世界人民所希望的但又是很难实现的理想。就人权法而言,平等权是每个人在生命价值和尊严上享有绝对的平等,就民主权而言,平等权是法律制度确定的无差别的待遇。

一、平等权的概述

(一)平等权的观点

平等权具有普世的价值,是人类文明进步的重要标志。平等权的核心是"平等"。"平等"一词的字面解释是"人或事物的地位处于同一标准或水平;都被同等对待"。这里的平等强调了对人或对事都应当一视同仁。①《现代汉语词典》的解释为:"平等"的含义:一是指人们在社会、政治、经济、法律等方面享有相等待遇。二是泛指地位相等。这里的平等强调的是,拥有权利与社会地位相同。平等的内涵丰富,从不同的角度理解,平等给人类展示出不同的内涵。

目前,学术界对平等内涵的理解包括了以下几个层面:(1)绝对的平等。认为平等权的本质是要求消除人的身份在法律上的差异,按人格而不是按照身份享有权利。按人格的平等是指人的生命权、健康权、姓名权、名誉权等方面是绝对平等,而不论你的出身、社会地位、财富多少,都不能影响平等权的实现。(2)相对的平等。认为平等是绝对平等和相对平等的结合。它是指无差别对待和按比例地享有平等。无差别对待是指不论人们之间是否存在事实上的差别,包括他们的出生、年龄、健康状况、财产状况、种族、民族、受教育程度等不同,只要他是社会成员的一员,他就应该和其他社会成员一样,平等地无差别地拥有一些最基本的人权,例如生存权所包含的权利等。这种无差别地对待是一种绝对平等。按比例地享有平等,是指可以按照人的特点来享有差别的待遇,例如依据人的能力、贡献、勤奋、需要、身份等特点,给予相对人不同的待遇。这是一种相对平等。它首先承认人是有差别的,然后通过对有差别的权利主体按照一定的比例给予有差别的权利内容,以达到没有差别的平等结果。(3)享有权利的平等。每个人都享有相同权利,不受任何差别对待。这种平等强调权利的享有与权利的保障上的平等,不包括承担义务方面的内容。(4)享有权利与承担义务的平等。它是法律面前人人平等的具体运用。每个人依法享有同等权利,承担相同义务。

有位学者是这样描述平等的:"平等是现代化的主要价值准则之一,但平等却从来没有一个准确的含义。有基督教意义上的上帝面前人人平等,有现代法治和人权意义上的法律面前人人平等,有经济理性意义上的市场面前人人平等,有自我实现意义上的机会面前人人平等,有现代公民意义上的权利面前人人平等,有民粹主义(平民主义)意义上的财富与收入面前人人平等,有乌托邦意义上的人人绝对平均和一切平等,还有共产主义意义上的人的自由而全面的发展。"②该学者从不同角度分析了平等权的特点,有其合理性。但是,其中"有现代法治和人权意义上的法律面前人人平等"的表述是不

---

① [英]戴维·M. 沃克主编:《牛津法律大辞典》,北京社科研究所译,光明日报出版社1988年版,第303页。

② 何爱国:《机会平等比结果平等更紧要》,http://www.360doc.com/content/08/0612/21/64975_1329005.shtml,访问日期:2010年11月10日。

准确的。因为,法律面前人人平等可以是现代法治的平等原则,而不是人权的平等原则。人权的平等是每个人在生命价值和尊严上享有绝对的平等。这表明,学者们多数是从通常的法律制度去理解平等,没有从人权法的角度思考平等权。

在法学界,平等的含义可概括为三个方面:(1)权利平等。它是指国家承认所有公民在法律面前平等,都享有广泛、相同的权利。(2)是机会平等。它是指国家应该为每个公民追求自身利益、自我发展和自我完善平等地提供必要的机会和条件。(3)结果平等。它是要求全社会的劳动产品和价值物对所有人平等分配,社会权利平均享有。

但是如何理解权利平等、机会平等和结果平等,也还存在不同的观点。例如,权利平等是仅指适用法律平等,还是包括了参与立法平等;机会平等是不讲任何条件的机会平等,还是同等条件下的机会平等;结果平等是不是等同于平均主义;有学者认为,如果不适当地追求结果平等会导致平均主义,阻碍生产力的发展,最后反而使平等难以实现。同时,平等权还涉及法律平等与事实平等;形式平等与实质平等、机会平等与结果平等的问题。这些问题都是平等权所遇到的理论问题。

(二)人权法的平等权

笔者认为,从人权法的角度看平等权,不能脱离人权基本理论,应当从人人而平等的基本原理加以研究。人权是作为人应当享有的自然权利与可以享有的法定权利的总和。自然权利是基础性权利,法定权利是社会权利,是保障性权利。因此,笔者认为,平等权是指每个人在生命价值和尊严上享有绝对平等的基础上,依法享有和承担法律规定的权利与义务。也就是说,平等权是每个人在一律平等地享有生存权基础上,依法平等地享有法定权利和承担法定义务。

1. 平等权是人人绝对平等地享有生存权。这里的人人是指世界各国的人民,是全人类的人,不仅仅是某国的公民。绝对平等享有是指没有任何的区别对待地享有。生存权是指以生命权为基础,以人身自由与安全为前提,以保障最低生活水准为条件的生命存续的权利。也就是说,每个人的生命权、人身自由权、人身安全权和最低生活保障权方面,是绝对的平等的,是不因他们的出生、年龄、健康状况、财产状况、人格、身份、种族、民族等不同而存在任何区别对待的情形。这种平等是自然法赋予的,"从自然法的观点看,平等权是先于国家的、人类每个个体生而具有的权利,任何统治者都无权剥夺公民的平等权";[①]这种平等是适用于全人类的,不会因为国家不同而不相同。也就是说,全世界范围内都要尊重生命、自由与安全,对处于贫困生活的人都要给予物质帮助,给予生命的关怀与关爱。同时,不能任意剥夺他人的生命、自由与安全。这样的绝对平等应当是世界认同的。总之,每个人在生命价值和尊严上,是绝对平等的。而且有些标准已经作为国际标准提出来了。例如,国际人权组织对世界各国制定了最低生活水准权,即每人每天不低于 1.25 美元。尽管目前许多国家做不到,但是这表明,在生存权的

---

① 王广辉:《宪法》,中国政法大学出版社 2010 年版,第 264 页。

享有上应当是绝对的平等。当然,也有些可以做到的平等,却被国家法律制度所破坏。例如,过去我国对因为航空或道路交通事故而产生的人身损害赔偿案件处理,采用了区别对待原则,即:对外国旅客和本国旅客,以及对城市居民与农村居民的赔偿金额上的区别对待,这是违反人权法平等权的规定的。

2. 平等权是每个人依法平等享有法定权利和承担法定义务。这是实在法意义上的平等权。"实在法意义上的平等权是指公民依法平等地享有权利,不受任何差别对待,要求国家给予同等保护的权利与原则。"①这里的平等权是相对的:第一,这里的每个人是指某国的公民。公民享有平等权是相对的。因为除了公民的生命与人的尊严平等权是绝对的平等权以外,公民的政治、经济方面的平等权,只能依靠国内法来确认和保障。因而相对的平等权规范生存权的法则,应当以自然法则为基础,以国际人权法为保障的具有全世界共同适用的法则。第二,这里的"依法"主要是指依国内法,即遵守国内法的法律面前人人平等原则。除了自然权利是自然状态所享有的权利外,社会权利必须由国家法律制定或认可。因此,具体保障平等权的责任要由国内人权法来承担。第三,平等权是平等享有权利与平等承担义务的结合。享有平等权的主体主要是个人,每一个人在享有权利的同时,应当承担相对的义务。在人权法上的个人义务是让渡部分的自由权,换取参与国家政权管理的权利。第四,由于各国政治、经济、文化等方面发展水平的不同,决定了各国之间的法定权利是不相同的。各国根据本国的情况制定法律给予每个公民的平等权是不相同的。例如,由于各国的经济发展水平不同,相同的劳动所获得的报酬是不相同的。又如,各国根据本国的实际情况制定了九年义务教育或十二年义务教育。再如,各国政治制度的不同,公民所享有的民主权利内容也不相同。

3. 人权法承认合理的差别。有的学者这样认识平等权:"我们认为对平等权的含义可作这样的理解:从人人生而平等的思想这一层面理解,平等权是指每个人的人格价值是平等的,在法律面前,任何人不得因性别、出身、民族、宗教、信仰、财产状况等先天的或现实生活中的经济、社会的具体地位与生活状况的不同而受到差别待遇,任何人亦不得享有特权,或受到特别的不利的待遇。但是,从每个人的品行、能力等因素的层面理解,平等权并不意味着机会的绝对平等,而只是意味着享有机会的同等自由。"②英国《牛津法律大辞典》对法律上的平等是这样认为的:"平等在法律用语中有多种用法。最一般的用法是指以下原则:法律规则应该同等地适用于社会中进行有关活动的所有成员,而且除非有充足和明显的理由,任何人不得被豁免或区别对待。但是,大多数的法律制度(如果不是全部的话)都承认,在特别情况下,一些特权和豁免是正当的。"③从规范上讲,平等是指在利益方面或无利益方面都没有差别,但并不意味着绝对平等,而是

---

① 韩大元:《宪法学基础理论》,中国政法大学出版社 2008 年版,第 250 页。
② 南京大学法学院编:《人权法学》,科学出版社 2005 年版,第 158 页。
③ [英]戴维·M. 沃克主编:《牛津法律大辞典》,北京社科研究所译,光明日报出版社 1988 年版,第 303 页。

禁止根据不合理的理由而进行差别对待。① 平等权的相对性要求禁止不合理的差别,而合理的差别具有合宪性,是被允许的。同时,平等权是机会平等而不是结果平等,反对平均主义。

(三)平等权的意义

平等权作为人权法中的重要的普遍性意义的权利,属于生存权的范畴,是基本人权之一。同时,它是人权法律制度的重要基石,是其他人权实现的前提和保证。

1.平等权应当属于生存权范畴,是最基本的人权之一。② 按照西方人权启蒙思想家的理论,平等权是自然权利的组成部分。自然权利是基于自然状态下所享有的权利,这种权利是以生命为基础,以自由、平等、安全为保障的权利。没有平等作为保障,就会出现生物体的人与社会属性的人格相分离,即人就会丧失法律人格,就可能沦落为奴隶,成为会说话的工具。

随着自然权利向社会契约论的演变,平等权就成为"天赋人权"理论的重要思想。所以说,人人生而自由、平等是自然权利和"天赋人权"题中应有之义。资产阶级民主革命的先驱们,正是高举这样的争取平等权作为一项基本人权的大旗,把它作为反封建专制特权、反君权神权的政治纲领。当资产阶级革命取得胜利后,资产阶级民主革命的先驱们将平等权写入了国内人权法。例如美国《独立宣言》,以资产阶级政治纲领的形式宣布"人人生而平等"。法国《人权和公民权宣言》所宣布的第1条权利就是"自由平等"。平等权作为基本人权的观念,也被国际社会所接受。1948年12月10日,联合国大会通过的第一个国际人权文件——《世界人权宣言》,向世界重申:"鉴于对人类家庭所有成员的固有的尊严及其平等的和不移的权利的承认,乃是世界自由、正义与和平的基础。"同时,第1条明确规定"人人生而自由,在尊严和权利上一律平等"。

2.平等权理论是人权法律制度的重要基石。在人权理论产生之初,平等、自由思想就渐渐成为人权的理论基础。人权理论是从自然法则演绎而来的,自然法则中的自然权利包含了人生而平等的思想萌芽,正是由于平等观念的思想萌芽,促成了人类自然平等的人权观念与原则的大树成长。持有这种思想的代表人物是古罗马人权思想家西塞罗。他以永恒的普遍的自然法则为前提,演绎了人类自然平等的人权观念。之后,随着文艺复兴运动的开始,人权启蒙运动的思想家们倡导了"天赋人权",主张"人类天生都

---

① [日]三浦隆著:《实践宪法学》,李力、白云海译,中国人民公安大学出版社2002年版,第104页。

② 从人权理论上讲,平等权应当是自然人享有的权利,是生存权的重要组成部分,应当放在生存权部分加以介绍。国际人权法也是这样规定的:"人人生而平等。"考虑到人类社会的现实,平等权主要是基于本国公民之间的比较而形成的权利。所以,我把平等权放在民主权利部分介绍,即希望平等权首先能在一国范围内有效实施,这就令人满意了。当然,不排除在全人类实现平等的可能,那是世界人民所希望的但又是很难实现的理想。就人权法而言,平等权是每个人在生命价值和尊严上享有绝对的平等,就民主权而言,平等权是法律制度确定的无差别的待遇。

是自由平等和独立的"等理论,对后世人权理念的发展产生了深远的影响。① 我国不少学者认同这样的观点,有的认为,"平等与禁止歧视原则是现代人权法的支柱性原则。"② 还有的学者认为:"给人以平等是人权的基础,是否具有平等意识是检验一种权利理论是否具有人权精神的首要标准。人权理论就是彻底的平权理论,人权主体理论首先是关于人人平等的理论。"③ 平等权作为人权法的重要权利,除了《世界人权宣言》明确规定以外,1966年通过的《公民权利和政治权利国际公约》以及《经济、社会和文化权利国际公约》这两部重要的国际人权文件,同样明确规定了平等权是一项基本人权。

3. 平等权是其他人权实现的前提和保证。人人平等和不受歧视,是实现和尊重其他各项人权的前提。"平等权是基本权利体系的一种,同时也是实现政治权利、经济权利、社会权利与文化权利的手段,为这些权利的实现提供了基础与环境。"④ 只有人人享有平等权,即不受歧视地平等对待,确保法律人格的平等,其他人权才能得到实现。例如,财产权、人身自由权、人身安全权、工作权、受教育权、民主权与政治权等权利才能实现。不享有平等权的人,是不具有独立人格的人,是依附于他人人格下的生物体,也就不是人权法意义上的人。这样的人,其人权是不复存在的,没有人权可言。没有平等也就没有自由。我国人权学者认为:自由与平等犹如人类的双翼,共同刻画着人类由野蛮而文明的方向与轨迹。平等权与自由权是通过思想的互证而确立的。没有人人自由,就不可能有人人平等。反之,没有人人平等,就不可能有人人自由。自由的真正实现有赖于平等的社会构造,平等是自由得以证成和实现的前提条件。⑤ 认识平等权的作用与意义时,应当看到平等权与自由权之间的相互关系,平等权是自由权实现的基本保证。

4. 平等权是保障社会稳定的利器。从人权法角度看平等权,平等权是自然法赋予的经国家法律确认和保障的基本人权,也是人权法和国家宪法必须遵循的法治原则。人权法赋予人的平等权是实现生命平等的重要保障。当人的生命权可以处于不平等地位的时候,那么奴隶制度、奴役人的行为就会产生。另一方面,平等权除了保障生命权平等之外,重要的功能是保障社会的机会平等与结果平等。平等的要义是不能区别对待,这是我国传统思想用权利方式表现出来的一种表达方式。中国传统文化中有"达则兼济天下"、"抚困济贫"、"不患寡而患不公"的传统思想。这些思想反映了平等权的内涵。社会不公是造成社会不稳定的重要因素。因此,国际人权法和国内人权法对平等权的保护给予高度的重视。

---

① 杨成铭主编:《人权法学》,中国方正出版社2004年版,第55~56页。
② 朱晓青、柳华文:《〈公民权利和政治权利国际公约〉及其实施机制》,中国社会科学出版社2003年版,第73页。
③ 徐显明主编:《人权研究》(第一卷),山东人民出版社2001年版,第3页。
④ 王广辉主编:《宪法》,中国政法大学出版社2010年版,第265页。
⑤ 徐显明主编:《人权研究》(第二卷),山东人民出版社2002年版,第165~166页。

二、平等权的特征

平等权具有以下方面的特征：

1. 平等权是一项综合性人权。平等权的内容涉及各项具体人权，它既是生存权的重要组成部分，又是民主权的重要组成部分。同时，它还涉及其他各项人权。例如，发展权中的工作权、受教育权、环境权涉及平等问题；民主权中的公民权利、自由权和政治权也涉及平等问题。可以说，平等权涵盖了政治、经济、社会和文化权利的方方面面，是一项名副其实的综合性人权。平等权的精神渗透到具体各项人权中，深深地影响着其他各项人权的有效实现。平等权作为一项基本人权，它并没有自身的具体内容，是通过各项其他人权来体现它的内容的。平等权只在权利主体行使权利时才可能体现出它的价值，没有其他具体权利的存在，平等权就无法表现。因此，从某种意义上讲，平等权体现了一种价值取向和价值追求。因而，有人说平等权是一项原则，也有人说平等权是一项制度，最后平等权才是一项权利。

2. 平等权是具有普遍性的权利。实现平等权是带有普遍性的问题，属基本人权问题。首先，平等权的理论基础是人人生而平等。每个人基于出生就应当享有平等权。所以平等权毫无例外地适用于每一个人。其次，平等权涵盖了政治、经济、社会和文化权利的方方面面，在对各项人权进行保护的时候，平等权就是一个评判的标准。再次，平等权的适用具有普遍性的特征。这是平等权不同于其他人权的重要内容。例如，人身自由权主要包括人的行动自由、住宅自由和通讯秘密自由等，不包括属于政治自由范围的言论自由、出版自由、结社自由等权利。受教育权属于文化权的范畴，主要包括入学与升学权、接受知识权、取得学历证书权等内容，但不包括保护知识产权、文化创造与欣赏权等内容。可是平等权却是普遍适用于各项人权。不论是人身自由，还是政治自由，不论是受教育权，还是知识产权保护等等方方面面的人权，都会涉及与适用到平等权。最后，从世界范围看，平等权同样适用于发展中国家或者发达国家。目前，就世界范围看，平等权都还远未实现，特别是政治上和经济上的平等权，都远未达到《联合国宪章》《世界人权宣言》和其他国际人权文件的要求。世界范围内存在的政治上和经济上的不平等，不仅影响公民权利和政治权利，以及经济、社会和文化权利的行使，而且还直接影响人民和民族的生存和发展。因此，平等权问题是全世界面临的一个带有普遍性的问题，实属基本人权问题。[①]

3. 平等权的实现是以不歧视为前提。不歧视和平等权保护是一个问题的两个方面。不歧视即禁止歧视原则，是实施平等权的前提。歧视行为的存在必然会影响平等权的实现，所以禁止歧视原则是人权法的重要原则。禁止歧视是《联合国宪章》和《世界人权宣言》所确立的人权法保护人权的重要原则。《联合国宪章》规定："重申基本人权、人格尊严与价值，以及男女与大小各国平等权利之信念，促成国际合作，且不分种族、性

---

① 董云虎主编：《从国际法看人权》，新华出版社1998年版，第145页。

别、语言或宗教等差别。"这一规定是国际人权法首次提出的禁止歧视原则,也是为了应对德国纳粹实施的系统性的歧视而建立起来的人权法的原则。此后,《世界人权宣言》扩展了禁止歧视的范围。该宣言第 2 条规定:"人人有资格享受本宣言所载的一切权利和自由,不分种族、肤色、性别、语言、宗教、政治或其他见解、国籍或社会出身、财产、出生或其他身份等任何区别。"第 7 条进一步规定:"人人有权享受平等保护,以免受违反本宣言的任何歧视行为以及煽动这种歧视的任何行为之害。"接着,《公民权利和政治权利国际公约》第 26 条将禁止歧视原则作为平等人权的一部分,它成为适用于所有人权的一项原则。只有禁止歧视原则得到有效实施,平等权才能有效实现。歧视行为的存在必然导致平等的现象存在。因此,平等权的实现是以不歧视作为前提条件的。另外,平等权不是要求绝对的公平,也不是要求做到平均主义,其基本要求是"相同情形给予相同的待遇,不同的情形给予不同待遇",这是实现平等权的基本要求。人人平等地、不受歧视地享有各项人权,成为国际人权文件的普遍原则,也成为各国国内人权立法的示范。

三、平等权的内容

平等权具有普遍性和原则性的特征,适用于政治、经济、文化等各个领域,内容相当广泛。例如,适用平等原则方面包括:法律面前人人平等、社会平等、男女平等、民族平等、政治平等、经济平等、受教育平等、家庭平等、人格平等、宗教平等等内容;具体适用平等权方面还包括:就业平等、入学平等、分数面前人人平等、选举权与被选举权平等等内容。我国现有的《人权法》教材,多采用《宪法》教材的平等权内容,主要是在以下几方面介绍平等权:民族平等、男女平等、政治平等、经济平等、社会平等。① 这些平等权的实现都具有重要的现实意义。但是,可以清楚看到,学者们是从实在法——宪法学的角度去研究和思考平等权,而没有从人权法的角度去思考和研究平等权,所以不能揭示人权法平等权利的精神实质,不能反映人权法的平等权性质。

笔者认为,人权法的平等权与宪法确认的平等权具有一定的区别。人权法的平等权是以生命平等为核心,生存平等为前提,实现发展权、文化权、政治权和追求幸福权的平等。人权法中的平等,不仅人人生而平等,而且在享有权利、适用法律、制定法律和社会地位等方面都应当是平等的。同时,人权法的平等权,不仅是具体的法律权利,也是一项综合的法律权利,还是一项法律原则。人权法追求的平等,不仅追求法律平等,也追求事实平等,不仅追求形式平等,也追求实质平等。人权法的平等权利理想的平等,是追求人类最崇高的平等。人权法的平等权有些已经写入宪法,有些还没有被写入。

---

① 南京大学法学院编的《人权法学》的平等权主要包括民族平等、男女平等、政治平等;杨成铭主编的《人权法学》教材的平等权主要包括民族平等、男女平等、政治平等、经济平等权;李步云主编的《人权法学》的平等权也包括四个方面内容——民族平等、男女平等、经济平等权、政治平等,只是排列上有所不同。上述教材分别由科学出版社 2005 年出版、中国方正出版社 2005 年出版和高等教育出版社 2006 年出版。

例如,生存权的平等、发展权的平等、追求幸福的平等等内容都没有被写入宪法。宪法确认的平等权是受经济、政治、文化等诸多因素影响的平等权,是不完整的平等权。例如长期以来我国宪法赋予城乡居民的选举权就是实行区别对待的。人权法的平等权主要包括生命平等权、生存平等权、发展平等权和政治平等权等内容。

(一)生命平等权

生命平等权是指每个人基于出生而享有不受区别对待的生命权利。不受区别对待生命是指每一个人的生命就享有相同的尊严和生命安全不受侵犯。生命平等权是所有平等权的源泉,是人类社会平等的起源,是人权法的理论基石。人权理论的思想萌芽开始于自然权利的运用。自然权利是指人在出生的自然状态下所应当享有的包括生命、健康、身体完整、自由、平等、尊严在内的权利。这些权利在自然法则中是固有的、不可转让的权利;在实在法中,是非经法定理由和程序不能任意剥夺的权利。回顾人类的发展史,正是由于西方人权思想革命家们,高高举起了生命平等权的大旗,以此对抗黑暗的奴隶制度,反抗残酷的奴役人的行为,引领世界各国人民迈步走向人类社会文明。如果没有生命平等权的理论存在,也就没有消灭奴隶制度的理论武器,也就没有人权理论和人权法的诞生。因此,世界第一部人权法——美国的《独立宣言》明确规定,人人生而平等。

生命平等权是基于人出生的自然状态所应当享有的权利,是不受国籍影响的自然权利。也就是说,生命平等权不受国籍影响,不论是否本国公民,只要有生命诞生,生命平等权就存在了。只要是基于人的出生的行为,生命权自然受到平等保护。生命权平等保护的最基本要求是,人的生命不受非法侵害。保护胎儿就是保护人类的生命,保护儿童就是保护人类的未来,这是全人类的共识。即使是非法入境的人员,其生育的生命也是自由、平等的,不仅不能剥夺其生命,而且也不能剥夺其自由。在保护生命平等权方面,采用出生地主义取得国籍的国家和地区做得比较好,例如美国、香港地区等。这些国家和地区都是采用出生地主义给予自然人的国籍,让新出生的生命当然地享有与本国或本地区的新生命相同的平等权和相同的待遇。不会因为其父母的国籍或其他行为影响新生命的平等权。当然,没有采用出生地主义确认国籍的国家,绝对不能对不具有本国国籍的新生命进行侵害,只是在给予新生命的社会福利上有所区别,这是生存平等权或发展平等权上的区别对待。

根据人权法的理论,生命权开始于母体腹中的胎儿。因此,保护胎儿的生命权应当属于人权法的范围。目前,对胎儿生命权的侵犯行为是存在的。例如,从公权力讲,实行计划生育的国家,经常以计划生育为由,对怀孕的妇女强行堕胎,严重侵犯了胎儿的生命权。从私权利讲,由于受"重男轻女"的封建思想影响,很多父母通过胎儿鉴别方式事先知悉胎儿的性别,当得知是女婴时,采取人工手段进行堕胎或流产,导致胎儿生命的结束。

在生命权平等方面,我国曾经存在生命的歧视问题,反映在法律制度上就是相同的生命不同的赔偿,俗称"同命不同价"。"同命不同价"的法律依据是最高人民法院的一项司法解释：2003年最高人民法院发布的《关于审理人身损害赔偿案件适用法律若干问题的解释》。解释的理论依据来源于我国的城乡二元结构，即城市居民与农村居民的赔偿根据城乡的收入差距加以区别对待。此项解释受到各方面的质疑。庆幸的是新颁布的《侵权责任法》第17条对"同命不同价"的生命歧视问题进行了纠正，规定："因同一侵权行为造成多人死亡的，可以以相同数额确定死亡赔偿金。"但是，该条规定用的是"可以"而不是"应当"，前者是任意性规范，还保留了实施"同命不同价"判决的可能性。因此，新出台的侵权责任法在解决"同命不同价"的问题上还不够彻底，存在值得探讨的地方。①

我们所说的生命平等权是局限于同一国家的生命平等权。因为生命权保护也受到各国的国籍影响。例如，2010年，我国对身处吉尔吉斯斯坦国的遇困公民的救助行为，都只限于国家对本国公民的救助，且是国家义务的救助。而国家对其他国家公民的救助只是限于人道的义务，没有法律义务。

（二）生存平等权

生存平等权是指无区别地对待每个人的人身自由与安全，在遇到生活困难的时候，国家保障每一个人享有最低生活水准的保障权利。生存平等权涉及人身自由平等权、人身安全平等权以及每个人享有最低生活水准的保障权利。人身自由平等权是指国家应当无区别地对待每一个人的人身自由，应当给予每一个人同等的包括人身移动自由、人身住宅自由与通信秘密自由在内的权利保护。人身安全平等权是指每个人享有无区别地对待的身体完整与身体健康的保护权利。身体权是指公民维护其身体完全并支配其躯体、器官和其他身体组织的具体人格权。健康权是指公民以其机体生理机能正常运作和功能完善发挥，以维持人体生命活动的利益为内容的人格权。每个人享有平等的人身自由与安全权，是生存平等权的重要环节。最低生活水准权是指人均收入低于当地政府公告的最低生活标准的社会成员，可以要求国家给予一定现金资助或物质资助的权利。生存平等权的重点是保障最低生活水准处于相同的水平上。2009年，中国政府将威胁人的生存的贫困线规定在人均年收入1196元。也就是说，凡是平均每天每人收入不足人民币3.27元的人，都可以得到国家救济，以保证其生存所具备的最低物质保障。2015年，中国政府将威胁人的生存的贫困线规定在人均年收入2300元，也就是说，凡是平均每天每人收入不足人民币6.6元的人，可以得到国家救济，以保证其生存所具备的最低物质保障。最低生活水准权是对生命延续权的保障。生命延续权是以生命权为基础，以人身自由与安全为前提，以保障最低生活水准为条件的生命存续的权利。

（三）发展平等权

发展平等权是指个人能够无区别地参与政治、经济、社会和文化的活动并公平享有

---

① "同命不同价"的内容还可以参见第三章生存权中的第二节生命权部分。

社会进步所产生的利益的权利。从人权法的角度说,发展权的性质属于集体人权。集体人权属于第三代人权概念范畴,是以集体人权为核心内容的人权概念,具体包括民族自决权、发展权、独立权、环境权、和平与安全权和享有人类共同继承的遗产权等。因此,广义地说,发展平等权应当包括平等地享有民族自决权、独立权、环境权、和平与安全权。狭义地说,发展权主要包括平等地享有工作权、受教育权、社会保障权和环境权。具体地说,在就业享有权、工作岗位的取得权、受教育权,以及失业保险、工伤医疗保险、养老保险等社会保障权的享有上都应当一视同仁,平等对待。

发展平等权的基本要求是必须坚持基本的社会平等,即人人应该得到尊重而不应由于性别、年龄、学历、出身、身体、种族或其他个人因素而受歧视或侮辱。人人有权获得相同的发展机会和维持最低生活保障标准的收入,接受与他人相同的服务,能够获得国家提供的社会平均标准的医疗、教育、住房待遇等等。这些都是有关人的生存、发展和尊严的事情,必须成为一个文明社会优先关注的问题。同时,我们强调不需要在一切事情上强制实施一种僵硬的平均主义,社会发展可以根据个人的能力的区别给予不同的待遇,但是不能因为出生或者因为制度设计造成人与人之间的区别对待。

目前,我国在用工平等权、受教育平等权上都存在歧视待遇问题。例如,蒋韬身高受歧视案,此案被称为"中国法院受理的宪法平等权利的第一案"①。再如,青岛考生诉教育部关于受教育的平等权案。② 此案揭示了我国高考存在区域性的差别待遇或存在

---

① 2001年12月23日,中国人民银行成都分行在《成都商报》上公布《中国人民银行成都分行招录行员启事》,其中"招录对象"规定:"2002年普通高等院校全日制应届毕业生具有大学本科及以上学历的经济、金融、计算机、法律、人力资源管理、外语等专业的学生。男性身高在168厘米、女性身高在155厘米以上,生源地不限。"当时是四川大学法学院1998级的学生蒋韬,看到招录行员启事后,认为成都分行的身高规定是一项身高歧视的规定,侵犯了自己享有的宪法赋予的担任国家公职的平等权。为此,蒋韬作为原告将成都分行告上法庭。2002年5月5日,成都市武侯区人民法院作出判决:驳回蒋韬的起诉。理由:一是成都分行招录行员的行为不属于行政行为,依法不属于行政诉讼的主管范围;二是被告的行为实际上并未给原告及其他相对人报名应试的权利造成损害。认为,该行为的效力只有在招录行员的报名期间即"2002年1月11日至17日"这期间才产生。而被告成都分行在该行为产生效力之前就已自行修改了《招行员启事》内容,撤销了对招录对象的身高条件规定,消除了该行为对外部可能产生的法律后果和对相对人的权利义务产生的实际影响。原告蒋韬所称的侵权事实是尚未发生的事实,不具有可诉性。还有2009年的"基因歧视第一案"当事人的诉讼也没有得到支持。2009年4月,周某、谢某、唐某参加佛山市公务员考试,在各自报考的部门里,笔试和面试总分名列第一或第二名。三人在公务员体检中,被认定为地中海贫血基因携带者。根据《公务员录用体检通用标准(试行)》,血液病患者不得录用。三人因此不被录用而向法院起诉,经一审和二审开庭后,最后还是败诉。

② 青岛两考生参加高考之后,因不满全国高考录取根据地域区别分数线,向最高人民法院提起行政诉讼,状告教育部,主张自己的平等受教育权受到侵犯。最高人民法院以原《行政诉讼法》第14条第2项规定的中级人民法院管辖"对国务院各部门或者省、自治区、直辖市人民政府所作的具体行政行为提起诉讼的案件"为由,驳回了原告的起诉。随后原告方并未再向北京市中级人民法院起诉,称其起诉的目的已经达到。中国宪法网:http://61.145.119.78:8082/shcw.aspx?id=191&cid=62,访问日期:2010年11月10日。

高考入学标准不统一的问题。总之,我国在高校招生、公务员录用、军队招收地方学生等工作中都存在政策歧视问题。

(四)政治平等权

政治平等权是指无区别地享有政治权利,或者说平等地拥有政治权利。具体地说,它是指平等地发表政治意见,平等地参与国家事务的管理,平等地行使选举权与被选举权。法律确认和保障政治平等权有利于社会实现"机会平等与结果平等"的有机结合。特别是在政治权利中确认和保障平等权,有利于实现"一切权力属于人民"的民主权利;有助于公民平等地行使民主权利与平等地履行义务,反对特权与官僚主义,消除腐败现象;有助于正确处理公民权利与国家权力的相互关系,正确认识国家权力来源公民权利,公民权利可以制约国家权力,使两者处于授权与管理,制约与执行的平衡状态,以强化国家主权的合法性和服务性。充分实现平等权是建立社会主义法治国家的必然要求和体现,是人权得到充分保障的重要标志。2010年3月之前,我国政治平等权的主要问题是,城乡之间的代表选举比例存在歧视性的立法,即立法上承认城乡居民之间的政治权利不平等问题。1996年的《选举法》规定,按4比1的比例选举农村与城市的人大代表。这是在立法上承认选民之间的"差等投票制",即投票效力的不平等。这种不平等一直沿袭到2010年3月。值得让人高兴的是,2010年3月,国家立法机关从立法层面消除了这种不平等问题。新的《选举法》规定,按1比1的比例选举农村与城市代表,体现了当代的政治选举平等权的精神,立法上消除了"选票价值的不平等"的现象。新《选举法》第16条规定:"全国人民代表大会代表名额,由全国人民代表大会常务委员会根据各省、自治区、直辖市的人口数,按照每一代表所代表的城乡人口数相同的原则,以及保证各地区、各民族、各方面都有适当数量代表的要求进行分配。"

四、平等权的实现

我国宪法规定的平等权主要包括,民族平等权、男女平等权、政治平等权和经济平等权。民族平等权问题,事实上是关于少数民族权利的保护问题。在国际社会,民族平等权是与民族独立、民族解放、民族自决权相联系的。在一国范围内,特别是在一个多民族共存的国家里,民族平等权则是指一个国家内部民族与民族之间的地位问题。在世界各国,除少数几个国家外,绝大多数国家都是由多民族组成的。我国的民族平等权的主要问题是在政治上给予少数民族自治权、平等选举权;在经济上给予少数民族政策上的倾斜,帮助他们加快经济发展。同时,民族平等权也属于集体人权范畴,可以在集体人权中加以论述。经济平等权是从法律上承认人人享有获取社会财富的同等机会的权利,其目的是在市场经济条件下激励公民积极地创造财富。经济平等权包括劳动就业平等权、市场交易平等权、分配平等权和经济决策平等权等,其内容会随着社会的发展而发展。经济平等权保障方面,对财产权的保护具有重要作用,财产权是直接影响经济平等权实现的经济保证。目前,实现平等权应当重点解决的是男女平等权、政治平等权、城乡之间的平等权问题。

（一）男女平等权

男女平等权是各国解决人权问题所遇到的重要问题。1975年联合国在国际妇女世界会议上通过的《关于妇女的平等地位和她们对发展与和平的贡献的墨西哥宣言》中指出，男女平等是指"男女的人格尊严和价值的平等以及男女权利、机会和责任的平等"。① 具体要说，男女平等权是指公民不分性别，在政治的、经济的、社会的和文化的等一切领域内依法享有同等的权利，不因任何外在或内在差别而予以区别对待。② 解决男女平等权的核心内容，是如何消除在各个领域里对妇女的歧视，保障妇女人权。有学者指出："男女平等最根本的原则就是不得歧视妇女。"③当今世界，男女不平等是客观存在的事实。"环顾世界，各国各地区妇女发展水平仍然不平衡，男女权利、机会、资源分配仍然不平等，社会对妇女潜能、才干、贡献的认识仍然不充分。现在全球8亿贫困人口中，一半以上是妇女。"时至今日，针对妇女的各种形式歧视依然存在，虐待甚至摧残妇女的事情时有发生。"④

研究男女平等权的意义在于两方面：一是重申人人生而平等的人权价值理念。作为人，不因其性别的差异而导致其人格尊严和价值上的差异并导致不平等性。因此，所有的人，不分男与女都应当享有平等权利。二是妇女自身身体结构和生理机能的特点，导致妇女成为社会的弱势群体。当人权体系以性别区分的话，男女平等被视为一种最高原则，甚至成为衡量妇女人权实现的标尺，成为一种奋斗目标。有学者说，男女平等是'妇女人权的核心与灵魂"。⑤

分析国际人权法以及各国立法，男女平等权保护的内容，可以归纳为两个方面：一是妇女与男子享有平等的人权待遇。《联合国宪章》重申了对基本人权、人格尊严与价值以及男女平等权利的信念。《世界人权宣言》申明了不容歧视的原则，在享受该宣言所载权利和自由方面，不得有任何区别。1966年的《公民权利与政治权利国际公约》和《经济、社会与文化国际公约》都在第3条分别规定了缔约各国承担保证男子和妇女在本公约所载一切经济、社会及文化权利方面和本公约所载一切公民权和政治权方面享有平等的权利。二是确立对妇女权利实行特殊保护原则。这主要是考虑妇女自身身体结构和生理机能的特点。男女平等的核心内容是：消除在各个领域里对妇女的歧视。

1. 国际人权法对妇女权利实行特殊保护。考虑到歧视妇女的现象仍然普遍存在，为保障妇女的权利，联合国主持制定了一系列的专门的国际人权文件，对妇女权利实行

---

① 参见董云虎主编：《中国的妇女人权》，四川人民出版社1995年版，第11页。
② 南京大学法学院编：《人权法学》，科学出版社2005年版，第169页。
③ 董云虎主编、富学哲著：《从国际法看人权》，新华出版社1998年版，第137页。
④ 2015年9月27日《促进妇女全面发展 共建共享美好世界——习近平在全球妇女峰会上的讲话》。
⑤ 孙萍著：《妇女人权实现障碍研究》，参见徐显明：《人权研究》（第一卷），山东人民出版社2001年版，第466页。

特殊保护。这些文件主要有：1949年《禁止贩卖人口及取缔意图营利使人卖淫的公约》、1952年《妇女政治权利公约》、1956年《废止奴隶制、奴隶贩卖及类似奴隶制度与习俗补充公约》、1957年《已婚妇女国籍公约》、1962年《关于婚姻的同意、结婚最低年龄及婚姻登记的公约》、1967年《消除对妇女歧视宣言》、1979年全面保障妇女平等权的《消除对妇女一切形式的歧视的公约》、1993年世界人权大会《维也纳宣言和行动纲领》、1994年国际人口与发展会议文件及1995年联合国第四次世界妇女大会《妇女北京宣言》和《妇女北京行动纲领》等。《妇女北京行动纲领》提出了三大战略目标：通过充分执行所有人权文书，尤其执行《消除对妇女一切形式的歧视的公约》，促进和保护妇女的人权；确保法律面前和实际上人人平等和不受歧视；普及法律知识。在上述相关国际人权文件中，最重要的是1979年《消除对妇女一切形式的歧视的公约》和《妇女北京宣言》及《妇女北京行动纲领》。这三个文件较为全面、具体地阐明了妇女的各项权利，并分别详细制定了国际机构、国家、非政府组织等在执行公约上的职责。

2. 国内人权法对对妇女权利实行特殊保护。我国政府在建国初期就十分重视妇女权益保护工作。长期以来，我国政府在全面致力于男女平等、保护妇女人权和消除男女差别、反对歧视妇女等方面，不论是在立法层面上，还是在执法层面上都做了大量工作。1949年召开的中国人民政治协商会议第一届全体会议上通过的具有临时宪法性质的《共同纲领》庄严宣布，废除束缚妇女的封建制度，妇女在政治、经济、文化教育和社会生活各个方面均享有与男子平等的权利。1950年的《婚姻法》明确宣布：废除包办强迫、男尊女卑、漠视子女利益的封建主义婚姻制度，实行男女婚姻自由、一夫一妻、男女平等、保护妇女和子女合法利益的新的婚姻制度，使中国社会几千年的婚姻家庭生活发生了深刻的变革。婚姻法颁布后，全国开展了大规模的宣传和贯彻婚姻法的群众运动，妇女基本实现了婚姻自由。1953年的《选举法》规定，妇女享有与男子同等的选举权和被选举权，使妇女不仅在法律上而且在事实上开始参与国家和社会事务的管理。随后的土地改革运动，"按人口分配土地"的原则，使广大农村妇女与男子一样分得了土地，成为土地的主人，从根本上改变了男女经济不平等的状态。

目前，男女平等是一项宪法规定的基本权利。我国《宪法》第48条第1款规定："中华人民共和国妇女在政治的、经济的、文化的、社会的和家庭的生活等各方面享有同男子平等的权利。""国家保护妇女的权利和利益，实行男女同工同酬，培养和选拔妇女干部。"

根据《宪法》的规定，国家制定了相关保护妇女平等权的法律法规。我国已经形成以《宪法》为基础，以《妇女权益保障法》为主体，以《婚姻法》保障妇女婚姻平等权利，以《选举法》保障政治平等权利，以《继承法》保障平等继承权利，以《劳动法》保障平等劳动权利，以《刑法》保障孕妇和胎儿的生命权利，等各种单行法律、行政法规、地方性法规和政府部门规章在内的一整套保护妇女权益和促进男女平等的法律体系。特别是《妇女权益保障法》全面地、系统地规定了妇女在政治、经济、文化、社会和家庭生活等方面享有同男子平等的权利。

同时，我国政府还分别于1995年、2001年和2011年发布了《中国妇女发展纲要》，以改善我国妇女生存与发展的社会环境,维护妇女的合法权益,加速男女平等的进程,保护妇女权益。① 经过10年多的积极努力,以及得到包括非政府组织在内的社会力量的支持,国家贯彻实施《中国妇女发展纲要》的主要目标基本得到实现,为21世纪的妇女发展奠定了良好的基础。《中国妇女发展纲要》的实施加速了男女平等的进程,妇女在政治、经济、教育、健康等各个领域取得了全面进步。

3. 实现男女平等的目标与任务。2001年的《中国妇女发展纲要》提出:"贯彻男女平等的基本国策,推动妇女充分参与经济和社会发展,使男女平等在政治、经济、文化、社会和家庭生活等领域进一步得到实现。"2011年的《中国妇女发展纲要(2011—2020年)》也指出,实行男女平等是国家的基本国策,男女平等的实现程度是衡量社会文明进步的重要标志。根据《中国妇女发展纲要(2001—2010年)》和《中国妇女发展纲要(2011—2020年)》的要求,我国实现男女平等的重点目标与任务主要包括以下几方面:一是经济方面。保障妇女获得经济资源的平等权利和机会。消除就业性别歧视,实现男女平等就业,保障妇女劳动权利,妇女从业人员占从业人员总数的比例保持在40%以上。城镇单位女性从业人数逐步增长。技能劳动者中的女性比例提高。高级专业技术人员中的女性比例达到35%。妇女享有与男子平等的社会保障权利。城镇职工生育保险覆盖面达到90%以上。二是政治方面。提高妇女参与国家和社会事务的管理及决策水平。提高妇女参与行政管理的比例。女干部占干部队伍总数的比例逐步提高。女性较集中的部门、行业管理层中的女性比例与女职工比例相适应。《国家人权行动计划(2012—2015年)》提出:省、市两级人大、政府、政协领导成员和县级政府领导成员中各配备1名以上的女性。村委会成员中女性比例达到30%以上。村委会主任中女性比例达到10%以上。居委会成员中女性比例保持在50%左右。《国家人权行动计划(2016—2020年)》再次提出:逐步提高女性在各级人大代表、政协委员中的比例,以及在各级人大、政府、政协领导成员中的比例。到2020年,村民委员会成员中女性比例达30%以上,村民委员会主任中女性比例达10%以上,居民委员会成员中女性比例保持在50%左右。扩大妇女民主参与的渠道,提高妇女民主参与的水平。2010年3月,国家立法机关对我国《选举法》进行修订,其中将第6条第1款修改为:"全国人民代表大会和地方各级人民代表大会的代表应当具有广泛的代表性,应当有适当数量的基层代表,特别是工人、农民和知识分子代表;应当有适当数量的妇女代表,并逐步提高妇女代表的比例。"三是受教育方面。小学适龄女童的净入学率达到99%左右,小学5年巩固率提高到95%左右,杜绝小学适龄女童失学。初中女童毛入学率达到95%左右。高中阶段教育女性毛入学率达到75%左右,高等教育女性毛入学率达到15%左右。成人

---

① 1995年,我国政府制定和发布了《中国妇女发展纲要(1995—2000年)》;2001年,国务院又发布了《中国妇女发展纲要(2001—2010年)》;2011年我国政府再次发布《中国妇女发展纲要(2011—2020年)》。这些发展纲要是实行男女平等基本国策,保障妇女合法权益,优化妇女发展环境,提高妇女社会地位,推动妇女平等依法行使民主权利,平等参与经济社会发展,平等享有改革发展成果的指导性文件。

妇女识字率提高到85％以上,其中青壮年妇女识字率提高到95％左右。《中国妇女发展纲要(2011—2020年)》提出:学前三年毛入园率达到70％,女童平等接受学前教育。九年义务教育巩固率达到95％,女童平等接受九年义务教育,消除女童辍学现象。高中阶段教育毛入学率达到90％,女性平等接受高中阶段教育。高等教育毛入学率达到40％,女性平等接受高等教育,高等学校在校生中男女比例保持均衡。高等学校女性学课程普及程度提高。提高女性接受职业学校教育和职业培训的比例。主要劳动年龄人口中女性平均受教育年限达到11.2年。女性青壮年文盲率控制在2％以下。可见2011年的《中国妇女发展纲要(2011—2020年)》增加了学前三年毛入园率,提升了高中阶段教育毛入学率和高等教育毛入学率的指标,增加了主要劳动年龄人口中女性平均受教育年限达到11.2年,提高了女性青壮年文盲率控制在2％以下等指标。

(二)政治平等权利

1.政治平等权利的含义

政治平等权是指无区别地享有政治权利,或者说平等地拥有政治权利。什么是政治权利？不同的学者有不同的表述。目前,学者对政治权利的解释包括三层含义:一是狭义的政治权利。政治权利是指参与国家政权管理的权利。日本宪法学者称之为"参政权"或"政治参加的权利"。①"参政权"或"政治参加的权利"主要是指享有选举权与被选举权。二是中义的政治权利。《现代汉语词典》对政治权利的解释是:公民依法在政治上享有的权利,如选举权、被选举权和言论、出版、集会、结社、通信、人身、居住、迁徙、宗教信仰及游行、示威等自由。② 它表现为两种形式:一种是公民在国家政治生活中自由地发表意见,表达意愿的自由。通常表现为言论、出版、集会、结社、游行、示威自由,简称政治表达自由权。另一种是公民参与国家政权管理的活动,以选举权与被选举权方式参与国家政权管理。三是广义的政治权利。有的学者提出,政治权利应当在更广泛的范围内使用,应将政治权利宽泛地界定为"公民在宪法上所享有的一切政治性权利的总称",同时明确宪法学上的政治权利的具体类型,主要包括:选举权、被选举权以及政治表达自由,还包括其他各种政治参与的权利。例如公民拥有对国家机关及其工作人员的监督权以及各种形式的管理国家事务、管理经济和文化事业的管理权。③中义与广义的政治权利的概念,与民主权利概念是相近似的。民主权利是指公民在政治上享有的自由发表意见和参与国家政权管理的权利。

2.国际人权法的政治权利

根据国际人权法的文件,政治平等权是在狭义概念上使用的权利。国际人权法的政治平等权的内容主要体现在以下几个重要人权文件中:

(1)《世界人权宣言》第21条规定:①人人有直接或通过自由选择的代表参与治理

---

① 林来梵著:《从宪法规范到规范宪法》,法律出版社2001年版,第120页。
② 《现代汉语词典》(修订本),商务印书馆1996年版,第609页。
③ 林来梵著:《从宪法规范到规范宪法》,法律出版社2001年版,第120、123页。

本国的权利;②人人有平等机会参加本国公务的权利;③人民的意志是政府权力的基础。这一意志应以定期的和真正的选举予以表现,而选举应依据普遍和平等的投票权,并以不记名投票或相当的自由投票程序进行。

(2)《公民权利和政治权利国际公约》强调指出,按照《世界人权宣言》,只有在创造了使人人可以享有其公民权利和政治权利,正如享有其经济、社会和文化权利一样的条件的情况下,才能实现每一个人都享有公民权及政治自由和免于恐惧和匮乏的自由的理想。该公约第25条规定:每个公民应有下列权利和机会,不受第2条所述的区分和不受不合理的限制:①直接或通过自由选择的代表参与公共事务;②在真正的定期的选举中选举和被选举,这种选举应是普遍的和平等的并以无记名投票方式进行,以保证选举人的意志的自由表达;③在一般的平等的条件下,参加本国公务。以上规定的"不受第2条所述的区分和不受不合理的限制"的内容,是指享有政治权利应当遵循的平等原则和不歧视原则。因此,有学者认为国际人权法所确认的公民的政治权利主要包括:参与公共事务管理权、选举权和被选举权、平等担任公职权。① 有学者认为,这是狭义的政治权利,并且这些政治权利是赋予个人的政治权利,不包括集体政治权利。②

3. 选举权和被选举权的关系

选举权和被选举权是公民最基本的民主政治权利,是公民参加国家管理、行使国家权力的基本形式。选举权是指公民根据宪法和选举法的规定,享有选举国家代表机关代表和国家公职人员的权利。选举权不是宪法"认可"的权利,而是人民通过让渡部分自由权利后通过宪法"约定"产生的权利,是与人民主权联系最密切的权利。被选举权是指公民依法享有被选举为国家代表机关代表和国家公职人员的权利。现代民主国家,大多数是通过代议制来传承民意的,即经过人民民选的代表,组成代议机关,代表选民的利益行使国家权力,管理国家政治、经济和文化等事务。

平等选举权的基本含义是每个选民不分种族、肤色、性别、语言、宗教、政治或其他见解、国籍或社会出身、财产、出生或其他身份等,在每次选举中只享有一个投票权。而选民的资格,大多数国家的宪法或选举法都规定,除依照法律规定被剥夺政治权利的人以外,只要是达到一定年龄,都享有选举权。例如,我国年满18周岁的公民都有选举权和被选举权。③ 根据宪法的这一规定,我国公民除未满18周岁和被剥夺政治权利的人以外,在选举权上不存在不合理的差别。同时,为保证当选者具有相应的履职能力,享有被选举权的年龄要件一般要比享有选举权的年龄要件更为严格。我国法律也作了这样的规定。例如,我国一般的法定选举年龄和被选举年龄要件相同,均为年满18周岁。《宪法》之所以规定,年满18周岁的公民享有选举权和被选举权,是因为我国原《民法通则》及新《民法总则》都规定了18周岁的自然人才具有完全民事行为能力,享有政治权

---

① 南京大学法学院编:《人权法学》,科学出版社2005年版,第277页。
② 朱晓青、柳华文著:《〈公民权利和政治权利国际公约〉及其实施机制》,中国社会科学出版社2003年版,第100页。
③ 多数国家都将年龄确定为年满18周岁的公民,例如美国、法国、英国等国家。

利的公民应当是具有完全民事行为能力的人。再是,有学者认为,"对选民的年龄作出限制,目的是为了保障选民的真实选举意愿的自由表达,防止欺骗"。① 另外,对于特殊职位如国家主席、香港和澳门特别行政区的行政首长、法官等的候选人则有更严格的要求,如审判人员(法官)候选人必须年满23周岁、国家主席候选人必须年满45岁等。这种只承认成年人享有普遍的平等的选举权,并不违反平等权原则。它是根据选举权的特殊需要因"年龄上的差异所采取的责任、权利等方面的合理差别",体现了实质上的平等原则。② 此外,为保障选举权的平等性,还应使各选区的人口、每一代表所代表的人口数大体平等,不得给予某些地区、政党或利益集团以不成比例的优待。

4.我国政治平等权的保障

在我国,公民的政治平等权利,主要体现在《宪法》和《选举法》中。我国《宪法》规定公民享有广泛的民主权利。其中《宪法》第2条规定:中华人民共和国的一切权力属于人民。人民行使国家权力的机关是全国人民代表大会和地方各级人民代表大会。第33条第2款规定:"中华人民共和国公民在法律面前一律平等。"这是公民享有平等的选举权和被选举权的宪法性原则规定。第34条规定了公民享有平等政治权利:"中华人民共和国年满18周岁的公民,不分民族、种族、性别、职业、家庭出身、宗教信仰、教育程度、财产状况、居住期限,都有选举权和被选举权;但是依照法律被剥夺政治权利的人除外。"当然,《宪法》在其他法条中规定了政治参与权利,除了公民的选举权、被选举权以外,还包括了政治表达自由及对国家机关及其工作人员的监督权等内容。根据宪法的规定,我国公民除未满18周岁和被剥夺政治权利的人以外,在选举权上不存在不合理的差别。这是基于确保选举真实性的考虑。

政治平等权的实现还必须依靠《选举法》的制定与实施。为充分保障公民的选举权和被选举权,我国制定了《选举法》。《选举法》对选举方式、选民资格、选举的程序、监督以及破坏选举的制裁措施等作出了规定,以充分保障公民的选举权和被选举权的平等性。《选举法》明确规定,"每一选民在一次选举中只有一个投票权",即一人一票制。国家对选举权的行使提供物质上的保障,新《选举法》第7条规定"全国人民代表大会和地方各级人民代表大会的选举经费,列入财政预算,由国库开支"。

5.我国政治平等权存在的主要问题

公民在法律面前人人平等,这是我国《宪法》的基本原则。但是,在相当长的一段时间内,我国的选举权还是存在不平等的问题。这主要是农民的选举权利与城镇居民的选举权利的不平等问题。有学者指出:中国人权建设的根本问题是农民的人权建设问题,如果不能尽快革除人权主体上的二元结构,我们的人权制度建设就极有可能在畸形发展的道路上越走越远。③

我国选举权的不平等,主要表现为选票价值不平等。我国未修改前的《选举法》第

---

① 南京大学法学院编:《人权法学》,科学出版社2005年版,第178页。
② 林来梵著:《从宪法规范到规范宪法》,法律出版社2001年版,第117页。
③ 徐显明主编:《人权研究》(第二卷),山东人民出版社2002年版,第167页。

13 条规定:"直辖市、市、市辖区的农村每一代表所代表的人口数,应多于市区每一代表所代表的人口数。"第 14 条规定:"省、自治区的人民代表大会代表的名额,由本级人民代表大会常务委员会按照农村每一代表所代表的人口数 4 倍于城市每一代表所代表的人口数的原则分配。"第 16 条规定:"省、自治区、直辖市应选全国人民代表大会代表的名额,由全国人民代表大会常务委员会按照农村每一代表所代表的人口数 4 倍于城市每一代表所代表的人口数的原则分配。"这种选举名额分配上因人的城乡社会身份而受到的区别待遇,从本质上说是违反我国《宪法》第 34 条"中华人民共和国年满 18 周岁的公民,不分民族、种族、性别、职业、家庭出身、宗教信仰、教育程度、财产状况、居住期限,都有选举权和被选举权"的规定的,也不符合国际人权法的要求。

也就是说,农村居民的选举人所选出的代表的定额只是等量的城市居民部分的选举人所选出的代表的定额的四分之一,这在国外宪法学被称为是"等级投票制"或称"差等投票制"。那么,就选举权所能发生的法律效果来说,农村居民的选举人其实只享有相当于城市居民的选举人所享有的选举权的四分之一的内容。这种情形,在外国宪法理论或者宪法判例中被称之为"选票价值的不平等",可能诱发违宪争诉。①

6. 我国政治平等权的完善

为了推进我国民主政治进程,改变原来选举权的不平等现象,2010 年 3 月,第十一届全国人民代表大会第三次会议对《选举法》进行修正。在修正案的说明中,立法机关表示,修改选举法,实行城乡按相同人口比例选举人大代表的客观条件已经具备,根据我国国体、政体,实行城乡按相同人口比例选举人大代表,保障公民都享有平等的选举权,实行城乡按相同人口比例选举代表,体现人人平等。新《选举法》还在保障各地方在国家权力机关有平等的参与权,各行政区域不论人口多少,都应有相同的基本名额数,都能选举一定数量的代表,体现地区平等;保障各民族都有适当数量的代表,人口再少的民族,也要有一名代表,体现民族平等方面,对《选举法》进行了修订。这三个平等是我国国体、政体的内在要求,是有机统一的整体,不能强调其中一个方面而忽视其他方面。此外,各方面代表性人物比较集中的地方,也应给予适当的照顾。

以下是新《选举法》修改的重点内容:新《选举法》第 14 条规定:"地方各级人民代表大会代表名额,由本级人民代表大会常务委员会或者本级选举委员会根据本行政区域所辖的下一级各行政区域或者各选区的人口数,按照每一代表所代表的城乡人口数相同的原则,以及保证各地区、各民族、各方面都有适当数量代表的要求进行分配。在县、自治县的人民代表大会中,人口特少的乡、民族乡、镇,至少应有代表一人。""地方各级人民代表大会代表名额的分配办法,由省、自治区、直辖市人民代表大会常务委员会参照全国人民代表大会代表名额分配的办法,结合本地区的具体情况规定。"

新《选举法》第 16 条规定:"全国人民代表大会代表名额,由全国人民代表大会常务委员会根据各省、自治区、直辖市的人口数,按照每一代表所代表的城乡人口数相同的

---

① 林来梵著:《从宪法规范到规范宪法》,法律出版社 2001 年版,第 130~131 页。

原则,以及保证各地区、各民族、各方面都有适当数量代表的要求进行分配。""省、自治区、直辖市应选全国人民代表大会代表名额,由根据人口数计算确定的名额数、相同的地区基本名额数和其他应选名额数构成。""全国人民代表大会代表名额的具体分配,由全国人民代表大会常务委员会决定。"新《选举法》第 25 条规定:"本行政区域内各选区每一代表所代表的人口数应当大体相等。"

7、妇女政治平等权方面的内容

妇女政治平等权方面的内容主要包括:国家保障妇女享有与男子平等的政治权利;妇女有权通过各种途径和形式,管理国家和社会事务,并享有平等的选举权和被选举权。为了切实保障妇女的参政权,法律规定,各级人民代表大会的代表中,应当有适当数量的妇女代表,并逐步提高妇女代表的比例;在任用领导人员时,必须坚持男女平等,重视培养、选拔女性担任领导职务。此外,妇女还享有平等的受教育权利、平等的劳动权利、平等的财产权利、平等的人身权利、平等的婚姻家庭权利等内容。

(三)城乡之间的平等权问题

我国城乡之间的不平等问题是一个突出且严重的问题。这种不平等首先体现在二元结构的户籍制度上。长期以来,城市居民享有的社会福利远比农村居民多,不论是受教育、就业,还是社会保障、社会救助等方面的待遇,城市居民远比农村居民享受到更多的优惠。

随着改革开放深入发展,城乡之间的不平等问题稍有改善。但是,这种改善只是修补式的改善,而没有根本性的改变。

目前,城乡之间的贫富差距没有因为改革进程的加快而缩小。国家统计局相关的数据显示,城乡居民的收入差距自 1978 年改革开放以来,除 1985 年前后有显著缩小外,总体差距在不断扩大——从 1978 年的 2.57 倍扩大到 2008 年的 3.33 倍。有学者认为,造成城乡贫富差距的重要成因之一是城乡财产差异。改革开放之初在城乡分割的二元体制下,由于对城镇居民实行了配给制的福利保障制度,城乡之间尽管有 2.57 倍的平均收入差距,但是当时的城乡居民的财产差距不会比现在的差距大。截至本轮城镇房地产价格大涨之前的 2008 年,仅城镇居民人均拥有的房产价值已经是农村人均房产价值的 10 倍以上。可见,改革开放 30 多年来,城乡差距主要并不表现在基本稳定并逐步有所缩小的收入差距上,而是表现为在原先基础上至少又扩大了 4~5 倍的财产差距。这是比收入差距更为严峻得多的挑战。①

笔者认为,在我国,城乡之间的不平等是多方面的。除了户籍制度造成二元结构的身份不平等、财产分配不平等导致贫富差距加大以外,还有就是土地所有权制度不平等也导致了城乡贫富差距加大。目前,我国城乡土地所有权制度是不平等的。这主要表

---

① 柯志雄:《经济学家称城乡财产差异为贫富差距的重要原因》,载《21世纪经济报道》2010年10月19日。

现在,国有土地所有权与集体土地所有权是不平等的。国有土地所有权是完整的所有权,包括占有、使用、收益和处分的权能。而集体土地所有权是不完整的,是不具有处分权能的所有权。集体土地使用权不能自主地进入市场交易,必须先由国家征收使之变为国家所有权后,土地使用权才能进入流转程序。这样一来,地方政府往往以较低的价格征收集体土地所有权,之后,再以较高的价格出让其土地使用权。这样国家在增加土地所有权的拥有量的同时,还获得了高额的土地使用权的转让差价收入。土地所有权制度不平等加大了城乡之间的贫富差距。

中国社会的贫富差距正在继续拉大,农村里大量失去土地的农民和城市里大量丧失就业机会的人组成了一个庞大的阶层。这个阶层因为自身能力的欠缺,求生手段的缺乏,正在演变成生活贫困的群体。如果不重视他们的生存权和发展权,忽视他们的政治、经济平等权的话,他们就可能成为社会的不安定因素。近日,人民日报刊文称收入差加大致国民弱势心理蔓延。社会上存在一种"收入差距加大的被剥夺感,社会竞争中的不公平感,以及面对权力寻租的无助感,让'弱势心理'蔓延"的现象。

第四节 表达自由权

自由权具有广义与狭义之分。广义自由权是指个人享有在不损害他人利益前提下的任意性。这种任意性包括人身自由、思想自由、政治表达自由以及经济自由、文化自由等等,内容相当广泛。狭义的自由权可以指人身自由,也可以指思想自由包括政治表达自由,或者是宗教自由。人身自由权是指人们享有行为自由的权利,包括人身移动自由、住宅自由和通信自由等方面的权利。人身自由权作为生存权的重要内容,在生存权部分论述。而思想自由是指源于内心的思维判断。具体说,思想自由是指个人以自我的、独立的眼光和思维去思考和发现问题,而不受社会的、传统的、宗教的、民族的既成观念、思维方式和基本理念的束缚和影响。仅有思想自由不能体现其价值,只有当思想自由表达出来时,思想自由的价值才能得到体现和认可。因此,表达自由权就是思想自由的延伸。表达自由权的表现形式包括言论、出版、结社、集会、游行示威、罢工等自由的传递方式。其中涉及政治内容的表达自由是思想自由的核心内容。因为享有政治内容的表达自由权,其他方面内容的表达自由权也就迎刃而解了。表达自由还包括了宗教自由。它是指公民可以自由选择其宗教信仰或者选择不信仰任何宗教而不必担心受社会的迫害或歧视的自由。

一、表达自由权的概念

从人权法的角度审视,自由在不同历史阶段有不同的内容。在古罗马,自由是指从被束缚、被虐待中解脱出来。早期西方资产阶级提出的自由,是指"个性解放"、"政治自由"、"贸易自由"等含义,目的是反对封建专制制度。而现代人权法意义上的自由,应当是包括一种免于恐惧、免于奴役、免于伤害和满足自身欲望、实现自我价值的一种舒适和谐的心理状态。这种自由反映在民主权利上，其内容主要包括表达自由、政治自由和宗教信仰自由。

表达自由有广义与狭义之分。广义的表达自由是指公民享有传递思想观念和具体事务请求的自由权利，包括了言论、出版、结社、集会、游行示威、罢工等自由的传递方式。狭义的表达自由仅指政治自由权利，它是指公民以言论、出版、结社、集会、游行示威、罢工等自由方式，对政治上的诉求表达了自己的意愿。这里所说的表达自由权是指公民享有表达自由和宗教信仰自由的权利总和。表达自由的内容可以是政治、经济、文化、教育等多个方面的内容；表达自由的方式包括言论、出版、结社、集会、游行示威、罢工等方式。宗教信仰自由包括信仰宗教和不信仰宗教的自由，以及自由选择信仰宗教的自由。

2009年颁布的《国家人权行动计划（2009—2010）》也使用了表达权的概念，提出"采取有力措施，发展新闻、出版事业，畅通各种渠道，保障公民的表达权利。"当然，这里的表达权是从更广泛的意义上说的，不仅包括了公民表达权，也包括了"新闻记者的采访权、批评权、评论权、发表权"。① 之后，国家颁布的两期人权行动计划，《国家人权行动计划（2011－2015年）》和《国家人权行动计划（2016－2020年）》也都使用了表达权的概念。特别是《国家人权行动计划（2016－2020年）》对如何运用网络方式实现表达权提出新要求，包括"扩展表达空间，丰富表达手段和渠道""依法保障公民互联网言论自由。继续完善为网民发表言论的服务，重视互联网反映的社情民意"等要求。

表达自由是以思想自由为基础的表达方式。思想自由是指人内心思维活动不受任何约束的自由，是个人在内心进行思考、判断、选择而不受外界拘束或干涉的自由。思想自由还包括享有其思想不得被强迫公开的权利。国际人权法主要是通过保护人的思想自由，来体现表达自由思想的。《公民权利和政治权利国际公约》规定："人人有权享受思想、良心与宗教自由。"这是指每个人都享有精神自由，当然也包括了个人表达思想自由的行为。

表达自由的作用，主要体现在能够促进政府承担责任。当公民因害怕政府的压迫或打击而不去表达自己的不满时，政府对公民的不满就会视而不见，政府对管理上的忽视就会麻木不仁，不会有任何的反应，从而政府对自己的行为所应当承担的责任就会自行减少。肯定表达自由价值的人认为，政府压制表达自由的主要原因就是为了规避责任。所以，一个民主的政府，一个依人权理论产生的政府，应当是允许公民拥有表达自由权的政府。

二、表达自由权的特征

综上所述，表达自由权是指公民享有对国家各项事业管理表达思想、观点和意见的权利，包括可以请求政府给予一定待遇的权利。其具有以下特征：

---

① 《国家人权行动计划（2009—2010）》"公民权利与政治权利保障"部分。

1. 表达自由权是人权的一个基本权利。广义自由权包括人身自由和表达自由。人身自由包括人身自由不受侵犯，人格尊严不受侵犯，住宅不受侵犯，通信自由和秘密受法律保护。表达自由权的主要内容包括了言论、出版、集会、结社、游行、示威的自由。同时，还包括公民的宗教信仰自由。其中，涉及政治诉求的言论、出版、集会、结社、游行、示威的自由是表达自由权的核心内容。由于人身自由权作为生存权的重要组成，在第三章生存权部分论述了，所以本章节主要论述表达自由方面的基本人权。

2. 表达自由权的内涵具有多重含义。自由权是指在法律规定的范围内，人们依自己的意志和利益进行一切活动，不受约束、控制、妨碍的权利。自由权应包括身体自由、精神自由、信仰自由、言论自由、契约自由、通信自由、婚姻自由等内容。在人权法范畴，自由权的内容主要包括人身自由、表达自由、政治自由和宗教信仰自由。而表达自由权的内涵也具有多重含义，可以对政治、经济、文化、科技、教育、文学、艺术等方面的内容阐明自己的观点和思想。如果能够对政治制度真正享有表达自由权的话，其他方面的表达自由权也就迎刃而解了。

3. 表达自由权的核心是政治表达自由。如前所述，表达自由权有广义与狭义之分。广义的表达自由权是指公民享有传递思想观念和具体请求的自由权利，包括了言论、出版、结社、集会、游行示威、罢工等自由的传递方式。狭义的表达自由仅指政治表达自由权利。表达自由有助于真理的发现与传播。政治表达自由权是公民让渡部分自然权利后所保留的监督政府及其官员依法管理国家事务的重要权利。政治表达自由权有助于监督政府依法履行职责。如果没有政治表达自由权的存在，那么受委任的政府官员就可能任意行使手中权力，权力就可能像脱缰的野马任意奔走。在更广泛的意义上使用表达自由，可以包括选举自由权与被选举自由权。

4. 表达自由权的享有是受限制的。如同享有自由权一样，表达自由权的行使也是受限制的。表达自由权是否是任意性行使的权利？回答是否定的。应当说，对自由权施加的某些限制，在人权法理论及民主制度来讲是不冲突的或是必要的，例如，在战后的德国，对支持纳粹的思想加以限制是十分必要的。又如，在民众聚集的场所，任意散布地震或有炸弹之类的谎言，而造成踩踏的人身伤亡事件也是不允许的。再如，我国对表达自由的内容的限制体现在《出版管理条例》之中，该条例第26条规定，任何出版物不得含有下列内容：(1)反对宪法确定的基本原则的；(2)危害国家统一、主权和领土完整的；(3)泄露国家秘密、危害国家安全或者损害国家荣誉和利益的；(4)煽动民族仇恨、民族歧视，破坏民族团结，或者侵害民族风俗、习惯的；(5)宣扬邪教、迷信的；(6)扰乱社会秩序，破坏社会稳定的；(7)宣扬淫秽、赌博、暴力或者教唆犯罪的；(8)侮辱或者诽谤他人，侵害他人合法权益的；(9)危害社会公德或者民族优秀文化传统的；(10)有法律、行政法规和国家规定禁止的其他内容的。但是，对表达自由的行为方式的限制，目前法律没有作出具体规定。例如公开自焚、跳楼自杀等用自己的生命来表达诉求是否可以，法律没有明确禁止。

三、表达自由权的内容

广义的表达自由是指公民享有传递思想观念和具体请求的自由，包括了言论、出版、结社、集会、游行示威、罢工等自由的传递方式。狭义的表达自由仅限于言论自由。人权法的表达自由是广义的表达自由，包括了言论、出版、结社、集会、游行、示威、罢工等自由的传递方式。现代学术界也普遍认为，"表达自由"比"言论自由"更加能够涵盖这种以表现个人观点和态度为目的的个人自由。除了言论以外，个人还可以通过行为等其他行为方式，来表达他自己的观点。如上所述的以结社、集会、游行示威、罢工等行为方式传递思想和提出具体诉求。从实践看，公民表达自由的方式除了集会、游行示威、罢工之外，还包括公开自焚、跳楼自杀等行为方式表达个人态度或具体诉求。

表达自由权是人权法的关键性权利。因为，表达自由权是公民通过转让其他自由权，允许国家制定法律限制公民的部分自由权而保留的不可转让和剥夺的自由权。只有保留表达自由权，公民才可以影响政府决策，可以积极参与国家事务管理活动，传递管理国家的意见与建议，确保政府官员行的为对公民负责。人权法规定的包括言论、出版、结社、集会、游行示威、罢工等表达自由的传递方式，就是为了确保政府官员的行为对公民负责。同时，也是为了公民自身利益的需要所必须拥有的自由权利。美国最高法院认为，批评政府及政府官员的权利是该国宪法第一修正案的"核心意义"。我国宪法也把公民享有表达自由作为公民基本权利加以保护。表达自由经常被看作是《公民权利和政治权利国际公约》的核心以及《公民权利和政治权利国际公约》所保障的其他权利的基础。[①]表达自由权包括以下内容：

（一）言论自由

1. 言论自由的概念

言论自由是指公民享有按照自己的意愿采用不同语言形式自由地发表言论与听取他人陈述意见的权利。其中，按照自己意愿而不是按照他人意愿，包括可以不按照国家或政府的意愿发表自己的言论，这是言论自由的核心内容。如果基于某种压力或由于担心害怕国家或政府的打击而发表违背自己意愿的言论，就不属于言论自由的范畴。

表达自由的方式包括各种语言形式，即包括口头语言、书面语言或象征性语言等形式发表自己的思想和观点。近来，它通常被理解为包括了创作及发布电影、照片、歌曲、舞蹈及其他各种形式的富有表现力的资讯。言论自由通常被认为是现代民主中一个不可或缺的概念，在这一概念下，它被认为不应受到政府的审查。言论自由还应当包括听取他人陈述意见的自由。听取他人意见是形成自己思想观点的辅助性条件，因此，听取他人陈述意见的自由是言论自由的组成部分。

这里的言论自由的主体是公民个人。他与新闻自由或媒体自由是有区别的。尽管二者都具有发表意见的自由。二者的区别主要表现在：公民个人言论自由属于消极权利，只要政府不加以干预就能够实现。新闻媒体自由属于积极权利，必须依靠政府的努力才能实现。个人言论自由属于个人的自由，依靠个人自身就足以实现。其言论自由

---

① 方立新、夏立安：《人权法导论》，浙江大学出版社2007年版，第121页。

不属于请求权范畴,不要求国家创造机会给公民,只要求国家不要加以限制。而新闻自由或媒体自由,需要国家或公共组织创造条件、提供机会才能实现,靠个人的努力是无法实现的。所以,新闻自由或媒体自由属于积极权利,必须依靠政府的努力才能实现。媒体自由和新闻自由也被称之为服务自由,是为大众服务的自由,应当具有更大的自由度和宽容性,应赋予媒体以免责自由。① 例如,记者采访的权利是一种公民间自由交谈的权利,记者没有也不应有其他的特权;记者的采访权不是行政、司法和其他组织赋予的,因而相关部门无权剥夺记者的采访权;记者采访不是"执行公务",而是人民赋予的服务于公众获知信息的一种延伸的公民权利。

2. 言论自由的"双阶理论"

在美国,法院凭借审判实践累积了许多言论自由的案例,因此,美国司法形成了一套言论自由的规则,称之为"双阶理论",即把言论区分为高价值言论及低价值言论。前者应当受到国家最严密的保障,国家也不应立法限制之;后者的保障程度则较低。高价值言论通常包括政治性言论、宗教性言论、文化及艺术性的言论。在这里不仅包括思想、口说、文字或图画所表达出的言论,还包括了象征性的言论自由,即包括了在特定时间和空间下的行为或动作,例如参与游行、集会、焚烧国旗等,也应该被视为言论的表达自由而同样受到法律保障。低价值言论通常包括商业性言论、猥亵性言论、诽谤性言论、挑衅或仇恨性言论。对低价值言论自由的保障程度也比较低。可以这样说,民主权中的言论自由肯定属于高价值言论,主要包括政治性言论、种族歧视言论和宗教性言论等。近日,新西兰国家电视台主持人因涉种族歧视言论辞职就是很好的例子。②

3. 言论自由的意义

言论自由在自由权利体系中具有重要的地位和作用。马克思说:"发表意见的自由是一切自由中最神圣的,因为它是一切自由的基础。"③美国著名的大法官卡多佐曾经说过:"言论自由是其他权利产生的摇篮,几乎为其他每种权利不可缺少的前提。"④从我国《宪法》第35条的规定看,言论自由是排列在第一位的自由,之后才是"出版、集会、

---

① 南京大学法学院编:《人权法学》,科学出版社2005年版,第144页。

② 2010年10月10日,新西兰国家电视台主持人保罗·亨利,为近期在节目中发表的一系列涉嫌种族歧视的不当言论,辞去电视台主持的工作。同年10月4日,保罗·亨利在节目中质疑现任新西兰总督萨蒂亚南德是否是真正的新西兰人,并说今后应当让肤色、口音更像新西兰人者当总督。此言一出,立即引发新西兰国内反种族歧视人士的抗议。但是,亨利并未就此类言行有所收敛,反而再次公开嘲笑印度德里市女部长谢拉迪克西特的名字发音,致使印度各大媒体纷纷谴责其种族主义行为。最后新西兰驻印度高级专员不得不出面向印方道歉。《新西兰国家电视台主持人因涉种族歧视言论辞职》,http://finance.ifeng.com/roll/20101011/2693922.shtml,访问日期:2010年11月12日。

③ 《马克思恩格斯全集》第11卷,第573页。

④ [美]卡多佐著:《宪法在私法领域的适用——德、美两国比较》,余履译,载《中外法学》2003年第5期。转引自邢松:《论公民言论自由权》,http://www.fsou.com/html/text/art/3355791/335579173.html,访问日期:2010年11月12日。

结社、示威的自由"。因此,言论自由是很重要的一项自由权利。言论自由实际上是一个表达权利的问题,在思想没有表达出来之前,属于意识范畴。言论自由从本质上来说属于将公民的内心想法表达于外部的行为。在现代文明社会,对公民的内在想法是难以作出判断的,所以,在没有公之于众之前,讨论言论自由荒谬与否,是一个典型的虚假命题。

就个人而言,言论自由是思维活跃的动力。只有允许公民或个人拥有思想自由和自由发表言论的权利,才能激励公民发挥自由思考的才智,才能产生思想家、文学家。也就是说,许多能够传世的思想,都是在没有外来限制的环境中产生的。在我国的历史长河中,这样的事例是存在的。例如,中国古代的思想家孔子、老子、庄子等诸子百家的思想都产生于战国时期,这一时期奴隶制社会正处于分崩离析状态,封建专制国家正在形成但还没有形成的过程,思想自由、言论自由没有受到制度性的打压和限制。所以,我国思想文化领域有了儒家、法家、道家等思想的产生并流传于后世。再如,上世纪的二三十年代,我国处于封建社会制度崩溃,新的社会制度正在寻求建立的过程。此时,军阀混战,硝烟四起,言论自由和思想自由没有受到外界太多限制。因此,这一时期有了鲁迅文学作品和思想作品,有了钱钟书的文学作品。同时,中国共产党的组织和思想也是在这一时期开始成立和传播。

就社会发展而言,言论自由对社会进步与发展具有重要作用。言论自由是以语言、文字、音像、电子、艺术或其他形式表达意见、寻求信息、接受观念、传播思想的自由。它对人类的生存和发展具有极其重要的意义。在很大程度上,人类社会政治制度的变革、经济组织的演进、科学技术的提高,都离不开言论的自由传播和广泛交流。人类社会前进的每一步都与讨论自由密不可分。因此,人们通常把言论自由称为"第一权利"、"人类最重要的、潜力巨大的、活动的资源"。而思想自由和言论自由的关系是源泉与水流的关系。密尔认为,对于各种思想的自由探索和自由讨论,是保证科学和艺术获得发展的首要前提。凡有这种自由的时代,必是学术昌明、艺术辉煌的时代;凡压制这种自由的时代,必是思想和艺术死气沉沉、愚昧黑暗的时代。真理只能在自由探讨中才能被发现,只有在历史检验中才能得到普遍认同。

就国家和政府而言,言论自由是民主政治的关键。为体现民意,国家和政府不能禁止公民享有言论自由,否则,国家和政府就会陷入专制的境地。同时,为维护人的尊严,出于对他人的尊重和关怀的考虑,也必须允许他人有言论自由。当公民的利益受到侵害的时候,公民通过言论自由的方式表达自己的不满,是发泄内心苦恼一种方式。这样有利于公民主张权利,维护自由权益,有利于社会稳定。如果压制言论自由,不仅是对人的需要的压制,更是对人的精神的压制。这种压制显然是侵害了人的尊严,违反了人权法的规定。美国传播业巨头赫斯特做了一个形象比喻:"言论自由是为了维护真理而设立,以作为延续民主命脉的血流,当言论自由被消除时,民主的脉管就立即硬化,自由制度就变成了一个没有生命的躯壳,共和国会立即死亡。"①

4. 言论自由的作用

从人权法角度思考,言论自由具有以下几方面的作用:

(1)体现与保障人权的作用。言论自由不仅是民主制度的关键,更是人权法律制度的关键。从自然权利而言,自由是作为人基本的需要,所以美国建国初期的政治家、演说家帕特里克·亨利提出"不自由,勿宁死"的说法,也是从维护自由和尊重人权的角度出发而提出的观点。人人生而平等、生而自由,这是人权法的基本内涵。根据人权法的基本规定,每一个人都享有自由的权利。但是,如果每一个人都完全按照自己的需要行使自由,那么国家和社会就会处于无序状态。因此,公民让渡了部分的自由权利,委托部分公民组织政府,组成立法机关,制定法律,维护社会秩序。同时,为了监督掌管政府权力的公职人员依法履行职责,公民必须保留言论自由的权利。当被委托而掌握国家权力的公民有不依法履职或滥用职权等违反授权约定行为发生时,公民可以通过言论自由方式要求被委托而管理国家公权力的公民纠正错误,也可以通过法定程序解除委托管理国家的权利。因此,言论自由是崇尚公民自主性的权利,只有将言论自由作为基本人权并得到充分保障时,公民才能彰显自我,这也是建立人权法律秩序的必要保障和制约公权力的重要手段。

(2)实现和维护人的尊严的作用。言论自由是通过公民自我价值的体现,实现和维护人的尊严。通过言论自由行为,公民可以提升自主性和体现自我价值。言论自由是人格和自主性得到体现的最重要方面。一个支持政治体制改革的人,在他不断发表支持政治体制改革的言论的时候,他并不会想到他的要求一定会得到政府的支持,会真正影响到政治体制改革进程。但是,由于他支持政治体制改革的主张,他呼喊口号或者是大力倡导政治体制改革的行为,都是表明自己的观点和主张的行为,也就是自我价值得到体现和自我观点得到宣传的行为。他在这种行为中得到了满足感,个人的尊严得到体现和尊重。美国政治学教授贝克说:"一个反越战人士可能解释:当她在示威行动中反复地呼喊口号'立即停战'时,她这么做并没有期望她的言论会影响战争的持续。倒不如说她参加及呼喊口号是为公开地定义她自己对这场战争的反对。"②这个事例说明:用于自我表达的言论,不依赖于与他人的有效的交流,而是为自我成就及自我实现的重要体现。当公民的自主性和自我价值得到充分体现的时候,人的尊严就得到有效保障。

(3)体现和宣扬政府宽容性的作用。言论自由是构成文明社会的基本价值——"宽容"所不可或缺的内容。有学者认为,言论自由包括四层含义:一是享有表达错误言论甚至违反主流言论,或与宪法与法律不一致的言论自由;二是对违法或有害的言论,除事关国家安全和军事秘密者外,应实行事后追惩制,不做事先的约束和禁止,以防压制

---

① 转引自甄树青:《论表达自由》,社会科学出版社 2006 年版,第 122 页。
② 《言论自由》,http://baike.baidu.com/view/84184.htm?fr=ala0_1_1,访问日期:2010 年 11 月 12 日。

言论自由的权力滥用而无法公开让公众监督;三是有不说话或不表态的自由,即沉默的自由;四是有要求政府信息公开,享有知情权和享有公民自由传播信息的自由,否则就不会有自由言论。① 可见,不同政见的言论是言论自由的重要内容。衡量一个政府是不是宽容的政府,很重要的是看该政府是否可以容忍不同政见的人的观点。即政府如何处理和对待政府认为的"错误言论甚至违反主流言论"的存在,它是衡量政府宽容度的重要标准。政府的宽容度越大,该政府就越开明,对人权保障就比较到位。

5. 言论自由的保障

《世界人权宣言》第19条规定:"人人有主张及发表自由之权;此项权利包括保持主张而不受干涉之自由,及经由任何方法不分国界以寻求、接收并传播消息意见之自由。"《公民权利和政治权利国际公约》第19条对言论自由做了具体规定:(1)人人有权持有主张,不受干涉。(2)人人有自由发表意见的权利;此项权利包括寻求、接受和传递各种消息和思想的自由,而不论国界,也不论口头的、书写的、印刷的、采取艺术形式的,或通过他所选择的任何其他媒介。(3)本条第2款所规定的权利的行使带有特殊的义务和责任,因此得受某些限制,但这些限制只应由法律规定并为下列条件所必需:①尊重他人的权利或名誉;②保障国家安全或公共秩序,或公共卫生或道德。

我国《宪法》对公民权利做了明确规定,其中就包括公民的言论自由。《宪法》第35条规定中华人民共和国公民有言论、出版、集会、结社、游行、示威的自由。我国公民在法律制度的规范下有自由表达自己意愿的权利,包括向政府提出建议、向国家机关提出有关批评意见,这些言论自由应当受到宪法和法律的保护。

6. 言论自由的限制

言论自由受到限制是必然的。自由就是在不损害他人利益前提下的任意性。言论自由也同样不得侵害他人利益。就大多数国家对言论自由的立法而言,言论自由是受限制的,与其他自由权利一样,必须以不侵犯他人自由和利益为限,同时不得损害国家利益和社会公共利益。言论自由要受到两方面的限制:第一,公民不得利用言论自由来侮辱、诽谤他人;第二,公民不得利用言论自由教唆、煽动他人实施危害国家安全、破坏国家安全、破坏民族团结、破坏社会公德、扰乱社会秩序的行为。

国际人权法除了规定对言论自由加以保护外,也对言论自由加以限制。《公民权利和政治权利国际公约》第20条明确规定:任何鼓吹战争的宣传,应以法律加以禁止;任何鼓吹民族、种族或宗教仇恨的主张,构成煽动歧视、敌视或强暴者,应以法律加以禁止。可见,国际人权法对言论自由的限制范畴是:(1)鼓吹战争;(2)鼓吹民族、种族或宗教仇恨的主张;(3)构成煽动歧视、敌视或强暴的行为。这些行为是反言论自由的行为,应当加以制止。对持不同政见的主张,国际人权法是不加以限制的。

言论自由受法律保护是我国宪法和法律的基本规定。同时,言论自由又必须在法

---

① 郭道晖:《政治人权理论疑点探讨》,人权法教学研讨班讲课提纲,第8页。转引自南京大学法学院:《人权法学》,科学出版社2005年版,第143页。

律规定的范围内行使,违反法律规定行使言论自由权利会受到法律的制裁。即使对言论自由和出版自由实行绝对保障、不允许法律加以任何限制的美国,也通过法院判例确立了国会在特殊情况下有权干预言论自由的规则。① 如前所述,我国法律对言论自由的限制,主要规定在《出版管理条例》第 26 条规定中,任何出版物不得违反该规定。

在实践中,如何把握言论自由权的度,是一个实践性很强的具体法律问题。从我国最高人民法院有关人员对言论自由权限制的解释看,言论自由的限制主要是限制对他人权利的侵犯上。例如,2008 年 3 月,全国"两会"期间,最高人民法院和最高人民检察院有关负责人接受中外记者集体采访。在回答记者有关中国人民言论自由的问题时,最高人民法院副院长张军说,中华人民共和国宪法对公民权利做了明确规定,其中就包括公民的言论自由。他指出:我国的公民在法律制度的规范下有自由表达自己意愿的权利,包括向政府提出建议、向国家机关提出有关批评意见,这受到宪法和法律充分的保障。他同时指出,言论自由受法律保护,但并不是说随便地侮辱他人、诽谤他人就不受法律追究。② 由此可见,言论自由的限制主要是不得侮辱他人、诽谤他人。同时,对违反公共利益的言论自由也是受到限制的。例如,传播淫秽色情小说、图片等行为,是法律所不允许的。

除了言论自由的内容受限制以外,公民在行使言论自由权利时,还应当在"主体"、"时间"、"地点"、"方法"和"用语"等方面加以适当限制:(1)"主体"上的限制。有些特殊主体,由于身份不同,其言论自由是受限制的。特别是公务员,作为国家机关工作人员,即作为受公民委托行使行政或司法管理职权的人,因为职业上的特殊需要,其享有自由权利就会比一般公民受更多的限制,这在法国《公务员总章程》中被称为"克制保留义务"。③ 我国《公务员法》第 12 条也有相应的规定。例如要求公务员应当遵守的义务包括:模范遵守宪法和法律;模范遵守社会公德;接受人民监督;清正廉洁,公道正派等。再如,从事特定职业的法官、医生、律师等因身份、职业或职务的关系,同样不能随便表达意见,而致泄露所知悉之国家或他人之秘密。(2)"时间"上的限制。公民在发表言论自由时又要注意表达的场合。例如职员不能在上班时间高声谈论与工作职务无关的事情。2010 年 10 月 24 日,德国商业周刊报告,大量德国公司禁止员工上班时间登陆社交网站,这是出于商业秘密和网络安全两方面的考虑。再如,任何公民或自然人不能在半夜用音响或高声地在居民住宅区发表演讲。(3)"地点"上的限制。公民在街道等公共场所发表政治性言论而妨碍公共财产之使用目的,例如妨碍道路交通的,应受到限制。在美国,法律规定国会议员开会期间,公民不能在国会山的议事大厅公开表达意见,否则必须承担刑事责任。(4)表达"方法"上的限制。应当注意表达的方式,利用扩音器、散发传单等形式表达思想也有一定的限度。例如,不得使用发出刺耳的噪声大的

---

① 南京大学法学院编:《人权法学》,科学出版社 2005 年版,第 147 页。
② 《我国言论自由受宪法保护》,"两高"有关负责人接受中外记者集体采访,http://epaper.xiancn.com/xarb/html/2008—03/16/content_22539.htm,访问日期:2010 年 11 月 12 日。
③ 郭道晖:《建构我国行政立法体系策议》,载《法商研究》2001 年第 3 期。

而使人难以忍受的扩音器进行宣传、讲演;散发传单不得影响交通秩序或市容卫生。(5)"用语"上的限制。公民不得使用攻击性语言、下流骂人的脏话、带有侮辱性的形容词等。①宪法规定公民具有言论自由的绝对权利,并不意味着公民可以随时随地地行使这项权利。不管公民表达的内容如何,仅在表达的外在形式方面,就会受到诸多限制。对于表达自由的行为方式的限制,目前法律没有作出具体规定。例如公开自焚、跳楼自杀等用自己的生命来表达诉求是否可以,法律没有明确禁止。

7. 我国言论自由的进步与完善

随着我国改革开放的进程进入 30 年的历史,国家的民主与文明也在进步与提高。就言论自由而言,我国的言论自由度是提高了许多的。解放初期的"反右派"运动、"文革"期间的反对国家领袖的言论,以及与主流思想不同的观点都可能被定罪或受惩罚。相比较之下,目前人们的言论自主度加大,可以较自由地发表相关意见。这主要表现在,目前只要不是煽动国家分裂、不是实施推翻政府的行为,个人由于发表不同政见的言论是很少受到法律追究的。相反,随着网络发展,各种思想都存在,许多与主流思想不同的言论在网络上广泛传播,这是完全符合人权法的规定的。可以说,我们的言论自由度有了较大的提高,特别是网络的运用和推广,言论自由有了立体的空间,也为立法机关听取民意及时制定新的法律、法规提供了新的言路与渠道。例如,2003 年的一起网络的言论自由案,催生了新的规范司法鉴定机构的法律文件的出台。②

同时,我们也应当清醒地认识到,我国的经济体制改革先于政治体制改革。政治体制改革处于探索阶段时期,如何让公民更好地行使表达自由权,或者如何运用好网络便捷工具传播自己的思想,是考量国家管理智慧与宽容度的艰难时期,也是测量公民言论自由的尺度把握与方式运用是否得当的敏感时期。

世界各国在走向文明的进程中,都会发生不同政见者的言论自由与政府的主流思想之间的冲突。甚至由于这种冲突导致不同政见者被关押或被判刑的事例还是不少的。例如,南非前总统曼德拉,曾因主张民族平等与当时的主流思想不相符而在牢中服刑了 27 年。韩国前总统金大中是韩国民主斗士的象征,数度入狱,被誉为"亚洲的曼德

---

① 南京大学法学院编:《人权法学》,科学出版社 2005 年版,第 147~148 页。
② 2003 年 2 月 24 日,21 岁的湖南湘潭某小学的音乐女教师黄某被发现死于自己的职工宿舍里,死时浑身赤裸。25 岁姜某是黄某生前的男友,当晚与其女友在一起。因为司法鉴定存在不一致,司法机关没有认定姜某有罪,引发网民不满,甚至发出公开信要求公安部介入此案。迫于舆论压力,同年 6 月 2 日,姜某被刑事拘留。经过五次法医鉴定,最后认定是采用了最高人民法院司法鉴定中心出具的死亡鉴定意见:黄某的死因是在潜在病理改变的基础下,因姜某采用较特殊方式进行性活动促发女友的死亡。法院认定姜某"特殊性行为"不属强奸罪。姜某被监禁 3 年后被认定无罪,获得了自由。但他必须对女友的死亡承担 50%的民事赔偿责任,赔偿黄某的家人经济损失 59399.5 元。案件发生后,有一个网友建了一个悼念的网页,访问量超过 21 万人次,成为人气最强的网页之一。黄某案变为一个社会事件,越来越多的网民对警方不立案表示了怀疑和责问。在网民的责问声中,为加强司法公正和建立统一的司法鉴定制度,全国人大常委会于 2005 年 2 月 28 日通过了《关于司法鉴定管理问题的决定》。许多学者认为,这是因为网民声援黄某案件的成果之一。

拉"。缅甸的民盟总书记昂山素季,她自1989年第一次被军政府软禁以来,前后有14年的岁月是在监狱或居家软禁中度过,此次软禁于2010年11月13日被释放。

可见,如何让公民能够直接署名表达自己的不同政见,而不会触犯刑事法律,还需要国家和政府在立法与司法制度上作出更明确的规定。这方面,我国可以借鉴英美法系国家的做法。例如:英美法系国家通常以"明显且现实的危险原则"作为定罪标准。这一原则是依据美国霍姆斯大法官在申克寄发反征兵邮件案中的意见而确立的。"一切行为的性质应由行为时的环境来确定。对言论自由所作最严格的保护,也不会容忍一个人在戏院中妄呼起火,引起恐慌。禁令所禁止的一切可造成暴力后果的言论也不受保护。一切有关言论的案件,其问题在于所发表的言论在当时所处的环境及其性质下,是否能造成明显而现实的危险,产生实际祸害。如果有这种危险,国会就有权阻止。"①再是,美国通过法院判例确立了国会在特殊情况下有权干预言论自由的规则。特定情况是:如出版某种形式的色情文学,或者直接攻击少数民族、种族的文学作品等言论。美国法官认为这种特殊情况必须满足四个条件:①对言论发表时所处的环境有潜在的危险;②该言论所导致的结果将极端严重;③必须有适当的理由确信如果不加以限制,严重的危害就会发生;④危害已达到立即发生的程度。②

(二)出版自由

1. 出版自由的概念

出版自由是指公民或法人享有制成出版物公开表达和传播思想、知识、信息、政见、意见、感情等内容的自由。出版物包括报纸、期刊、图书、音像制品、电子出版物等载体。③ 出版自由既包括编印、制作的自由,也包括出版物的内容免受非法干预的自由。出版自由的主要特征是固定性,即将表达自己思想的文字、图画、乐谱、音像、电子网络信息等视听材料印刷、复制、制作成可以保存的固体形态。我国《出版管理条例》第2条规定,广义的出版活动包括出版物的出版、印刷或者复制、进口、发行。与人权法密切联系的出版自由,应当是公民享有制成出版物公开、自由地表达自己对国家事务、经济和文化事业、社会事务的见解和看法。《出版管理条例》第24条规定:"公民可以依照本条例规定,在出版物上自由表达自己对国家事务、经济和文化事业、社会事务的见解和意愿,自由发表自己从事科学研究、文学艺术创作和其他文化活动的成果。"

出版自由权是指公民在法律的许可范围内享有表达自己的思想和意见的自由,并有权从事著述、出版、印刷、发行的活动。出版自由是公民的一项基本民主权利,是民主政治制度的重要标志和象征。世界上不同社会制度的国家大都在自己的宪法和法律中

---

① 张正仪:《所谓"因言获罪"是对刘晓波案判决的误读——刑法学专家谈刘晓波案与言论自由》,载《法制日报》2010年11月3日。
② 南京大学法学院编:《人权法学》,科学出版社2005年版,第147页。
③ 我国《出版管理条例》第2条第2款规定:"本条例所称出版物,是指报纸、期刊、图书、音像制品、电子出版物等。"

对此有明文规定。对于出版自由这一概念，不同的阶级在不同的时期赋予它不同的内涵。恩格斯指出，出版自由是政治自由的核心内容，出版自由就是"每个人都可以不经国家事先许可自由无阻地发表自己的意见"。①"出版、结社和集会自由、普选权、地方自治等等；尽管这一切是资产阶级性质的，但是怯懦的资产阶级没有他们也能过得去，而工人没有他们却永远不能为自己争得解放。"②

当公民将自己的思想表达于外部的时候，会与出版自由发生联系。在一些国家的宪法中，只规定了言论自由，而没有规定出版自由。在我国宪法中既有言论自由，也有出版自由。这就意味着，公民可以自由地表达自己的思想，但是涉及出版问题的时候，就会触及另一个自由的边界问题。

2. 出版自由的意义

出版自由是民主权的重要权利，是言论自由的延伸与拓展。它可以将人的思想、见解、意见与建议形成文字的方式进行宣读、传播与保留。对出版自由的重要性认为，不论是坚持社会主义思想的马克思，还是奉行资本主义思想的西方学者，都是持肯定与支持的观点。马克思曾经说过："出版自由本身就是思想的体现，自由的体现，就是肯定的善。""没有出版自由，其他一切自由都是泡影。""出版物是个人表现其精神存在的最普遍的方法。它不知道尊重个别人，它只知道尊重理性。"③美国政治学者，第三任总统杰弗逊曾说过这样一句话："我宁活在有报纸而无法律的国家，不愿活在有法律而无报纸的国家。"④这充分说明出版物在现代文明社会占有的重要地位。在如今网络社会，如果杰弗逊在世的话，他所指的报纸肯定包括了网络新闻。英国著名诗人和政治家约翰·弥尔顿，在其作品《论出版自由》书中指出："杀人只是杀死了一个理性的动物"，"而禁止好书则是扼杀了理性本身"。⑤

政府尊重公民的言论与出版自由权利，可以使政府集思广益，了解民情，是鼓励公民参政议政的一种方式，是提高民众的素质和参政议政能力的有效举措。同时，能够促使政府官员主动接受民众的监督和制约，防止官僚主义的存在。

3. 出版自由的保障。

我国除了宪法第35条对出版自由作出原则规定以外，2001年12月25日由国务院颁布了《出版管理条例》，共计7章68条，自2002年2月1日起施行。《出版管理条例》第1条明确了立法目的："为了加强对出版活动的管理，发展和繁荣有中国特色社会主义出版事业，保障公民依法行使出版自由的权利，促进社会主义精神文明和物质文明建设，根据宪法，制定本条例。"

《出版管理条例》存在的不足之处：(1)政府部门是否有权在许多方面对出版自由施

---

① 《马克思恩格斯全集》第16卷，人民出版社1964年版，第76页。
② 《马克思恩格斯全集》第1卷，人民出版社1956年版，第62页。
③ 《马克思、恩格斯全集》第1卷，人民出版社1956年版，第62页、第94页。
④ 引自南京大学法学院：《人权法学》，科学出版社2005年版，第148页。
⑤ [英]约翰·弥尔顿著：《为英国人民声辩》，何宁译，商务印书馆1982年版，第3页。

加限制,这是值得研究的。其所施加的这些限制是否必要、是否违反宪法,更有必要进行探讨。根据该条例的规定,设立出版单位,必须经过行政机关审批,获得出版许可证后,才能从事出版活动;同时,国家还实行印刷许可以及出版物进口许可制度,对出版活动施加限制。这些限制都属于事前限制,与国外的通行做法并不一致。(2)对出版内容的限制是否应当由国家法律加以规定,也是值得研究的。该条例第26条规定了10项对出版内容的限制性规定。这10项限制出版内容的规定,基本上已适用于对言论自由的限制。且不说限制内容是否符合人权法的规定,仅从程序上看,依照我国的宪法赋予公民的出版自由,再由国务院通过行政法规加以限制出版物的内容是否构成违宪。根据我国《立法法》的规定,限制公民权利的社会规范必须由国家法律加以限制。从人权法理论上讲,基于公共利益的需要,必须对出版自由施加限制,作出限制权力行为的只能是国家立法机关制定的法律。

(三)结社自由

结社自由是现代人权社会发展的必然逻辑,是基本人权的重要组成部分,也是保障人权的基本方式。多元的、多样性的社团根植于人的基本需求之中,是现代社会发展的结构性权利的需求。

1.结社自由的含义

结社自由是指公民为实现某一共同目的,依照法定程序结成某种持续的社会团体的自由。"结社"是指结合成社会团体组织的简称。结社自由是公民的基本权利之一,公民享有依法结成某种社会团体、进行社团活动的自由与权利。

2.结社自由的分类

结社通常分为以营利为目的的商业结社和以非营利为目的的政治、宗教、学术、慈善等结社。营利性结社是受民商法调整的经济组织。非营利性结社主要包括职业团体、社会团体和政治团体。职业团体是指行业协会。例如工业协会、商业协会或鞋业协会、茶业协会等。社会团体是指以公益为目的组织的团体,例如佛教协会、慈善基金会等。政治团体也是属于社会团体的一种,但是由于涉及政治领域,又具有特殊性,政治团体的设立特别受到法律的限制。政治团体是指以共同民主政治理念为指导,旨在促进公民参与政治的团体,主要是指政党及与政党相关的组织。现在我国除中国共产党外,还有8个民主党派,①以及工会、共青团、妇女联合会等各种政治性质的社会团体。

3.结社自由的意义

结社自由的理念和制度是一种现代人权法的产物。人权法的核心内容,是个人放弃部分的自然权利而保留有表达自由以及监督政府的自由权。由于仅靠单个人的力量,有时候是无法对抗强大的侵犯人权的政府组织或企业组织。因此,人权法及宪法允

---

① 我国8个民主党派是中国国民党革命委员会、中国民主同盟、中国民主建国会、中国民主促进会、中国农工民主党、中国致公党、九三学社、台湾民主自治同盟。

许公民享有为实现某一共同目的,依照法定程序结成某种持续的社会团体的自由权利。可以说,在人权法制完备的社会,结社自由被视为制度化的公民权利。结社自由得到实现的过程是个人的政治、经济和社会权利逐步得以提升和实现的过程。

结社自由,特别是政治团体的结社自由,它的确包含着一些对抗国家权力的内容。这应当说是符合人权法内在要求的权利。但是,结社自由本身是多元和中性的,并不存在颠覆性的必然特征。从另一角度看,社会团体在对抗国家权力滥用的同时,也可以帮助国家机器的净化,纯洁国家机关行为,监督机关工作人员廉洁奉公,辅助国家完成某些职能。同时,多元化的社团可以提供一个制度化的平台,实现社会成员自由组合,促成社会理解和社会对话,促进社会宽容和包容,实现社会和谐。

4. 结社自由的实现与保障

各国宪法或有关法律对结社自由作出各种保障的同时,也作出了一定的限制。各国通常采用追惩制与预防制两种类型。追惩制是一种比较典型的结社自由模式,公民可以自由地结社而不受任何干预,只是在社团活动过程中出现违法行为时才受到惩处。预防制下则有报告制与许可制之别,也称为备案制和批准制。报告制(备案制)是指公民结社后须向国家主管机关申报备案,以便国家监督与管理。许可制(批准制)是指在社团组织成立之前须报国家主管机关批准,许可后方可正式成立。现代大多数国家则废除许可制,采用报告制。在报告制下,个人在成立社团之前要向行政机关报告,行政机关原则上只有异议权或事后审查权。只要行政机关没有行使异议权,社团即可宣告成立。许可制是以国家机关的行政许可作为社团成立的前提,国家机关对社团的成立及其活动拥有较大的自由裁量权。

早期西方资本主义国家的法律,对结社多采取预防制,但现代则大多废除了预防制,有的还在宪法中明文规定不得采取预防制。许多国家的《宪法》,例如比利时宪法(第20条)、葡萄牙宪法(第46条)、魏玛宪法(第124条)、德国基本法(第9条)、意大利宪法(第18条)等均规定不得采取预防制。而诸多后发国家和地区,一般实行的还是以"事前检查制与事后追惩制相结合"为原则的预防制模式,这也从另一个角度说明预防制不利于民间社团组织的活跃与发展。[①]

在立法体制的意义上,结社自由从来都是我国公民依法享有的一项民主权利。我国历次宪法都确认和保障公民享有结社自由,都有关于公民享有结社自由权利的条款。但是,这些宪法上的权利即法定权利,如何变成现实权利,还有很多工作要做。宪法赋予的公民自由结社权在很大程度上只是一项宣言性的权利。有学者认为,在立法体系上,宪法意义上的结社自由权尚未得到实体法的保护与主张,我国至今没有一部实质性规范公民结社活动的实体性法律。对公民结社活动的规范仅靠为数甚少的几部行政法规来实施,导致居于行政法规层次的立法不堪重负,既有超越立法权限的嫌疑,也无能

---

① 王建芹:《论结社自由及其实现》,共识网:http://www.360doc.com/content/10/0326/22/174110_20404533.shtml,访问日期:2010年11月12日。

为力于改革开放后迅速变化的社会现实,这是其一。其二,就仅有的几部行政法规而言,对公民结社行为的规范在指导思想上是以社会稳定为主要价值取向,因而在建构的社团管理体制上则以控权和限制发展为原则,社团自主发展空间无论就其场域还是内容都被严格限定,尚难以发挥公民社会意义上的权力制衡与民主培育之资源基础的作用;其三,现有的社团组织结构仍然处在以行业性和职业性为主导的模式下,以市场中介服务为主,经济功能和互益功能较强,并仍然扮演着官方和半官方的角色,社团组织的民间性、独立性、权益性特征没有得到应有的体现;①其四,对法律规范外结社活动的"事实放任"造成我国民间社团组织面临相当严峻的"合法性困境",调查资料所显示的大约10倍于合法登记数量的民间组织的客观存在,既凸显出现行管理体制的窘境,更表明一部法律层面规范结社活动实体法的现实意义。②

(四)集会、游行、示威自由

1. 集会、游行、示威自由的含义

集会、游行、示威自由是以集会为前提的游行、示威行为的集合,是广义的表达自由。其内涵有联系,也有区别。

(1)集会自由。它是指公民享有聚集于公共场所,发表意见、表达诉求与意愿的行为自由。集会自由是自由权的一种,即一国公民所享有由宪法赋予的聚集在一起开展某种活动,或发表意见、表达诉求与意愿的自由。很多时候,集会自由都用来指称在特定问题与政府对立之时,反对者有权就这一问题采用集会方式反对政府的观点。集会是聚集于公共场所的行为。非集会行为是指不是聚集于公共场所的行为,可以是召开会议,或者是家庭朋友聚会活动。集会是发表意见、表达诉求与意愿的行为。这里的意见主要是政治主张或对政府的管理行为提出的意见。表达诉求与意愿是指针对某事件而表达的诉求与意愿。例如,为了抗议菲律宾警方在解救人质过程中存在过失行为,2010年8月29日,香港特区立法会各政团联合发起"沉痛哀悼遇害同胞,要求彻查事件真相"的集会与游行活动。参加集会与游行的香港公民达8万人。③

不是表达政治主张或不是表达诉求与意愿的集会,不属于人权法调整。例如,传销行为就经常采用集会的方式进行人员培训和商品宣传。这种集会属于一般集会,属于工商行政管理法律的调整范畴。再是,文娱、体育活动,正常的宗教活动,传统的民间习俗活动,也不属于集会,不在人权法调整的范围。可见,人权法的集会自由,主要是指公

---

① 邓国胜:《中国社会团体的现状、问题与政策建议》,2005年3月北京大学法学院"非营利组织法律模式研讨会"会议论文集。

② 王建芹:《论结社自由及其实现》,http://www.360doc.com/content/10/0326/22/174110_20404533.shtml,访问日期:2010年11月12日。

③ 2010年8月23日,香港康泰旅行社一个包含20名香港游客和1名香港领队的旅游团在马尼拉参观行程中被歹徒劫持,造成8死7伤的惨剧。菲律宾政府在事件当时的处理方式有明显错失,使香港立法会全体议员都感到强烈不满而引发了这次的集会与游行。

民聚集于露天的公共场所,发表意见、表达诉求与意愿的行为。公民聚集于露天公共场所的室外集会,经常是以游行、示威、请愿等形式表现出来的。集会的目的主要是指政治集会,发表政治主张、表达公民诉求与意愿的行为。

集会自由可产生两种法律效果:一是消极意义上的国家不得干涉公民集会自由权利的行使;二是当公民的集会自由权利受到任何妨害时,国家负有排除义务。有的国家要求集会前须向警察机关报告或取得许可;有的国家不要求集会前须获得许可,只对违法的集会才施以惩罚。非法集会指未经所在地政府的许可而进行的集会活动,参与者可能被刑事拘留。集会可以根据不同标准加以划分:按地点划分,可以分为室内集会与室外集会;按集会目的划分,可以分为政治集会与非政治集会;按集会方式划分,可以分为私人集会与公共集会等。

(2)游行、示威自由。游行自由是指公民享有在公共道路、露天公共场所列队或结队而行地表达共同意愿与诉求的自由行为。示威自由是指公民可以在公共道路或者公共场所采用集会、游行、静坐等方式表达支持、声援、抗议的共同意愿与诉求的自由行为。可以说,游行、示威是集会的延续与发展。正是因为游行、示威是集会的延续与发展,所以一些国家和地区将游行、示威归入集会自由或集会、游行自由之中。例如,《公民权利和政治权利国际公约》并没有一并使用集会、游行和示威自由这样的术语排列,而是使用了"集会"的概念加以统称。"只有一些比较重视公民游行示威自由的社会主义国家才将其单列出来加以规定。"[①]

2.集会、游行、示威自由之间的关系

集会、游行、示威自由之间既有联系,也有区别:(1)集会自由是游行、示威自由的前提与条件。没有集会自由行为也就没有游行与示威行为的发生与展开。游行、示威行为发生的前提是人员的聚集。集会正是指公民聚集于公共场所,发表意见、表达诉求与意愿的行为。(2)集会自由是静态的行为,一般是在固定场所或公共场地的人员自由聚集。游行自由是动态的行为,是公民在公共道路、露天公共场所自由地列队或结队而行地表达共同意愿与诉求的行为。示威自由是综合行为,包括了静态与动态的行为,它是指公民在公共道路或者公共场所采用集会、游行、静坐等方式自由地表达共同意愿与诉求的行为。街道、公园和城市广场等公共场所可以作为集会、游行和示威的场所;政府办公大楼前或企业的建筑物附近也可以举行集会、游行和示威活动。(3)集会、游行、示威自由的表达方式不同。集会者大多集中于一地或几个地方表达意愿;游行是在公共道路或广场沿线路行走中表达意愿;示威可以动态示威,也可以静坐、绝食示威来表达意愿。集会、游行和示威可以采用徒步进行,也可以借助或使用各种交通工具,例如轿车、卡车、自行车等交通工具;集会、游行和示威可以仅限制特定的人,只向特定的人开放,例如妇女或残疾人,也可以向所有人开放。但需要明确,无论以何种方式,在何种场所行使集会、游行和示威的宪法权利,都应当遵守相应的法律规定。

[①] 南京大学法学院编:《人权法学》,科学出版社2005年版,第151页。

3. 集会、游行、示威自由的意义

集会、游行、示威自由，属于广义的表达自由。公民在形成、表达和实施政治意见过程中，集会、游行和示威起着非常重要的作用，具有非常明显的民主功能。政府应当采取积极的措施，确保公民行使集会、游行、示威的自由权利。公民行使集会、游行、示威的宪法性权利和自由时，需要政府以作为或不作为两种方式来确保公民享有此类权利和自由具有实际的意义。

集会、游行和示威所要传达的政治主张、意愿诉求，试图达到的目的必须针对政府的不当行为或错误政策。例如，2010年11月10日，发生在英国的数万英国大学生、教师在伦敦游行，抗议政府大幅上调大学学费上限。① 同时，只有针对政府某项决策，或某个行政官员的行为，才能获得法律上的保护和民众的支持，才能在民主进程中产生预期的效果。另一方面，这种以批评政府错误政策为导向的行为又必须依赖于政府的支持和保护。

4. 集会、游行、示威自由的保护与限制

集会、游行、示威自由具有其特征，即其行为与单个的"言论自由"、"出版自由"行为相比，"言论自由"与"出版自由"行为更为理性、更加温和，集会、游行和示威行为更为激烈、更为冲动。在表达意愿与诉求上，集会、游行和示威行为会取得明显的效果。

公民行使集会、游行、示威自由权利，都是为了反映公民所认为的社会不公问题，并通过集会、游行、示威行为引起媒体关注和政府关注，唤起公众良知，获得广泛的同情和支持。最终目的是启动解决这些问题的法律机制或其他机制，促成问题的解决。从历史和国外的情况来看，不乏大量的例证。例如，20世纪60年代，美国黑人在马丁·路德·金的领导下，通过集会、游行和示威这种方式，成功地迫使美国政府废除了不平等的种族制度，使美国黑人获得了与白人同样的法律地位和法律保护，就是一个典型事例。② 其次，印度圣雄甘地领导和倡导的非暴力不合作运动，成功地结束了英国的殖民统治并赢得了国家的独立。③ 因此，集会、游行、示威自由更需要政府予以更多的关注。这种关注既可能是更多的干预，也可能是更多的保护。

(1) 集会、游行、示威自由的法律保护。如何保护集会、游行、示威自由权利的实现，既有立法需要解决的问题，也有司法需要解决的问题。首先立法上应当保障该项权利

---

① 英国政府2010年11月3日宣布大幅上调大学学费上限，允许各家大学将本科生年度学费由最高3290英镑（约合5300美元）提至9000英镑（1.4万美元）。新收费标准预计将在2012年秋季开学时正式实施。《数万英国大学生游行抗议政府上调学费》，http://www.sira.com.cn，访问日期：2010年11月12日。

② 马丁·路德·金（1929年1月15日—1968年4月4日），著名的美国民权运动领袖，1964年度诺贝尔和平奖获得者，他为黑人谋求平等，发动了美国的民权运动，功绩卓著，闻名于世。

③ "圣雄甘地"即莫汉达斯·卡拉姆昌德·甘地（1869年10月2日—1943年1月30日），是印度民族主义运动和国大党领袖。他既是印度国父，也是印度最伟大的政治领袖。他带领国家迈向独立，脱离英国的殖民统治。他的"非暴力"的哲学思想，影响了全世界的民族主义者和那些争取和平变革的国际运动。

的实现。除了宪法条文作出原则性规定以外,其他法律对保障该项权利应当制定具体保障性条款。其次,在司法实践上应当设立救济手段,以确保该项权利的实现。

(2)集会、游行、示威自由的法律限制。关于集会、游行、示威自由的法律限制,主要体现在应当遵守的原则上。行使集会、游行和示威自由权利,应当遵循和平、守法和协商解决问题的原则。

①和平集会的原则。无论国际人权条约,还是国内人权法,都要求人们以和平的方式行使集会、游行和示威自由权利。我国《集会游行示威法》第5条规定:"集会、游行、示威应当和平地进行,不得携带武器、管制刀具和爆炸物,不得使用暴力或者煽动使用暴力。"再如,《公民权利和政治权利国际公约》第21条规定,对和平集会的权利不得加以限制,但按照法律以及在民主社会中为维护国家安全或公共安全、公共秩序,保护公共卫生或道德或他人的权利和自由的需要而加以限制的除外。这说明带有任何形式的暴力的集会、游行和示威,都不受法律的保护。

②合法集会的原则。合法集会的原则是我国《集会游行示威法》所规定的原则。《集会游行示威法》第4条规定:"公民行使集会、游行、示威的权利的时候,必须遵守宪法和法律,不得反对宪法所确定的基本原则,不得损害国家的、社会的、集体的利益和其他公民的合法的自由和权利。"集会、游行、示威的合法原则,是要求组织者、参与者应当严格按照法律的相关规定来行使自己的自由权利。活动过程中所使用的标语口号和所表达的意愿与诉求的内容,也需要考虑现有法律的规定,例如不得煽动民族仇恨等。合法性原则还要求集会、游行和示威活动的组织和举行,应当遵循相应的程序要求,集会、游行、示威活动开始前要按照规定向主管机关递交书面申请。① 在活动进行的过程中,按照许可的目的、方式、标语、口号、起止时间、地点、路线及其他事项进行。

在活动进行中出现危害公共安全或者严重破坏社会秩序情况的,人民警察有权依法制止;不听制止的,人民警察现场负责人有权命令解散;对拒不解散的,人民警察现场负责人有权依照国家有关规定决定采取必要措施强行驱散,并对拒不服从的人员强行带离现场或者立即予以拘留。对于参加集会、游行、示威的人员越过依法设置的临时警戒线,进入依法不得举行集会、游行、示威的特定场所及其周边一定范围或者有其他违法犯罪行为的,人民警察可以将其强行带离现场或者立即予以拘留。

③协商解决的原则。《集会游行示威法》第10条规定:"申请举行集会、游行、示威要求解决具体问题的,主管机关接到申请书后,可以通知有关机关或者单位同集会、游行、示威的负责人协商解决问题,并可以将申请举行的时间推迟五日。"集会游行示威的目的不外乎表达某种意愿与诉求,解决某种问题。如果能依法协商解决问题,则对维护社会稳定和国家安全都大有好处。

仅仅出于防卫的目的而采取的手段,比如佩戴头盔和防护面具的做法,不应当使集

---

① 我国《集会游行示威法》第7条规定,国家举行或者根据国家决定举行的庆祝、纪念等活动;国家机关、政党、社会团体、企业事业组织依照法律、组织章程举行的集会,是不需申请的集会活动。

会、游行和示威失去和平的性质。"所谓的'静坐抗议'或阻塞,只要其参与者不使用武力或进行积极的对抗,则也属于和平集会。"

合法集会、游行和示威的原则要求行为的组织者、参与者无论是活动开始之前,还是在活动进行过程中,都应当严格按照法律的相关规定来行使自己的权利和自由,活动过程中所使用的标语口号和所有传达的信息内容,也需要考虑现有法律所确立的相关标准,比如不得煽动民族仇恨等。这既是一项宪法和其他法律对集会、游行和示威活动提出的基本要求,也是此类行为取得政府配合和保护的前提。如果活动的组织者、参与者不按照法律的规定和有关机关的批准进行,活动应当受到保护的法律基础就会丧失。

为了维护公共秩序和社会安定,国家可以对集会、游行、示威自由加以限制,但是不能剥夺公民享有的集会、游行、示威自由权利。集会、游行、示威本身包含有言论自由的内涵,对其活动的限制,会导致言论自由受到一定限制。根据我国《集会游行示威法》的规定,集会游行示威受到以下限制:①不得利用集会、游行、示威活动来反对宪法所确定的基本原则,不得危害国家统一、主权和领土完整,不得煽动民族分裂,不得危害公共安全或者破坏社会秩序。②举行集会、游行、示威依法必须事先经过公安机关许可。③除非经国务院或者省、自治区、直辖市的人民政府批准,不得在下列场所周边距离10米内至300米内举行集会、游行、示威:全国人民代表大会常务委员会、国务院、中央军事委员会、最高人民法院以及最高人民检察院所在地;国宾下榻处;重要军事设施,以及航空港、火车站和港口。④禁止采取暴力、胁迫或者其他非法手段进行集会、游行、示威。⑤特定人员的禁止。国家机关工作人员不得组织或者参加违背有关法律、法规规定的国家机关工作人员职责、义务的集会、游行、示威。公民不得在其居住地以外的城市发动、组织、参加当地公民的集会、游行、示威。⑥不得违反治安管理法规,不得进行犯罪活动或者煽动犯罪。

(五)罢工自由

罢工自由,是指劳动者为争取经济利益和政治权利享有采取停工、停产等斗争方法的自由权利。当代各国宪法中明确规定罢工自由的只有法国、意大利和非洲一些国家,并且作了严格限制。例如,《法国罢工法》和《工资合同法》规定:罢工只许以维护和改善劳动条件及经济地位为目的,不得为政治目的而罢工;罢工须由工会领导,由工会会员投票决定;在工资合同规定的"和平期内"不得罢工;特殊身份的人员例如公务人员,无权罢工。我国的1975年和1978年《宪法》曾规定有罢工自由权利。1982年《宪法》取消了这一规定。

目前,世界各国工人仍然采用罢工方式,表达自己的诉求。例如,由于世界性的金融危机依然影响欧洲各国的经济复苏,欧洲各国采取紧缩政策,影响了职工的福利待遇。因而,2010年的欧洲出现了罢工潮。例如,2010年3月间,英国罢工潮威胁英国航空、铁路交通运输。2010年10月,法国工人反对政府将退休年龄推迟2年,即规定62岁退休,将原来全额领取退休金的65岁也推迟至67岁,因而引发法国工人大罢工。

四、宗教信仰自由

(一)宗教信仰自由的含义

宗教信仰自由是指公民可以依据内心的信念而自愿地信仰或不信仰宗教的自由。宗教信仰是信奉某种宗教的人对所信仰的特定教理、教义视为神圣对象。由于对神圣对象的崇拜认同而产生的坚定不移的信念及内心的皈依。这种信念和思想皈依的具体表现是,遵守特定的宗教仪式,参加各种宗教活动,并用宗教教义规范自己的行为。

宗教信仰自由是广义的思想自由,也称为精神自由,是指公民进行精神活动自由的具体表现。特别是公民为何信仰此教义而不信仰彼教义是深藏于公民内心的难以揭晓的秘密。正是由于思想与思维活动深藏于人的大脑中,是一种看不见、摸不着的活动,因此,具有思想自由特征的宗教信仰自由也是一种绝对的自由,不可放弃、不可剥夺、不可限制,也无法被剥夺和限制。政府可以采取各种强制性手段限制公民开展信仰宗教的活动,但是无法消除公民对宗教崇拜认同而产生的坚定不移的信念及内心的皈依。

(二)宗教信仰自由与人权法关系

人权法保护宗教信仰自由。其理由:(1)保护宗教信仰自由是保护世界文明与社会文化的客观需要。宗教是世界文明的一个重要组成部分,是人类社会普遍的文化现象。世界各国都有反映不同社会文化、民族习惯和政治制度的宗教存在,宗教已经是人类社会的文化现象。(2)保护宗教信仰自由是保护思想自由的需要。宗教信仰自由之所以得到人权法的保护,不是凭借宗教信仰自由的具体内容,相反是凭借宗教信仰自由是自由与自愿选择的产物,属于自由权利的范畴。如前所述,宗教信仰自由是思想良心的产物。保护人的思想良心自由,是保护人追求自我完善的重要组成部分。因此,《公民权利和政治权利国际公约》明确规定:"人人有权享受思想、良心与宗教自由。"约翰·密尔说:"意识的内向境地,要求着最广义的良心自由;要求着思想和感情的自由;要求着不论是实践的或思考的,是科学的、道德的绝对自由。""这个自由若得不到承认,或者若无人不顾禁令而加以主张,那么在人的智性方面并从而也在人的德性方面便有毁灭性的后果。"[①]对宗教信仰自由提供特别保护,可以是因为确立宗教信仰自由是避免公民之间争斗的一种方式,也可以是因为宗教信仰在道德上有益于人民过上令自己满意而令他人羡慕的生活,[②]还可以是保护公民追求内心满足与幸福的重要方式。其原因不一而足。但是,从人权法的角度思考,宗教信仰自由是公民可以依据内心的信念而自愿地信仰或不信仰宗教的自由。宗教信仰自由既是思想自由的具体表现,也是思想信仰的一种选择,属于人的自由权利范畴,应当给予人权法的保护。(3)宗教信仰自由是在反

---

① [英]约翰·密尔著:《论自由》,程崇华译,商务印书馆1982年版,第12、59页
② 南京大学法学院编:《人权法学》,科学出版社2005年版,第138页。

对宗教压迫斗争中产生的基本权利。欧洲中世纪,国家权力与教会权力相互结合,限制公民自由选择宗教信仰,只允许国教的存在,宗教信仰被限制于国教范围。16世纪,马丁·路德领导的宗教改革运动,瓦解了国教垄断宗教信仰的专断地位,以承认各宗教教派地位平等而结束了的宗教改革,为宗教信仰自由确立了坚实基础。

(三)宗教信仰自由的内容

宗教信仰自由作为一种自由权利,其内容包括两方面,一是宗教信仰自由权利的总体构成,包括信仰的自由、宗教活动自由、宗教仪式自由等内容,在有些国家,还包括传教自由。二是宗教信仰自由的内心构成。宗教信仰自由的内心构成包括每个公民既有信仰宗教的自由,也有不信仰宗教的自由;有信仰这种宗教或者那种宗教的自由;在同一宗教里面,有信仰这个教派或那个教派的自由;有过去不信教而现在信教的自由,也有过去信教而现在不信教的自由。也有的学者认为,宗教信仰自由包含三层含义:一是选择信仰某种宗教或不信仰宗教的自由,换句话说,公民在内心中有信仰任何宗教与不信仰任何宗教的自由。由于这只是人的内心活动,各国一般都采取绝对保障主义,认为这是一种绝对的自由。这种自由的范围包括:不得强迫公民违反自己的意志去接受或奉行任何宗教信仰,不得强迫公民表示其宗教信仰,更不得强迫公民放弃或改变其宗教信仰,公民有反宗教的自由。这里有一个信教公民和不信教公民之间如何相互尊重的问题。一般而言,不信教公民不应到宗教活动场所进行无神论的宣传,或者在信教群众中展开有神还是无神的辩论;反过来,任何宗教组织和信教公民也不应在宗教活动场所外宣传有神论、布道传教、散发宗教传单和其他未经政府主管部门批准出版发行的宗教书刊。二是礼拜自由,即公民有参加或不参加宗教礼拜仪式的自由,任何人包括政府都不得强迫。三是传教自由,即任何教派都有自由宣传其教义的自由。由于礼拜自由和传教自由属于宗教活动,与社会关系——密切,国家基于公共利益需要可以加以适当限制。①

(四)宗教信仰自由的保护

1.国际人权法的保护。《世界人权宣言》第18条规定:"人人有思想、良心和宗教自由的权利;此项权利包括改变他的宗教或信仰的自由,以及单独或集体、公开或秘密地以教义、实践、礼拜和戒律表示他的宗教或信仰的自由。"《公民权利和政治权利国际公约》第18条第1款、第2款规定的内容,与《世界人权宣言》第18条规定的内容是相同的:"人人有权享受思想、良心和宗教自由。此项权利包括维持或改变他的宗教或信仰的自由,以及单独或集体、公开或秘密地以礼拜、戒律、实践和教义来表明他的宗教或信仰的自由。""任何人不得遭受足以损害他维持或改变他的宗教或信仰自由的强迫。"《公民权利和政治权利国际公约》第18条第1款完全引用了《世界人权宣言》第18条的内

---

① 南京大学法学院编:《人权法学》,科学出版社2005年版,第139页。

容。《世界人权宣言》第18条所规定的自由权利是一项不可克减的权利,它涉及"思想自由"、"良心自由"和"宗教自由"三项自由。

再是,1981年,联合国通过的《消除基于宗教或信仰的一切形式的不容忍和歧视宣言》,是一个关于宗教或信仰自由的专门性国际文件,是一项重要的国际人权文书。该《宣言》对宗教或信仰自由的范围和内容,对该权利行使的限制及国家承担的义务,以及关于全面禁止歧视等问题作了详细的规定。其中的某些条款被认为具有规范的性质,构成了国际习惯法的一部分。

2. 国内人权法的保护。我国《宪法》第36条规定,我国公民有宗教信仰自由,任何国家机关、社会团体和个人不得强制公民信仰宗教或不信仰宗教,不得歧视信仰宗教的公民和不信仰宗教的公民。国家保护正常的宗教活动,但任何人不得利用宗教进行破坏社会秩序、损害公民身体健康、妨碍国家教育制度的活动。目前,我国的宗教主要是指受到国家法律保护的、流传于社会并为部分群众所信奉的佛教、道教、伊斯兰教、天主教和基督教等宗教教派。

"文革"期间,我国禁止进行宗教信仰,把信仰宗教视为迷信活动。改革开放后,我国在尊重和保护中国公民及在中国境内的外国人的宗教信仰自由方面取得了重大进步。中国公民可以自由地选择、表达自己的信仰和表明宗教身份。据不完全统计,中国现有各种宗教信徒1亿多人,宗教活动场所8.5万余处,宗教教职人员约30万人,宗教团体3000多个。宗教团体还办有培养宗教教职人员的宗教院校74所。在中国,各种宗教地位平等,信教的与不信教的公民之间彼此尊重,团结和睦。这既是中国传统思想文化中兼容、宽容等精神的影响,更是因为中国政府制定和实施了宗教信仰自由政策,建立了符合本国国情的政教关系。①

3. 《国家人权行动计划》的保护。对宗教信仰自由保护的总体要求:全面贯彻宗教信仰自由政策,依法管理宗教事务,切实保障公民的宗教信仰自由。具体要求:(1)依法保护正常的宗教活动,维护宗教团体、宗教活动场所和信教公民的合法权益。(2)落实《宗教事务条例》,完善相关配套规章,制定相应的地方性法规和规章,保障公民宗教信仰的自由权利。(3)保护公民不被强制信仰或不信仰宗教、不因宗教信仰而受到歧视,保障宗教信徒的权益。(4)尊重少数民族的信仰传统,保护少数民族宗教文化遗产。继续投入必要资金用于维修少数民族地区具有重要历史文化价值的寺庙和宗教设施。(5)充分发挥宗教界在促进社会和谐和经济社会发展中的积极作用。鼓励和支持宗教界开展社会公益慈善活动,探索宗教服务社会、服务人群的方法和途径。

(五)宗教信仰自由的限制

宗教信仰自由不是没有限制的。内心选择宗教信仰或不选择宗教信仰的自由是不受限制的。但是,所信仰宗教的内容与其活动会受到必要的限制。《公民权利和政治权

---

① 方立新、夏立安:《人权法导论》,浙江大学出版社2007年版,第119页。

利国际公约》第18条第3款规定："表示自己的宗教或信仰的自由,仅只受法律所规定的以及为保障公共安全、秩序、卫生或道德,或他人的基本权利和自由所必需的限制。"可见,这种限制也只能限于"法律所规定的以及为保障公共安全、秩序、卫生或道德,或他人的基本权利和自由所必需的限制"的范围内。

我国《宪法》第36条对宗教信仰自由予以保护的同时,也对宗教信仰自由作出限制。"国家保护正常的宗教活动,但任何人不得利用宗教进行破坏社会秩序、损害公民身体健康、妨碍国家教育制度的活动。""宗教团体和宗教事务不受外国势力的支配。"具体分析,我国《宪法》在第36条第3款、第4款对宗教信仰自由作出了两个方面的限制性规定:一是任何人不得利用宗教进行破坏社会秩序、损害公民身体健康、妨害国家教育制度的活动。二是不允许宗教团体和宗教事务受到外国势力的支配。

按照国家实行政教分离的原则,宗教组织和宗教团体也不得与国家分享立法权、司法权和行政权。宗教组织和宗教团体不得干预行政、司法和教育,不得干预婚姻、计划生育等等。因此,任何人不得利用宗教进行破坏社会秩序、损害公民身体健康、妨害国家教育制度的活动。不允许宗教团体和宗教事务受到外国势力的支配的限制性规定,包括有一个允不允许外国人到中国来传教的问题。因为如果允许外国人到中国传教,那么在中国所组建的新的宗教团体及其事务就必然受到外国人的支配,从而与我国宪法的规定有矛盾。而绝对的不允许外国人来中国传教,根据《公民权利和政治权利国际公约》的规定,又根本找不到合理的理由。所以,将来为协调两者的冲突,只能有条件地允许外国人到中国传教并对其加以严格监督管理。

第五节 政治权利

一、政治权利的概念与特征

(一)政治权利的概念

政治权是人权的最集中的表现。政治是一个多含义的名词,是人类历史发展到一定时期产生的一种重要社会现象。这一社会现象很复杂,一般来说,这个词多用来指政府、政党等治理国家的行为。各时代的政治学家和政治家都从不同角度和不同侧重点对它作过各种论述,但至今还没有公认的确切定义。"政治是经济的最集中的表现"、"政治就是各阶级之间的斗争"、"政治就是参与国家事务,给国家定方向 确定国家活动的形式、任务和内容"、"政治是一种科学,是一种艺术"。这些论述概括反映了对政治的本质和属性的不同观点和看法。

政治权利也是个多重含义的名词,有狭义、中义与广义的不同解释。狭义的政治权利,是指参与国家政权管理的权利。日本宪法学者称之为,"参政权"或"政治参加的权利"。"参政权"或"政治参加的权利"主要是指享有选举权与被选举权。中义的政治权利,是指"公民依法在政治上享有的权利,如选举权、被选举权和言论、出版、集会、结社、通信、人身、居住、迁徙、宗教信仰及游行、示威等自由"。① 中义的政治权利主要有两种形式:一是表达意愿的自由。公民在国家政治生活中自由地发表意见。它通常表现为言论、出版、集会、结社、游行、示威自由,简称政治表达自由。二是公民参与国家、社会组织与管理的活动。它是指公民以选举权与被选举权的形式参与国家政权管理。广义的政治权利,是指公民在宪法上所享有的一切政治性权利的总称。它主要包括选举权、被选举权、政治表达自由以及其他各种政治参与的权利。例如,公民享有监督权,即拥有对国家机关及其工作人员进行监督,公民以各种形式对管理国家事务、管理经济和文化事业的管理权。② 此外,还有特定含义的政治权利。例如,我国《刑法》第 54 条规定,剥夺政治权利是指剥夺公民的选举权和被选举权,言论、出版、集会、结社、游行、示威自由,以及担任国家机关职务和担任国有公司、企业、事业单位和人民团体领导职务的权利。这些权利被统称为政治权利。③ 再是,政治学者对政治权利的定义又不相同。政治学者认为,政治权利是指"参与政府管理与影响公共政策之权利"。④ 或者认为,政治权利是指"社会成员实现利益分配的资格"。⑤ 可见,政治权利在不同场合或不同学科有不同的理解。

政治权利的通说,政治权利是指公民依法享有参与国家政治生活、管理国家以及在政治上表达个人见解和意见的权利。⑥ 可以说,政治权利与民主权利是相近似的概念。民主权利就是指公民在政治上享有的自由发表意见和参与国家政权管理的权利。从人权法的角度看,政治权利应当是指公民在政治上享有的自由发表意见和参与国家政权管理的权利。因此,从政治权利的构成看,政治权利主要包括选举权、被选举权以及政治表达的自由。此外,政治权利还包括其他各种政治参与的权利。根据我国宪法的规定,公民拥有对国家机关及其工作人员的监督权,公民享有采用各种形式的管理国家和社会事务,管理经济和文化事业的管理权。根据《国家人权行动计划(2012—2015 年)》和《国家人权行动计划(2016—2020 年)》关于"依法有效保障公民权利和政治权利"的内容看,包括维护公民的基本权利;加强人权的司法保障,促进司法公正;发展社会主义民主政治,扩大公民有序政治参与,保障人民的知情权、参与权、表达权、监督权。

由于公民享有的政治表达自由在自由权部分已经介绍,因此以下主要介绍公民享有的选举权与被选举权,以及选举权的延伸性权利——公民对国家机关及其工作人员的监督权。公民享有采用各种形式的管理国家和社会事务的权利,包括享有管理经济

---

① 《现代汉语词典》(修订本),商务印书馆 1996 年版,第 609 页。
② 林来梵著:《从宪法规范到规范宪法》,法律出版社 2001 年版,第 120、123 页。
③ 《中华人民共和国刑法》第 54 条。
④ 林嘉诚、朱活源编著:《政治学辞典》,五南图书出版公司 1990 年版,第 279 页。
⑤ 王浦劬主编:《政治学基础》,北京大学出版社 1995 年版,第 104 页。
⑥ 许崇德主编:《中华法学大辞典·宪法学卷》,中国检察出版社 1995 年版,第 788 页。

和文化事业的权利。这些权利可以通过政治表达自由权、选举权与被选举权和罢免权得到体现。

(二)政治权利的特征

政治权利具有以下几点特征:

1. 政治权利是民主权利的核心。从政治权利在整个人权法体系中所居的地位来看,政治权利就是人权的核心。政治权利主要包括了选举权与被选举权以及罢免权。这些权利体现了人民主体原则,体现了人民当家作主精神。民众是国家主人的具体表现是:民众通过选举权来任命管理国家公职人员,通过罢免权来解除不称职的国家公职人员。这就是民主权利的核心内容,是人权的核心内容。因此,有外国宪法学者将政治权利称之为"主权上的权利"。《世界人权宣言》第21条规定:(1)人人有直接或通过自由选择的代表参与治理本国的权利;(2)人人有平等机会参加本国公务的权利;(3)人民的意志是政府权力的基础,这一意志应以定期的和真正的选举予以表现,而选举应依据普遍和平等的投票权,并以不记名投票或相当的自由投票程序进行。

2. 政治权利是公民个人权利的联合行使。首先,选举权是公民个人权利而不是集体权利。选举权的主体是公民个人而不是集体。选举权是公民个人在投票时行使的权利,而不是集体在投票。无记名投票是现代民主选举制的一个基本原则,其目的就是保护选民能够真实地反映自己的意愿,排除外界的干扰和压力。个体的选民在投票时可以与自己所在的政党、社团或其他组织保持一致,也可以不保持一致。他们可以联合起来共同投票,也可以作为个体单独投票。选民们联合起来投票,这样会使自己的一票更有力量。这种投票行为,只能说明政党、社团或其他组织对公民个人投票的影响力。政党、社团或其他组织确实在一定程度上能够左右选举或影响选举结果,但是并不能说明它们是选举权的主体。政党、社团或其他组织永远不能代替公民个人去投票。其次,选举权作为一种权利与其他权利的不同之处是它有"联合行使"的特点。选举权属于公民个人,但选举结果是由许多公民投票共同决定的,单独地看一个人的投票不可能产生选举结果,只有无数公民同时投票才能产生共同委托管理国家的公职人员或人民代表。这与公民行使其他权利不同。其他权利通常是个人行使,不需要"联合行使"。例如人身自由权、劳动权、表达自由权等。在选举中,公民有时仅仅是作为个体在投票。但是,在更多的时候他们会结成联盟以便"共同"投票,例如政党、社团或其他组织在选举中发挥着重要作用。

二、政治权利的意义

公民享有政治权利是公民行使人民当家作主的最要表现。公民通过依法行使选举权,选举产生品行优秀、具有领导才能的公民担任国家领导人,或者选举产生具有民主、人权和法治意识的公民担任国家立法机关的代表,依法行使立法权。这就体现了国家领导人的权力来源于公民的委托,未经公民委托而享有国家领导权力是不符合人权法和宪法规定的。公民选举国家立法机关的代表,是公民参与国家意志的形成或法秩序创造的最重要途径,是公民能动地行使政治权利的具体表现。同时,被当选公民如果不能胜任领导岗位,或者滥用职权,谋取私利,或不能代表民众声音的话,享有政治权利的公民就可以通过行使监督权督促其改正,或依法行使罢免权,改选其他公民担任国家领导人或人民代表。

公民充分享有政治权利可以增强公民意识和主人翁意识,有助于促进公民提高参与国家各项事业管理的自觉性。国家各事业的发展离不开民众的参与,国家法律与政策的制定,必须听取广大民众的意见,反映民众关心的热点问题。公民享有政治权利,既是公民参与国家各项事业管理的重要前提,也是国家机关广开言路,兼听则明的重要保证。最重要的是,通过政治权利的行使,既可以体现人权在管理国家政权中发挥作用,也可以通过政治权利的行使保障人权的实现。

三、政治权利的类型

选举权和被选举权是政治权利的传统类型,也是政治权利的典型类型。[①] 选举权是指选举法规定的,公民可以参加选举活动,按照本人的自由意志投票选举人民代表等职务的权利,即参加投票选举的权利;被选举权是指根据选举法的规定,公民可以被提名为人民代表等职务的候选人,当选为人民代表等职务的权利。选举权和被选举权是公民的一项基本政治权利,是公民参与国家管理的必要前提和有效途径。同时,政治权利的类型必然包括了政治表达自由。因为在现实的政治生活中,言论、出版、集会、结社、游行和示威的自由,是作为实现政治表达的重要方式,是表达政治意愿的重要权利,并在现代国家的政治生活中占有重要的地位。言论自由是公民以言语表达意思的自由;出版自由是指以文字、音响、绘画等形式出版作品,向社会表达思想的自由;结社自由是指公民为一定宗旨组成某种社会组织的自由;集会自由和游行、示威自由,都是公民表达自己见解和意愿的自由,只是表达的方式不同。这六项自由,是我国宪法规定的公民的基本政治自由,是人民发表意见、参加政治活动和国家管理的自由权利。同时,2009年的《国家人权行动计划》对政治权利的分类及排列是:宗教信仰自由、知情权、参与权、表达权和监督权。

我国《宪法》第34条规定公民享有选举权和被选举权,紧接其后在第35条规定公民享有言论、出版、集会、结社、游行和示威的自由。可见,政治权利基本上包括选举权与被选举权、政治表达自由权。[②] 政治表达自由权已经在表达自由权部分论述,因此,

---

① 林来梵:《从宪法规范到规范宪法》,法律出版社2001年版,第123页。

② 这里的表达自由是对政治意愿的表达,不是对政治愿意的表达不属于政治权利范畴。因为,言论、出版、集合、结社、游行和示威的自由不仅仅只是作为政治意愿的表达自由权。这些自由除了作为政治表达的自由之外,还可以作为非政治表达的自由而存在。例如商业性言论的自由、单纯性的艺术表达自由以及人类之间亲情与爱情的情感表达自由等,都属于非政治性表达的自由。外国的传统宪法学在有关宪法权利的分类体系中,往往将言论、出版、集会、结社、游行和示威的自由作为一般的"表现自由"或"表达自由"而归入精神自由的范畴之中。参见林来梵:《从宪法规范到规范宪法》,法律出版社2001年版,第124页。

政治权利的类型最主要包括了选举权与被选举权,以及选举权的延伸性权利——公民对国家机关及其工作人员的监督权。

(一)选举权

1.选举权的概念

选举权的英文是 Suffrage,其意即"投票"。选举权是指公民依照法律规定享有参加选举的权利,包括参加提名代表候选人,参加讨论、酝酿、协商代表候选人名单,参加投票选举等权利。选举权是公民的基本政治权利之一。根据《宪法》第 34 条规定:中华人民共和国年满 18 周岁的公民,不分民族、种族、性别、职业、家庭出身、宗教信仰、教育程度、财产状况、居住期限,都有选举权和被选举权;但是依照法律被剥夺政治权利的人除外。①

作为政治权利的选举权,其所选举的候选人应当是国家公职人员。公民享有的参加提名代表候选人,参加讨论、酝酿、协商代表候选人名单,参加投票选举等权利,是对特定的国家公职人员候选人而言的。这里提名的代表候选人只能是作为国家行政、司法机关的领导人和国家立法机关的代表。就国家选举权而言,候选人是国家主席、副主席,以及由国家主席提名的国务院总理、副总理和国务委员;最高人民法院院长、最高人民检察院检察长;全国人大常委会组成人员等国家机关公职人员。如果参加提名的代表候选人,参加讨论、酝酿、协商的代表候选人名单是企业或公司的职工代表大会代表或股东会选举董事会成员的候选人,是属于商事行为的选举,不属于政治权利的范畴。因此,有学者认为,"从学理上而言,选举权与被选举权有狭广两义之分。狭义的选举权与被选举权指的是人们参加国家权力机关或代表机关的创设或组织所必需的那种选举中的选举权和被选举权,而广义的选举权与被选举权则指的是人们为实现任何国家机关、公共团体乃至私人组织的创设或组织所必需的各种选举中的选举权与被选举权。"②

2.选举权的性质

选举权在宪法学上存在一个"原命题",那就是:选举权到底是属于一种权利,还是属于一种公务或权限。英美法系的宪法学明确提出,选举权是一项权利,不存在任何争议。

大陆法系的传统宪法学对选举权是众说纷纭,曾经出现三种不同的学说,即所谓的权利说、权限说和二元说。(1)权利说。权利说认为,选举权是人与生俱来的一种权利,即一种自然权。这种选举权自然权说的观念曾经作为一种民主政治的启蒙理论在历史上发挥过重要的作用,但此后当然不得不一同承受法学上对自然法学说的所有诘难。

---

① 根据我国现行的法律制度,对选举权与被选举权的剥夺,主要是依据刑法,并采用一概性的"剥夺政治权利"的形式。刑法上对政治权利的剥夺,主要附加适用于危害国家安全以及故意杀人、强奸、爆炸、贩毒、抢劫等严重破坏社会秩序的犯罪人。

② 林来梵:《从宪法规范到规范宪法》,法律出版社 2001 年版,第 125 页。

(2)公务说。公务说认为,选举权是国家为了实现国家的目的而授予公民的,行使选举权是公民为国家履行的一种公务。简单地说,选举权的行使必须有赖于公民组成"选举人团体"。而"选举人团体"实际上也属于一种非常设的国家机关,专门履行选举产生另一种国家机关即立法机关的职责。这种专门履行选举的职责也是一种公务行为。为此,选举权并非一种以个人利益为基础而存在的主观权利,而是一种选举人团体的公务在法律上的体现。(3)二元说。该学说认为,选举权是权利与义务的组合。一方面,选举权是权利。"选举权是人们通过艰苦卓绝的政治斗争所获取的参与国家意志所形成的一种权利,其权利性不容置疑。"另一方面,选举权是为了履行创设或组织国家立法机关而存在的,因而具有一定义务的性质。我国近代宪政主义的领导人梁启超亦曾认为选举权是一种带有义务性质的权利,为此不能放弃。①

从人权法的角度看选举权的性质,选举权是一种权利,是从自然权利衍生出来的政治权利。即支持权利说的观点。选举权是政治权利的核心内容。而政治权利与民主权利的性质是相同的,都是指公民在政治上享有的自由发表意见和参与国家政权管理的权利。民主权利的实质,就是作为人放弃或转让其所享有的自然权利中的部分自由权而换取得到的参与国家管理的社会权利。同时,政治权利也是作为人放弃或转让其所享有的自然权利中的部分自由权而换取得到的参与国家管理的社会权利。选举权具体说是投票权,是一种选择权,这个选择不仅包括选张三还是选李四,而且包括不选任何人,以及根本就不参加选举。个体的公民可以放弃自己的投票权,国家不能强制公民投票,从这个意义上说,投票权是权利而不是义务。

选举权是一项权利,不能说选举权是天赋权利,可以说选举权是作为社会主体的人,放弃了部分自然权利,即让渡部分自由权利后获取的参与管理国家事务权利。这项权利在早期的反对封建专制统治过程中起到重要作用。这种理论是根据卢梭的主权论而形成的。倡导这种学说者的本意,就是为了对抗17、18世纪欧洲各国普遍存在的选举权限于贵族、僧侣及有产阶级享有,一般民众不享有选举权的严重侵犯人权的现实而形成的理论。这种理论的背景就是反对君权神授的延续,反对选举权由贵族、僧侣及有产阶级垄断。因此,在18世纪法国大革命期内,有相当一些人将选举权完全看作国民的固有权利,即国民当然享有的权利,既无须国家宪法或法律赋予,也不是国家宪法或法律所能剥夺。如今,当民众的普遍选举权得到实现的时候,却反过来排斥选举权是基于自然权利而产生的权利理论。这样必然在理论上造成混乱和矛盾。因此,我们应当坚持选举权是权利,它是由自然权利让渡与转换后形成的权利。从这个意义上讲,选举权不是天赋而是人赋的,但这个"人"是指民众自己而不是国家。选举权是民众通过宪法形式共同约定而形成的,不是国家通过法律创造的,也不是国家赋予的。

---

① 关于选举权的三种不同的学说,参见林来梵:《从宪法规范到规范宪法》,法律出版社2001年版,第125~127页。

3. 选举权与国家权力

选举权是人民行使主权的具体表现。人民通过选举的委托方式，授予部分公民依法享有管理国家权力的职责。更重要的是，选举权是国家权力的载体——国家机关的来源。从这个意义上说，选举权是公民权利与国家权力之间的桥梁，没有选举权，国家机关无法产生，国家权力没有来源。行使选举权的结果是产生了国家机关，包括立法机关、行政机关和司法机关，并赋予国家机关的有关人员享有公权力。从这个角度理解，选举权是公权力合法化的依据。而公权力的内容是通过制定宪法得以明确的。

选举权不是制定法律的立法权或制定政策的决策权，选举权只决定由谁来制定法律或作出决策。因此，选举权重在选"能人"，同时也间接地决定了"事务"。例如，在美国选举中，之所以选美国民主党总统候选人、伊利诺伊州参议员奥巴马为总统，而没有选举共和党总统候选人麦凯恩为总统，就是因为奥巴马的才能与竞选纲领获得了多数美国公民的认可。公民选举权的行使，实际上是在一定程度上通过当选权维护和实现公民的利益。

4. 选举权的分类

选举权分为直接选举和间接选举，等额选举和差额选举。

(1) 直接选举和间接选举。这是按照代表选举产生的方式进行划分。直接选举是指由选民直接投票选举国家代表机关代表和国家公职人员的选举。间接选举则是指由下一级国家代表机关，或者由选民投票选出的代表(或选举人)，再选举上一级国家代表机关代表和国家公职人员的选举。

目前，我国宪法和选举法规定，县乡两级人民代表由直接选举产生。直辖市、设区的市、省和全国人大代表由间接选举产生。我国《选举法》规定，不设区的市、市辖区、县、自治县、乡、民族乡、镇的人民代表大会代表，由选民直接选出；全国人民代表大会代表，省、自治区、直辖市、设区的市、自治州的人民代表大会代表，由下一级人民代表大会选出。由此可见，中国在选举中采取的是直接选举和间接选举并用的原则。

直接选举是比间接选举更为理想的一种选举方式。它不仅有利于选民直接根据自己的意愿，挑选自己所信任的人进入国家权力机关，代表他们管理国家，从而有利于选民直接向代表反映意见和要求，并监督代表的工作，而且也有利于代表联系选民，向选民负责并报告工作，有利于增强广大选民的主人翁意识和参政、议政的积极性，还有利于激发代表作为人民公仆的责任感。因此，随着我国政治、经济的发展，人民民主意识的增强和文化素质的提高，我国将会进一步扩大实行直接选举的范围。

直接选举也称为普选。同时，普选一词用以描述投票权不受种族、性别、信仰或社会地位所限制。选举权一般不会扩及选区内全体公民或居民，通常以国籍与年龄作区分，偶尔也以精神状况及被判有罪与否而定。1893年，新西兰成为第一个行使限制性普选的国家。1906年，芬兰成为第一个行使限制性普选的欧洲国家，同时也是史上第一个全体公民都有资格成为国会议员的国家。

(2) 等额选举和差额选举。这是按照候选人与应选人的比例加以划分的。等额选举是指候选人与应选人数相等的选举。差额选举是指候选人数多于应选人数的选举。

差额选举的方式有两种:一是直接采用候选人数多于应选人数的差额选举办法进行正式选举;二是先采取差额选举办法进行预选,产生候选人名单,然后进行正式选举。实行差额选举,候选人人数多于应选人人数,可以让选民更充分地发扬民主,更好地行自己的民主权利,让选民有自由挑选余地,真正做到好中择优。

5. 选举权的主体与行使

如前所述,民主权利的主体应当是公民,政治权利的主体同样也应该是公民。许多国家的宪法对此都有较为明确的规定。例如,美国宪法修正案第 26 条、法国宪法第 3 条、日本宪法第 15 条、韩国宪法第 24 条都作了这样的规定。我国宪法第 34 条同样作了这样的规定:"中华人民共和国年满十八周岁的公民,不分民族、种族、性别、职业、家庭出身、宗教信仰、教育程度、财产状况、居住期限,都有选举权和被选举权;但是依照法律被剥夺政治权利的人除外。"因此,在我国,公民年满 18 周岁就依法享有选举权和被选举权。

关于选举权的行使,最经常遇到的是选举权的平等问题。平等选举权是政治平等权的重要组成部分,也是构成选举权自身的一项不可或缺的内容。在相当长的一段时间内,我国的选举权存在不平等的问题。这主要是农民的选举权利与城镇居民的选举权利的不平等问题。我国 1953 年《选举法》第 6 条明确规定每一个选民在一次选举中只有一个的投票权,在一人一票主义的层面上实现了选举权的平等。但是,选民所代表的人数比例是不相同的。1953 年的《选举法》规定,农村代表与城市代表是按 8 比 1 的比例进行选举代表的;1996 年的《选举法》规定,按 4 比 1 的比例选举农村与城市代表。原来的《选举法》在立法上承认了选民投票效力的不平等。这种差等投票制一直沿袭到 2010 年 3 月。即 2010 年 3 月,国家立法机关对"差等投票制"进行了彻底的修改。

6. 新修改选举法的新亮点

新的《选举法》修改,在五个方面充分体现了政治权利民主化的内容:(1)体现了选举权的平等性。城乡选举首次实现"同票同权"。2010 年的《选举法》规定按 1 比 1 的比例选举农村与城市代表,体现了当代的政治选举平等权的精神,立法上消除了"选票价值的不平等"的现象。新《选举法》第 16 条规定:"全国人民代表大会代表名额,由全国人民代表大会常务委员会根据各省、自治区、直辖市的人口数,按照每一代表所代表的城乡人口数相同的原则,以及保证各地区、各民族、各方面都有适当数量代表的要求进行分配。"[①]这一修改的时代意义在于第一次从制度层面明确取消城乡差别,使公民的政治权利更加平等。(2)体现了选举权的透明性。新《选举法》要求选举单位应当组织代表候选人与选民见面。新修改的选举法规定:"选举委员会根据选民的要求,应当组织代表候选人与选民见面,由代表候选人介绍本人的情况,回答选民的问题。"而原来的法律规定的是"选举委员会可以组织代表候选人与选民见面,回答选民的问题"。原来的规定是"可以",这在执行过程中弹性空间大,现在改为"应当",增加了对这一规定

---

① 具体内容参见本章平等权部分的政治平等权的内容。

的刚性约束。此前,对代表候选人的介绍主要是个人简历、政治面貌、学历等基本情况,选民对候选人缺乏深入了解,投票积极性受到影响。新修改的选举法规定:接受推荐的代表候选人应当向选举委员会或者大会主席团如实提供个人身份、简历等基本情况。提供的基本情况不实的,选举委员会或者大会主席团应当向选民或者代表通报。正式代表候选人名单及代表候选人的基本情况应当在选举日的7日以前公布。而此前只是公布正式代表候选人名单。有关专家认为这些透明的做法有利于避免取得外国国籍的人当选代表。代表候选人不应持外国护照,这关系到公民的权利与义务和对国家的忠诚,关系到自然权利中部分自由权的让渡问题。(3)体现了选举程序的公正性。新选举法规定,代表候选人近亲属不得担任监票人。新修改的选举法增加规定:"代表候选人的近亲属不得担任监票人、计票人。"同时还规定,"公民不得同时担任两个以上无隶属关系的行政区域的人民代表大会代表。"这一修改能保证人大代表更好地履职,有利于更充分地代表选民利益,有利于保证代表在履职时更加公正、客观。(4)体现了选民的基层代表性。人大代表素质的高低,不取决于学历、荣誉和社会地位,而是要看是否了解实情,是否讲真话、讲实话,真正反映人民的合理利益诉求,代表人民的利益,能否提出治理国家事务的真知灼见。因此,人大代表应当确保适当数量的基层代表。新修改的选举法规定:"全国人民代表大会和地方各级人民代表大会的代表应当具有广泛的代表性,应当有适当数量的基层代表,特别是工人、农民和知识分子代表。"(5)体现了选举程序的正义性。新的《选举法》借鉴并吸收了一些国家和地区的有益经验,在细节上更为人性化,更注重选举程序"细节"的完善,有利于保护选民意愿。新修改的选举法规定:"选举时应当设有秘密写票处。"这一条款是对选民自由表达意愿的重要保障,也是体现选举程序正义的具体规定。

(二)被选举权

1. 被选举权的概念

被选举权是指公民享有被选为国家权力机关的代表或其他国家机关的公职人员的权利。

享有被选举权的主体也必须是公民,这是享有被选举权的重要条件。也可以说,被选举权是作为现代人权制度中的一项特殊权利而存在的,是一种公民才能享有的特殊权利。被选举权是联合国通过的《公民权利和政治权利国际公约》第25条所确定的一项公民的基本政治权利。该公约明确规定,被选举权的权利主体只能是缔约国境内具有缔约国国籍的公民,而不是该公约所规定的在缔约国境内居住和生活的所有自然人。同时,被选举权的候选职位必须是国家权力机关的代表,或其他国家机关的公职人员。被选举权的候选职位不是上述职位的,而是公司或企业职位的候选人,不属于政治权利的被选举权。但是,国有公司、企业、事业单位和人民团体领导职务的人选除外。① 被选举权究竟是一种被选举的资格或地位,还是一种主张自己被选举的权利呢？理论上也存在不同的观点。②

2. 被选举权的限制

不论何种关于被选举权的学说,都承认被选举权所受到的限制大于选举权所受到的限制。其中典型的例子是被选举权的年龄限制,都比选举权的年龄限制要更为严格。

各国一般对候选人的资格设有比选举人资格更为严格的限制。例如,美国公民只要年满18周岁,且符合居住条件1个月至2年的人享有选举权。但是,美国公民享有担任众议员的资格是,必须年满25岁且作为美国公民已满7年、当选时是选出州的居民。担任美国参议员的资格是,必须年满30岁且作为美国公民已满9年、当选时是选出州的居民。当选为美国总统的资格是出生在美国,年满35岁并居住美国14年以上的公民。在日本,凡是年满20岁以上的公民都享有选举权。但是,享有众议员候选人资格的,必须年满25岁以上的日本公民；参议员的候选人必须年满30岁以上的日本公民。我国被选举权的年龄同样也有限制。例如,中华人民共和国主席、副主席的当选资格为有选举权和被选举权的年满45周岁的中华人民共和国公民。再如,担任审判人员的资格为年满23周岁的中国公民。

此外还有其他限制,例如:(1)区域限制。多数国家规定,选举行政官员、司法官员等候选人,不得在其执行职务的区域内竞选。(2)金钱限制。许多资本主义国家在提名议员候选人时,还实行选举保证金制度,即要求每个议员候选人在选举前交纳一笔巨额保证金作为参加竞选的条件,因而使更多的人不能享有被选举权。(3)政党限制。在西方国家,候选人的提名权往往由政党所垄断,普通选民很难行使这种权利,即使获得提名,如果没有政党做后台,也很难获得大量选民的支持。

在国外,议员或总统在竞选的时候,允许其在法律范围内进行宣传、演讲来拉选票,甚至可以合法形式来筹集竞选资金。但是不能采用赠送物质手段进行贿选。以美国为例,美国总统选举是从第七任总统选举开始收集竞选经费的,田纳西州的候选人安德鲁·杰克逊在竞选总统时,公司和银行就首次使用了金钱来影响政客和总统的选举结果。随后,美国选举的花费增长很快。1860年,共和党候选人林肯只花了10万美元的竞选经费,就成为美国总统。而今天,一个总统候选人的花费动辄上亿。美国总统奥巴马在2008年首次竞选总统过程中筹集到竞选资金总额达6.05亿美元。2016年11月8日,共和党候选人特朗普在美国大选中获得了第45任美国总统职位。据资料反映,民主党

---

① 如前所述,我国《刑法》规定,担任国家机关职务和担任国有公司、企业、事业单位和人民团体领导职务的权利也属于政治权利的范畴。

② 在有关选举权和被选举权的公务说的影响下,大陆法系的传统宪法学通常认为:被选举权只是一种被选举的资格,而不主张被选举的权利说。而二元说则主张被选举权是一种被选举的资格。同时又认为个人在作为候选人参选意义上的被选举权可视为宪法权利。参见林来梵:《从宪法规范到规范宪法》,法律出版社2001年版,第134页。

候选人希拉里筹集到竞选资金总额多达11.4亿美元,比特朗普多,但是竞选失败。我国人大代表的选举是不能进行个人宣传、不能进行演讲进行拉选票,更不能以竞选名义筹集资金。同时,国家禁止贿选拉票。由于我国人大代表选举的候选人是由组织部门事前选拔和考核确定后,提交人民代表大会议投票选举的。因此,一般情况下是不会出现人大代表候选人贿选问题。但是2013年初,我国发生了湖南人大代表贿选案。2012年12月28日至2013年1月3日,湖南省衡阳市召开第十四届人民代表大会第一次会议,共有527名市人大代表出席会议。在差额选举湖南省人大代表的过程中,发生了以贿赂手段破坏选举的违纪违法案件。初步查明,共有56名当选的省人大代表存在送钱拉票行为,涉案金额人民币1.1亿余元,有518名衡阳市人大代表和68名大会工作人员收受钱物。①之后,辽宁省又发生了人大代表票贿选案。2016年9月13日十二届全国人大常委会第23次会议举行。会议听取了全国人大常委会代表资格审查委员会《关于辽宁省人大选举产生的部分十二届全国人大代表当选无效的报告》。报告说,2013年1月辽宁省十二届人大一次会议选举十二届全国人大代表过程中,有45名当选的全国人大代表以金钱或者其他财物拉票贿选。这45名全国人大代表违反选举法的有关规定,以违法行为当选,应当由全国人大常委会确定其当选无效。另外,辽宁省有523名辽宁省人大代表涉及此案。目前,涉案的省人大代表已由原选举单位接受其辞职或被罢免终止了代表资格。辽宁省十二届人大常委会共有组成人员62名,其中有38名因代表资格终止,其常委会组成人员的职务相应终止。这样,辽宁省人大常委会组成人员已不足半数,无法召开常委会会议履行职责。一个省级人大常委会出现这种情况,新中国历史上还没有过,需要根据我国宪法和有关法律精神作出创制性安排。②

（三）罢免权

1. 罢免权概念

罢免权是指享有选举权的公民或选举区域的公民享有撤销已通过选举产生的特定公职人员职务或解除人民代表资格的权利。罢免权是选举权的一种延伸,是选民对特定的公职人员或人民代表实行监督的最为严厉且有效的手段。

从理论上讲,选举权是委托公民行使管理国家职权的方式,当被委托公民不能胜任或滥用职权,给国家或民众造成损害时,公民可以依法行使解除委托其管理国家的职权。解除委托的方式就是在任期没有届满的时候,选民通过罢免权的行使来解除原来的委托。

2. 罢免权的内容

就我国现行选举制度的现况而言,罢免权既包括了享有直接选举权的公民对代表

---

① 记者张延寿《湖南衡阳恶性选举舞弊案431名人员被立案》中国秦州网 http://qinzhou.cn.roowei.com/news/newid-775083.html 2013年12月29日

② 《523名辽宁省人大代表涉贿选案已辞职或被罢免》http://news.sina.com.cn/c/nd/2016-09-13/doc-ifxvukhv8337907.shtml

的罢免权,也包括间接选举的选举区域即原选举单位对本选区所选出的代表的罢免权。具体内容包括:(1)选民或选民单位依法撤销他们所选出的公职人员职务或代表资格的权利。(2)政府机关或组织依法撤销其任命的公务人员职务的权利。(3)罢免权对于普通公民来讲,只是提出人事罢免案的权利。能否实现罢免的目标,还要看其他公民的意思表示。

  我国《宪法》第77条规定:"全国人民代表大会代表受原选举单位的监督。原选举单位有权依照法律规定的程序罢免本单位选出的代表。"第102条还规定:"地方各级人民代表大会代表的选举单位和选民有权依照法律规定的程序罢免由他们选出的代表。"从理论上讲,罢免是作为选举人或原选举单位对代表实行监督的最为严厉的手段,依法行使罢免权有利于督促公职人员或人民代表依法履行职责。但是在实践中,我国的人民代表因履行职务欠缺而被罢免的个案较为罕见。被罢免的人大代表,多数是因为代表自身违法犯罪等情形被罢免。① 究其原因,不仅由于我国现行选举法中有关罢免程序的规定不具有可操作性,更深层的问题在于我国的人权法理论与宪法理论的具体运用还没有受到重视,以及相关立法还需要完善。例如,近来发生在浙江省杭州市下城区的罢免案就值得思考。2010年8月17日,杭州下城区几位市民向下城区人大常委会办公室递交了一份有64人联名的公民申请书,要求罢免下城区人大代表赵某的代表资格。由选民直接发起要求罢免人大代表,这在浙江省乃至全国都不多见,也面临一些操作难点。罢免书称:"赵某多次利用其人大代表之身份,对法院的审判工作进行干涉和施压,恐吓承办法官陈某",并向市中院相关领导"疏通关系",严重影响法院对案件的公正处理。赵某作为人大代表,"本应是监督法律运用、实施以及司法部门公正工作的监督者",然其却利用自身的政治地位,谋取不正当利益。在案件审理期间,更无视房产被法院查封的禁令,指使员工强行拆除他人房屋,是典型的违法行为。但是,赵某辩称,一直都是合理、合法地在行使人大代表职权和从事商业经营活动,不存在违法行为。本罢免案存在两个法律问题,一是罢免理由是否成立。被罢免人是否必须有违法行为。被罢免人违法行为是由选民说了算,还是需要人大常委会的确认。二是罢免案提出的人数。按照选举法规定,提出罢免案必须是原选区选民应达到50人的要求。杭州市下城区人大常委会已给出正式的《答复》,表示罢免不成立,理由是罢免申请的提出者张建中非原选区选民,且联合署名的64人中不足原选区选民应达到50人的要求。② 有学者认为,一个公职人员被罢免,不一定代表他有违法行为,可能是因为多数选民或代表认

---

  ① 2010年3月,湖南溆浦县部分选民罢免了一位县人大代表,在全国引起震动,认为溆浦县选民行使了罢免权。但是,事后了解被罢免的人大代表米晓东因挪用公款罪已经被法院判处3年有期徒刑、缓期3年执行。在当地人大常委会的动员倡议下,依靠选民罢免了"获刑代表"米晓东。参见王琳:《罢免权首先属于选民》,http://view.news.qq.com/a/20100823/000024.htm,访问日期:2010年11月12日。

  ② 《杭州下城区64位市民联名申请罢免区人大代表》,http://www.sina.com.cn,访问日期:2010年11月12日。王琳:《罢免权首先属于选民》,http://view.news.qq.com/a/20100823/000024.htm,访问日期:2010年11月12日。

为其不称职或不能胜任其工作。① 从享有政治权利而言,选民享有充分的罢免权是十分重要的。

此外,公民还享有监督权。监督权是指公民有监督国家机关及其工作人员的公务活动的权利,它是公民参与国家政权管理的一项不可缺少的内容。监督权是国家权力监督体系中的一种最具活力的监督,包括公民直接行使的监督权和公民通过自己选举的国家代表机关代表行使的监督权。这里的监督权是一种直接的政治监督权,主要包括四项内容,即批评权、建议权、控告权、申诉权和检举权等形式。

四、政治权利的实现

政治权利的实现必然有完善的政体制度保障,建立完善政治体制有必要进行政治体制改革。1978年以来,我国在进行社会主义经济体制改革的同时,也开展了政治体制改革。政治体制改革已经取得一些成果,比如领导干部终身职务制的废除、村民自治制度和基层民主制度的创新、人事制度中的公开招聘考试和领导干部选用考试制度改革、公务员制度的初步建立等等。但是,政治体制改革跟不上经济体制改革的步伐。2010年10月27日人民日报发表文章《沿着正确政治方向积极稳妥推进政治体制改革》指出:"我国社会主义民主政治建设,无论是同我国经济社会发展的新形势相比,还是同保障人民当家作主、维护社会公平正义的新要求相比,仍有不足和弊端,依然需要不断改革和完善。"从人权法的角度看,政治权利的实现,很重要的是贯彻实施好宪法赋予的公民权,切实保障公民基本权利的实现,树立宪法权威,这是比较重要的一步。

《国家人权行动计划(2009—2010年)》和《国家人权行动计划(2012—2015年)》就政治权利的保障提出了要求,主要体现在:

(一)知情权的保障

两个文件提出的总体要求相似,《国家人权行动计划(2009—2010年)》提出:"积极推行政务公开,完善相关法律法规,切实保障公民的知情权。"《国家人权行动计划(2012—2015年)》提出:"深入推进政务公开,继续从法律法规、政策等方面拓展知情权的范围,不断提高公民知情权的保障水平。"《国家人权行动计划(2012—2015年)》的具体要求:

1.推进政府信息公开。实施政府信息公开条例,落实《国务院关于加强法治政府建设的意见》。凡是不涉及国家秘密、商业秘密和个人隐私的政府信息,都要向社会公开。重点推进财政预算、公共资源配置、重大建设项目批准和实施、社会公益事业建设等领域的政府信息公开。

2.推进政府办事公开。所有面向社会服务的政府部门全面推进办事公开制度,依法公开办事依据、条件、要求、过程和结果,充分告知办事项目有关信息。

3.积极稳妥推进审计工作信息公开。坚持和完善审计结果公告制度,规范公告的

---

① 南京大学法学院编:《人权法学》,科学出版社2005年版,第187页。

形式、内容和程序;坚持和完善特定审计事项阶段性审计情况公告、重大案件查处结果公告制度。

4. 不断完善政府新闻发布制度、新闻发言人制度和党委新闻发言人制度。

5. 建立健全领导干部任免信息向社会公开制度。适时发布领导职位空缺情况及其岗位职责要求、考察对象或者拟任人选的基本情况,提高领导干部任免信息公开的制度化、规范化水平。

6. 规范和监督医院、学校、公交、公用等公共企事业单位的办事公开工作。重点公开岗位职责、服务承诺、收费项目、工作规范、办事纪律、监督渠道等内容。

7. 推行厂务公开。到2015年,实现已建工会的国有、集体及其控股企业厂务公开,已建工会的非公有制企业实行厂务公开达到80%以上,切实保证职工群众的知情权。

8. 完善村务公开,以财务公开为重点,建立村务信息公开平台。①

(二)参与权的保障

《国家人权行动计划(2009—2010年)》总体要求:"从各个层次、各个领域扩大公民有序政治参与,保障公民的参与权。"具体要求:

1. 完善人民代表大会制度,修改选举法,完善选举制度,逐步实行城乡按相同人口比例选举人大代表,适度提高各级人民代表大会中少数民族、归国华侨、妇女、基层工人、农民与农民工代表的比例,密切人大代表同选民的联系。切实保障人大代表依法行使职权。

2. 进一步把政治协商纳入决策程序,提高各民主党派和无党派人士参政议政实效。适当提高民主党派和无党派人士担任政府部门实职,尤其是担任正职干部的比例。尊重各民主党派和无党派委员在政协的各种会议上发表的意见,保障他们开展视察、参与调查和检查活动、提出提案、反映社情民意的权利。

3. 健全基层群众自治制度,扩大基层群众自治范围,完善民主管理制度。推动修订村民委员会组织法,提高农村村民自治和民主管理水平;进一步扩大城市居民委员会直接选举的覆盖面,到2010年争取达到50%;完善以职工代表大会为基本形式的企事业单位民主管理制度,支持职工参与管理,维护职工的合法权益;探索城市社区社会组织参与社区管理和服务的方式和途径,健全城市社区民主听证会、协调会等社会参与形式;探索流动人口参与经常居住地社区居民自治的有效途径。

---

① 《国家人权行动计划(2009—2010年)》提出的要求与《国家人权行动计划(2012—2015年)》的要求基本相同,包括:1.全面贯彻实施《政府信息公开条例》,完善地方性政务公开法规。2.逐步形成相对完整的政务公开制度体系。县、市政府重点公开本地区发展规划、重大项目审批和实施、政府采购、征地拆迁等事项。省级政府重点公开本地区经济建设和社会发展的相关政策和总体规划、财政预决算报告、产权交易等情况。深入推进电子政务建设,逐步实现所有县级以上政府和政府部门建立政府网站,绝大多数政府机关和公共企事业单位开通热线电话。3.完善政府新闻发布制度和新闻发言人制度。4.依法、及时、准确发布自然灾害、突发事件和安全生产责任事故信息。5.深入推进村务公开。

4.推进决策民主化、科学化,增强决策过程中公众的参与度。在制定与群众利益密切相关的法律法规和公共政策时,原则上要公开听取意见。推进重要法律法规的立法听证会、重大政策措施制定公开听取意见、重大决策接受专家咨询或第三方论证的制度化建设。

5.保障工会、妇联、青联等人民团体依照法律和各自章程开展工作,积极拓宽渠道,支持各人民团体参与社会管理和公共服务,维护群众合法权益。在制定相关法律法规和公共政策时,认真听取各人民团体的意见。

6.加强社会组织建设与管理,增强服务社会功能。修订《社会团体登记管理条例》《民办非企业单位登记管理暂行条例》和《基金会管理条例》,保障社会组织依照法律和各自章程开展活动。鼓励社会组织参与社会管理和公共服务,在教育、科技、文化、卫生、体育、社会福利等领域兴办民办非企业单位,发挥行业协会、学会、商会等社会团体的社会功能。发展和规范各类基金会,促进公益事业发展。

《国家人权行动计划(2012—2015年)》的总体要求:"进一步健全民主制度,丰富民主形式,拓宽民主渠道,扩大公民有序政治参与。"具体要求:(1)实施选举法,保障公民的选举权和被选举权。(2)保障和支持民主党派和无党派人士参加国家政权,参与国家大政方针和国家领导人选的协商,参与国家事务的管理,参与国家方针政策、法律法规的制定和执行。(3)制定涉及重大公共利益和人民群众切身利益的法律、法规、规章时,向社会公开并征求意见。(4)继续支持工会、共青团、妇女联合会等人民团体依法参与社会管理和社会服务。制定和修改相关法律、法规和政策时,认真听取各人民团体的意见。(5)促进社会组织有序参与社会建设。制定慈善事业法,修改社会团体登记管理条例、民办非企业单位登记管理暂行条例和基金会管理条例。规范志愿服务活动,推动志愿服务事业发展。(6)完善职工代表大会制度和职工董事、职工监事制度,支持工会代表职工参与企事业单位管理。逐步实现已建工会的国有、集体及其控股企业职工代表大会制度全覆盖,已建工会的非公有制企业职代会制度达到80%以上。(7)进一步发展和完善基层群众自治制度。

(三)表达权的保障

《国家人权行动计划(2009—2010年)》总体要求:"采取有力措施,发展新闻、出版事业,畅通各种渠道,保障公民的表达权利。"具体要求:

1.加强对新闻机构和新闻记者合法权利的制度保障,维护新闻机构、采编人员和新闻当事人的合法权益,依法保障新闻记者的采访权、批评权、评论权、发表权。继续推动电视台、广播电台、互联网以及报业的改革与发展,到2010年,千人日报拥有量力争达到90份,报纸普及率达到每户0.3份。

2.完善治理互联网的法律、法规和规章,促进互联网有序发展和运用,依法保障公民使用互联网的权益。

3.完善新闻出版、广播影视方面的法规。启动《出版管理条例》的修改,明确规定各级人民政府保护合法出版物的责任。研究起草《民间文学艺术作品著作权保护条例》。

推进完善有关广播电视传输保障和电影的法律制度。

4.发挥社会组织在扩大群众参与、反映群众诉求方面的积极作用,增强社会自治功能。在各级政协中,应当增加社会组织代表比例,各级政府在制定重大法律法规和公共政策时,应当听取社会组织的意见和建议;行业协会、商会要收集行业、企业的意见和建议;学会、研究会要研究社会大众的呼声,基金会、公益性组织要反映弱势群体的利益诉求和需求;城乡社区社会组织要了解社情民意,引导社会公众合理表达意见,有序参与公共事务。

5.进一步拓宽和畅通信访渠道。通过开通绿色邮政、专线电话、网上信访、信访代理等多种渠道,使人民群众以书信、传真、电子邮件等书面形式表达诉求;建设全国信访信息系统,设立国家投诉受理办公室,建立健全人民建议征集制度,为人民群众表达诉求、反映问题、提出意见建议提供便利;坚持党政领导干部阅批群众来信、定期接待群众来访制度,完善党政领导干部和党代会代表、人大代表、政协委员联系信访群众制度,切实维护人民群众的合法权益。

《国家人权行动计划(2012—2015年)》的总体要求:"畅通各种渠道,依法保障公民的言论自由和表达权。"具体要求:(1)尊重和保障参加人民政协的各党派团体、各族各界人士在政协的各种会议上发表意见、开展视察、提出提案、反映社情民意、参与调查和检查活动等权利。(2)国家机关及其工作人员应当通过多种方式与公众进行交流,了解公众意愿,征求公众意见。(3)健全群众利益诉求表达机制,不断畅通和拓宽信访渠道。落实信访条例,推广和完善"绿色邮政""网上信访""专线电话""视频接访""信访代理"等做法。坚持各级领导干部阅批群众来信,推进领导干部接访下访,加强信访信息系统的建设和推广应用。继续加强国家投诉受理中心建设,构建快速高效受理群众诉求的综合平台。(4)保障企事业单位职工的表达权。企业制定和修改劳动规章制度须经职工代表大会讨论,确保职工的利益表达渠道畅通。(5)加强对新闻机构和新闻从业人员合法权益的制度保障。依法保障新闻从业人员的知情权、采访权、发表权、批评权、监督权,维护新闻机构、采编人员和新闻当事人的合法权益。

(四)监督权的保障

《国家人权行动计划(2009—2010年)》总体要求:"健全法律法规,探索科学有效的形式,完善制约和监督机制,保障人民的民主监督权利。"具体要求:

1.贯彻落实各级人民代表大会常务委员会监督法,把关系改革发展稳定全局、影响社会和谐、人民群众反映强烈的突出问题作为监督重点,加强人大对行政机关、审判机关、检察机关的监督。近年来,全国人大常委会将听取和审议国务院关于农村社会保障体系建设、促进就业和再就业等方面的报告,最高人民法院关于加强民事执行工作情况的报告,最高人民检察院关于加强渎职侵权检查工作情况的报告等专项工作报告;继续加强对国民经济和社会发展计划以及预决算的审查监督;认真组织开展对工会法、畜牧法、食品安全法等法律实施情况的检查工作,做好劳动合同法、义务教育法、未成年人保护法等执法检查报告所提建议的跟踪监督;进一步加强对规范性文件合宪合法性的审查监督。2016年4月25日第十二届全国人大常委会第20次会议上,根据《环境保护法》要求,环境保护部部长受国务院委托首次就2015年度全国环境状况和环境保护目标完成情况作报告。

2.完善人民政协的民主监督机制。在知情、沟通、反馈环节上建立建全制度,畅通民主监督的渠道,提高民主监督的质量和成效。切实发挥政协提案、建议案在民主监督方面的作用,有关政府部门要认真办理政协提案和建议案,及时给予正式答复。

3.加强人民群众对国家行政机关、审判机关、检察机关等的监督。加大执法监察、廉政监察和效能监察力度,进一步完善持约监察员制度,加强对国家行政机关及其工作人员的监督;探索、试行特约监督员制度,配合其他监督形式,开展对法院工作及审判人员的审判作风、工作作风、职业道德和廉洁自律等方面的监督;探索、试行特约检查员制度,改革和完善人民监督员制度,配合其他监督形式,对检察机关进行监督。

4.保障公民对国家机关和国家工作人员提出批评、建议、申诉、控告、检举的权利,发挥人民团体、社会组织和新闻媒体对国家机关和国家工作人员的监督作用。

5.严格落实预防和惩治腐败的各项法规制度,认真抓好领导干部廉洁自律各项规定的贯彻落实,切实加强对主要领导干部的监督,确保权力正确行使。充分发挥行政监察职能作用,坚决纠正损害人民群众根本利益的不正之风,解决群众反映强烈的突出问题。国家颁布的三期人权行动计划都规定了对权力的监督。以《国家人权行动计划(2012—2015年)》规定为例,其总体要求:"不断完善监督体系,加强对权力运行的制约和监督,切实保障公民的民主监督权利。"具体要求:(1)加强各级人大及其常委会对人民政府、人民法院、人民检察院工作的监督。加强对领导干部的监督,确保权力正确行使。(2)充分发挥人民政协民主监督作用。加大参加人民政协的各党派团体和各族各界人士以建议和批评方式,对重大方针政策的贯彻执行和国家机关及其工作人员的工作情况的监督力度。(3)健全对规章和规范性文件的监督制度。按照有关规定认真研究办理个人和组织提出的审查建议。加强规章和规范性文件的备案审查工作,防止违法增加个人和组织的义务。(4)加强对行政审批权力的监督制约。推进审批过程、结果公开,强化全过程监控。(5)严格执行公务员法、行政监察法中规定的行政问责制度。加大对安全生产、食品药品质量、征地拆迁、环境污染等责任事故的问责力度。依法惩戒因失职、渎职而侵害群众利益的行为。(6)修改监察机关举报工作办法和关于保护检举、控告人的规定。对举报事项、举报情况以及举报人的信息严格保密,及时纠正阻拦、压制、打击报复举报人的行为,切实保护举报人的合法权益。(7)保障公民和社会组织通过申请行政复议、提起行政诉讼,对行政机关依法行政进行监督的权利。(8)扩大社会监督。加强特邀监察员、监督员、检查员工作。强化人民群众对行政机关、审判机关、检察机关等的监督。(9)鼓励新闻媒体发挥舆论监督作用。畅通公民对国家机关及其工作人员提出批评、建议、申诉、控告、检举的渠道。

第六章 特殊人权关系

> 特殊人权关系即集体人权关系是新型的人权关系。集体人权关系可以分为国家与民族人权和特殊群体人权。前者主要包括民族自决权、发展权等。后者主要包括少数民族的权利、儿童的权利、妇女的权利等。特殊人权关系是全球性非殖民化运动和民族独立运动过程中形成的社会关系,属于人权法的调整对象。
>
> ——题记

特殊人权关系是指集体人权关系。集体人权关系是相对于个人人权而言的某一类人或民族或国家所享有的人权而形成的社会关系。特殊人权关系的权利主体是某一类特殊社会群体,或某一民族与某一国家,而不是个人。集体人权关系包括国际集体人权与国内集体人权,或称为国家与民族人权与特殊群体人权两类。国家与民族人权是指在世界范围内的国家或地区或民族为主体所享有的人权。主要包括民族自决权、发展权、种族平等权、和平与安全权、环境权、自由处置天然财产和资源权、食物权、人道主义援助权等等。特殊群体人权是指某一类人的人权,包括少数民族的权利、儿童的权利、妇女的权利、老年人的权利、残疾人的权利、罪犯的权利、外国侨民与难民的权利等等。由于篇幅关系,笔者只对国家与民族人权中的民族自决权和发展权,以及特殊群体人权中的少数民族的权利、儿童的权利和妇女的权利加以论述。

第一节 集体人权概述

一、集体人权的概念与特征

集体人权是相对于个人人权而言的某一类人所享有的人权。集体人权与个人人权是依照人权主体的不同而对人权作出的一种分类。集体人权是指相对于个人人权而言的某一类人共同或单独享有的人权,其权利主体是某一类特殊社会群体,或某一民族与某一国家。[①] 集体人权属于特殊人权关系,其特殊性表现在权利主体的特殊,其权利主体不是个人或公民,而是某一类特殊社会群体,或某一民族与某一国家。也就是说,集体人权的权利主体是某一类特殊社会群体,或民族或国家。集体人权的义务主体是国际社会、本国政府或其他国家。个人人权是指每一个自然人都应当享有的人权,其权利主体是个人。个人人权是人权的基础性权利,属于传统意义与传统观念上的人权。当今,个人人权仍然是人权的主要形式。

集体人权是指作为个人所依赖的社会生存方式的国家或民族或特殊群体所应当享有的权利。按照享有权利的主体不同,集体人权又可以分为国内集体人权与国际集体人权两类。国内集体人权,也称为特殊群体人权,是指在一国范围内的特殊群体所享有的人权。特殊群体人权主要包括少数民族的权利、儿童的权利、妇女的权利、老年人的权利、残疾人的权利、罪犯的权利、外国侨民与难民的权利等等。国际集体人权,也称为国家与民族人权,是指在世界范围内的国家或地区或民族为主体所享有的权利。国家与民族人权主要包括民族自决权、种族平等权、发展权、和平与安全权、环境权、自由处置天然财产和资源权、食物权、人道主义援助权等等。

集体人权最主要的特征就是打破了只有个人才是人权的权利主体的界线,将某一类特殊社会群体,或民族或国家也作为人权的权利主体,与此相对应的是国际社会、联合国及其有关组织以及其他国家都可以是人权的义务主体。关于集体人权与个人人权之间的理论分歧与联系,待后论述。

二、集体人权的形成

第三世界国家的民族独立运动的兴起是集体人权产生的前提。集体人权的概念是法国著名的人权学者卡莱尔·瓦萨克在1979年召开的国际人权协会第十届研究会上提出来的。但是,产生集体人权的源泉却在20世纪40—50年代开始的民族独立运动之中。

第二次世界大战以后,集体人权思想蕴藏在国际社会的民族独立运动中。两次世界大战给人类带来巨大的灾难,也极大地促进了全世界人权意识的觉醒和高涨。1948年12月10日,联合国大会通过了《世界人权宣言》,宣示了人类所有成员所固有的尊严、价值和权利,从而开始了人权国际保护的历史进程。但是,《世界人权宣言》尚无集体人权的概念。20世纪60年代和70年代,许多被殖民统治的民族进行了反殖民主义统治的斗争,并脱离殖民统治成为独立的国家。这些新独立的国家为了改善独立后所面临的种种困境,进行了一系列不懈的努力。例如,这些国家在争取主权平等,强调国际合作,要求国际援助,增进平等互利,实现和平共处等方面,都做了不懈努力。也就是

[①] 也有学者称集体人权为"连带集体权利"。"集体人权,即国家和民族的集体权利,又称连带集体权利。"见谷春德、郑杭生主编:《人权从世界到中国——当代中国人权的理论与实践》,党建读物出版社1999年版,第43页。

说，集体人权概念的提出，主要反映了20世纪中期全球性非殖民化进程或运动的结果。在此基础上，20世纪60年代，第三世界国家提出了第三代人权概念，从而产生了集体人权的概念。随着第二次世界大战的结束，第三世界国家为了维护民族独立，清除殖民主义的影响，在已形成的不公平的政治经济秩序中最大限度地保障自己的利益，并为那些尚未取得独立或尚未完全取得独立的民族争取权利。因此，从实质上看第三世界国家的民族独立运动，催生了集体人权概念，并为第三代人权的发展作出了特殊的贡献。

鉴于这类特殊的新型人权的主体不是个人而是集体、民族或国家，其诉求对象不是个人所在国的政府而是整个国际社会，其内容、性质和保障机制都与个人人权有所不同。可以说这类特殊的新型人权对传统的个人人权提出了挑战，很难被个人人权所包括。因此，这类人权被人们称为集体人权。集体人权相对于公民权利和政治权利，经济、社会及文化权利而言，又被称为"第三代人权"。"第三代人权"就是指集体人权，主要包括民族自决权、发展权、环境权、和平与安全权和享有人类共同继承的遗产权等权利。集体人权中最重要的是民族自决权和发展权。

集体人权的概念和理论体现在《世界人权宣言》后的一系列联合国文件中。其中，民族自决权和发展权在有关的国际人权文件中得到确认，这标志着集体人权得到国际社会的承认。

1. 民族自决权的产生。1952年12月16日，联合国大会通过《关于人民和民族自决权的决议》，使民族自决原则上升为一项权利。该决议要求联合国会员国"支持一切人民和民族的自决原则"，并规定"人民和民族应先享有自决权，然后才能保证充分享有一切其他人权"。1960年12月14日，联合国大会通过《给予殖民地国家和人民独立宣言》，加快了殖民地转变为独立主权国家的步伐。该宣言宣布：所有的人民都享有自决权；"使人民受外国的征服、统治和剥削的这一情况，否定了基本人权，违反了联合国宪章"。1966年联合国大会通过《公民权利和政治权利国际公约》和《经济、社会和文化权利国际公约》，确定了民族自决权作为一项基本人权和国际法的原则之一。

2. 发展权的产生。从20世纪60年代开始，因为经济落后和贫困，第三世界国家认识到：没有发展，就没有生存，没有经济独立，也就没有政治独立。因此，他们提出了发展权的问题，并努力使之成为一项公认的基本人权。1968年5月13日在德黑兰召开的国际人权会议通过了《德黑兰宣言》。该宣言第一次将发展权作为一项人权，指出"经济上发达国家与发展中国家日益悬殊，导致妨碍国际社会人权的实现"。同时，该宣言从人权角度论证了发展权的基本概念。1977年联合国大会通过《人权新概念决议案》，再次提出发展权思想。这个决议案的草案是一些不结盟国家向第32届联合国大会提出的。1979年联合国大会又通过决议，指出"发展权是一项人权，平等的发展机会既是各国的特权，也是各国国内个人的特权"。1986年第41届联合国大会通过《发展权宣言》。该宣言在制定和实施过程中，发达国家和发展中国家一直存在较大的分歧，出现了多个草案和修正案。正式通过的宣言指出：发展权是人权概念的新发展，是一项不可剥夺的人权，发展机会均等是每个国家、每个民族和所有个人都应享有的权利。发展权被国际社会普遍承认的标志，则是1993年联合国世界人权会议所通过的《维也纳宣言和行动纲领》。该文件重申:"《发展权利宣言》所确立的发展权是一项普遍和不可剥夺的人权,是基本人权不可分割的组成部分。"

3.其他与集体人权有关的人权国际文书的形成。1972年联合国大会通过的《人类环境宣言》、1973年联合国大会通过的《对自然资源的永久主权的决议》、1984年联合国大会通过的《人民享有和平权利宣言》,等等。

三、集体人权与个人人权

个人人权是自然人享有的人权,属于传统意义与传统观念上的人权,是人权的基础。个人人权的形成经过了漫长的历史过程,包括了从自然法思想的产生到自然权利观念的形成,从"天赋人权"的产生到"社会契约论"的形成,这样的历史过程,贯穿着整个人权理论的产生与完善的过程。集体人权是随着第三世界国家的民族独立运动的兴起而产生的,是在不同历史背景的国家之间和不同思想观点的讨论、争论和思想碰撞过程中产生的。其产生的过程就是思想交锋的过程。因此,有必要了解集体人权与个人人权的理论分歧和集体人权与个人人权的关系。

(一)集体人权与个人人权的理论分歧

集体人权与个人人权的理论分歧主要表现在以下几方面:

1.集体人权是否属于人权的理论分歧。在中国,有的学者反对把集体人权概念引进国内法领域,认为"人权主体主要限定于个人","并把人权界定为个人权利"。[①] 也有的学者认为,少数民族与儿童、妇女等特殊群体的权利,不是集体人权而是属于个人人权的范畴。赞成集体人权概念的学者认为,"一国之内某些特殊群体的权利是属于集体人权的范畴。把一些特殊社会群体的人权纳入集体人权的范畴,在理论上是可取的,在实践上有利于加强对这一类人权的保障"。[②] 从目前的世界人权立法实践和理论研究看,集体人权已经得到多数学者的认可,应当属于人权概念的范畴。

2.国际集体人权是否是一种人权的理论分歧。长期以来,国际上一些学者、政府官员甚至有的政府只承认个人人权是人权,不承认国际集体人权也是一种人权。他们的一个主要理由是,"国际上的集体人权,并不是一种权利,而是一些人或一些国家的一种利益上的要求、愿望、主张;它抽象而不具体,难以得到法律的保护,无法在权利受到侵害时得到法律的救济"。持不同观点的学者认为,这种理由不能成立。因为在如今,国际集体人权的概念已逐步为世界上绝大多数国家所承认与接受,它们已被确认为"权利",而不只是一种"要求"、"条件"、"机会",也能因获得法律的保护而实现。[③] 笔者同意后一种观点。具体地说,现今的国际集体人权就其性质而言,大致有以下两类:一类

[①] 张文显:《论人权的主体与主体的人权》,载《当代人权》,中国社会科学出版社1992年版,第36页。

[②] 李步云主编:《人权法学》,高等教育出版社2005年版,第49页。

[③] 李步云主编:《人权法学》,高等教育出版社2005年版,第50页。

是以政治内容为主,如民族自决权、和平权;另一类是以经济内容为主,如发展权、环境权。这些权利被世界人权文件认可,是可以得到保护和实现的。

3.享有自决权主体的理论分歧。如前所述,集体人权中最重要的是民族自决权和发展权。目前,对民族自决权主体的理解存在不同的看法。1960年12月14日,联合国通过了《给予殖民地国家和人民独立宣言》赋予了民族自决权。之后,国际人权"两公约"的第1条对民族自决权都共同予以肯定,使这项人权由没有强制约束力的宣言转变为有强制约束力的公约。但是,在上述宣言与公约中均未对"人民"和"民族"下定义。因此,人们对享有此项权利的主体的理解一直存在分歧。这种分歧在非殖民地运动结束后争论更为激烈。一些学者与国家认为,这项权利仅仅限于殖民地人民和被外国压迫的民族;另一些学者和国家认为,权利持有者包括主权国家里少数者或土著人团体。笔者同意前者的解释,即这项权利应当仅限于殖民地人民和被外国压迫的民族。当然最理想的是,应当由联合国作出具有约束力的解释为妥。

(二)集体人权与个人人权的关系

关于这个问题,我国人权学者李步云教授作出比较全面的阐述。① 一般说来,个人人权与集体人权的相互关系是:个人人权是集体人权的基础,集体人权是个人人权的保障。各个国家与国际社会应当对这两类人权予以同样的重视与保护,不宜讲它们之中哪种权利更重要,也不宜强调它们之中哪种权利的层次与地位更高。②

1.个人人权是集体人权的基础。其理由:(1)任何集体人权都是由个人人权组成的。不承认这一点,集体人权就成了一个空洞的且失去了任何实际意义的抽象名词。任何的人权保护的目的,都是为了独立的个人或者为了组成这个集体的个人的。(2)从某种意义上讲,集体人权也是个人人权。例如,国际集体人权中的发展权也是个人人权。1986年12月4日,联合国大会第41/128号决议通过的《发展权利宣言》序言规定:"确认发展权利是一项不可剥夺的人权,发展机会均等是国家和组成国家的个人一项特有权利。""发展权利是一项不可剥夺的人权,由于这种权利,每个人和所有各国人民均有权参与、促进并享受经济、社会、文明和政治发展……"从广义上讲,发展权是"各国人民"都应当享有的权利;从狭义上讲,发展权是一种各国人民都有"发展机会均等"的权利,是发展中国家的一项"特有权利"。另外,某些社会群体权利,如少数民族权利、妇女权利,在其遭受侵害时,个人可以通过提起诉讼以得到救济,表明集体人权也是由个人人权组成的。(3)集体人权的实现必须依靠个人的努力。因此,只有充分尊重个人权利,最大限度地发挥每一个自然人保障人权的主动性、积极性、创造性,才有可能实现集体人权。

2.集体人权是个人人权的保障。社会自身的性质与组织结构的特征决定了集体人

---

① 李步云主编:《人权法学》,高等教育出版社2005年版,第52~53页。
② 李步云:《社会主义人权的基本理论与实践》,载《法学研究》1992年第4期。

权的出现是必然和必要的。在国际上,集体人权要求整个国际社会采取协调步骤和方式进行国际合作,提供各种社会条件与法律保障,通过保护集体人权而使千千万万的个人得到好处。在国内,集体人权要求国家与整个社会保障处于弱者地位的社会群体的特殊权利,在经济、政治、文化等方面创造权利实现的条件和提供各种特殊保护,以使该群体的所有个人受益。同时,集体人权也是促进和保障个人人权的基本条件。以民族自决权和发展权为例:当一个国家处于外国侵略、占领和奴役的时候,不仅国家的独立与主权遭受践踏,而且该国的个人人权与基本自由也得不到保障。在发展权方面,如果不改变旧的、不平等的、不公正的国际经济秩序,建立新的国际经济秩序,广大的第三世界国家的经济、社会、文化和政治的发展,就会受到极大的阻碍;这些国家的人民的人权与基本自由就不可能充分实现。再是,把国家、民族和第三世界国家作为集体人权的主体,也有助于运用其地位与作用,以更好地保障这种权利的实现。20 世纪 60 年代,第三世界国家在反对殖民主义的民族独立运动中,对集体人权的实现起到了重大作用。因此,强调集体人权高于个人人权或个人人权高于集体人权的观点都是错误。

3. 集体人权与个人人权两者的区别。二者的区别主要表现在:(1)在人权的主体和内容上都有不同。个人人权的主体是任何一个个人,而国内特殊群体权利的享有者是其中的某一部分人群,如妇女、儿童、少数民族等;在内容上,个人人权不仅享有个人应享有的个人权利,而且享有自己作为特殊群体的一员应享有的特殊权利。(2)特殊群体通常会通过法律得到整体上的特殊权利。如我国对少数民族通过民族区域自治法,在经济、政治、文化等各方面得到各种特殊权利。属于这些特殊群体的个人,也是通过法律对群体的特殊权利保障得到特殊利益。(3)代表特殊群体利益的一些民间组织或半官方组织,如妇女组织、工会组织、残疾人组织,可以在法律上代表该群体向国家提出某些权利要求,或在政治上施加这方面的影响;某些特殊群体组织甚至可以为寻求权利救济代表该群体诉诸法律。

第二节 集体人权的内容

如前所述,集体人权可以分为国家与民族人权与特殊群体人权两类。国家与民族人权是指在世界范围内的国家或地区为主体所享有的权利,主要包括民族自决权、发展权、种族平等权、和平与安全权、环境权、自由处置天然财产和资源权、食物权、人道主义援助权等等。特殊群体人权是指在一国范围内的群体权利。特殊群体人权主要包括少数民族的权利、儿童的权利、妇女的权利、老年人的权利、残疾人的权利、罪犯的权利、外国侨民与难民的权利等等。

一、国家与民族人权

国家与民族人权,也称为国际集体人权,是指在世界范围内的国家或地区或民族为主体所享有的权利,主要包括民族自决权、发展权、种族平等权、和平与安全权、环境权、自由处置天然财产和资源权、食物权、人道主义援助权等等。以下内容主要介绍国际集体人权中最重要的两项人权,即:民族自决权和国家发展权。

(一)民族自决权

1.民族自决权的概念

民族自决权是集体人权中最重要的权利,是指各民族有根据自己的选择确定本国政治、经济、文化制度的权利。具体说,民族自决权是指殖民地人民取得民族独立的权利,也指一个民族不受外族统治干涉、决定和处理自己事务的权利。一切民族都有自决权,根据这项权利,一切民族在排除外来压迫和干涉的情况下应自由决定自己的社会、政治和经济制度。民族自决权的权利主体是殖民地全体人民,义务主体是殖民地的宗主国,或其他可能带来外来压迫和干涉的不特定的国家。用简明扼要的话说,民族自决权指的是"任何民族都有权决定出由谁来代表和统治他们"。民族自决权源于民族自决原则,该原则是由原美国总统威尔逊提出的,其含义为各民族有权按照自己的意愿来处理自己的事情。① 在现代国际法上,民族自决权是受国际法保障的法律权利。

民族自决权是集体人权的最主要内容之一。民族自决权和发展权的产生标志着集体人权的形成。1952年12月16日,联合国大会通过的《关于人民和民族自决权的决议》使民族自决原则上升为一项权利。该决议要求联合国会员国"支持一切人民和民族的自决原则",并规定"人民和民族应先享有自决权,然后才能保证充分享有一切其他人权"。之后,1960年12月14日联合国大会第15届会议通过关于《给予殖民地国家和人民独立宣言》(简称《非殖民化宣言》)。这项宣言进一步明确了民族自决权为一项法律权利,它在"人民平等权利及自决原则"的标题下,对民族自决权作了比较详细的规定。此外,支持民族自决的比较重要的文件还有:1966年12月16日联大通过的《公民权利和政治权利国际公约》和《经济、社会、文化权利国际公约》、1970年10月24日联大通过的《关于各国依联合国宪章建立友好关系和合作的国际法原则宣言》以及1965年12月20日和1975年11月10日联大先后通过的有关民族自决的决议。也有的学者认为,1960年的《非殖民化宣言》、1966年的《公民权利和政治权利国际公约》和《经济、社会、文化权利国际公约》以及1970年的《关于各国依联合国宪章建立友好关系和合作的国际法原则宣言》(简称《国际法原则宣言》)是民族自决权原则和权利确立过程中的"里程碑性的文件"。②

2.民族自决权的主要内容

民族自决权的内容分别制定在各个国际人权法文件中,主要规定在《非殖民化宣言》《公民权利和政治权利国际公约》《经济、社会、文化权利国际公约》和《国际法原则宣言》等文件中。其中《非殖民化宣言》的内容比较具体。关于《非殖民化宣言》的规定。

---

① 这一理念最早可追溯到18世纪美国独立运动和法国大革命。1918年美国总统威尔逊在他的"十四点"计划中提出了民族自决权思想。

② 徐显明主编:《国际人权法》,法律出版社2004年版,第417页。

该宣言的基本精神是"重申基本人权,人格尊严与价值,以及男女与大小各国平等权利之信念,促成大自由中之社会进步及较善之民生",承认一切附属国人民要求自由的殷切希望和这些国家的人民在获得独立中所起的决定性作用,认识到世界人民迫切希望消灭一切表现的殖民主义,认为殖民主义的继续存在阻碍了国际经济合作的发展,妨碍了附属国人民的社会、文化和经济发展,并妨碍了联合国的世界和平的理想的实现;相信所有国家的人民都有不可剥夺的权利来取得完全的自由、行使主权和保持国家领土完整,庄严地宣布需要迅速和无条件地结束一切形式和表现的殖民主义。该宣言明确规定:(1)使人民受外国的征服、统治和剥削的这一情况,否认了基本人权,违反了联合国宪章,并妨碍了增进世界的和平与合作。(2)所有的人民都有自决权,依据这个权利,他们自由地决定他们的政治地位,自由地发展他们的经济、社会和文化。(3)不得以政治、经济、社会或教育方面的准备不足作为拖延独立的借口。(4)必须制止各种对付附属国人民的一切武装行动和镇压措施,以使他们能和平地、自由地行使他们实现完全独立的权利;尊重他们国家领土的完整。(5)在托管领地和非自治领地以及还没有取得独立的一切其他领地内立即采取步骤,依照这些领地的人民自由地表示的意思和愿望,不分种族、信仰或肤色,无条件地和无保留地将所有权力移交给他们,使他们能享受完全的独立和自由。(6)任何旨在部分地或全面地分裂一个国家的团结和破坏其领土完整的企图都是与联合国宪章的目的和原则相违背的。(7)一切国家应在平等、不干涉一切国家的内政和尊重所有国家人民的主权及其领土完整的基础上忠实地、严格地遵守联合国宪章、世界人权宣言和本宣言的规定。关于两个国际人权公约的规定。即1966年12月16日通过的《公民权利和政治权利国际公约》和《经济、社会、文化权利国际公约》。这两个国际人权公约的第一条都明确规定:"所有人民都有自决权。他们凭这种权利自由决定他们的政治地位,并自由谋求他们的经济、社会和文化的发展。"关于《国际法原则宣言》的规定。该宣言明确了七项国际法的基本原则,并分别指出这七项原则的含义和要素。七项基本原则包括:(1)禁止非法使用威胁或武力原则。(2)和平解决国际争端原则。(3)不干涉内政原则。(4)国际合作原则。(5)各民族享有平等权利与自决权原则。(6)各国主权平等原则。(7)履行依宪章所承担义务原则。

3. 民族自决权的具体适用

民族自决权是指各民族有根据自己的选择确定本国政治、经济、文化制度的权利。或者说,民族自决权是指殖民地人民取得民族独立的权利,也指一个民族不受外族统治干涉、决定和处理自己事务的权利。因此,在适用民族自决权时应当注意以下问题:

(1)不能利用民族自决权分裂国家。民族自决权是殖民地人民取得民族独立的权利。产生民族自决权的动力,是20世纪40—50年代开始的民族独立运动。民族自决权是产生于反对殖民主义运动,其最初的本意是摆脱殖民统治。摆脱殖民统治之后,实现了国家或民族独立,就不能假借民族自决权来实施民族分裂活动。因为摆脱殖民统治与国家或民族分裂是不同性质的行为。根据国际人权文件规定,民族自决权是有条件的。《非殖民化宣言》在规定"所有的人民都有自决权"之后,又规定"任何旨在部分地、全面地分裂一个国家的团结和破坏其领土完整的企图都是与联合国宪章的目的和原则相违背的"。

(2)处理好民族自决权与"公民投票自决"关系。按照国际法的有关规定，民族自决权中的"公民投票自决"，只适用于殖民地、托管地、非自治领地，以及原本就是独立的民族和国家。民族自决权反对的是不合理的民族压迫，而不是得到国民和国际社会普遍认同的某个国家的主权。民族自决权是确定本国的政治、经济、文化制度的权利，本国人民可以通过全民公决的方式决定本国政治、经济、文化制度。也就是说，原本就是独立的民族和国家的人民可以采用"公民投票自决"的方式，决定本国的政治、经济、文化制度。其中，瑞士联邦国家最具有代表性。瑞士具有直接民主的传统，其中有一项被称为"联邦民众倡议"的制度，可使任何瑞士公民发起意图修改法律的全民公投，前提条件是要在18个月内得到至少10万个有效签名。在全国人口拥有800多万人的瑞士国，只要获得10万市民签名就可以启动公投的门槛并不算高，所以瑞士每年通常都进行3至4次全民公投。最终，只要瑞士多数人投出赞成票，并且瑞士26个州中的多数州也投赞成票，全民公投票达到了这样的双重多数的标准，该倡议将成功地修订进入法律。例如，2005年6月5日，瑞士国家举行全民公投，以微弱多数通过了让瑞士加入《申根协定》。《申根协定》的目的是取消相互之间的边境检查点，并协调对申根区之外的边境控制。即在七个成员国相互之间取消边境管制，持有任意成员国有效身份证或签证的人可以在所有成员国境内自由流动。2011年2月，瑞士举行公投以56%反对票，否决左翼政党联合倡议"限枪提案"，即要求私人家中禁枪，并将枪支上缴军火库统一保管。很多人可能不知道，瑞士是持枪率最高、枪支最普及的国家之一，也是凶杀率最低的国家之一。2015年6月，瑞士举行公投以71%反对票，否决"征收遗产税"。瑞士联邦至今没有遗产税。2016年6月瑞士全民公投，再次拒绝了凡是瑞士人，成年者每月无条件获得2500瑞士法郎的收入，儿童每月获得625瑞士法郎收入(分别约合16800元和4200元人民币)的福利主义的法案提议，即拒绝了所谓"无条件基本收入"的法案。2010年9月12日，土耳其政府提出的修宪议案在公投中赢得58%的支持获得通过。同年5月，土耳其议会通过了修宪议案。议案中最受争议的条款包括增强解散政党的难度，允许平民法庭审判被指控某些罪名的军方人员，改革司法机构。其中关于解散政党的条款在议会投票中被否决。当然，"公民投票自决"方式也存在不足，一项重大决策是否正确，有时候往往就受到几张票的影响。2016年6月23日，英国是否脱离欧盟进行的公投叫"脱欧公投"，结果同意脱欧票占有51.9%，共1570万人；同意留欧票只占有48.1%，共1458万人。这样导致英国必须脱离欧盟。英国广播公司同年6月26日称，由于不满英国脱欧公投结果，当地民众发起联署签名请愿，要求英国议会重新考虑这次公投的有效性，呼吁二次公投。

(二)发展权

1.发展权的含义

这里的发展权是指民族和国家积极、自由和有意义地参与经济、社会、文化、政治的发展并公平享有发展所带来的利益及其成果的权利。它与狭义的个人发展权是不同的。狭义的个人发展权是指个人积极、自由和有意义地参与政治、经济、社会和文化的活动并公平享有社会进步所产生的利益的权利。狭义发展权仅限于个人的发展权,这里的发展权包括了民族和国家的发展权,是集体人权的重要权利之一。因此,笔者称其为国家发展权。

国家发展权的法律依据同样来源于联合国的《发展权利宣言》。[①] 该宣言第1条规定:"发展权是一项不可剥夺的人权。由于这种权利,每个人和所有各国人民均有权参与、促进并享受经济、社会文化和政治发展,在这种发展过程中,所有人权和基本自由都能获得充分实现。"《发展权利宣言》的颁布,标志着国家发展权在人权法体系中的地位得到确认。但是,国家发展权被国际社会普遍承认的标志,则是1993年联合国世界人权会议所通过的《维也纳宣言和行动纲领》。该文件重申:"《发展权利宣言》所确立的发展权是一项普遍和不可剥夺的人权,是基本人权不可分割的组成部分。"就国家、民族的发展权来说,发展权的前提是民族自决。国家发展权是随着集体人权概念的产生而产生的,是集体人权的重要组成部分。国家发展权的权利主体具有特殊性。民族、国家和个人都可以享有发展权。联合国的《发展权利宣言》明确肯定发展权既是一项国家或民族的集体权利,也是一项个人权利。

国家发展权的内容具有广泛性。国际社会多数成员都承认,发展权不应局限于狭窄的经济范畴内,它除了意味着各国经济的发展和全体人民生活水平的提高与改善外,还意味着整个国家和民族在政治、经济、社会、文化、教育、卫生和社会福利等各个方面的全面发展和社会公正的实现。

2. 国家发展权被国际社会承认

发展权被国际社会普遍接受和认可,是基于1979年的《关于发展权的决议》。这是首次在联合国决议中提出"发展权"概念的决议。它明确发展权是一项人权,"平等发展的机会既是各个国家的特权也是各国国内个人的特权",标志着国际社会对发展权的确定和认可。[②] 之后,1986年12月4日,联合国大会通过了《发展权利宣言》。《发展权利宣言》通过后,发展权作为集体人权的重要组成部分和人权体系的重要内容成为不争的事实。《发展权利宣言》第1条第1款、第2款规定:"发展权利是一项不可剥夺的人权,由于这种权利,每个人和所有各国人民均有权参与、促进并享受经济、社会、文化和政治发展,在这种发展中,所有人权和基本自由都能获得充分实现。""人的发展权利意味着充分实现民族自决权,包括在关于人权的两项国际公约有关规定的限制下对他们的所有自然资源和财富行使不可剥夺的完全主权。"关于发展权的产生与发展,以及有关发展权的不同观点,参见本书第四章发展权的内容。

---

① 有的学者认为《发展权利宣言》是不具有法律约束力的国际性文件。"《发展权利宣言》并不具有国际条约的法律地位,因此,发展权是无法在法律的框架内得到执行的。"参见徐显明主编:《国际人权法学》,法律出版社2004年版,第430页。笔者认为《发展宣言》的依据是《世界人权宣言》,后者已经成为国际惯例的国际法律文件,《发展权利宣言》也应当具有这样的效力。

② 南京大学法学院编:《人权法学》,科学出版社2004年版,第444页。

3.《发展权利宣言》的内容

《发展权利宣言》共有 10 条,具体内容如下:

第1条规定:发展权利是一项不可剥夺的人权,由于这种权利,每个人和所有各国人民均有权参与、促进并享受经济、社会、文化和政治发展,在这种发展中,所有人权和基本自由都能获得充分实现。人的发展权利意味着充分实现民族自决权,包括在关于人权的两项国际公约有关规定的限制下对他们的所有自然资源和财富行使不可剥夺的完全主权。

第2条规定:人是发展的主体,因此,人应成为发展权利的积极参与者和受益者。鉴于有必要充分尊重所有人的人权和基本自由以及他们对社会的义务,因此,所有的人单独地和集体地都对发展负有责任,这种责任本身就可确保人的愿望得到自由和充分的实现,他们因而还应增进和保护一个适当的政治、社会和经济秩序以利发展。国家有权利和义务制定适当的国家发展政策,其目的是在全体人民和所有个人积极、自由和有意义地参与发展及其带来的利益的公平分配的基础上,不断改善全体人民和所有个人的福利。

第3条规定:各国对创造有利于实现发展权利的国家和国际条件负有主要责任。实现发展权利需要充分尊重有关各国依照《联合国宪章》建立友好关系与合作的国际法原则。各国有义务在确保发展和消除发展的障碍方面相互合作。各国在实现其权利和履行其义务时应着眼于促进基于主权平等、相互依赖、各国互利与合作的新的国际经济秩序,并激励遵守和实现人权。

第4条规定:各国有义务单独地和集体地采取步骤,制定国际发展政策,以期促成充分实现发展权利。为促进发展中国家更迅速的发展,需采取持久的行动。作为发展中国家努力的一种补充,在向这些国家提供促进全面发展的适当手段和便利时,进行有效的国际合作是至关紧要的。

第5条规定:各国应采取坚决步骤,消除大规模公然侵犯受到下列情况影响的各国人民和个人人权的现象,这些情况是由于种族隔离、一切形式的种族主义和种族歧视、殖民主义、外国统治和占领、侵略、外国干涉和对国家主权、国家统一和领土完整的威胁、战争的威胁及拒绝承认民族自决的基本权利等造成的。

第6条规定:所有国家应合作以促进、鼓励并加强普遍尊重和遵守全体人类的所有人权和基本自由,而不分种族、性别、语言或宗教等任何区别。所有人权和基本自由都是不可分割和相互依存的;对实施、增进和保护社会成员的政治、经济、社会和文化权利应予以同等重视和紧急考虑。各国应采取步骤以扫除由于不遵守公民和政治权利以及经济、社会和文化权利而产生的阻碍发展的障碍。

第7条规定:所有国家应促进建立、维护并加强国际和平与安全,并应为此目的竭尽全力实现在有效国际监督下的全面彻底裁军,并确保将有效的裁军措施腾出的资源用于发展,特别是发展中国家的发展。

第8条规定:各国应在国家一级采取一切必要措施实现发展权利,并确保除其他事项外所有人在获得基本资源、教育、保健服务、粮食、住房、就业、收入公平分配等方面机会均等。应采取有效措施确保妇女在发展过程中发挥积极作用。应进行适当的经济和社会改革以根除所有的社会不公正现象。各国应鼓励民众在各个领域的参与,这是发展和充分实现所有人权的重要因素。

第9条规定:本宣言规定的发展权利的所有各方面都是不可分割和相互依存的,各方面均应从整体上加以解释。本宣言的任何部分,不得作违背联合国宗旨和原则的解释,也不得暗示任何国家、集体或个人有权从事旨在侵犯《世界人权宣言》和有关人权的两项国际公约中所规定的权利的任何活动或任何行为。

第10条规定:应采取步骤以确保充分行使和逐步增进发展权利,包括拟订、通过和实施国家一级和国际一级的政策、立法、行政及其他措施。

此外,国家发展权还包括了种族平等权、和平与安全权、环境权、自由处置天然财产和资源权、食物权、人道主义援助权等内容。

二、特殊群体人权

国内集体人权,又称特殊群体人权,是指在一国范围内的群体所享有的权利。国内集体人权主要包括少数民族的权利、儿童的权利、妇女的权利、老年人的权利、残疾人的权利、罪犯的权利、外国侨民与难民的权利等等。

(一)少数民族的权利

1. 少数民族的权利及保护

在我国,少数民族是指汉族以外的其他民族。中国是一个统一的多民族国家,有56个民族。汉族占全国人口的92%,其他55个民族占8%。① 也就是说,在我国如何保护占全国人口8%的少数民族公民的权利,是集体人权的重要内容。在我国,实现各民族平等、团结和共同繁荣,是对待民族关系的基本原则。

我国宪法规定,中华人民共和国各民族一律平等。国家保障各少数民族的合法权利和利益,维护和发展各民族的平等、团结、互相关系。禁止对任何民族的歧视和压迫,禁止破坏民族团结和制造民族分裂的行为。我国宪法明确规定,在维护民族团结的斗争中,要反对大民族主义,主要是大汉族主义,也要反对地方民族主义。宪法规定符合国际人权公约。《世界人权宣言》第2条、《经济、社会和文化权利国际公约》第2条第2款、《公民权利和政治权利国际公约》第2条第1款和第26条是关于平等原则和不歧视原则的阐述。基于平等原则和不歧视原则,少数民族应当和其他所有个人和民族一样,平等地、不受歧视地享有国际人权文件规定的所有人权和自由。《国家人权行动计划(2012—2015年)》在依法保障少数民族平等参与管理国家和社会事务的权利、重视培养和使用各类少数民族人才、保障少数民族均等享受公共服务的权利、保障少数民族的

---

① 20世纪50年代,中国政府组织了大规模的民族识别调查,经过科学地辨认,认定公布了55个少数民族。多数少数民族在历史上第一次成为中国民族大家庭中平等的一员。参见1991年《中国人权状况》白皮书。

经济发展权利、加快发展民族教育、保障少数民族的文化权利、依法保障少数民族学习使用和发展本民族语言文字的权利等七个方面提出了保护少数民族权利的目标要求。

总体上看,我国对少数民族的权利的保护,体现在以下几个方面:

(1) 废除民族歧视、民族压迫制度。新中国成立后,我国着力废除民族歧视、民族压迫制度,少数民族的生存状况得到了根本改变,各民族之间实现了大团结的良好局面。新中国建立之后,少数民族地区先后实行了民主改革,废除了旧制度。例如,在西藏,百万农奴挣脱了锁链,不再被作为农奴主的个人财产加以买卖、转让、交换、抵债,不再遭受挖眼、刖足、割舌、砍手等野蛮刑罚,人不再被分为三等九级。少数民族人民同汉族人民一样,平等地享有宪法和法律规定的全部公民权利;同时还依据法律,享有少数民族特有的权利。

(2) 建立了民族区域自治制度。在少数民族聚居地区设立自治机关,由当地民族自己管理本民族的内部事务。目前,全国共有 159 个民族区域自治地方,其中自治区 5 个,自治州 30 个,自治县(旗)124 个。民族区域自治地方根据《中华人民共和国民族区域自治法》行使各种自治权利,有权依照当地民族的政治、经济和文化的特点,制定自治条例和单行条例;在不违背宪法和法律的原则下,有权采取特殊政策和灵活措施;上级国家机关的决议、决定、命令、指示,如有不适合民族区域自治地方实际情况的,自治机关可以报请批准变通执行或停止执行;自治机关有自主地管理本地方财政、经济、文化、教育事业的自治权利。在民族杂居散居地区,还建立了 1500 多个民族乡,使杂居散居的少数民族能更好地享受平等的权利。

(3) 少数民族的政治权利得到保障。少数民族参与行使国家最高权力的权利受到特殊保障。宪法规定,在作为国家最高权力机关的全国人民代表大会中,"各少数民族都应当有适当名额的代表"。在历届全国人大和全国政协中,少数民族代表和委员所占的百分比,都超过了少数民族在全国人口中所占的比例。据统计,在 1998 年选出的第九届全国人民代表大会中少数民族代表占 14.37%,在第九届全国政治协商会议中少数民族委员占 11.7%,均大大超过少数民族占全国人口 8.9% 的比例;55 个少数民族都有自己的代表和委员。① 中国各民族的人民都可以担任国家机构和政府部门的各种职务。在这方面,同样不存在对少数民族的任何歧视。不少少数民族的人士担任了或曾经担任过国家副主席、全国人大常务委员会副委员长、国务院副总理、最高人民法院院长、全国政协副主席等国家高级领导职务。《民族区域自治法》规定,民族自治地方的人大常委会中,应当有实行区域自治的民族的公民担任主任或者副主任;自治区政府主席、自治州州长、自治县县长全都由自治民族的公民担任;这些民族自治地方人民政府的其他组成人员和所属工作部门的干部中,也要尽量配备实行区域自治的民族和其他少数民族的人员。

以新疆维吾尔自治区的妇女从政为例:新疆维吾尔自治区有女干部 30.86 万人,占

---

① 参见 2000 年国务院新闻办公室颁布的《中国人权发展 50 年》白皮书。

干部总数的46.52%,省部级女干部4人、厅局级女干部112人,占同级干部的8.3%,其中少数民族40人,占同级干部总数的36%,大专以上学历的104人,研究生15人,副高以上职称的14人。县处级女干部2248人,占同级女干部的14.5%,其中少数民族597人,占同级干部总数的27%,大专以上学历的2079人,占92.48%,大学本科859人,占38.2%,研究生181人,占8%。地州市党政班子中女干部20人,县市党政班子女干部181人。自治区、地州、县市、乡镇四级领导班子基本上配备了女干部。各级人大、政协中的女代表、女委员的比例逐届增长,自治区人大第十届女代表、自治区政协第九届女委员分别为140名和95名,比上一届分别提高了13.32%和15.85%。①

(4)民族自治区的自治权利。民族区域自治地方根据《民族区域自治法》行使各种自治权利,有权依照当地民族的政治、经济和文化的特点,制定自治条例和单行条例;在不违背宪法和法律的原则下,有权采取特殊政策和灵活措施;上级国家机关的决议、决定、命令、指示,如有不适合民族区域自治地方实际情况的,自治机关可以报请批准变通执行或停止执行;自治机关有自主地管理本地方财政、经济、文化、教育事业的自治权利。

(5)其他方面的权利。此外,我国政府大力发展少数民族地区的医疗卫生事业,改变这些地区长期以来缺医少药的状况。政府在重视维护和发展各少数民族的优秀传统文化,大力发展少数民族的教育文化事业等方面也取得了十分可喜的成绩。

2.保护少数民族的权利的国际人权文件。

在国际人权公约中,没有直接写明"少数民族",而是采用"少数者"一词。关于保护少数民族的权利的国际文件包括:《公民权利和政治权利国际公约》(第27条)、《防止和惩治灭绝种族罪公约》《消除一切形式种族歧视公约》《禁止并惩治种族隔离罪行国际公约》《经济、社会和文化权利国际公约》(第13条)、《儿童权利公约》(第30条)、《取缔教育领域里的歧视公约》(第5条)、《关于在民族或族裔宗教和语言上属于少数的人的权利宣言》以及《保护少数民族的欧洲框架公约》等。

有学者提出,在所有上述国际文件中,被普遍接受的、具有法律约束力的规定是《公民权利和政治权利国际公约》第27条。②《公民权利和政治权利国际公约》第27条的规定,是联合国首次在国际人权文件中规定和承认了那些在种族、宗教和语言上属于少数的人的权利,并赋予他们保有种族、宗教或语言上的特性,以及他们所希望的维持和发展这些特性的权利。该条规定:"在那些存在着人种的、宗教的或语言的少数人的国家中,不得否认这种少数人同他们集团中的其他成员共同享有自己的文化、信奉和实行自己的宗教或使用自己语言的权利。"公约第27条的规定有三个特点:(1)该条只适用于那些存在着少数者的国家,其结果是鼓励国家否认其管辖范围内存在少数者;(2)该条承认的是属于少数者群体的个人的权利,而不是少数者群体的权利;(3)该条只是给

---

① 王乐泉:《妇女参政是男女平等的必然要求》,载《人民日报》2004年3月2日第10版。
② 徐显明主编:《国际人权法》,法律出版社2004年版,第338页。

缔约国施加了不得干预这些少数者个人权利的消极义务,而不是采取措施保护他们的积极义务。

再是,1992年《关于在民族或族裔、宗教和语言上属于少数的人的权利宣言》(简称《少数者权利宣言》)是唯一一个以单独文件的形式阐述少数者特殊权利的联合国文件,也是第一个专门致力于少数者权利保护的国际文件。宣言在公约第27条的基础之上前进了一步。宣言第4条第5款规定:"各国应当考虑实行适宜的措施,以使属于少数团体的个人全面参与其国内的经济进步和发展。"

给少数民族特别保护没有违反平等和不歧视原则。对少数民族给予特别保护与平等和不歧视原则是一致的。《少数者权利宣言》第8条第3款规定:"国家为了保障本宣言所规定的权利的充分享有而采取的措施不应认为违反了《世界人权宣言》的平等原则。"给不同处境的少数民族以同等待遇,会使不公平长期存在下去,且无法消除歧视待遇。只有努力解决并纠正这些处境上的不平衡,才会产生真正的、事实上的平等。这种更广泛意义上的平等观念成为在争取少数者权利获得承认的斗争中的指导原则和最终目标。同时,值得强调的是,特别保护措施不是特权。特别措施是为了让少数者能够保持他们的特性和传统。

(二)妇女的权利

1.妇女权利的概念

妇女权利是指女性所享有的权利。妇女的内涵具有不确定性。妇女的定义是成年女子的通称,辞典对"妇"的解释是指已婚女子或妻子。但是在法律上,妇女一词并没有具体的规定。可以说,所有女性在法律上都可以称之为"妇女",不单纯指已婚妇女,凡年满18周岁的女性可称为妇女,18周岁以下称少女,14周岁以下称幼女,10周岁以下称儿童。本文中的妇女是所有女性的通称。

由于妇女基于在生理、心理上有别于男性,不但要承担着一部分社会生产的任务,而且承担着延续人类生命的生育负担,她们在生产生活中具有特别的利益需求,需要特别的照顾。然而在历史上很长的一段时间里,妇女的这种特别需求不但没有得到社会的关注,反而因其生理结构、体力和生育负担而沦为社会中被歧视的弱势群体,连和一般男性平等的权利都没获得。[①] 为了改变这种现状,国际人权公约以及国内法律都对妇女给予特殊的保护。这种给予妇女特殊保护的统称是妇女权利。

目前,我国已经形成了以宪法为根本法,以《民法通则》《妇女权益保障法》《婚姻法》为基本法,以《母婴保健法》《工会法》《劳动法》《刑法》等为补充,包括一些地方性法规、自治条例、单行条例的法律法规体系,形成了比较完整的妇女权利保障体系及其救济机制,不但使妇女享有同男性平等的权利,而且其特殊利益需求也得到了满足。

2.我国法律给予妇女的特殊保护

---

① 陈训敬主编:《社会法学》,厦门大学出版社2008年版,第147页。

对妇女的特殊保护,主要是通过保护妇女平等权来实现的。妇女平等权是指人与人之间在经济、政治、文化等各方面处于同等的地位,享有相同的权利。这是妇女拥有其他权利的前提性权利。

中国是一个具有漫长封建历史的国家,男尊女卑的观念长期影响着人们的行为,束缚着妇女的发展,阻碍社会的文明进步。直到1949年新中国成立,中国妇女的地位才得到根本性的改变,这种改变不仅体现在日常生活中的方方面面,而且还体现在妇女的法律地位上。具有临时宪法性质的《中国人民政治协商会议共同纲领》中就庄严宣布:"中华人民共和国废除束缚妇女的封建制度,妇女在政治、经济、文化、教育、家庭、社会等各个方面,均有与男子平等的权利,实行男女婚姻自由。"1992年制定的《妇女权益保障法》(2005年修正)是我国第一部以妇女为主体,全面保护妇女合法权益的基本法,它是我国人权保护法律的重要组成部分。

很重要的是,我国《宪法》第48条对妇女平等权作出具体规定:"中华人民共和国妇女在政治的、经济的、文化的、社会的和家庭的生活等各方面享有同男子平等的权利。国家保护妇女的权利和利益,实行男女同工同酬,培养和选拔妇女干部。"同时,《妇女权益保障法》第2条第1款也有相同的规定:"妇女在政治的、经济的、文化的、社会的和家庭的生活等各方面享有同男子平等的权利。"该条第2款进一步指出:"实行男女平等是国家的基本国策。国家采取必要措施,逐步完善保障妇女权益的各项制度,消除对妇女一切形式的歧视。"妇女平等权包括政治平等权、经济平等权和文化平等权等内容。以下着重介绍保障妇女的政治平等权的内容。

政治平等权是指人们在安排公共事务、制定政策和处理公共事务中享有平等地表达个人意志和利益的权利。妇女享有政治平等权,是妇女享有进入决策和管理领域,与男性平等地占有社会政治资源的权利,是妇女解放在政治领域中的具体实现,是政治文明建设的重要内容。

我国历来重视妇女政治权利的实现,并始终推进着妇女参政的进程,尤其在改革开放以来,我国政府加强了对妇女参政的领导,制定了一系列推动妇女参政的方针、政策和措施,从战略高度上提出了男女平等的基本国策,从法律地位上确立了妇女的政治权利,从制度上加大了培养选拔女干部的工作力度。这有力地提高了妇女参政比例,扩大了妇女参政渠道,提升了妇女参政水平。正是在党的领导下,妇女发展的社会环境不断改善,妇女政治地位不断提高,妇女参与社会主义政治文明建设的自觉性进一步增强。根据2007年的统计,我国有女干部1500多万人,占干部总数的40%左右;省部级、厅局级、县处级女干部皆占该级别干部总数的10%以上。中国市长协会女市长分会的数据显示,截至2007年底,全国656个城市中有女性市长619人,其中正职女市长31人。而十一届全国人大代表名单中,女代表比例又比上届提高了1.09个百分点。①

---

① 人民网:《更多女性从政带来中国政坛新气象》,http://npc.people.com.cn/GB/28320/116286/116594/6972894.html,访问日期:2010年11月13日。

在保障妇女的政治平等权方面，我国制定了许多法律、法规。《妇女权益保障法》第9条规定："国家保障妇女享有与男子平等的政治权利。"第10条第1款规定："妇女有权通过各种途径和形式，管理国家事务，管理经济和文化事业，管理社会事务。"第11条第1款规定："妇女享有与男子平等的选举权和被选举权。"由于轻视妇女的旧观念还存在于一些人的心里，影响了妇女参政议政，为了保障妇女顺利实现等的政治权利，法律采取了特别保护措施。《妇女权益保障法》第10条第2条、第3款："全国人民代表大会和地方各级人民代表大会的代表中，应当有适当数量的妇女代表。""国家采取措施，逐步提高全国人民代表大会和地方各级人民代表大会的妇女代表的比例。居民委员会、村民委员会成员中，妇女应当有适当的名额。"《国家人权行动计划（2012—2015年）》提出：省、市两级人大、政府、政协领导成员和县级政府领导成员中各配备1名以上的女性。

此外，在保障妇女的平等人身权，包括人身自由权、生命健康权、名誉权、荣誉权、隐私权、肖像权等方面，也作出许多具体规定。

3. 国际人权法对妇女权利的保护

其内容包括：有关全面保护妇女人权的国际文件和保护妇女专项权利的国际公约。

（1）全面保护妇女权利的国际人权文件。《联合国宪章》在其序言部分指出要"重申基本人权，人格尊严与价值，以及男女平等权利之信念"，并以此作为其基本目标。宪章还在第1条宣布联合国的宗旨是：促进国际合作，增进并激励对于全体人类之人权及基本自由之尊重，"且不分性别"。

《世界人权宣言》第一次将男女平等权具体化为"一切权利和自由"。该宣言第2条规定：人人不分性别都有资格享有本宣言所载的一切权利和自由。这是对西方传统人权观念的一个重要突破。同时，该宣言第16条特别规定了男女在婚姻家庭中的平等权利，第25条提出了"母亲有权享受特别照顾和协助"的原则。

《公民权利和政治权利国际公约》和《经济、社会和文化权利国际公约》都在第2条作出规定：人人不分性别有权享受人权和基本自由。这两个国际人权公约还在第3条规定："本公约缔约各国承担保证男子和妇女在享有本公约所载一切公民和政治权利，经济、社会和文化权利方面有平等的权利。"《公民权利和政治权利国际公约》第26条规定："所有的人在法律前平等，并有权受法律的平等保护，无所歧视。在这方面，法律应禁止任何歧视并保证所有的人得到平等的和有效的保护，以免受基于性别等任何理由的歧视。"同时，国际社会还制定了专门保护妇女人权的综合性公约。《联合国宪章》《世界人权宣言》等国际人权文件全面规定了包括妇女在内的所有的人应享受的人权。

由于妇女具有其特殊性生理需要等原因，综合性的人权保护公约还不足以使妇女的人权得到充分保护，因此，提供保护妇女人权的特别手段就成为必要。1979年12月18日，联合国大会通过了《消除对妇女一切形式歧视公约》，是有关妇女人权保护最重要的法律文书，被称为国际妇女权利法案。有学者认为这"标志着妇女人权国际保护领域立法的一个高峰"。① 公约序言指出：尽管存在着其他文书，妇女仍然享受不到与男子平等的权利，歧视妇女的现象仍然普遍存在于每个社会。因此，有必要为妇女单独设立一项专门的综合性公约，用以加强现有国际文书的规定，以便同依然存在的歧视妇女的现象做斗争。1999年10月6日，联合国大会又通过了《消除对妇女一切形式歧视公约任择议定书》。该议定书的通过，强化了《消除对妇女一切形式歧视公约》的实施机制。

（2）保护妇女专项权利的国际公约。例如，在国际劳工组织框架内保护妇女权利的国际人权文件就包含了如下公约：1919年《国际劳工组织关于生育保护的第3号公约》、1935年《国际劳工组织关于煤矿女工地下工作的第45号公约》、1951年《国际劳工组织关于妇女夜间工作的第89号公约》及其1990年议定书、1951年《国际劳工组织关于男女同工同酬的第100号公约》、1952年《国际劳工组织关于社会保障最低标准的第102号公约》、1952年《国际劳工组织关于生育保护的第103号公约》、1958年《国际劳工组织关于雇用和职业方面歧视的第111号公约》、1981年《国际劳工组织关于有家庭负担的工人的第156号公约》。其他国际公约还有：1949年《禁止贩卖人口及取缔意图营利使人卖淫的公约》、1952年《妇女政治权利公约》、1957年《已婚妇女国籍公约》、1962年《关于婚姻的同意、结婚最低年龄及婚姻登记公约》、1960年《禁止在教育领域的歧视公约》等。

（三）儿童的权利

1. 儿童权利的概念

在我国，儿童的权利被统称为"未成年人的权利"。儿童的权利是人权法的称谓。可见，"未成年人"与"儿童"在人权法里是相同的概念。因为联合国制定的《儿童权利公约》第1条规定："为本公约之目的，儿童系指18岁以下的任何人，除非对其适用之法律规定成年年龄低于18岁。"而根据我国法律规定，未成年人也是指18周岁以下的人。儿童权利是指儿童特殊群体所享有的权利，或是未成年人所享有的权利。

儿童是一个社会未来的发展主体，他们的生存和成长是与整个社会存续息息相关的大事。保护儿童健康成长，需要家庭、学校和社会的关爱和教育互相配合，相互衔接，一旦在某一个环节上出现了漏洞，就有可能造成严重的后果。目前，未成年人犯罪已经成为继环境污染、吸毒贩毒之后的社会第三大公害。② 因此，运用法律手段来进行调节和规范儿童的成长过程就显得十分必要。我国有3亿多未成年人，他们的健康成长，是亿万家庭的最大关切，也是我国社会主义现代化建设事业兴旺发达、后继有人的根本保障。

一方面，儿童身体正处于发育的过程中，生理和心智都尚未成熟，使其处于社会的

---

① 徐显明主编：《国际人权法》，法律出版社2004年版，第362页。
② 陈训敬主编：《社会法学》，厦门大学出版社2008年版，第157页。

弱势地位。另一方面,儿童既具有与成年人平等的社会需要,又有其成长的特殊需要,国家应当给予特殊保护。

2. 儿童权利的国内人权保护

近年来,国家开始重视儿童保护工作,把这项工作作为国家社会主义事业的重要组成部分,制定了相关的法律加以规范。1991年全国人大常委会制定并于2006年修订了《未成年人保护法》;1996年制定了《预防未成年人犯罪法》,这是我国保护儿童和少年权益、教育培养未成年人的专门法律。

儿童权利与成年人的权利基本上是相同的。所不同的是,他们在政治上属于无选举权和被选举权的人,在民事上,他们的民事行为能力属于无行为能力或受限制行为能力。因此,国家法律对儿童权利的保护作出了特殊的规定。其主要内容包括:

(1)保障儿童的受教育权。父母或者其他监护人应当尊重儿童受教育的权利,必须使适龄儿童依法入学接受并完成义务教育,不得使接受义务教育的儿童辍学。《国家人权行动计划(2012—2015年)》提出新目标:学前三年毛入园率达到65%以上,学前一年毛入学率达到85%以上;小学净入学率保持在99%以上,初中毛入学率达99%,九年义务教育巩固率达到93%。

(2)保障儿童的健康权。《国家人权行动计划(2012—2015年)》专门对保障儿童健康权提出具体要求:不断降低婴儿和5岁以下儿童死亡率。严重多发致残的出生缺陷发生率逐步下降,减少出生缺陷所致残疾。低出生体重发生率控制在5%以下。中西部城市和东部地区适龄儿童国家免疫规划疫苗接种率达到95%,中西部农村地区达到90%。学生在校期间每天至少参加1小时的体育锻炼活动。控制中小学生视力不良、龋齿、超重或者肥胖、营养不良发生率。

(3)尊重学生人格尊严。学校、幼儿园、托儿所的教职员工应当尊重儿童的人格尊严,不得对儿童实施体罚、变相体罚或者其他侮辱人格尊严的行为。父母或者其他监护人不得允许或者迫使儿童结婚,不得为儿童订立婚约。尊重儿童隐私,任何组织或者个人不得披露儿童的个人隐私。对儿童的信件、日记、电子邮件,任何组织或者个人不得隐匿、毁弃;除因追查犯罪的需要,由公安机关或者人民检察院依法进行检查,或者对无行为能力的儿童的信件、日记、电子邮件由其父母或者其他监护人代为开拆、查阅外,任何组织或者个人不得开拆、查阅。侵犯儿童隐私,构成违反治安管理行为的,由公安机关依法给予行政处罚。《国家人权行动计划(2012—2015年)》提出要消除对女童的歧视,要落实计划生育女孩家庭奖励扶助政策,试行贫困地区女孩家庭的扶助制度;禁止非医学需要的胎儿性别鉴定和选择性别人工终止妊娠行为。

(4)保障儿童人身安全。禁止对儿童实施家庭暴力,禁止虐待、遗弃儿童,禁止溺婴和其他残害婴儿的行为,不得歧视女性儿童或者有残疾的儿童。父母因外出务工或者其他原因不能履行对儿童监护职责的,应当委托有监护能力的其他成年人代为监护。学校、幼儿园、托儿所应当建立安全制度,加强对儿童的安全教育,采取措施保障儿童的人身安全。学校、幼儿园、托儿所不得在危及儿童人身安全、健康的校舍和其他设施、场所中进行教育教学活动。学校、幼儿园安排儿童参加集会、文化娱乐、社会实践等集体活动,应当有利于儿童的健康成长,防止发生人身安全事故。学校对未成年学生在校内或者本校组织的校外活动中发生人身伤害事故的,应当及时救护,妥善处理,并及时向有关主管部门报告。

(5)禁止招用童工。任何组织或者个人不得招用未满16周岁的儿童。任何组织或者个人按照国家有关规定招用已满16周岁未满18周岁的儿童的,应当执行国家在工种、劳动时间、劳动强度和保护措施等方面的规定,不得安排其从事过重、有毒、有害等危害儿童身心健康的劳动或者危险作业。非法招用未满16周岁的儿童,或者招用已满16周岁的儿童从事过重、有毒、有害等危害儿童身心健康的劳动或者危险作业的,由劳动保障部门责令改正,处以罚款;情节严重的,由工商行政管理部门吊销营业执照。

3. 儿童权利的国际人权公约保护

(1)适用儿童权利的国际人权公约。1959年11月20日,联合国大会通过《儿童权利宣言》。1989年11月20日第44届联合国大会第25号决议通过《儿童权利公约》,并于1990年9月2日生效。2000年通过《儿童权利公约》的两个任择议定书——《儿童权利公约关于禁止贩卖儿童、儿童卖淫和儿童色情制品宣传的任择议定书》和《儿童权利公约关于儿童卷入武装冲突问题的任择议定书》。2000年联合国通过《打击跨国有组织犯罪公约关于预防、禁止和惩治贩运人口,特别是妇女和儿童行为的补充议定书》。此外,在《世界人权宣言》《公民权利和政治权利国际公约》(特别是第23条和第24条)、《经济、社会及文化权利国际公约》(特别是第10条)以及关心儿童福利的各专门机构和国际组织的章程及有关文书中也有保护儿童权利的内容。

其中,比较重要的是,《儿童权利宣言》和《儿童权利公约》。1959年11月20日,联合国大会通过了《儿童权利宣言》,提出了各国儿童应当享有的各项基本权利。但是儿童工作者指出,宣言不具有法律约束力,不能起到更大的作用。"随着人权法的发展,许多国家呼吁制定一项全面规定儿童权利、具有广泛适用意义并具有监督机制的专门法律文书",以"促使国际社会在保护儿童权利问题方面能够普遍承担义务"。在这种背景下,1978年33届联大通过决议,决定成立《儿童权利公约》起草工作组。自1979年至1989年用十年时间完成了起草工作,1989年11月20日第44届联合国大会协商一致通过,并向各国开放供签署、批准和加入。迄今为止已有190多个国家批准履行《儿童权利公约》。

1989年的《儿童权利公约》旨在保护儿童权益,为世界各国儿童创建良好的成长环境。《儿童权利公约》指出:"回顾联合国在《世界人权宣言》中宣布:儿童有权享受特别照料和协助,深信家庭作为社会的基本单元,作为家庭的所有成员、特别是儿童的成长和幸福的自然环境,应获得必要的保护和协助,以充分负起它在社会上的责任,确认为了充分而和谐地发展其个性,应让儿童在家庭环境里,在幸福、亲爱和谅解的气氛中成长,考虑到应充分培养儿童可在社会上独立生活,并在《联合国宪章》宣布的理想的精神下,特别是在和平、尊严、宽容、自由、平等和团结的精神下,抚养他们成长。"

(2)保护儿童权利国际人权公约的主要内容。

①儿童的公民权利与自由。包括:拥有姓名权、拥有国籍权、获得适当信息权等。

②享受家庭环境与照料的权利。包括：父母指导，父母责任，脱离父母权利与父母保持联系的权利，与家人团聚的权利，追索儿童抚养费的权利，脱离家庭环境的儿童享有特殊保护的权利，禁止非法转移儿童或不使返回的行为，免受凌辱、虐待和忽视的权利，要求定期审查安置的权利等。

③享有健康和福利的权利。包括：享有健康和健康服务的权利、获得适应生活水准的权利、最大限度地存活的权利、残疾儿童获得特别照顾的权利等。

④受教育和参与文化活动的权利。包括：受教育权利，参与休闲、娱乐与文化活动的权利。

⑤困难儿童的特殊权利。包括：难民儿童的特别权利、武装冲突中的儿童的特别权利、触犯法律的儿童的特别权利、人身和人格受到侵犯的儿童的特别权利（禁止童工；禁止买卖、贩运和诱拐儿童；儿童免受色情剥削和性侵犯等）。

4. 保护儿童权利的立法建议。有学者认为，我国早在1991年就已经批准了联合国《儿童权利公约》，并为此通过了《未成年人保护法》，但由于时代的局限，这部法律缺乏对儿童权利的确认，对行为主体职责的规定也不具体，尤其没有规范政府、社会和公民对保护儿童权利所必须承担的具体义务，因此在实践中就很难真正起到保护儿童的作用。鉴于当前儿童权利受到侵犯的情况日趋严峻，制定一部新的、能够充分体现《儿童权利公约》的"儿童权利保护法"或者"儿童福利法"，以适应切实保护儿童权利的需要。①

有学者认为，尽管《儿童权利公约》对保护儿童权利做了比较具体规定，但是仍有必要制定一项具有法律约束力的专门保护儿童权利的综合性条约。原因有二：首先，随着越来越多的证据显示，儿童遭受的痛苦和虐待——死亡率高、保健服务缺乏、接受基础教育的机会有限、被迫为娼或从事危险工作而受虐待和剥削、沦为难民和受武装冲突之害，国际社会有决心要加强和实施对儿童权利的保护。其次，联合国建立以后的几十年中，很多认识起了变化，新思想不断产生，儿童权利的概念也一直在扩大，现有文件已不能满足保护儿童权利的需要。传统的儿童权利文件基于福利思想，侧重于对儿童的保护和关心，反映的是对待儿童的一种保守的和恩赐的态度。而《儿童权利公约》超越了这些陈旧的概念，在历史上第一次提出了"儿童人权"的概念。公约的要旨是：儿童应成为其权利的主体，儿童和成年人具有同等的价值，儿童的尊严必须受到尊重，应以通常尊重人权的方式尊重儿童的权利，必须赋予儿童以任何人都可以要求享有的人权，承认儿童的人权，并将儿童的人权置于国际人权保护的核心。②

---

① 《完善立法才能保护儿童权利》：http://zhidao.baidu.com/question/2159837.html?fr=ala0，访问日期：2010年11月13日。

② 徐显明主编：《国际人权法》，法律出版社2004年版，第362页。

第七章　附则——人的尊严关系

> 维护人的尊严关系是人权关系的核心内容,是人权法的价值体现和人权法调整对象的命脉。不论是生存关系的维持,还是发展关系的推进,不论是民主关系的完善,还是集体人权关系的丰富,不论是生命权的保护,还是自由权的保障,不论教育文化权的实现,还是社会保障权的支撑,一切的一切都围绕着维护人的尊严和追求人的幸福而推进和开展的。
>
> ——题记

附则的内容不多,但是很重要,是人权法的总结与提炼。

2010年初,温家宝总理在不同的场合,多次提到要让人民过上更有尊严的生活,这是人民的心声和对美好生活的憧憬,也是人权法的宗旨和目标。

维护人的尊严和追求人的幸福是人权法所要追求的终极目标,是人权法所保障的最高价值。人的尊严关系是指人们为了维护人的尊严与追求幸福而形成的具有主客观相结合的社会关系,包括了尊严维护关系和追求幸福关系。

尊严维护关系是指以生命尊严为基础的保障基本人权而形成的社会关系。"尊严"的直译是尊贵庄严,或者有令人尊敬的身份或地位。人权法中的人的尊严,是指以生命尊严为基础的基本人权得到有效保障而形成的人的自信。生命尊严与基本人权保护是构成人的尊严的两个支点。奥地利的人权学者认为,"如果一个人遭受酷刑、被迫受奴役,或被迫过贫困的生活,即没有最低标准的食物、衣物或者住房,其尊严就受到侵犯。其他经济、社会和文化权利,比如获得最低限度的教育、医疗和社会保障同尊重隐私、家庭生活或者个人自由一样,也对有尊严的生活具有根本性的重要意义"。① 由此可见,维护人的尊严,其底线是生命权的保障,是对生命的尊重。同时,对基本人权的侵犯同样损害人的尊严,最低限度的教育、医疗和社会保障的缺失,同样对有尊严的生活具有根本性的负面影响。因此,保障人的生命和保护基本人权是人权法体系的支点,离开这个支点,人权法体系就不复存在。

人的尊严的生活底线是最低生活保障权的实现。没有最低生活保障的人,要么饿

---

① [奥]曼弗雷德·诺瓦克著:《国际人权制度导论》,柳华文译,北京大学出版社2010年版,第1页。

死,要么乞讨,要么偷窃或抢劫,这些行为当然损害了人的尊严。所以,任意剥夺人的财产权、工作权、社会保障权,都必然影响到人的生存,导致人的尊严受损害。同时,人的尊严的另一个底线是保障基本人权。人的尊严不仅仅是维持生命权,不仅仅是最低生活保障权。生命的尊严是人的尊严的基础,但不是人的尊严的全部。正如诺贝尔奖获得者阿马蒂亚·森关于"贫穷"有这样经典阐释:"贫困不单纯是一种供给不足,更多是一种权利分配不均。"人的尊严得到有效的实现,必须是在保障生命权的同时,保障最基本人权,其核心内容是保障自由权、平等权和民主权。

——自由是尊严的灵魂。作为人一旦丧失自由,其人格也就丧失了,也没有尊严可言了,再不是法律意义上的人了。"生命诚可贵,爱情价更高,若为自由故,两者皆可抛。"它揭示了自由对于人的尊严所具有的重要意义。

——平等是尊严的翅膀。没有平等,尊严就只剩下屈辱。人权思想的先驱者卢梭说:"平等,这个名词绝不是指权力与财富的程度应当绝对平等;而是说,就权力而言,则它应该不能成为任何暴力并且只有凭职位与法律才能加以行使;就财富而言,则没有一个公民可以富得足以购买另一人,也没有一个公民穷得不得不出卖自身。"

——民主是人权的核心。民主是人民当家作主,是人民参与国家政权管理的制度。民主权是基于人权而产生的授予政府权力或限制政府权力的政治制度得到有效运行的结果,是公民政治权利的具体运用。可以这么说,人的尊严是由生命权和基本人权中的自由权、平等权、公民权组成的。这些权利是人的尊严的重要组成部分,也是人权法调整的主要对象。

我国《宪法》第2条规定,国家一切权力属于人民,这也是对人的尊严的尊重,是体现人权基本精神的条款。温家宝总理多次提到"要让人民过上更有尊严的生活",其中必然包括了生命权以外的其他基本人权得到保障,即基本人权中的自由权、平等权、民主权得到保障。

人权关系是人们以追求幸福为最终目标而形成的社会关系。追求幸福关系是指社会成员基于自由、平等和对尊严的尊重而享有塑造自己生活的权利而形成的社会关系。维护人的尊严是人权的最低要求,而追求幸福生活是人类社会发展的永恒主题和终极目标。从人类生存与发展的基本规律看,追求幸福生活,首先必须保障人类的生存。生存是人类追求幸福的前提。当人类生存面临挑战时,追求幸福也就成为空中楼阁。因此,各国都把发展经济,提高人民的生活水平作为保障人权的重要指标。但是,生存不是人类社会追求幸福的唯一指标。因为人类是能创造工具、会思维、有理性的高级动物群体,除了有物质追求以外,还有精神追求。人类追求幸福不仅仅是物质的享受,更重要的是社会权利和精神方面的拥有。总之,追求幸福关系是人权的综合体现,是塑造自我生活的集中体现。它只有在生存权、发展权、民主权和人的尊严权得到有效保障和实现的时候,追求幸福权才能充分得到实现。

维护人的尊严关系是人权法的重要调整对象,是人权法的各项权利的综合运用和人权保障的系统工程。维护人的尊严和追求幸福生活既要有国家综合的经济实力作为物质保障,保障人的生存权、健康权、受教育权、文化权等经济社会文化权利的实现,也要有国家的政治文明作为制度保障,保障人的自由权、平等权、政治权的实现。假如笔者所归纳的人权法所调整的生存关系、发展关系、民主关系和特殊人权关系都能够得到有效保护,人权法中的各项权利——生命权、人身自由权、人身安全权、基本生活水准权、工作权、受教育权、文化权、社会保障权、平等权、表达自由权、政治权、国家与民族人权和特殊群体人权以及财产权、环境权等等人权都能够得到有效实现的话,那么,维护人的尊严和实现美好的幸福生活也就成为必然的事情。

  由于篇幅限制,笔者不能对维护人的尊严关系展开论述,但可以用最简单的语言概括,公民享有体面生活权、享有充分政治权、拥有个性自由发展权和隐私权不受侵犯,这就可以说比较充分享有了人的尊严。

参考文献

1. 刘海年、王家福主编:《中国人权百科全书》,中国大百科全书出版社1998年版。
2. 郑杭生、谷春德主编:《人权史话》,北京出版社1991年版。
3. 谷春德、郑杭生主编:《人权:从世界到中国》,党建读物出版社1999年版。
4. 夏勇著:《人权概念起源》,中国政法大学出版社2001年版。
5. 杨成铭主编:《人权法学》,中国方正出版社2004年版。
6. 徐显明主编:《国际人权法》,法律出版社2004年版。
7. 李步云主编:《人权法学》,高等教育出版社2005年版。
8. 南京大学法学院编:《人权法学》,科学出版社2005年版。
9. 关今华著:《人权保障法学研究》,人民法院出版社2006年版。
10. 方立新、夏立安编著:《人权法导论》,浙江大学出版社2007年版。
11. 莫纪宏、王禛军等著:《人权法的新发展》中国社会科学出版社2008年版。
12. 徐显明主编:《人权研究》(第一卷),山东人民出版社2001年版。
13. 徐显明主编:《人权研究》(第二卷),山东人民出版社2002年版。
14. 徐显明主编:《人权研究》(第三卷),山东人民出版社2003年版。
15. 张文显主编:《法理学》,高等教育出版社、北京大学出版社2003年第2版。
16. 朱福惠主编:《宪法学》,厦门大学出版社2007年版。
17. 王广辉主编:《宪法》,中国政法大学出版社2010年版。
18. 陈训敬主编:《社会法学》,厦门大学出版社2009年版。
19. 林来梵著:《从宪法规范到规范宪法》,法律出版社2001年。
20. 俞可平:《权利政治与公益政治——当代西方政治哲学评析》,社会科学文献出版社2003年版。
21. [奥]曼弗雷德·诺瓦克著:《国际人权制度导论》,柳文华译,北京大学出版社2010年版。
22. [法]卢梭著:《社会契约论》,何兆武译,法律出版社1980年版。
23. [日]大沼保昭著:《人权国家与文明》,王志安译,三联书店2003年版。
24. [英]戴维·M.沃克编:《牛津法律大词典》,北京社会与科学发展研究所译,光明日报出版社1988年版。
25. [瑞士]托马斯·弗莱纳著:《人权是什么》,谢鹏程译,中国社会科学出版社2000年版。
26. [日]大须贺明著:《生存权论》,林浩译,法律出版社2001年版。